GOLDMANN
A R K A N A

Buch

Wissenschaften und Technik haben uns schier unbegrenzte Möglichkeiten eröffnet, angenehm und nach unseren Wünschen zu leben. Nahezu alles, was wir uns ausdenken, können wir heute Realität werden lassen. Dieser paradiesische Zustand hat allerdings eine dunkle und bedrohliche Seite: Auch die anderen haben solche Möglichkeiten, sie haben insbesondere die Macht, uns unseres angeborenen Grundrechts auf freie Gedanken und Selbstbestimmung zu berauben.

Mit atemberaubenden Methoden macht sich die moderne Wissenschaft heute daran, das Denken und die Bedürfnisse der Menschen zu kontrollieren. Was hier ans Licht kommt, muss jeden tief beunruhigen. Die Einflussnahme auf Bürger und Konsumenten mit den Psychotricks der Werbung ist inzwischen ein gewaltiges Business. Niemand ist mehr uneingeschränkt Herr seiner Gedanken.

Neben der Aufdeckung der Manipulationsmethoden bietet Taylor auch Mittel an, mit denen sich der Leser dagegen zur Wehr setzen und die perfiden Einflüsterungen löschen kann. Niemand will schließlich ein Spielball fremden Willens sein – weder in seinem Konsumverhalten noch in seinen Einstellungen, Zielen, Stimmungen oder Gefühlen.

Autor

Eldon Taylor ist Doktor der Psychologie und hat sich sein Leben lang mit dem menschlichen Bewusstsein beschäftigt. Er ist seit über 20 Jahren auch als Autor tätig und hat Bücher, Audioprogramme, Vorträge und Rundfunk- und Fernsehbeiträge zur Persönlichkeitsentwicklung veröffentlicht. Die Eckpunkte seiner Arbeit sind dabei stets Vergebung, Dankbarkeit, Selbstverantwortung und Achtung vor allem Leben.
Website: www.eldontaylor.com

Eldon Taylor

Wer kontrolliert unser Bewusstsein?

Von Fremdbeeinflussung
zur Selbstbestimmung

Aus dem Englischen
von Erika Ifang

GOLDMANN
ARKANA

Die amerikanische Originalausgabe erschien 2009 unter dem Titel
»Mind Programming« bei Hay House Inc., Carlsbad, CA, USA.

Verlagsgruppe Random House FSC-DEU-0100
Das für dieses Buch verwendete FSC-zertifizierte Papier
Super Snowbright liefert Hellefoss AS, Hokksund, Norwegen.

1. Auflage

Deutsche Erstausgabe Juni 2010
© 2010 der deutschsprachigen Ausgabe
Arkana, München
in der Verlagsgruppe Random House GmbH
© 2009 Eldon Taylor
Umschlaggestaltung: UNO Werbeagentur, München
Umschlagmotiv: Getty Images/Colin Anderson
Redaktion: Gerhard Juckoff
WL · Herstellung: CB
Satz: Fotosatz Reinhard Amann, Aichstetten
Druck: GGP Media GmbH, Pößneck
Printed in Germany
ISBN: 978-3-442-21909-4

www.arkana-verlag.de

Für meine Söhne:
Roy Kenneth, dessen Klugheit mich ehrlich macht,
und William James, dessen Herz mich dankbar macht.
Ich liebe euch beide!

Inhalt

Wenn gute Taten sich nicht häufen,
dann reichen sie nicht aus, dem Namen Glanz zu geben;
wenn böse Taten sich nicht häufen,
dann reichen sie nicht aus, das Leben zu zerstören.
Der Niedriggesinnte denkt, dass geringe gute Taten
keinen Nutzen bringen, und deshalb lässt er sie,
er denkt, dass geringe böse Taten keinen Schaden bringen,
deshalb unterlässt er sie nicht.
So wird allmählich seine Bosheit so groß,
dass sie nicht mehr verborgen bleiben kann,
und seine Schuld so groß,
dass sie nicht mehr vergeben werden kann.

Aus den Lehren des Konfuzius

Vorwort

Wenn Sie etwas erreichen wollen,
tun Sie am besten so,
als hätten Sie es bereits ereicht.
Versuchen Sie es mit der So-als-ob-Technik.

William James

Es wird Sie vielleicht überraschen, zu hören, dass ein heiß diskutiertes Thema unter heutigen Akademikern die These ist, dass es
keinen freien Willen gibt. Dafür sprechen eine Reihe von Gründen. Viele Studien haben in den letzten Jahren aufgezeigt, dass
der Verstand nur glaubt, er hätte das Sagen. In Wirklichkeit trifft
wohl das Unterbewusstsein die Entscheidungen, während der
Verstand Geschichten erfindet, um diese Entscheidungen zu erklären. Einstein hat in Anlehnung an den Philosophen Arthur
Schopenhauer einmal gesagt: »Der Mensch kann tun, was er will,
er kann aber nicht wollen, was er will.«

In der akademischen Welt findet die Idee großen Anklang,
der Mensch sei nichts weiter als eine »Maschine aus Fleisch und
Blut«, ein biologischer Mechanismus, der auf bestimmte Verhaltensweisen programmiert ist. Daniel Dennett von der Tufts-Uni-
versität sagte einmal: »Wenn wir überlegen, ob die Willensfreiheit
Wahn oder Wirklichkeit ist, schauen wir in einen Abgrund. Was
vor uns zu liegen *scheint*, ist ein Absturz in Nihilismus und Verzweiflung.«

Ist der freie Wille eine Illusion? Wenn das Unterbewusstsein die Entscheidungen trifft, wer oder was programmiert dann das Unterbewusstsein? Ich hoffe, Ihnen ein paar der Hauptakteure zeigen zu können – einige, die Ihnen einleuchten werden, und einige, die Sie ernstlich in Zweifel ziehen werden.

Während wir uns einen Weg durch die unendlich vielen Möglichkeiten bahnen, wie man die Fäden ziehen oder die Knöpfe drücken kann, durch die unser Appetit gesteuert und unsere Stimmung beeinflusst wird, während wir also danach suchen, wer oder was wann und wo hinter verschlossenen Türen unser Denken und Verhalten manipuliert, wandern wir auch durch Gärten voll fantastischer Gelegenheiten, unsere Wahrnehmung zu erweitern, unsere mentalen Fähigkeiten zu steigern, unser Leben zu verbessern und in den Genuss noch vieler anderer Vorteile zu kommen wie etwa Gesundheit und Langlebigkeit. Aus diesem Grund habe ich für das vorliegende Buch den Untertitel *Von Fremdbeeinflussung zur Selbstbestimmung* gewählt.

Ich wünsche mir, dass dieses Buch Sie fesselt und Ihnen Kraft gibt. Allerdings bin ich voreingenommen, und ich sage Ihnen auch gleich, warum: Ich glaube an das Potenzial des Menschen und an eine Entwicklung in Richtung Liebe und Frieden. Ich glaube an *Sie*. Ich bin fest davon überzeugt, dass in jedem von uns ein Riesenvorrat an Fähigkeiten schlummert, die in den meisten Fällen ungenutzt bleiben. Wenn wir alle zu unserem je eigenen Potenzial erwachen, leisten wir dem bewussten Erwachen der ganzen Erde Vorschub oder, wie Laotse gesagt haben soll: »Die Welt erwacht, indem ein Mensch nach dem anderen erwacht.« Ich bin sicher, dass Wissen Macht bringt, dass Sie sich am Besten erfreuen werden, was Sie für sich selbst erschaffen, und dass Ihnen dieses Buch in irgendeiner Weise dabei helfen wird.

Mir kommt es rückblickend so vor, als seien bei mir viele Leben in einer einzigen Lebensspanne vereint. Ich war erfolgreicher

Geschäftsmann und Verkaufsleiter, Unternehmer, Rennpferd-
trainer, Lügendetektoranwender und Ermittler mit eigenem Ge-
heim- und Abwehrdienstunternehmen, spiritueller Berater und
Geistlicher, Motivations-Coach für Spitzensportler, Geschäftsleute und Künstler, Bestsellerautor, Experte für Hypnose, subliminale Kommunikation und vieles mehr. Bisher war es eine wunderbar erfüllte, lebensvolle Reise, die ich so nie im Voraus hätte
planen können.

Warum sage ich das? Bei meinen verschiedenen Ausbildungen
und Erfahrungen hat sich ein gemeinsamer Nenner ergeben: die
mentale Kontrolle. Ob jemand Sportler ist oder Vernehmungs-
beamter, er wird auf jeden Fall einen Gewinn davon haben, wenn
er weiß, wie sich Emotionen in das Bewusstsein mischen, wie dadurch der Körper beeinflusst wird und wie das alles sich ständig
im Kreis bewegt.

Der Mensch ist so verdrahtet, dass sich aus allem, was er tut
oder sagt – beziehungsweise nicht tut oder sagt – ein Wink ergibt,
ein Hinweis auf etwas Ungesagtes. Außerdem ist es aufgrund von
vorhersagbaren psychologischen Automatismen relativ leicht,
Menschen zu beeinflussen – auch Sie und mich.

Was Sie tun, was Sie besitzen, was Sie planen, was Sie glauben,
für wen Sie sich halten, was Sie wollen und vieles mehr beruht
auf Überzeugungen und Werten, die Ihnen anerzogen worden
sind und die Sie sich inzwischen zu eigen gemacht haben, in sich
zum Ausdruck bringen und für erstrebenswert halten. Manches
davon ist einfach *Enkulturation* – ein unmerkliches Hineinwach-
sen in eine bestimmte Kultur –, aber wenn es durch absichtliche
Manipulation geschieht, ist »Enkulturation« das völlig falsche
Wort.

Ich glaube, dass man es verdient hat, zu wissen, was möglich
ist, was andere einem antun können und was man *selber* tun kann,
um die Zügel wieder in die Hand zu nehmen. Ich möchte, dass

meine Söhne Roy und William möglichst frei von solcher Einflussnahme bleiben – oder zumindest genau Bescheid wissen. Mein Buch ist diesem Prinzip gewidmet und damit Roy, William und Ihnen.

Einleitung

Wir werden so klein wie die Begierde,
von der wir getrieben sind,
und so groß wie unser mächtigstes Streben.
James Allen

Dreißig Jahre lang habe ich das Bewusstsein studiert, aber im Grunde bin ich durch die Hintertür auf dieses Gebiet geraten. Meine anfänglichen Interessen hatten nichts mit persönlichem Wachstum oder Spiritualität zu tun, sondern orientierten sich an meiner praktischen Arbeit als Kriminologe und Anwender von Lügendetektoren. Je mehr ich jedoch über die Funktionsweise des Geistes in Erfahrung brachte, umso mehr faszinierte mich das unglaubliche Potenzial, über das wir alle im Innern verfügen.

In meinem früheren Buch *Nutze die Kraft des Unterbewusstseins: die Chance deines Lebens*[1] habe ich untersucht, inwiefern unsere Entscheidungen durch Enkulturation und den Druck vonseiten unserer Altersgenossen beeinflusst werden, also nicht unsere eigenen sind. Im vorliegenden Buch stelle ich zunächst Betrachtungen darüber an, inwieweit andere ihre Kenntnis der Funktionsweise unseres Geistes dazu benutzen, um unsere Gedanken, Wünsche und Überzeugungen zu manipulieren. Bis zu einem gewissen Grad ist uns das bekannt – zum Beispiel weiß jeder, dass Handelsvertreter solche Taktiken anwenden. Aber viele von uns haben keine Ahnung, wie weit entsprechende Forschungen schon gekommen sind und wie tief sie reichen.

Den einen sind diese Informationen vielleicht zu viel, sie behaupten, kein Interesse an Verschwörungstheorien zu haben. Andere glauben weiter fest daran, dass unterschwellige Einflussnahme nicht funktioniert. Nur indem ich Ihnen das volle Ausmaß der Versuche zeige, die unternommen werden, um Kontrolle über unser Denken zu gewinnen – beziehungsweise Sie einer Gehirnwäsche zu unterziehen, wenn Sie so wollen –, kann ich Sie davon überzeugen, wie real die Gedankenkontrolle ist.

Eigentlich sind in diesem Buch zwei Bücher oder Teile vereint. Auch wenn vielleicht nur Interesse an einem davon besteht, habe ich die beiden der Vollständigkeit halber zusammengefasst. Teil I schildert die Ausgangslage, erklärt, wie der Geist funktioniert, und macht sehr detailliert deutlich, wie viel Mühe sich einige Leute bereits gemacht haben, sich die entsprechenden Kenntnisse anzueignen, in der Absicht, Sie auszunutzen. Dieser Teil ist nicht gerade eine Quelle der Inspiration, aber zumindest räumt er mit den Vorstellungen auf, dass subliminale Beeinflussung ein Ding der Unmöglichkeit ist, dass man nicht zu etwas gezwungen werden kann, das man nicht will, und dass niemand so etwas tut. Die Einzelheiten sind sehr lehrreich, und welche Interessen häufig hinter der Forschung stecken, dürfte inzwischen jedem klar sein.

Teil I behandelt fast alles, was ich über unterschwellige Kommunikation weiß. In meiner Arbeit ging es meistens darum, mir selbst zu beweisen, was wann und wie Wirkung zeigt – wenn überhaupt. Inzwischen bin ich davon überzeugt, dass im Geist gewaltige Fähigkeiten schlummern, mit deren Hilfe wir entweder das Leben unserer Träume verwirklichen (inklusive Gesundheit, Wohlstand, Liebe usw.) oder uns alles das einhandeln können, was wir entschieden nicht wollen (Krankheit, Armut, Einsamkeit usw.). Ich liefere eine Fülle von Informationen über Methoden der Beeinflussung, insbesondere solche, die unterschwellig wirken, und erkläre, wie sie bei uns allen zur Anwendung kommen. Die Beweise dafür sind einfach überwältigend und unwiderlegbar. Außerdem werde ich Sie mit den guten Seiten subliminaler Kommunikation sowie mit Untersuchungen bekannt machen, die durchgeführt wurden, um aufzuzeigen, welch großen Nutzen diese Methode haben kann.

Wenn Sie Teil I gelesen haben, werden Sie einsehen, dass Teil II notwendig darauf folgen muss. Er enthält alles, was Sie für den Lebensalltag im 21. Jahrhundert wissen müssen, und gibt Ihnen das nötige Rüstzeug, die Techniken und Übungen an die Hand, mit deren Hilfe Sie der Mensch werden können, der Sie sein wollen.

Eine Metapher erklärt am besten den Zweck der beiden Teile: Stellen Sie sich vor, dass Ihr Geist wie frisches, glitzerndes Wasser ist, das aus einer Bergquelle sprudelt. Auf seinem Weg den Berg hinab fließt das Wasser durch einige kleine Dörfer und nimmt etwas Schmutz auf, gilt aber immer noch als sauber und trinkbar. In unserem Gleichnis entsprechen die kleinen Dörfer unserer frühen Kindheit – zumindest einer wünschenswerten frühen Kindheit.

Während das Wasser weiter bergab fließt und dabei größere Ortschaften und kleine Städte durchquert, verschmutzt es immer mehr. Es glitzert nicht mehr rein und klar, wird jedoch weiterhin als akzeptables Trinkwasser betrachtet, vor allem wenn es vor Gebrauch abgekocht wird. Die größeren Ortschaften entsprechen in vielem den Manipulationen, die in unserem Leben nahezu unvermeidlich sind, von der Taktik des Vertreters, der uns zum Kauf eines größeren Fernsehgerätes überredet, bis hin zu den co-abhängigen Machenschaften derer, die schon keinen eigenen Willen mehr haben.

Als Nächstes passiert das Wasser eine große Industriestadt. Abfall wird einfach in den Fluss entsorgt, der davon braun und träge wird. Kein Fisch kann mehr darin überleben. Das Wasser muss in einem Klärwerk aufbereitet werden, um wieder trinkbar zu sein. Die Industriestadt entspricht dem um sich greifenden Missbrauch von Beeinflussungsstrategien durch Werbung, Musik und Film. Diejenigen, die diese Methoden anwenden, interessiert nur, was für sie dabei herausspringt. Sie wollen, dass wir lauter Zeug kaufen, das wir nicht brauchen oder das sogar schädlich für uns ist. Sie wollen Emotionen wie Hass, Wut und Angst in uns wecken.

In dieser Großstadt sind Gewalttaten an der Tagesordnung. Dinge wie Amokläufe in Schulen, Schießereien in Einkaufszentren, Volksverhetzung, Engstirnigkeit, Rowdytum im Straßenverkehr und anderes sind allgemein verbreitet. Verbrechen werden am helllichten Tag auf offener Straße begangen, und niemand eilt den Opfern zu Hilfe. Die Welt ist düster, grau und hässlich. Und überall liest man Sprüche wie: »Nicht abhauen – draufhauen«, »Lieber motzen als kotzen«, »Die Guten sterben jung« und dergleichen.

Man sollte meinen, schlimmer könnte es nicht mehr kommen für das Wasser, das seine Reise als kühler Bergquell begonnen hat, aber weit gefehlt. Weiter flussabwärts leben Leute, die giftigen Atommüll ins Wasser entsorgen wollen. Zum Glück leben sie zurzeit noch am Rand der Stadt, und wenn wir alle zusammenarbeiten, können wir vielleicht verhindern, dass solche Vergehen den Lauf unseres Lebens verändern.

Die Vergiftung des Wassers entspricht der Anwendung von Gehirnwäsche, die nach Meinung vieler Menschen nie stattgefunden hat. Hier sind Leute zu finden, die nicht nur auf unsere Kaufkraft oder unsere Stimme aus sind, sondern existenzielle Kontrolle über uns erlangen wollen: Macht einzig um der Macht willen.

Teil II ist eine Art Kläranlage. Er zeigt Mittel und Wege, Philosophien und Überzeugungen auf, die dem stark verschmutzten Wasser langsam, aber sicher wieder zu seiner glitzernden Klarheit und Reinheit verhelfen. Sobald der Strom einigermaßen wiederhergestellt ist, kann er sich ein anderes Bett suchen, etwa durch Wiesen, Felder, Felsschluchten und glückliche Dörfer hindurch, um dann den Weg ins Meer zu finden. Teil II ist kein Ziel, sondern der Beginn einer fantastischen Reise. Er bietet Ihnen Methoden und Übungen an, mit deren Hilfe Sie zielstrebig wieder auf den Weg zurückgebracht werden, den Sie eigentlich gehen wollen – einen Weg des Lernens, des Liebens, der Freude und des Genusses auf dieser wunderbaren Reise namens Leben.

Vielleicht finden Sie Teil I beim Lesen zu trocken oder zu düster. In diesem Fall sollten Sie bloß die Zusammenfassungen am Ende jedes Kapitels lesen und schnell zu Teil II übergehen. Unter Umständen wollen Sie auf Ihrer Reise das, was Sie gelernt haben, mit jemandem teilen. Möglicherweise muss diese Person aber erst davon überzeugt werden, dass ein mentales Training notwendig ist. Dann könnte Teil I von Nutzen sein.

Gute Reise!

Teil I

Die zwei Gesichter mentaler Einflussnahme

Wenn man den Sinn von Worten verändern kann,
die Kritikfähigkeit aufheben und auf mechanische
Verhaltensweisen bauen kann, kann man die Massen
kontrollieren. Das sind die Grundwerkzeuge der
Manipulation.
Eldon Taylor

Der Geist als Würger – die Schattenseite mentaler Einflussnahme

1

Der dienstbare Geist

Jeden Morgen mit dem Vorsatz aufzustehen,
glücklich zu sein, heißt, den Ereignissen eines jeden Tages
den eigenen Stempel aufzudrücken. Das wiederum heißt,
die Umstände selbst zu bestimmen, statt von ihnen
bestimmt zu werden.

Ralph Waldo Emerson

Stellen Sie sich vor, Sie verfügten in Ihrem Innern über einen dienstbaren Geist, einen *Genius*, der Ihnen alles beschafft, was Sie sich nur wünschen – Gutes und Schlechtes. Gehen wir davon aus, dass Sie sich dieses Geistes nicht bewusst sind oder zwar davon gehört haben, es aber nicht glauben wollten. Vielleicht haben Sie sich auch bemüht, es zu glauben, und festgestellt, dass alles Schwindel war: Die ganze Sache mit dem dienstbaren Geist war einfach nur ein abergläubischer Hokuspokus.

Wir alle haben schon einmal von der »Kraft des Geistes« gehört, davon, dass »der Geist über die Materie triumphiert«, von einer »Körper-Geist-Verbindung«. Wir haben von Spontanheilungen gehört und dass man das Leben seiner Träume verwirklichen kann. Fast jeder hat etwas Derartiges schon erfahren, auch wenn es ihm nur in sehr eingeschränktem Maße begegnet ist.

Es gibt heute kaum jemanden, der nicht schon einmal von dem Buch oder dem Film *The Secret – Das Geheimnis*[2] gehört hätte. Buch und Film waren absolute Bestseller; sie enthüllen zwar keine wirklichen Geheimnisse, vermitteln jedoch die inneren mystischen Lehren aller Zeiten in einer neuen Form. *The Secret* macht den Lesern oder Zuschauern klar, dass der eigene Geist so etwas wie ein dienstbarer Genius ist, denn alles, was er detailliert genug erfasst, *zieht er an* oder *erschafft* er, Begriffe, die in diesem Kontext austauschbar sind.

Vielleicht kennen Sie die amerikanische *Oprah Winfrey Show* oder andere Talkshows, in denen von sagenhaftem Reichtum und Überfluss die Rede ist, der Leuten nach Befolgung der Anweisungen aus *The Secret* zufiel. Oder Sie sind auf ein Buch, eine CD oder eine DVD mit einem Titel wie *Das Gesetz der Anziehung* gestoßen und haben einen Blick hineingeworfen, um etwas über das Wie, Warum und Weshalb zu erfahren.

Solcherart mit dem Geheimwissen und den Zeugnissen so vieler Menschen ausgerüstet, haben Sie sich vielleicht ein *Vision-Board*, eine Collage Ihrer Wünsche und Ziele, angelegt und Affirmationen auf Zettel ausgedruckt, die Sie überallhin geklebt haben, um sie immer vor Augen zu haben. Nach und nach haben Sie all die Dinge visualisiert, die Sie an sich ziehen wollten, und sogar angefangen, täglich zu meditieren. Sie haben sich im Internet über Begriffe wie *New Age* und *Metaphysik* informiert. Sie haben sich in diverse Mailinglisten eingetragen, an New-Age-Internetforen teilgenommen und Selbsthilferatgeber gekauft. Aber ach, es ist kein Wunder geschehen.

Leider ist das die Erfahrung, die die meisten Leute machen, denen die Idee vom *Genius*, vom dienstbaren Geist in ihrem Innern, gefallen hat. Einige sind allerdings doch zu einem anderen Ergebnis gekommen. Sie haben tatsächlich ihren Traum vom Eigenheim oder einer glücklichen Partnerschaft verwirklicht und Ähnliches. Wohlgemerkt: Viele sind es nicht, aber immerhin ein paar. Warum?

Unser Geist selbst ist der dienstbare Genius, er ist das Tor zur

Manifestation des Gewünschten, auch wenn seine Rolle oft missverstanden wird. Er ist eine Pforte, ein Eingang, aber nicht das
Mittel der Verwirklichung per se. Der Geist liefert die Bilder,
nicht das Gefühl. Er organisiert die nötigen Aktivitäten zur Ein-
richtung eines Vision-Boards, zum Anbringen der Affirmationen
und so weiter. Er bringt gewonnene Überzeugungen und Erwartungen in die Sache ein. Die wichtigste Funktion des Geistes aber
besteht im Unterdrücken. Noch einmal: *Die wichtigste Funktion
des Geistes besteht im Unterdrücken!*

Der menschliche Geist

Ob es Ihnen gefällt oder nicht, wir sind alle das Produkt von Millionen Jahren der Evolution zur Sicherung des Überlebens. Ganz
gleich, welchem Beruf oder welcher Berufung wir nachgehen –
das gilt auch für die höchstentwickelten spirituellen Wesen, die
auf dieser Erde wandeln –, in uns gibt es primitive Reaktionsmus-
ter, mit denen wir auf ebenso primitive und manchmal sogar ausgesprochen grobe Reize reagieren. Oft wirken Reize, die wir bei
normalem Bewusstsein verwerflich finden, unterbewusst so in uns
nach, dass wir regelrecht danach gieren. Durch solche Reaktions-
muster kommt es bei Kampf-oder-Flucht-Situationen, Tabus, ge-
fürchteter sozialer Ablehnung und ähnlichen Stimuli zu automatischen Verhaltensweisen – den *Automatismen.*
    Das menschliche Gehirn ist ein Wunderwerk der Evolution,
und eine der grandiosesten Entwicklungen im Hinblick auf das
Bewusstsein des Menschen ist die Großhirnrinde, auch Kortex
genannt. Einer meiner ersten Lehrer, Professor Carl LaPrecht,
pflegte zu sagen: »Wenn du in der Natur etwas in Hülle und Fülle
vorfindest, dann pass auf. In diesem Fall ist es entscheidend für
das System.« Die Großhirnrinde, die aus den kleinen grauen Zel-

len besteht, bildet den weitaus größten Teil des Gehirns. Und in der Großhirnrinde ist die erwähnte Kraft der Unterdrückung oder Hemmung angesiedelt.

Der Kortex ist die Bremse. In der Großhirnrinde werden Impulse unterdrückt, die nicht zu unserem Besten sind oder nicht unseren besten Absichten entsprechen. Der Kortex schaltet den Fernseher aus, wenn Gewalt gezeigt wird, wenn Krankheit und Leiden im Vordergrund stehen oder auch einfach nur Unsinn gesendet wird. Unser Geist ist wie ein großer Müllcontainer: Wir können alles hineinwerfen. Und er ist ebenso wie ein Müllcontainer schwer zu reinigen. Müllcontainer sind sehr standfest, und um sie zu reinigen, muss man mit einem Gartenschlauch, einem Eimer voll heißem Wasser, Reinigungsmitteln, Bürsten usw. hineinklettern. Was für eine lästige und unangenehme Arbeit!

Natürlich haben wir alle ein Bewusstsein, und einige Anzeichen deuten darauf hin, dass es bei unserem Erscheinen auf dieser Welt kein unbeschriebenes Blatt ist, auch wenn der englische Philosoph John Locke das Gegenteil behauptet hat und von *Tabula rasa* sprach. Nein, es scheint, als seien gewisse Veranlagungen und sogar eine bestimmte Art von Wissen (Zellerinnerung und mehr) bereits in unserem Bewusstsein verankert, wenn wir unseren ersten Atemzug tun. Trotzdem bilden die geistigen Inhalte, die wir *nach* der Geburt erwerben, im Keim das, was wir im Lauf der Zeit sowohl als unsere Identität wie auch als unser Wissen und Weltbild begreifen.

Das Gesetz der Anziehung

Sie haben vielleicht schon von den drei Komponenten des Gesetzes der Anziehung gehört – *bitte, glaube und empfange*. Das klingt so lange einfach, bis man die Tiefe seines Glaubens anzweifelt, und da scheitern die meisten Leute. Ich gliedere das Glauben wiederum in drei Bestandteile, die in der richtigen Reihenfolge aktiviert werden müssen, um den inneren Genius zu wecken. Das sind:

1. Der emotionale Input aus Leidenschaft und Überzeugung
2. Selbstvertrauen bzw. die mentale Fähigkeit, etwas tatsächlich visualisieren zu können und es dann in der Gewissheit, dass es Wirklichkeit werden wird, loszulassen.
3. Die spirituelle Aufrichtigkeit, mit der wir uns in der tiefsten Tiefe unseres Innern klarmachen, dass wir ein Geschenk des Schöpfers sind. In dieser Gewissheit kann die Vision losgelassen werden, denn wir glauben, *dass dies oder etwas noch Besseres eintreten wird, zum höchsten Wohl aller, die es betrifft.*

Alles, was uns vom Denken, Fühlen und Wissen dieser drei Bestandteile ablenken könnte, sabotiert in entsprechendem Maße unsere Bemühungen um die Verwirklichung unserer Wünsche.

Wenn wir das eingesehen haben, wird uns leichter begreiflich, warum manche Menschen erst ihre Wünsche verwirklichen, nur um dann alles wieder zu verlieren und schlechter dazustehen als vorher, warum andere überhaupt nichts erreichen und wieder andere das Gegenteil von dem bewirken, was sie wollen.

Davon ausgehend können Sie wie ich fragen: *Warum scheinen die meisten Leute unfähig zu sein, sich den inneren Genius nutzbar zu machen und sich die Wirklichkeit zu erschaffen, die sie verdienen?*

Der Vergleich mit dem Müllcontainer liefert den ersten Anhaltspunkt zur Beantwortung dieser Frage. Der Müll, den manche Menschen in ihrem Geist mit sich herumtragen, würde Angst und Schrecken hervorrufen, wenn er öffentlich sichtbar wäre.

In den Briefen von Allen Boone an den berühmten Film-Schäferhund Strongheart alias Etzel heißt es: »Ein schrecklicher Anblick – wenn die Gesichter der Leute ebenso unvollkommen aussehen wie ihr Geist.« Ich würde es so ausdrücken: »Ein schrecklicher Anblick – wenn die Gesichter der Leute ebenso grotesk aussehen wie die schlimmsten Ausgeburten ihres Geistes.«

Ich stelle mir gern eine Welt voller Freude, Frieden, Ausgewogenheit und Harmonie vor. Aber das ist nicht einfach in Anbetracht einer allem Anschein nach gefühllosen, grausamen Natur. Während ich das denke, wird mir bewusst, dass ich die Natur vermenschliche, also wende ich mich in Gedanken wieder den Menschen zu, aber da treffe ich auf so fürchterliche Sachen, im Vergleich zu denen der Löwe, der das Lamm schlägt, harmlos ist. Wie können wir denn Frieden, Ausgewogenheit und Harmonie finden? Wie erreichen wir spirituelle Aufrichtigkeit und verbinden sie im rechten Maß mit mentalen und emotionalen Inhalten, um eine friedvolle, ausgewogene und harmonische *Welt* zu schaffen?

Für manche bedeutet eine Verwirklichung ihrer Ziele Autos, Swimmingpools, Häuser, Reichtümer, Sex und die Erfüllung anderer Gelüste. Für den aufrichtig Spirituellen geht es zuerst um Frieden, Ausgewogenheit und Harmonie und dann um Gesundheit und individuelles Glück. Das sind komplexe Themen, deren Benennung allein nicht viel aussagt, so können wir die Sache auf sich beruhen lassen, indem wir sagen: Das Leben jedes Menschen hat einen bestimmten Sinn, und in dem Bestreben, diesen Sinn zu finden, erleuchtet er sich und seine Umwelt.

Zurück zum eigentlichen Punkt: Der Geist ist sowohl Zündung als auch Bremse. Als Erstes am Morgen schlage ich die Augen auf und halte Selbstgespräche. Vielleicht kreisen meine Gedanken um einen Traum, oder sie beschäftigen sich sofort mit den neuen Plänen des Tages.

Der Geist geht gleich daran, die Maschinerie der Gedanken,

Überzeugungen, Ambitionen, Ziele und so weiter in Gang zu setzen. Dieser konstante Bewusstseinsstrom aus Selbstgesprächen informiert uns über unsere Stimmungen, Einstellungen, Vorlieben, Abneigungen und noch vieles mehr. Es ist dieser Bewusstseinsstrom, der dem Inhalt unseres »Müllcontainers« entspricht.

Eine Warnung

Zu Anfang dieses Kapitels haben wir uns den *Genius*, einen dienstbaren Geist in unserem Innern, vorgestellt. Ich bin überzeugt, dass dieser innere Genius tatsächlich existiert, aber wenn Sie das nicht glauben, ist es auch in Ordnung. Ich will Ihnen nur zeigen, dass dieser Genius immer schon am Werk ist, auch wenn Sie denken, es handelt sich bloß um ein ausgetüfteltes System zum Reichwerden. Um genauer zu sein: Je schlimmer Ihr Leben Ihnen erscheint, umso höher ist die Wahrscheinlichkeit, dass der Genius schwer arbeitet, um all Ihre Ängste (Emotionen), Gedanken (Erwartungen) und spirituellen Einsichten (»Lieber motzen als kotzen«) zu bedienen. Genau auf diese Weise werden unsere Hoffnungen und Ambitionen abgewürgt. Schon hat sich Ihr Geist in einen Würger verwandelt.

Um meinen Standpunkt angemessen zu illustrieren, muss ich deutlich sagen, dass der Wille uns bisweilen in dunkle Winkel führt. Ich war jahrelang als Kriminologe tätig. In dieser Zeit habe ich Lügendetektortests durchgeführt, Ermittlungen geleitet, forensische Hypnose betrieben und dergleichen mehr. Ich erinnere mich noch gut an einen Fall, in dem ein junger Mann des sexuellen Missbrauchs und Mordes an seiner Mutter beschuldigt wurde. Das war eins der finstersten und teuflischsten Verbrechen, mit denen man sich überhaupt befassen kann. Mir wurde ab und zu kotzelend, während ich alles, was ich über diesen Fall herausbekommen konnte, rekonstruierte. Der Beschuldigte war bereits wegen des Verbrechens verurteilt worden, als ich eingeschaltet wurde. Die Moral von meiner Geschichte ist folgende: Der Junge hatte das Verbrechen gar nicht begangen, und das wiesen wir nach. Er ist heute frei. Hätte ich mich geweigert, die sogenannten »dunklen Seiten« zu untersuchen, hätte alles ganz anders ausgehen können, denn es war hauptsächlich den Ergebnissen meiner Ermittlungen zu verdanken, dass er freikam.

Noch einmal: Wenn wir Argumente liefern wollen, müssen wir wie die Kriminalbeamten ein paar üble Dinge auf uns nehmen. Ich wünschte, es gäbe einen anderen Weg, aber es gibt keinen. Hingegen gibt es so viele Fehlinformationen, dass unsere Argumente, ob pro oder kontra, in jeder Hinsicht über alle Anfechtungen erhaben sein müssen. Das heißt manchmal, einer Sache ganz auf den Grund zu gehen.

Es gab eine Zeit in meinem Leben, da habe ich mich um gute Kontakte (Informanten) auf der Straße bemüht. An diese Kontakte zu kommen konnte bedeuten, in die Lokale dieser Leute zu gehen und sich dort anzupassen. Wenn Sie mir an diese finsteren Orte folgen, verspreche ich Ihnen, dass Sie daraus mit einem tieferen Verständnis von uns Menschen und der Welt ringsum hervorgehen werden. Aber ich warne Sie, denn wenn Sie völlig naiv und gutgläubig sind und es auch bleiben wollen, sollten Sie besser bleiben, wo Sie sind. Klappen Sie das Buch gleich wieder zu. Sollten Sie jedoch, wie die meisten Leute, aufrichtig verstehen wollen, wie Ihre Entscheidungen vorprogrammiert werden, wie Ihr Denken beeinflusst wird und wie Sie tagtäglich zu etwas überredet werden oder andere zu etwas überreden, dann lesen Sie weiter. Das alles und noch mehr können Sie den folgenden Seiten entnehmen.

Noch eine Warnung: Einige Teile dieses Buches sind nichts für Kinder. Bitte halten Sie das Buch von Kindern fern. Es ist nicht das *Kamasutra* und handelt auch nicht von erotischen Abenteuern, aber es werden ein paar brutale psychologische Fakten und Missbrauchsmöglichkeiten sichtbar gemacht. Bestimmt ist manches von dem, was folgt, abstoßend, und dafür möchte ich mich schon jetzt entschuldigen. Ich weiß aber auch, dass Sie wirklich über einen dienstbaren Geist in Ihrem Innern verfügen. Sobald Sie sich daranmachen, den Müll aus dem Container zu entfernen, sobald Sie die Kräfte Ihrer Großhirnrinde nutzen, um das weitere Abladen von Müll in Ihrem Geist zu verhindern, und sobald Sie die einfachen Mittel kennen, um den Müll zu entsorgen, hat sich die Reise mehr als gelohnt.

> *Der Genius in Ihrem Innern ist Ihr Geburtsrecht.*
> *Und die Herrlichkeit des Schöpfers zu manifestieren,*
> *indem Sie Ihren Lebenssinn verwirklichen,*
> *ist das höchste und beste Geschenk,*
> *dass Sie dem Geber machen können.*

Ein Teil meines Lebenssinnes war es immer, die unlautere Anwendung von Beeinflussungsmethoden zu enthüllen und zu unterbinden, gleichzeitig aber dafür zu sorgen, dass diese Methoden auf richtige Weise kultiviert und angewandt werden können. Ich hoffe, Sie werden am Ende dieses Buches finden, dass ich meinem erklärten Ziel treu geblieben bin, zumindest teilweise.

Zusammenfassung

Unser Geist ist die Quelle unserer Vorstellungen und Ambitionen. Ich habe die Fähigkeit unseres Geistes, uns ein Leben nach unseren Wünschen zu gestalten, mit dem Bild eines dienstbaren Geistes veranschaulicht. Zugang zu diesem *Genius* zu finden ist allerdings nicht so leicht. Wir halten uns gern für die Krone der Schöpfung, dabei sind uns primitive Automatismen eingeprägt. Das Leben, Druck vonseiten Gleichaltriger, Enkulturation und die vorsätzliche Manipulation dieser Automatismen, das alles nimmt Einfluss auf unseren inneren Genius. Infolgedessen kommt es uns mitunter so vor, als entziehe sich das Leben unserer Kontrolle. Wo hat die Manipulation eigentlich eingesetzt?

2

Werden wir manipuliert?

Wenn du ein Stern sein willst, musst du dein eigenes
Licht ausstrahlen, deine eigene Bahn ziehen und darfst keine
Angst vor der Dunkelheit haben, denn dort leuchten die
Sterne am hellsten.

Anonym

Ich bin kein Verschwörertyp und halte im Allgemeinen auch
nichts von sogenannten Verschwörungstheorien. Aber ist nicht
in einer Welt, in der die Möglichkeit zur Manipulation besteht,
die Frage, ob wir manipuliert werden, angebracht?

Die Antwort lautet: »Natürlich werden wir manipuliert.« Jeden Tag werden wir von irgendjemandem manipuliert, und das
wahrscheinlich schon unser Leben lang. Unsere Kleiderwahl, die
Autos, die wir fahren, die Nahrungsmittel, die wir essen, unsere
Freizeitaktivitäten, unsere Ansichten und selbst die Brille, durch
die wir uns selbst sehen, all das ist so beschaffen, dass es unmöglich ist, unsere Identität getrennt von dem Prozess zu sehen, der
uns dahin gebracht hat, wo wir heute sind. Worte wie *Enkulturation*, *Ethnozentrismus*, *Egozentrik* und andere geben der Vermutung Ausdruck, dass unsere Umwelt unsere Eindrücke und Persönlichkeit prägt und infolgedessen auch unsere Urteile und
Überzeugungen. Die meisten Manipulationen dieser Art gelten
als Fakten des Lebens, und das sind sie im Grunde auch.

Propaganda definiert der Merriam-Webster als »(1) die Verbreitung von Ideen, Informationen oder Gerüchten zu dem Zweck, eine Institution, Sache oder Person zu stärken oder zu schwächen; (2) Ideen, Fakten oder Behauptungen, die absichtlich verbreitet werden, um die eigene Sache voranzubringen oder die Gegenseite zu schädigen«. In der Vergangenheit ist öffentliche Propaganda dazu benutzt worden, ganze Gesellschaften von der Richtigkeit rechtswidrigen Tuns zu überzeugen. So weit kennen die meisten von uns die Geschichte, aber wissen Sie auch, woher die Propaganda stammt und in welchem Maße man sich ihrer bedient? Wie es möglich ist, ganze Völker dazu zu verführen, alle moralischen und ethischen Bedenken über Bord zu werfen, wie es die ganze Welt während des Holocausts miterlebte?

Wie werden vernünftige Menschen davon überzeugt, dass vernunftwidriges Handeln richtig und gerecht ist? Was schlummert in der Psychologie der Massen, das gemeinsame Aktionen auslöst, die mit den Überzeugungen des Einzelnen unvereinbar sind? Gibt es Menschen, Gruppen, Unternehmen und Regierungen, die diese menschlichen Schwächen erkennen und ausbeuten wollen? Ist es dumm oder einfach nur naiv, an so etwas nicht zu denken?

Wo sollen wir anfangen? Müssen wir den ganzen Weg bis zur Wiege der Menschheit zurückgehen, oder können wir mit etwas beginnen, das unserer Zeit näher ist? Für unsere Zwecke will ich mit der Geschichte von Edward Bernays und dem beginnen, was wir heute Propaganda nennen.

Die Geburt der Propaganda

Zu Beginn des 20. Jahrhunderts stellte Bernays' Onkel, der berühmte Psychotherapeut Sigmund Freud, seine Theorie eines dynamischen, aktiven, Entscheidungen treffenden unbewussten Geistes auf. Der bedeutende amerikanische Philosoph und Psy-

chologe William James lehnte dieses Modell ab. Er vertrat in seinen *Principles of Psychology*[3] die Auffassung, dass der Geist einzig
auf bewusste Prozesse beschränkt sei und dass sogenannte unbewusste Vorgänge »rein physischer Natur« seien. Er behauptete,
für die beiden unterschiedlichen Arten des Bewusstseins seien
bloß »metaphysische Substanzen« verantwortlich: Das Bewusstsein sei die Krönung der menschlichen Vernunft, das Unbewusste
eine reine Körperfunktion.

James' Werk (erschienen 1890), das seiner Zeit weit voraus war,
hat zwar als echter Klassiker der Verhaltensforschung überlebt,
doch seine Ablehnung eines intelligenten Unbewussten war ein
Fehler. Mit der Zeit und nach vielen Auseinandersetzungen ist
klar geworden, dass der Geist weitgehend aus einem Unbewussten
besteht, welches das Bewusstsein mit dem versorgt, was es denken
soll. Entsprechende Forschungen wurden 1967 von Benjamin
Libet durchgeführt und sind wiederholt bestätigt worden, zuletzt
von John-Dylan Haynes vom Bernstein Center for Computatio-
nal Neuroscience in Berlin: Bei einer Messung der Gehirnleis-
tung, die zum Moment der bewussten Entscheidung führt, konnten die Wissenschaftler an bestimmten Signalen ablesen, dass die
Versuchspersonen etwa 10 Sekunden, bevor sie absichtlich eine
Bewegung ausführten, sich bereits dazu entschlossen hatten. In
etwa 70 Prozent der Fälle konnten die Forscher außerdem voraussagen, welchen Knopf die Studenten drücken würden.[4]

Es war also das Unterbewusstsein, das Bernays anzapfen wollte.
Er nannte seinen Ansatz der Meinungsformung »engineering of
consent«, und da er seine Methode durch die Theorie seines On-
kels Sigmund Freud begründete, konnte er sie mit dem Wort *wissenschaftlich* schmücken. In seinem einflussreichsten Buch *Propaganda* behauptet Bernays, dass die Manipulation der Massen eine
absolute Notwendigkeit für die Demokratie und ihre Wirtschaft
sei, da sie nur so funktionieren könnten:

Die bewusste und intelligente Manipulation der organisierten Gewohnheiten und Meinungen der Massen ist ein wichtiges Element in
der demokratischen Gesellschaft. Diejenigen, die diesen verdeckten
Mechanismus der Gesellschaft manipulieren, setzen eine unsichtbare
Regierung ein, welche die wahre Herrschermacht unseres Landes ist.
Wir werden beherrscht, unser Denken wird kanalisiert, unser Ge-
schmack wird gebildet und unsere Ideen werden uns suggeriert, und das
überwiegend von Männern, von denen wir nie etwas gehört haben ...
In fast jeder Handlung unseres Lebensalltags, ob im Bereich von Politik
oder Wirtschaft, Sozialverhalten oder Ethik, werden wir von einer relativ kleinen Anzahl von Personen beherrscht, ... die die mentalen Prozesse und die sozialen Muster der Massen verstehen. Sie sind es, die die
Fäden ziehen und so das öffentliche Denken bestimmen.[5]

Für unsere Zwecke ist es wichtig zu verstehen, dass laut Freud
nicht nur ein intelligentes Unbewusstes Einfluss nimmt, sondern
dass es vor allem die Sexualität ist, die bei der Persönlichkeitsentwicklung und der Herausbildung von unbewussten Strategien
und Abwehrmechanismen eine zentrale Rolle spielt. Diese Erkenntnis prägte im Lauf der Zeit die Welt der Werbung auf nahezu allen Ebenen.

Die Freud'sche Psychologie

An dieser Stelle dürfte ein kurzer Überblick über die Psychologie
Freuds hilfreich sein. Freud verband die psychische Reifung mit
dem Sexualtrieb und sprach von der »psychosexuellen Entwicklung«. Nach seiner Ansicht verändert sich mit der Sexualenergie
auch die psychische Reifung. Freud nennt drei Entwicklungssta-
dien: die orale, die anale und die phallische Phase.

Grundthema ist die »polymorphe Perversion«, die Fähigkeit,
allen Teilen des Körpers erotische Lust abzugewinnen. In den drei
Phasen findet das Kind sein Vergnügen auf eine Art und Weise,

die bei einem Erwachsenen für pervers gehalten würde. Das erste Stadium ist die orale Phase. In den ersten beiden Lebensjahren ist das Kind auf orale Befriedigung bedacht. Die zweite wird als anale Phase bezeichnet und geht mit dem Toilettentraining einher, das ein Kind meist im Alter von zwei oder drei Jahren durchmacht. Das dritte Stadium ist die phallische Phase, die normalerweise im Alter von drei bis sechs Jahren durchlebt wird und in der das Kind erste geschlechtliche Lustgefühle erfährt.

Wenn die Entwicklung vorzeitig ins Stocken gerät, kann das Kind als Erwachsener auf einer der genannten Ebenen stecken bleiben. Für Freud äußern sich Probleme in der ersten Phase beim Erwachsenen in dem Bedürfnis, zu rauchen oder viel zu essen. Ursache könnte eine unvollständige orale Phase sein, etwa zu frühes Abstillen, Strafen während des Stillens (zum Beispiel ein Klaps, wenn das Kind beim Stillen beißt) oder zu langes Stillen, das in manchen Fällen bis ins dritte Stadium anhält. Probleme in der zweiten Phase entstehen meistens als Folge von Bestrafungen des Kindes während des Töpfchentrainings. Sie führen oft zu einer analen Fixierung. In der dritten Entwicklungsphase betrachtet das Kind, so Freud, den Elternteil gleichen Geschlechts als Rivalen, der mit ihm um die Gunst des andersgeschlechtlichen Elternteils buhlt, woraus der Ödipus- und der Elektrakomplex resultieren.

Außerdem ist nach Freuds Theorie die Persönlichkeit in drei Instanzen gegliedert: das *Es*, das *Über-Ich* und das *Ich*. Das Es ist zuerst entstanden, es ist triebhaft, strebt nach Lustgewinn und vermeidet nach Möglichkeit Schmerz. Es schließt sowohl den Lebenstrieb als auch den Todestrieb in sich ein. Und es steckt hinter dem Sexualtrieb, denn die Fortpflanzung ist Teil des Lebenstriebes. Hier hat Freuds Begriff der Libido seinen Ursprung; da die Libido sowohl das Leben als auch dessen Gegenteil einbegreift, können sich libidinöse Impulse auch als Todestrieb äußern. Das

ist wichtig zum Verständnis der subliminalen Inhalte von Printmedien, denn auch Sterbe- und Todesszenen tauchen oft unterschwellig in der Werbung auf.

Das Über-Ich ist die autoritäre innere Stimme unserer Enkulturation. Es ist der Sitz des durch Sozialisation bedingten »Sol-
lens« oder »Müssens«. Das Über-Ich versucht uns Moral einzu-
trichtern und spricht durch unser Gewissen zu uns.

Das Ich vermittelt zwischen den triebhaften Begierden des Es,
die oft mit den sittlichen Normen der Gesellschaft kollidieren,
und dem Drängen des Über-Ichs, sie zu unterdrücken. Es eröffnet
meistens Möglichkeiten, die mehrheitlich sozial akzeptiert werden. So findet zum Beispiel die Sexualität ihren Ausdruck in der
Ehe statt in rein triebhafter Form, vorausgesetzt, es handelt sich
um einen sozial angepassten Menschen.

Wenn starke Konflikte zwischen dem Es und dem Über-Ich
auftreten, kommt beim Ich einer der unterschiedlichen Abwehrmechanismen zur Anwendung, um das betreffende Ereignis aus
dem Bewusstsein zu löschen, aber der Konflikt bleibt im Unterbewusstsein bestehen.

Das Ich ist ein Konstrukt des Geistes. Normalerweise verankert es sich erst während des Individuationsprozesses, wenn wir
etwa zwei Jahre alt sind, mit tiefen Wurzeln in uns. Die Fachliteratur ist voll von Aufzählungen und Kategorisierungen der verschiedenen Aktivitäten, die im Bewusstsein auftreten können.

Bewusstseinskategorien

Für unsere Zwecke genügt es, das Bewusstsein in vier Kategorien
zu unterteilen: Vorbewusstes, Bewusstes, Unterbewusstes und
Unbewusstes.

1. Das **Vorbewusste** ist ein Teil unserer Erinnerung bzw. ein Wissen, auf das wir zurückgreifen können, das uns im Augenblick aber nicht bewusst ist.

2. Das **Bewusste** ist all das, was uns voll und ganz bewusst ist.

3. Das **Unterbewusste** liegt unterhalb der Bewusstseinsschwelle und ist uns im Allgemeinen verborgen.

4. Das **Unbewusste** ist dem Zustand des Tiefschlafs oder Komas vergleichbar und möglicherweise der Teil des Geistes, der nach Ansicht von C. G. Jung, dem Begründer der analytischen Psychologie, immer – durch eine Art Telefonleitung oder Verbindungskabel – auch am kollektiven Bewusstsein teilhat.

Zu den Abwehrmechanismen des Ichs gehören Verleugnung, Repression, Regression, Projektion, Sublimation, Reaktionsbildung und Verdrängung. Wie sich in den nachfolgenden Kapiteln zeigen wird, können diese Mechanismen, wenn sie die Form der Wahrnehmungsabwehr annehmen, das Augenscheinliche verbergen. Doch ob wir mit Freuds Theorien übereinstimmen oder nicht, ist für unsere Zwecke unerheblich. Wichtig ist nur, dass wir, wenn wir dieses Schema verstehen, erkennen können, warum bestimmte Bilder – auch Tabus – absichtlich von Werbetreibenden und anderen benutzt werden, um uns zu manipulieren. In Kapitel 3 befassen wir uns ausführlicher mit den Abwehrmechanismen, den dabei angewendeten Strategien und den Prinzipien der Kooperationsbereitschaft oder Willfährigkeit (*Compliance*), denen jeder ausgesetzt ist. Fürs Erste wollen wir jedoch mit der Geschichte von Edward Bernays und seiner Propaganda fortfahren.

Die Revolution in der Werbung

Bernays wollte eine Kommunikationsform entwickeln, mit deren Hilfe die stumme Masse manipuliert werden kann. Dazu führte er Freuds Theorien auf eine Weise weiter, der die heutige Psychologie noch immer hinterherhinkt. Bernays setzte Freuds Erkenntnisse in die wissenschaftliche Praxis um, indem er Verhaltensforscher die Reaktionen von Menschen auf verschiedene Reize untersuchen ließ. Gruppen wurden hinsichtlich ihrer Reaktionen auf bestimmte Worte, Bilder und anderes getestet, und anschließend wurden nach einer ausgeklügelten Auswertung Werbekampagnen ausgearbeitet und neue Versuche angestellt. Unnötig zu erwähnen, dass seine Methoden sehr erfolgreich waren.

Bernays revolutionierte Werbung, Vermarktung und Öffentlichkeitsarbeit. Dieser Mann, der 1995 starb, gilt weithin als »Vater der Public Relations«. Sein Einfluss machte sich über siebzig Jahre lang geltend, und zu seinen Kunden zählten viele große Unternehmen, Politiker und Publizisten. 1929 organisierte er die Fünfzigjahrfeier zur Erfindung der Glühlampe. Mit dem »Goldjubiläum des Lichts« (*Light's Golden Jubilee*) wurde Thomas Edison als deren Urheber gewürdigt, und die Feier war so erfolgreich, dass sie Edison für alle Zeiten als Erfinder der Glühlampe festschrieb, obwohl dieses Verdienst eigentlich dem Engländer Joseph Swan zukommt.

Edward Bernays war nicht allseits beliebt. Er gab dem Wort »Propaganda«, das ursprünglich »wahrheitsgetreue Aufklärung zur Aufhebung von Unwissenheit und Fehlinformation« bedeutete, seinen heutigen Sinn, der bei den meisten Menschen Argwohn weckt. Die Geringschätzung und Arroganz, mit der er die »kleinen Leute« betrachtete, trug ihm in der Öffentlichkeit eine gewisse Verachtung ein. Das Wichtigste aus unserer Perspektive jedoch ist die Tatsache, dass Bernays es schaffte, Sozialwissenschaften und Marketing so zu verschmelzen, dass daraus mehr gute Psychologen mit Marketingkenntnissen als gute Marketingberater mit psychologischen Kenntnissen hervorgingen.

Wie der Anwalt und Autor August Bullock schreibt, wurden in den USA schon gegen Ende der Fünfzigerjahre schätzungsweise eine Milliarde Dollar pro Jahr in die Motivforschung gesteckt und weitere zehn Milliarden in die Werbung allgemein, enorme Ausgaben, wenn man bedenkt, dass damals ein Brot 17 Cent kostete. In seinem fesselnden Buch *The Secret Sales Pitch*[6] (»Die geheime Verkaufstechnik«) beschrieb er anschaulich, wie diese Motivforschung bisweilen vor sich ging. Ein kurzer Blick auf einige der Internetfragen enthüllt, welch großes Interesse die Wissenschaftler an den unbewussten Gründen für den Konsum verschiedener Güter hatten. Zum Beispiel fragten sie: »Was sind Ihre frühesten Erinnerungen im Hinblick auf Plätzchen?« oder: »Welche Gefühle weckt Plätzchenessen bei Ihnen?« Diese Interviews, so Bullock, wurden obendrein oft gefilmt und dann von einem Forscherteam analysiert.

Die Regale der Buchläden quellen über von Büchern, in denen Ideen und Methoden propagiert werden, die für die meisten Menschen eine Beleidigung darstellen. Die Marketingexperten behaupten, sie wüssten, was wir wollen, und sie gehen nach landläufiger Meinung mitunter brutal vor, um sicherzustellen, dass wir es auch bekommen. Aus Büchern wie *The Secret Sales Pitch* oder auch aus Bernays' eigenem Werk *Propaganda* wird die unmissverständliche Botschaft der Werbeagenturen klar: Die Menschen sind dumm und darum am besten bedient, wenn sie manipuliert werden. Oder wie Bernays es ausdrückt: »Die Demokratie liegt in den Händen einer intelligenten Minderheit, die weiß, wie die Massen reglementiert und geführt werden können.«

In ihrem Buch *Age of Propaganda*[7] (»Zeitalter der Propaganda«) weisen die Autoren Pratkanis und Aronson mit verschiedenen

Beispielen nach, wie scheinbar unbedeutende Kleinigkeiten, die für eine Sache eigentlich irrelevant sein müssten, eine Entscheidung beeinflussen können, selbst solche tiefgreifenden Entscheidungen wie die, ein Volk in den Krieg zu führen. So zeigen sie, wie kaum merkliche Ähnlichkeiten unter Umständen eine Verbindung zwischen heutigen Situationen und historischen Entscheidungen herstellen können. Zum Beispiel werden bei zwei US-Präsidenten, die aus demselben Staat kommen, die Handlungen des einen, sobald er sich in einer ähnlichen Situation befindet wie der andere, mit denen des Vorgängers verglichen.

Nach Bernays betrat George Orwell mit seinem Klassiker *1984*[8] die Bühne. Er sah eine Zukunft voraus, in der die Massen vom Großen Bruder, dem *Big Brother*, regiert werden, dessen Regime zur Beobachtung und Kontrolle der Öffentlichkeit die Technik einsetzt. Orwells utopischer Roman erschien 1949; der Autor starb nur fünf Jahre später, ohne zu wissen, wie prophetisch sein Buch war.

1946 gründete der Werbefachmann Ernest Dichter in New York das Institut für Motivforschung. Er hatte für Chrysler sowie Procter & Gamble gearbeitet und definierte seine Anwendung der Motivforschung als »qualitative Forschung zur Aufdeckung der unterbewussten oder verborgenen Motive, die das Kaufverhalten eines Konsumenten bestimmen«.[9]

Dichter wird zugeschrieben, das Tiefeninterview entwickelt zu haben. Er war davon überzeugt, dass kaum jemand freiwillig offenlegt, warum er etwas kauft, oder dass er es nicht artikulieren kann. Mithilfe von Tiefeninterviews wurden Assoziationen, Ideen, Emotionen usw. erforscht. Diese Art der Konsumentenforschung feiert übrigens gerade eine Art Comeback.

Der Streit um die Subliminaltheorie

Im Jahre 1957 behauptete James Vicary, ein Marktforscher aus New Jersey, den Absatz bestimmter Produkte dadurch erhöht zu haben, dass er in Kinofilmen unterschwellige Werbebotschaften wie »Iss Popcorn« oder »Trink Cola« einblenden ließ. Die subliminale Kommunikation und deren Theorie waren nicht ganz neu; die Akademiker hatten sich schon eine Weile damit befasst. Bereits seit dem ausgehenden 19. Jahrhundert waren verschiedene Formen von unterschwellig wirkenden Reizen und ihr Einfluss auf den Menschen untersucht worden. Neu war das offene Bekenntnis zur heimlichen Anwendung dieser Methoden in der Öffentlichkeit mit dem Ziel der persönlichen Gewinnsteigerung. Wohlgemerkt, bis dahin hatte es in wissenschaftlichen Kreisen kaum Auseinandersetzungen um subliminale Informationen gegeben. Meinungsverschiedenheiten löste nur die Frage aus, wie viel Einfluss ein Reiz haben dürfte, in welchem Umfang das Verhalten geprägt oder gesteuert werden könnte, wie lang die Reizwirkung anhalten dürfte usw. Grundsätzlich – und das ist der entscheidende Punkt – war man sich einig, dass (durch akustische, visuelle oder kinästhetische Reize) unterschwellig wirkende Informationen vermittelt werden können, die sowohl das Denken als auch das Handeln entsprechend der Art des Reizes beeinflussen.

1957 ist auch das Jahr, in dem Vance Packards Buch *Die geheimen Verführer*[10] erschien, das es schon Ende der Sechzigerjahre schaffte, in die Liste der Pflichtlektüre vieler Highschools aufgenommen zu werden, obwohl es auch viele Kritiker auf den Plan rief. Packard zitierte aus einem Artikel der Londoner *Sunday Times* über ein Kino in New Jersey, wo mitten im Film für Bruchteile von Sekunden Eiskremwerbung eingeblendet wurde, die eine anders nicht zu erklärende Verkaufssteigerung bei Speiseeis auslöste. Die Zeitung nannte diese Methode »subliminale Beeinflussung«.

Bei entsprechenden Nachforschungen leugnete James Vicary, jemals in diesem Kino Probeläufe von subliminalen Popcorn-, Cola- oder Eiskrem-Werbespots durchgeführt zu haben. Ob das stimmte oder nicht, ist nie überprüft worden. Wir wissen nur, dass er es hätte tun *können*, aber vielleicht behauptete er es auch nur, um die entsprechenden Produkte seiner Firma »Precon Processing« besser zu verkaufen.

1990 wurde in einem Verfahren gegen die (heute berüchtigte) Heavy-Metal-Band Judas Priest wegen des Tatverdachts der widerrechtlichen Tötung in Reno, Nevada, konstatiert, dass unterschwellige Impulse aus dem Album *Stained Class* der Band für den Selbstmord zweier junger Männer mitverantwortlich gewesen sein könnten. Im Text kam die unterschwellige Aufforderung »Do it!« vor, eine offene Ermutigung zur Selbsttötung, und die beiden Jugendlichen hatten den Song sehr oft gehört, bevor sie loszogen, um Selbstmord zu begehen. Der eine hatte damit Erfolg, der andere überlebte mit grausam entstelltem Gesicht und starb erst drei Jahre später.

Damals wurde in allen Medien unablässig versichert, so etwas wie unterschwellige Informationen gäbe es nicht, und wenn es sie gäbe, würden sie nicht funktionieren. Es wurde sogar behauptet, Subliminalmethoden seien reiner Schwindel.

Wenn die Entwicklung der Subliminaltheorie einmal im Rahmen des Rechts- und Sozialgefüges der damaligen Zeit betrachtet wird, liegt der Schluss nahe, dass sie in den Neunzigerjahren des 20. Jahrhunderts einen schweren Stand hatte, denn vielen war daran gelegen, die Öffentlichkeit von der Absurdität subliminaler Kommunikation zu überzeugen. Etwas anderes zu glauben sei letztlich paranoid. Vielleicht sind all die Indizien und Belege wirklich ein Riesenzufall – oder auch nicht.

Die Autoren Pratkanis und Aronson schreiben in ihrem Buch weiter:

Letztlich entspricht der Glaube an subliminale Beeinflussung dem Bedürfnis vieler Menschen. In unserem Propagandazeitalter werden den Bürgern kaum Kenntnisse über die möglichen Arten der Beeinflussung vermittelt. Infolgedessen sind soziale Grundvorgänge für viele irritierend und verwirrend. Subliminale Beeinflussung wird als irrationale Kraft dargestellt, die der Empfänger der Botschaft nicht kontrollieren kann. So erhält sie eine übernatürliche Qualität (»Der Teufel muss mich geritten haben«), die rechtfertigen und erklären könnte, warum Amerikaner so oft dazu gebracht werden, sich irrational zu verhalten. Warum habe ich bloß diesen Ramschartikel zu einem so hohen Preis gekauft? Subliminale Hexerei.

Beim Sichten meines Belegmaterials werden Sie sehen, dass wiederholt der Versuch gemacht wurde, diejenigen lächerlich zu machen, die auf die Effizienz subliminaler Kommunikation hingewiesen haben. So zitiert eine selbsternannte, gut organisierte »Entlarvergruppe« den Autor H. L. Mencken wie folgt: »Ein Lacher ist mehr wert als tonnenschwere Logik.« Das heißt im Klartext: Wenn man jemanden dazu bringen kann, über eine These zu lachen, braucht man keine intelligenten und überzeugenden Gegenargumente mehr zu liefern.

Die Fachliteratur zeigt allerdings eindeutig, dass Subliminaltechniken Realität sind. Informationen, die auf diese Weise übermittelt werden, suggerieren bestimmte Meinungen und Entscheidungen, beeinflussen das Verhalten und anderes mehr. Eine Metaanalyse der bisher durchgeführten Studien zeitigt klare und unwiderlegbare Ergebnisse, die für eine subliminale Beeinflussung sprechen.[11] Dennoch bleibt die breite Öffentlichkeit skeptisch, sie ist fest davon überzeugt, dass niemand sie so gefühllos und zynisch behandeln würde, wie Edward Bernays es vorgegeben hat.

Manipulieren uns andere Menschen, um Profit zu machen? In dem Dokumentarfilm *Programming the Nation?* überlässt Regisseur Jeff Warrick die Antwort dem Zuschauer. Ich werde es mit meinen Lesern genauso halten.

Um verstehen zu können, wie, wann, wo und warum wir manipuliert werden können, ist eine eingehendere Untersuchung der Abwehrmechanismen und Willfährigkeitsprinzipien erforderlich.

Zusammenfassung

Die Manipulation ist ein Fakt im Leben. Allerdings treiben einige Gruppierungen das Manipulieren auf die Spitze. Ein ganzer Forschungsbereich, von Edward Bernays begründet, ist dem Verständnis der primitiven Mechanismen unseres Denkens gewidmet, nur um uns auszubeuten. Was sind das für Abwehrmechanismen und Willfährigkeitsprinzipien, die in uns verwurzelt sind und uns für Manipulationen anfällig machen?

3

Willfährigkeitsprinzipien und Abwehrmechanismen

Wir haben verloren, weil wir uns eingeredet haben,
wir hätten verloren.

Leo Tolstoi

Wir tun oft Dinge, die unseren Werten zuwiderlaufen und gegen unsere Interessen sind. Sicher kennen Sie Leute mit Erfahrungen dieser Art, die sie teuer zu stehen kamen. Vielleicht haben die Betreffenden zu viel Geld für Autos, Schuhe oder anderes Spielzeug ausgegeben. Betrüger, Handelsvertreter und andere sind oft Spezialisten in Sachen Manipulation. Warum werden wir ihre willfährigen Opfer? Wie treffen wir Entscheidungen? Was blockiert unsere Entscheidungsfindung? In diesem Kapitel werden wir die Strategien der Manipulation, die Abwehrmechanismen im Bereich der Wahrnehmung und die systematisch angewandten Mittel, kontrollierte Reaktionen hervorzurufen, untersuchen.

Darüber hinaus werden wir uns mit ethischen Fragen in Bezug auf die Ausnutzung der Kooperationsbereitschaft (*Compliance*) befassen. Wann sind Strategien zur Steigerung der Kooperationsbereitschaft notwendig, angemessen und moralisch vertretbar? Worin unterscheidet sich Ausbeutung von einer vertretbaren Motivierung anderer, einem nützlichen Verkauf von Gütern oder einer sinnvollen Beeinflussung der Menschen um einen herum?

Das Motto dieses Kapitels wird Ihnen im Gedächtnis bleiben. Man kann sich besser herausreden als sich selbst verstehen. Warum braucht es so lange, etwas zu verstehen?

Vielleicht kennen Sie Leute, die unter Hypnose zu einer bestimmten Reaktion angeregt wurden, die sie dann im Nachhinein vernünftig zu erklären versuchten. Sie führen Gründe an, warum sie sich so merkwürdig verhalten haben, und stellen es so dar, als gebiete es der gesunde Menschenverstand, den Geldbeutel hervorzuholen und damit Baseball zu spielen. Danach fühlen sie sich wohler. Kaum jemals kommen sie auf die Idee, ihr Verhalten könnte durch die Hypnose suggeriert worden sein.

Das nachträgliche Begründen funktioniert! Außerdem kaschiert es wertvolle Einsichten. An irgendeinem Punkt tun Sie etwas, das eigentlich gar nicht Ihre Art ist. Wenn Sie von einer oberflächlichen Begründung Ihres Tuns absehen, wird Ihnen unter Umständen ein Licht aufgehen. Sie können mit dem beginnen, was Sie aus diesem Buch erfahren.

Kooperationsbereitschaft: Warum habe ich das getan?

Jeden Tag werden Versuche unternommen, uns zu beeinflussen. Manches davon ist zu unserem Vorteil, anderes nicht. Manche Leute können uns helfen, Suchtverhaltensweisen aufzugeben, andere verdienen dickes Geld damit, uns süchtig zu machen. Wie viel wissen Sie darüber, wie diese Dinge geschehen?

Wir befinden uns häufig in Situationen, in denen unsere Kooperationsbereitschaft ausgenutzt wird. Kaum merkliche Manipulationen können sogar unter den Augen geschulter Profis geschehen. Nehmen wir einmal an, jemand könnte uns dazu bewegen, ein bestimmtes Produkt zu kaufen, in einen Club einzutreten oder einem Wildfremden zu gestatten, eine Reklametafel in unserem Vorgarten aufzustellen und nicht einmal dafür zu bezahlen. Das klingt lachhaft?

Regierungen, Firmen und Kirchen kennen längst Methoden, andere willfährig zu machen. Und seit Urzeiten werden die Massen auf diese Art bewegt. Die Prinzipien einer solchen Beeinflussung beruhen einfach nur auf »Schnelltasten«, die wir benutzen, um unser Verhalten zu regeln. Und aus genau diesem Grund sind es Machtprinzipien.

Lockvögel

Als Jugendlicher bin ich von Tür zu Tür gegangen und habe Nähmaschinen und Staubsauger verkauft. Meine Arbeitgeber bildeten mich darin aus, bei den Kunden Kaufbereitschaft zu wecken, und ich ließ mich willig schulen. Ich musste viel zu diesem Thema lernen.

Damals waren sogenannte Lockvogelmethoden legal. Oder besser gesagt, sie waren *nicht verboten*. Es begann immer mit einem Angebot, das zu gut war, um wahr zu sein. Anfang der 1960er Jahre hingen Käufe auf Kredit von einer Anzahlung ab, die damals 10 Prozent betrug. Kredit wurde dann freizügig gewährt, aber eine Anzahlung zu bekommen, erwies sich als der schwierigste Teil für den Verkäufer, deshalb entwickelte meine Firma ein System, um an dieses Geld heranzukommen.

Wie ging das? Mutmaßliche Kunden wurden durch Gewinnspiele ermittelt. Verlosungen in örtlichen Lebensmittelläden, Suchbild-Wettbewerbe in der Sonntagszeitung unter dem Motto »Zähl die versteckten Gesichter« und andere Werbemaßnahmen dienten diesem Zweck. Jemand erhielt den ersten Preis. Alle anderen gewannen den zweiten Preis, einen Gutschein über 170 Dollar, der zum Kauf einer neuen Nähmaschine berechtigte, die landesweit für 199,99 Dollar angepriesen und in einer beliebten Zeitschrift beworben wurde. Für nur 29,99 Dollar konnte also jeder Gewinner des zweiten Preises in den Genuss einer neuen Nähmaschine kommen! Ein tolles Geschäft!

Die Nähmaschine für 29,99 war natürlich totaler Schrott. Im Kofferraum meines Wagens befand sich jedoch ein Spitzenmodell, das landesweit für 499 Dollar angepriesen wurde. Als Gewinner des zweiten Preises konnte man die minderwertige Maschine, die man gerade erstanden hatte, in Zahlung geben und für nur 299 Dollar Aufpreis das Spitzenmodell erwerben. Und hatte bereits die 10 Prozent Anzahlung von 29,99 Dollar geleistet! Danach brauchte man bloß noch 10 Dollar pro Monat zu entrichten, bis der Restbetrag von 299 Dollar abbezahlt war. Obwohl die erste Nähmaschine nur 29,99 Dollar gekostet hatte, wurde sie zum vollen Wert dieses Modells, dessen Preis im ganzen Land bekannt war, in Zahlung genommen! Ein Supergeschäft!

Diese Verkaufsmethode funktionierte so gut, dass sie verboten wurde. Sie werden schon richtig vermutet haben, dass die landesweite Werbung für das minderwertige Modell nur zu diesem Zweck geschaltet worden war. Niemand hat je versucht, eine dieser Maschinen zu dem in den Anzeigen ausgewiesenen überhöhten Preis zu kaufen.

Schmutzige Wäsche

Kurz bevor ich zwanzig wurde, hörte ich mit dem Klinkenputzen auf und verdingte mich bei einer großen Einzelhandelsfirma. Auch diese Firma arbeitete mit Lockangeboten, aber unter anderen Bedingungen. Zum Beispiel wurde ein Wäschetrockner für

88 Dollar angepriesen, aber das Gerät wurde zurückgehalten, war also praktisch »unverkäuflich«. Nur wenn ein Kunde es unbedingt haben wollte, durfte ich es verkaufen, aber wenn zu viele von diesen 88-Dollar-Geräten das Werk verließen, musste ich mir möglicherweise einen neuen Job suchen – nicht wegen des Verkaufs preiswerter Geräte, sondern wegen Inkompetenz.

Bei seinem Lockvogelangebot bediente sich der Händler der Methode »Teures billiger verkaufen«. Und das geht so: Ein Angestellter zeigt einem Kunden den teuersten Wäschetrockner des Hauses und beschreibt ihm alle Neuerungen und Vorzüge des Gerätes, wobei er den Preis von 400 Dollar erst ganz zum Schluss nennt. Dann sagt er mit gespielter Ehrlichkeit: »Wissen Sie, ich werde nicht dafür bezahlt, Ihnen das Geldausgeben auszureden, aber sehen Sie sich mal den neuen Trockner da drüben an. Das ist das Vorjahrsmodell. Nichts ist verändert worden, außer dass die Schalter und Knöpfe jetzt etwas anders aussehen. Dafür spart es Ihnen aber über 100 Dollar ein. Dieser Trockner kann das Gleiche wie der, den ich Ihnen eben vorgeführt habe, aber er ist viel billiger. Sie müssen selbst entscheiden. Möchten Sie wirklich mehr ausgeben und das diesjährige Modell haben?«

Zwei Dinge sind an dieser Masche zu beachten: (1) Dem Kunden wird Kooperationsbereitschaft suggeriert, und (2) seine Aufmerksamkeit wird auf die Einsparung gelenkt. (Hier treffen mehrere Compliance-Kriterien zu, die ich später genauer beschreibe.) Erstens: Der Verkäufer wirkt ehrlich. Er hätte sogar sagen können: »Ich mag Sie, und ich wollte Ihnen diesen Trockner eigentlich gar nicht zeigen, weil wir nur noch ein Stück davon haben. Sie sollten nicht denken, dass ich das nur sage, um Sie zum Kauf zu drängen.« Beim Kunden entsteht der falsche Eindruck von Integrität. Nur wenige durchschauen die Lüge. Warum? Weil wir uns Freundschaft wünschen, weil wir gemocht werden wollen, weil wir ein Schnäppchen machen wollen und weil er uns einen Gefallen tut und uns seine Kompetenz zugutekommen lässt. Verkäufer machen sich viel Arbeit und geben sich große Mühe, alles, was sie können, in diese kurzen Gespräche zu packen.

Als Zweites wird durch die Verkaufsvorführung erreicht, dass die Aufmerksamkeit des Kunden auf die *Einsparung* gelenkt wird. Kein Gedanke mehr daran, dass dieser Trockner 249 Dollar und damit 161 Dollar *mehr* kostet als der ursprünglich angepriesene 88-Dollar-Trockner. Nein, im Visier ist jetzt der *geringere* Preis, erheblich geringer als der des Trockners, der all die wunderbaren Dinge kann, die sich der Kunde wünscht. Der Kunde hätte unendlich viele andere Möglichkeiten, Geld auszugeben, aber stattdessen beschränkt er sich jetzt und denkt daran, mit weniger mehr zu erreichen.

Meine Firma setzte auf drei Schulungskriterien: Produktkenntnis, Enthusiasmus und Motivation. Verkaufstechnik wurde kaum gelehrt. Mein Absatz erregte bald Aufmerksamkeit. Die Firma beförderte mich, und ich wurde selbst Ausbilder. Ich schulte andere, und auch deren Verkaufserfolge nahmen zu.

Prinzipientreue und konsequentes Verhalten

Eine Technik beruht auf Regeln, mit denen bestimmte Ergebnisse erzielt werden. Durch Einhaltung der Regeln können Leute dazu gebracht werden, einer Aufforderung bereitwillig nachzukommen.

In der Literatur findet man unterschiedliche Kategorien für die Prinzipien und Regeln der Kooperationsbereitschaft bzw. *Compliance*. Robert Cialdini beschreibt in seinem wärmstens empfohlenen Buch *Einfluss*[12] sechs davon eingehend. Ich selbst erkläre neben Cialdinis sechs noch ein paar weitere. Machen Sie sich auf Begriffe wie Konsequenz, Reziprozität, soziale Bewährtheit, Assoziation, Konditionierung, Affinität, Autorität, Knappheit, Trieb und Rechtfertigung gefasst.

Am Anfang dieses Kapitels habe ich gefragt, ob wir unter Umständen einem Wildfremden gestatten würden, unentgeltlich eine Reklametafel in unserem Vorgarten aufzustellen. Einen Versuch zu genau dieser Situation beschreibt Cialdini. Ein freiwilliger Mitarbeiter der beiden Versuchsleiter ging von Haus zu Haus und bat die jeweiligen Besitzer, eine Petition »Haltet Kalifornien schön!« zu unterschreiben. Ein paar Wochen später besuchte ein anderer Mitarbeiter dieselben Leute und bat sie, eine Reklametafel in ihrem Vorgarten aufstellen zu dürfen, auf der für mehr Sicherheit im Verkehr geworben wurde. Die Versuchsleiter Jonathon Freedman und Scott Fraser stellten fest, dass 76 Prozent derer, die zuvor die Petition unterzeichnet hatten, die Reklametafel bei sich aufstellten, während es bei den Hauseigentümern, die nicht gebeten worden waren, die Petition zu unterschreiben, nur 17 Prozent waren. Die erste Handlung, der die Hausbesitzer zugestimmt hatten – ihre Unterschrift unter eine harmlose Petition zu setzen –, appellierte offenbar an ihren Bürgersinn und weckte ihren Willen zum Engagement. Die erste harmlose Entscheidung führte bei der überwiegenden Mehrheit, nur weil diese konsequent sein wollte, zu der zweiten Entscheidung. Das heißt, sie hatten einmal ja gesagt und meinten nun, noch einmal ja sagen zu müssen. Ein kleines Engagement führte zum nächstgrößeren.

Innerlich *sind* Menschen gern konsequent und nach außen hin *erscheinen* sie gern konsequent. Einmal angenommen, ein Kunde betritt die Elektroabteilung eines Kaufhauses und fragt: »Haben Sie diesen Kühlschrank auch in Herbstgold?«

Verkäufer lernen, eine solche Frage nicht einfach nur mit »ja« zu beantworten. Vielmehr lernen sie, darin schon den möglichen Verkaufsabschluss zu sehen und ihrerseits zu fragen: »Sie wollen ihn in Herbstgold?«

Natürlich reagieren die meisten Kunden darauf mit »ja«. Mit jeder anderen Antwort würden sie Zeit verschwenden – ihre eigene und die des Verkäufers. Sobald diese Vorentscheidung getroffen und ausgesprochen worden ist, treibt die Notwendigkeit, konsequent zu bleiben, den Kunden zur Beantwortung der nächsten Frage, zum Beispiel: »Passt Ihnen die Auslieferung am Dienstag oder besser Donnerstag?« Der Handel ist perfekt, ohne dass weiter über Kühlschränke gesprochen werden müsste. Der Kunde ist nie zum Kauf aufgefordert worden. Stattdessen baut jede Frage auf der vorausgesetzten Kaufbereitschaft auf. Der Kunde bleibt konsequent: »Ja, ich möchte ihn in Gold, und Dienstag passt mir besser.«

Die Kooperationsbereitschaft bei der Lügendetektion

Ich wechselte rechtzeitig vom Verkaufsgeschäft zu verschiedenen Informations- und Sicherheitsdiensten und befasste mich mit Abfrage- und Verhörtechniken. Schließlich erwarb ich eine Lizenz zur Durchführung von Lügendetektortests. Als Ermittler und Fachmann für Lügendetektortests wandte ich bei Verhören verschiedene Compliance-Techniken an. Warum um Himmels willen sollte jemand ein Verbrechen gestehen, das ihn für Jahre hinter Gitter bringen würde? Warum sollte er freiwillig Aussagen machen, durch die er überführt werden könnte?

Das folgende Gespräch macht Tatverdächtige zu Kandidaten für einen möglichen Meineid. Es ist eigens dazu angelegt, sie zum Lügen zu verführen. Später wird es dazu benutzt, sie in dem Verlangen zu bestärken und zu steuern, ihre Ehrlichkeit und Aufrichtigkeit unter Beweis zu stellen und die Gründe, die zum Begehen einer Straftat geführt haben könnten, zu rechtfertigen. Kleine Eingeständnisse führen zu großen Geständnissen.

Stellen Sie sich einmal vor, Sie wollten sich einem Lügende-
tektortest unterziehen. Der Prüfer schaut Ihnen in die Augen –
mit festem Blick und freundlichem Lächeln – und sagt: »Sie sind
ja nicht hier, um mich anzulügen, oder?«

»Nein.«

»Sie wollen mir also heute die Wahrheit sagen?«

»Ja.«

»Gut, Sie sehen wie ein ehrlicher Mensch aus, und ich bin auf
Ihrer Seite. Mithilfe dieses Tests können wir Ihre Unschuld beweisen. Das wollen Sie doch, nicht wahr?«

»Ja.«

»Schön, ich will Ihnen glauben. Sie sehen aus wie ein guter
Mensch. Ich werde alle Fragen, die ich Ihnen heute stellen will,
offenlegen, bevor ich sie Ihnen im Test stelle. Ich werde sie
gründlich mit Ihnen durchgehen und möchte, dass Sie es mir sagen, falls eine Frage Sie beunruhigt. Das ist wichtig, denn wenn
sie Ihnen Sorgen bereitet, sehe ich das in den Testergebnissen,
auch wenn es nur eine Kleinigkeit ist – vielleicht etwas, das gar
nichts mit diesem Fall zu tun hat. Halten wir also fest: Sie sagen
mir, wenn Sie etwas beunruhigt. Okay?«

»Klar.«

»Na schön. Sie sind nicht die Sorte Mensch, die lügt und
stiehlt. Richtig?«

»Richtig.«

»Sie würden also niemanden anlügen, der Ihnen vertraut, oder
eine solche Person bestehlen, nicht wahr?«

»Nein!«

»Gut. Heute will ich Ihnen die folgende Frage stellen: Haben
Sie jemals jemanden belogen, der Ihnen vertraute? Später werde
ich Sie fragen: Haben Sie schon einmal etwas gestohlen, sagen
wir im Alter zwischen zehn und zwanzig?«

Das obige Gespräch greift auf viele Compliance-Prinzipien zurück. Eine ausweichende Antwort erzeugt noch stärker als bei einem Verkaufsgespräch Unbehagen. Man könnte die Fragen kaum anders beantworten. Wie der Prüfer weiß, belügt jeder irgendwann in seinem Leben seine Mutter, seinen Vater, seine Geschwister, seinen Partner oder seine Partnerin – Menschen, die ihm vertrauen. Fast jeder hat schon einmal etwas gestohlen, und seien es nur ein paar Cent von den Eltern. Die Befragung bringt den Kandidaten in eine Lage, die der Prüfer zu diversen Zwecken ausnutzen kann.

Die Prinzipien der Compliance

Was für einen praktischen Nutzen könnte dies haben? Um eine Antwort zu finden, wollen wir uns einmal die elf Prinzipien der Compliance anschauen.

1. Gesellschaftliche Werte

Gesellschaftliche Werte gehören zu den festesten Prinzipien des Menschen und kollidieren oft mit persönlichen Wünschen. Diese Werte bilden die eigentliche Struktur der Gesellschaft. Politiker und Geschäftemacher spielen auf der Klaviatur dieser Überzeugungen, Sehnsüchte und der daraus resultierenden Konflikte wie Musiker. Gesellschaftliche Werte, egoistische Interessen und das Spannungsfeld dazwischen sind das Fundament der Compliance-Prinzipien.

2. Gegenseitigkeit

Studien haben gezeigt, dass der Akt des Gebens das Bedürfnis weckt, sich erkenntlich zu zeigen. Ich weiß noch, wie »little green pigs« nach diesem Prinzip verkauft wurden. Die »grünen Schweinchen« waren Staubsauger, und der Vertreter schenkte einem eine Literflasche der Lieblingslimonade, wenn man ihm die Tür öffnete. Das Verkaufsgespräch lief etwa so: »Ich habe ein Geschenk für Sie. Welche von diesen Limonaden mögen Sie am liebsten?« Dann bekam man das Gewünschte ausgehändigt. Während man die Flasche in der Hand hielt und der Vertreter auf der Türschwelle stand, kam die nächste Frage: »Haben Sie schon einmal vom ›grünen Schweinchen‹ gehört?« Von da an verschlimmerte jede Antwort die Situation nur noch ... es sei denn, man wollte wirklich alles über diesen Staubsauger, die Krone aller Staubsauger, erfahren. Dadurch, dass man das Getränk angenommen hatte, fühlte man sich verpflichtet. Das Mindeste war, dem jungen Mann fünf Minuten Zeit zu schenken und sich anzuhören, was er einem über das »grüne Schweinchen« erzählte.

Ein Geschenk zu erhalten, ob es sich um einen warmen Händedruck, eine Insiderinformation oder die Werbegeschenke von heute handelt, bedeutet, dass man ein Gegengeschenk schuldet. Cialdini spricht vom »alten Geben und Nehmen ... und Nehmen«.

3. Soziale Bewährtheit

Händler führen gern möglichst viele positive Bewertungen ihrer Produkte durch treue, zufriedene Kunden an. Kirmeslosverkäufer stellen ihrem Publikum die Gewinner großer Plüschtiere vor. Händler und Politiker legen oft wie Prediger den Keim zu Massenbekehrungen, indem sie in unterschiedlichen Intervallen ganze Heerscharen von Strohmännern antreten lassen, um den Eindruck einer spontanen Volksbewegung hervorzurufen. Wir glauben, dass etwas wahr sein muss, wenn viele Leute ihm zustimmen, und dass es dann bestimmt gut und wünschenswert ist. Vor nicht allzu langer Zeit glaubten schließlich noch alle, dass die Erde eine Scheibe sei.

Soziale Bewährtheit hat einen besonders festen Stand in einer Demokratie. Diese Überzeugung in Zweifel zu ziehen heißt, die Zukunft infrage zu stellen.

4. Assoziation

Durch Assoziation werden mit einem Produkt oder Ziel angenehme Gefühle verbunden. Wir sehen Politiker mit Apfelkuchen, Babys und der amerikanischen Fahne. Wir sehen tolle Männer und Frauen an den unwahrscheinlichsten Orten mit der unwahrscheinlichsten Kleidung, nur damit ihr Bild mit dem betreffenden Produkt verknüpft wird.

Wie bei all diesen Prinzipien sollte man auch hier über das Augenscheinliche hinausschauen. Nehmen wir zum Beispiel einmal eine von Cialdini zitierte Studie, in der der Einfluss von bekannten Kreditkartenlogos auf das Kaufverhalten untersucht werden sollte. Sie wurde von dem Forscher Richard Feinberg durchgeführt und kam zu dem Ergebnis, dass die Testpersonen 29 Prozent mehr im Versandhandel kauften, wenn sie ein bekanntes Kreditkartenlogo im Versuchsraum sahen. Eine andere Studie von Feinberg zeigte auf, dass Collegestudenten auch öfter für eine Wohltätigkeitsorganisation spendeten, wenn ein Kreditkartenlogo im Raum zu sehen war. Nur 33 Prozent der Studenten spendeten, wenn kein Kreditkartenlogo da war, während 87 Prozent spendeten, sobald das Logo da war – und das ungeachtet der Tatsache, dass Kreditkarten für die Spende gar nicht akzeptiert wurden. Die Assoziation allein steigerte die Spendenwilligkeit.

Werbeleute benutzen auch Klang, seit Langem für seine affektive Wirkung gerühmt, insbesondere Musik. Vielleicht sind Sie in einem Alter, in dem Sie noch die alte Fernsehwerbung für Marlboro kennengelernt haben, bei der die Titelmusik aus dem Klassiker *Die glorreichen Sieben* verwandt wurde. Dieser Spot assoziiert die Gefühle, die Film und Musik wecken, mit dem Rauchen von Marlboro-Zigaretten.

Fernsehproduzenten blenden bei Comedy-Sendungen Lachsalven ein, obwohl viele Zuschauer das gar nicht merken. In unserer Kultur werden Klänge und Geräusche oft absichtlich überhört.

Klang spricht unsere Urnatur an. Unsere ersten Kenntnisse über die Außenwelt erhalten wir durch Geräusche, die wir im Mutterleib wahrnehmen.

Meine eigene Arbeit hat sich eine Zeitlang auf ein Gebiet konzentriert, das ich »Audioreize« nenne. Eins meiner Forschungsprojekte, das eine Firma in Nevada finanzierte, umfasste die Geräusche, die ein Glücksspielautomat macht. Zieht der Klang von Münzgeld, das in eine Auffangschale aus Metall fällt, Spieler an? Wir meinten, ja. Können Geräusche die Spielzeit verlängern und dem Spieler ein Spaßgefühl vermitteln, auch wenn er Geld verliert? Wir meinten, ja.

Unterschätzen Sie auch das harmloseste Merkmal bei einem Produkt oder einer Anzeige nicht. Die dahintersteckenden Firmen geben jedes Jahr Milliarden nur zu dem Zweck aus, Sie durch Anwendung ihrer Kenntnisse geschickt zu manipulieren.

5. Konditionierung und Assoziation

Manche Autoren verbinden Konditionierung und Assoziation miteinander. Sie kommen auch gern im Zweierpack. Die Kreditkartenlogo-Studie geht von einer Verknüpfung von Kreditkarten mit Freude aus, einem Konditionierungsprinzip, während vorausgegangene negative Erfahrungen mit einer Kreditkarte die Spendenbereitschaft dämpften.

Ich selbst trenne diese beiden Prinzipien, weil die klassische Konditionierung über unterschwellige Reize geschieht. Zum Prinzip der Assoziation gehört, dass die Reize zumindest teilweise bewusst erkannt werden, was auf unterschwellige Reize eben nicht zutrifft. Mit anderen Worten: Obwohl die Reize wie bei einer klassischen Konditionierung mit einer Reaktion verbunden sind, werden sie vom Bewusstsein nicht erkannt.

Werden zum Beispiel Versuchspersonen immer wieder unterbewusst mit den Porträts anderer Menschen konfrontiert, finden sie die Dargestellten allmählich nett. Je öfter die subliminale Beeinflussung erfolgt, umso mehr Gefallen finden sie bei einer späteren Begegnung an den Betreffenden.

Viele Formen der Assoziation entgehen der bewussten Wahrnehmung, ohne notwendigerweise subliminal zu wirken. Wir verfügen über Abwehrmechanismen in der Wahrnehmung, die uns bisweilen die Augen verschließen. Was die Assoziationen betrifft, die absichtlich in die meiste Werbung eingebaut werden, so können bestimmte unbewusst bleibende Assoziationen an existierende Konditionierungen anknüpfen und sich mit ihnen zu einer neuen Konditionierung verbinden.

6. Affinität

Je stärker wir uns mit einem anderen Menschen identifizieren und je wohler wir uns in seiner Gegenwart fühlen, umso lieber mögen wir ihn oder sie und umso öfter kommen wir seinen Bitten nach. Etwas so Offensichtliches auszusprechen erscheint vielleicht lachhaft, aber das Affinitätsprinzip hat Nuancen, die den meisten von uns unbekannt sind. Es enthält einige Automatismen.

Die Wissenschaft der neurolinguistischen Programmierung (NLP) beginnt oft mit einem konditionierten Beziehungsaufbau (*Rapport*). Der Prozess wird in Nachahmen (*Matching*), Abgleichung (*Pacing*) und Führung (*Lead*) unterteilt. *Nachahmung* ergibt sich durch die Übernahme des Sprachstils, der Gebärden usw. einer Person. *Abgleichung* wird durch Weitermachen in dieser Richtung erzielt, und die *Führung* wird durch eine neue Geste oder einen neuen Tonfall erreicht. Solange andere Ihrem Beispiel folgen, können Sie sie weiter führen. Dann besteht eine innere Beziehung (*Rapport*) zwischen Ihnen.

NLP ist eine sehr effektive Methode, die inzwischen überall Anwendung findet, bei den Fachleuten des Gesundheitswesens ebenso wie bei Verkaufsorganisationen, politischen und religiösen Gruppierungen. Die Letztgenannten bilden den Hauptabsatzmarkt für Bücher über dieses Thema. Dieses hochwirksame Instrument funktioniert fast genauso wie die Reflexreaktion der Knie. (Eingehendere Informationen zum Thema finden Sie in den Büchern von Richard Bandler und John Grinder.[13]) Die Fähigkeit zur Beziehungs- und Affinitätsbildung wird durch die NLP-Methoden der mentalen Programmierung so verstärkt, dass nahezu jeder Vernehmungsbeamte im Land schon Bekanntschaft damit gemacht hat.

Ein Gefühl von Verbundenheit entwickelt sich häufig unter Kooperationsbedingungen. Wir alle wissen, dass sich in der Politik oft merkwürdige Partnerschaften bilden und dass es die Strategie gibt, eine zusammengewürfelte Gruppe durch einen gemeinsamen Feind innerlich zu einen. In vielen US-Fernsehwerbespots heißt es:»Grippesaison, und ein neues gefürchtetes Virus geht um. Auch in Ihrer Stadt! Vielleicht trifft es Sie, aber keine Angst, es gibt ja XYZ.« Zuerst ängstigt uns der Spot mit der Bedrohung durch ein neues Virus, dann macht er aus dieser Bedrohung einen gemeinsamen Feind, und als Nächstes verspricht er Abhilfe durch ein Arzneimittel, das zu uns hält.

Der Lohn der Genesung scheint schwerer zu wiegen als der Vorteil des Gesundbleibens. Ich sehe darin einen hinterhältigen Missbrauch von Compliance-Prinzipien. Ich meine, dass Spots wie dieser Geschäfte mit dem Kranksein machen. Tatsächlich habe ich mir schon oft ein Test-Szenario dafür überlegt, das ungefähr so funktioniert:

Mit allen Mitteln der Überzeugungskunst wird das Fernsehvolk in Bild und Ton beeinflusst. Ein Schauspieler im Arztkittel informiert die Öffentlichkeit darüber, dass gerade eine neue Krankheit identifiziert wurde. Die Krankheit weist natürlich ganz allgemeine Symptome auf – Abgeschlagenheit, Unruhe, gelegentliche Kopfschmerzen, Juckreiz, ein Ziehen (vor allem im Rücken und in den Gliedern) und manchmal trockene Haut, außerdem Reizbarkeit und Depressionen. Sie wird zu einer bisher unbekannten Krankheit erklärt, die allerdings sehr verbreitet und möglicherweise bedenklich ist. Bekräftigt und ausgeschmückt wird diese Aussage durch die Einschätzung, dass möglicherweise eine große Zahl von Menschen unter dieser Krankheit leidet, ohne je eine entsprechende Diagnose erhalten zu haben, geschweige denn behandelt worden zu sein. Zum Schluss wird mit eingängigen Sprüchen das Heilmittel – Tabletten oder Tropfen – angeboten, und schon kann man zuschauen, wie alles in die Apotheken stürmt.

Sie halten das nicht für möglich? Vor Kurzem erschien unter *www.msnbc.com* ein Artikel mit der Überschrift »Ohne Anzeigen könnten die ruhelosen Beine sich einfach davonmachen«. Der Titel sagt schon alles. Zitiert wird Dr. Christopher J. Early, außerordentlicher Professor für Neurologie an der Johns-Hopkins-Universität. Early schreibt: Das Syndrom der unruhigen Beine (Restless Legs Syndrome oder RLS) ist ein gutes Beispiel für eine Erkrankung aus heiterem Himmel.« Zuerst gab es einen Fernsehspot, in dem so allgemeine Symptome beschrieben wurden, dass fast jeder das eine oder andere aus eigener Erfahrung kannte, und dann wurde Abhilfe versprochen (ein Heilmittel). Sofort setzte ein Run auf das Mittel ein. Als die Werbung aufhörte, war auch das Ende der Krankheit abzusehen. Nicht dass es kein solches Leiden gäbe, aber seine angebliche Verbreitung war so übertrieben worden, und die Symptome waren so beliebig, dass viele Menschen sich angesprochen fühlten.

7. *Autorität*

Autorität, Autorität, Autorität. Das klingt fast so wie das Erfolgsgeheimnis für den Einzelhandel: Lage, Lage und nochmals Lage. Wohin wir uns heute auch wenden, immer belehrt und informiert uns eine Autorität – eine Autorität, der wir schließlich unser Leben anvertrauen. Wie haben wir eigentlich ohne die vielen Experten überleben können?

In den 1960er Jahren führte der Sozialpsychologe Stanley Milgram einen der bedeutendsten Versuche der Geschichte durch.[14] Nichts ahnende Freiwillige erhielten die Anweisung, anderen »Versuchsteilnehmern« (es handelte sich in Wirklichkeit um Milgrams Forschungsassistenten), die mit Stromkabeln an Stühle gefesselt waren, bis zu 450 Volt starke Elektroschocks zu geben. Wenn eine banale Aufgabe wie etwa ein Gedächtnistest nicht gelöst wurde, sollte eine Bestrafung durch Stromstöße erfolgen. Die von den Stromstößen betroffenen Versuchspersonen protestierten gegen die Steigerung der Voltzahl mit Schmerzensschreien und dem Hinweis auf ein schwaches Herz.

Was hätten Sie von den Leuten erwartet? Was würden Sie tun? Die Autoritätsperson, der Forscher im weißen Kittel, bestand auf stärkeren Schocks. Die Freiwilligen gehorchten. Die Macht der Autoritätsperson war so Ehrfurcht gebietend, dass sie den schweren seelischen Konflikt der Ausführenden überwog. Deren innerer Kampf war nicht zu übersehen: Die Gesichter erblassten, die Leute schwitzten, zitterten und weinten, aber sie führten gehorsam die Anweisung aus, die Voltzahl zu erhöhen, selbst nachdem sich ein »Opfer« tot stellte.

Niemand wollte glauben, was da geschehen war. Milgrams Experiment wurde kopiert, nur um nachzuweisen, dass er sich irrte, aber die Ergebnisse waren die gleichen. Das Experiment in autorisierter Folter zeitigte, unabhängig von Rasse, Geschlecht, Kultur, Sprache, Nationalität, Bildungsgrad und anderen variablen Merkmalen der Probanden, immer gleiche Ergebnisse. Cialdini verweist auf ein ähnliches Forschungsergebnis von Höfling, Brotzman und anderen, das im *Journal of Nervous and Mental Disease* veröffentlicht wurde.[15] In dieser Studie riefen die Forscher 22 Schwesternstationen an. Sie gaben sich als Ärzte aus und wiesen die jeweilige Schwester an, einem Patienten 20 Milligramm eines Mittels namens Astroten zu verabreichen. In 95 Prozent der Fälle führte die Krankenschwester die Anweisung aus, obwohl sie den selbsternannten Arzt vor dem Telefonat nie getroffen, gesehen oder gesprochen hatte. Außerdem war das von den Forschern angegebene Mittel nicht auf der Medikamentenliste des Krankenhauses, und die Dosierung war doppelt so hoch wie das auf der Verpackung angegebene Tagesmaximum von 10 Milligramm. Die Forscher klärten die Krankenschwestern rechtzeitig auf, bevor sie das Mittel verabreichen konnten.

Dieses Experiment weckt ungute Gefühle bei mir. Krankenschwestern machen eine jahrelange Ausbildung durch, und doch befolgten sie blindlings irgendwelche Anweisungen. Die Anordnungen einer wildfremden, unbestätigten Autorität setzten alles Gelernte außer Kraft.

Alles auf dieser Welt wird uns zum Teil aufgrund von Autoritätsgehorsam verkauft. Manchmal müssen wir uns in unserer hochtechnisierten Gesellschaft auf solche Expertenmeinungen verlassen, aber blinder Gehorsam ist absolut unangebracht. Zum Glück reagieren immer mehr Menschen argwöhnisch auf Autorität. Noch wichtiger aber ist, dass uns die moderne Technik gestattet, Informationen und sogenannte Expertenmeinungen sehr schnell zu überprüfen.

8. Seltenheitswert

Das letzte Stück – greifen Sie zu! Jetzt oder nie! Nur begrenzte An-
zahl! Warten Sie nicht länger! Lassen Sie sich das nicht entgehen! Nur
für kurze Zeit! Nur noch heute! Bestellen Sie gleich – Lieferung nur
solange Vorrat reicht! Das sind nur einige der vielen Behauptungen, es handle sich um Mangelware, und sie tauchen überall in
der Werbung auf, ob es um Gewürzgurken oder um Strumpfhosen
geht. Warum lässt sich unsere Kaufbereitschaft durch die angebliche Knappheit steigern? Die Antwort: aus *Gier*.

Knapp, selten und ähnliche Attribute bedeuten für die meisten Menschen, dass die Dinge wertvoll sind. Die Wirtschaftswis-
senschaft definiert Wert als die Beziehung zwischen Angebot und
Nachfrage – also Verknappung. Ein Sprichwort drückt es treffend
aus: Die Kirschen in Nachbars Garten schmecken immer süßer.
Wir alle wollen, was wir nicht haben, aber nur so lange, bis wir es
haben. Je größer die Nachfrage, desto knapper natürlich das Produkt. Was dessen Wert betrifft, bauen wir auf die soziale Bewährtheit: Das Produkt muss gut sein, wenn die Nachfrage so hoch ist.
Oder nicht?

Niemand will zu kurz kommen. Jeder hat schon einmal von jemandem gehört, der eine einmalige Chance verpasst hat. Die
Knappheit treibt die Preise hoch und regt die Kunden dazu an,
Geld auszugeben. Allerdings ist nicht jede Knappheit eine Sache
begrenzter Zeit, Vorräte usw. Wer die Menschen mit den Prinzipien der Compliance manipuliert, kann auch andere Arten von
Knappheit propagieren.

Als ich noch Verhöre durchführte, ließ ich oft fallen, wie selten Ehrlichkeit anzutreffen sei. Schließlich wird die Ehrlichkeit
nicht in Prozent gemessen. Entweder man ist ehrlich, oder man
ist es nicht; darin ähnelt Ehrlichkeit der Treue. Kaum jemand
hat Interesse an einem Partner oder einer Partnerin, die nur zu
90 Prozent treu ist. Die fehlenden 10 Prozent werden immer

Probleme machen. Zu erwähnen, dass es allgemein schwerfällt, ehrlich zu sein, um dann von der Aufrichtigkeit des Befragten zu sprechen, bringt diesen dazu, ehrlich zu sein. Die Knappheit hat, wie andere Compliance-Prinzipien auch, viele subtile Varianten, die selbst von Fachleuten nur schwer auszumachen sind.

Eine andere Taktik, die zu diesem Prinzipienkomplex gehört, sind Meldungen, dass ein Artikel nicht mehr verkauft wird. Verlage wissen, dass sich die Bücher am besten verkaufen, die auf irgendeiner schwarzen Liste stehen.

9. Triebe

Triebe sind die angeborenen Grundbedürfnisse des Menschen. In der Psychologie werden oft vier menschliche Grundtriebe genannt: *Kampf-, Flucht-, Ernährungs- und Sexualtrieb*. Ich neige zu der Auffassung, dass wir uns durch das moderne Merchandising und die Ratenzahlung weiterentwickelt haben. Infolgedessen gibt es nach meiner Ansicht fünf Triebkräfte. Die fünfte heißt schlicht und ergreifend: *mehr!*

Fügen Sie dieses Element zu den ersten vier hinzu, und Sie werden sehen, dass niemand jemals genug hat; jeder will mehr. Das *Mehr* an sich und für sich allein ist wünschenswert geworden. *Mehr* wird heutzutage gleichgesetzt mit Macht, Prestige, Status, Seelenruhe usw. Es bezeichnet Qualität ebenso wie Quantität. Mithalten ist die Devise.

Experten wissen, wie diese Triebe entsprechend den Compliance-Prinzipien geweckt und benutzt werden können. Wenn Compliance-Fachleute jemanden auf subtile Art zu überzeugen wünschen, wenden sie triebbezogene Strategien an, die stets auf Gefühle der Verletzlichkeit, Unterlegenheit, Loyalität usw. anspielen. Wenn etwas beängstigend (Flucht), brutal (Kampf), erfüllend (Nahrung) und/oder erotisch (Sex) ist, verkauft es sich gut. Sind all diese Kräfte vereint, findet es reißenden Absatz!

Ist ein Produkt nichts von alledem, werden sein Absatz und sein Image zumindest durch Assoziation mit diesen Attributen verbessert. Cialdini führt eine Studie[16] von Smith und Engel an, bei der Männer, die eine Anzeige für ein neues Automodell vorgelegt bekamen, in der neben dem Auto auch ein verführerisches junges Model zu sehen war, diesen Wagen als schneller, ansprechender, teurer aussehend und besser designt beurteilten als Männer, die die gleiche Autowerbung ohne die junge Frau sahen. Als die Männer der ersten Gruppe zu der Anzeige und ihrer Reaktion darauf befragt wurden, wiesen sie die Möglichkeit weit von sich, dass die verführerische junge Frau auch nur das Geringste mit ihrer Bewertung des Wagens zu tun gehabt haben könnte.

10. *Rechtfertigung*

Rechtfertigung ist das Prinzip, dass in bestimmten Situationen mildernde Umstände für radikale Maßnahmen geltend gemacht werden. Tatsächlich gibt es einen Grundsatz in unserer Rechtsprechung, der genau diesem Prinzip entspricht. Rechtfertigung ist wahrscheinlich das am häufigsten übersehene Compliance-Instrument. Ein exzellentes Beispiel für seine Macht ist ein älterer Fernsehwerbespot. Der Zuschauer sieht eine Frau, die sich mit den tausenderlei Aufgaben eines absolut hektischen Tages abplagt: einkaufen, putzen, sich um die Kinder kümmern, Bankgeschäfte erledigen und so fort. Gegen Abend entspannt sich die (sehr hübsche und verführerische) Frau in einem Schaumbad. Mit dem Spot wird ein Badezusatz beworben, und der Schlusssatz lautet: »Lassen Sie sich von XYZ entführen.« Es ist ein ausgezeichneter Spot, der mehr als ein Compliance-Prinzip bedient. Doch letztlich ist es die Rechtfertigung des Genießens, die diesem Spot seine Wirksamkeit verleiht. Wie sonst sollte man einen Badezusatz verkaufen?

Die Geschichte kennt abscheuliche Ereignisse. Von den Deutschen, die das jüdische Volk auszulöschen versuchten, bis hin zu den Jim-Jones-Anhängern und ihrem Massenselbstmord, immer wieder gibt es Leute, die sich vollkommen irre verhalten. Warum tun sie das? Sie haben einen Grund. Jeder Grund ist ihnen recht. Könnten Sie sich etwas Fadenscheinigeres denken als die Rechtfertigung der Folter im Milgram-Experiment? Die Menschen brauchen einen Grund zum Handeln, und diese Wahrheit hat auch etwas Gutes. Viktor Frankl,[17] der ein Konzentrationslager der Nazis überlebte, zitiert zu diesem Thema Friedrich Nietzsche: »Wer ein Warum hat, dem ist kein Wie zu schwer«. Wir müssen selber einen Grund finden – unser eigenes *Warum* –, sonst tut es jemand anderes.

11. Compliance vs. Information

Gut informiert zu sein schützt uns nicht unbedingt vor der Macht dieser Prinzipien. Auch Informationen haben den größten Teil ihrer Kraft, weil sie automatisch wirken. Sie stellen sich nicht als Folge des Nachdenkens über eine Sache ein. Vielmehr spricht Cialdini von einer mechanischen Reaktion: klick, klack.

Er und andere Sozialwissenschaftler betrachten diesen Mechanismus als Notwendigkeit. Normalerweise profitieren wir vom Umgang mit Leuten, die wir mögen, die uns immer mal wieder einen Gefallen tun, die Autorität besitzen und so weiter. Was würde geschehen, wenn wir all diese Muster einfach umkehrten? Denken Sie einmal darüber nach. Wir greifen in unserem Leben auf diese Reaktionen zurück, weil sie Wirkung zeigen, und manchmal müssen wir schnell reagieren können, auch ohne vollständig informiert zu sein.

Diese Muster, »bewertende Heuristik« genannt, werden erst seit Kurzem systematisch erfasst. Sie führen zu Reflexen wie dem, der die Knie schützt, sie helfen Rettungssanitätern, spontane Entscheidungen zu treffen, und versetzen Diplomaten bei den Vereinten Nationen in die Lage, Beschlüsse zu fassen. (Dies allerdings scheint nicht so gut zu funktionieren, da in den Vereinten Nationen Leute anzutreffen sind, die solche Verhaltensmuster aktiv gegeneinander und gegen den Rest der Welt einsetzen.)

Das Wissen allein hilft nichts, wenn man dem Würgegriff einer Compliance-Handlung entgehen will. Es verhilft einem womöglich nur dazu, zu spät zu erkennen, was passiert ist. Wenn man sich manipuliert fühlt, rät Cialdini, sollte man davon ausgehen, dass das zutrifft, und gehen. Und dann erst die Analyse vornehmen.

Verräterische Hinweise

Vernehmungsbeamte sind dazu ausgebildet, beim Verhör vieles aus dem Gesagten herauszulesen und es auf eine etwas andere Weise zu hören als andere Menschen. Sie verbringen viele Stunden in speziellen Schulungen und lernen die verschiedenen Methoden kennen, die vor einem ordentlichen Gericht angewandt werden und oft sogar zugelassen sind, weil sie zuverlässiger sind als reine Lügendetektortests. Es ist damit zu rechnen, dass diejenigen, die uns manipulieren oder etwas verkaufen wollen, diese Methoden ebenfalls kennen.

Wie Sie bei einigen der Compliance-Prinzipien gesehen haben, gibt es Gegenmaßnahmen, die Sie ergreifen können, um nicht manipuliert zu werden. Eine davon ist die, keine verräterischen Hinweise zu geben. Manches offenbart die Körpersprache, zum Beispiel, wenn Befragte immer mit dem Kopf nicken, während man darlegt, wie und warum sie ein Verbrechen begangen haben könnten.

NLP lehrt, dass man diese verräterischen Zeichen tatsächlich aufspüren kann, indem man das, was die befragte Person tut, widerspiegelt (*Match*) und quasi mit ihr abgleicht (*Pace*). So könnte man beispielsweise jemanden verhören, dabei dessen Körperhaltung kopieren und ständig mit dem Kopf nicken, während man zum Ausdruck bringt, dass man versteht, warum die betreffende Person das Verbrechen begangen haben könnte. Wenn dieser Mensch unschuldig ist, wird er sich natürlich kaum Ihrem Rhythmus des Kopfnickens anpassen.

Ein weiterer Hinweistyp ist der allseits bekannte Freud'sche Versprecher. Es gibt eine weniger bekannte Version dieses Versprechers, die sich jedoch ebenso gut deuten lässt. Zum Beispiel sagte Senator Barack Obama bei den Vorwahlen für die demokratische Präsidentschaftskandidatur 2008 in Kalifornien:»Frustrierte, verbitterte Dörfler und Kleinstädter ... klammern sich gern an Waffen oder Religion. Sie entwickeln vielleicht auch eine Abneigung gegen Leute, die anders sind als sie, oder zeigen Ausländerfeindlichkeit und treten gegen den internationalen Handel ein, um ihrer Enttäuschung Luft zu machen.« Man war weithin überzeugt, dass Obama mit seinen Bemerkungen die Bürger von Pennsylvania meinte.

Politische Experten diskutierten lang und breit, ob Obamas Äußerungen ein unschuldiger Ausrutscher waren oder ein Freud'scher Versprecher, der auf eine elitäre Einstellung gegenüber den »Dörflern und Kleinstädtern« hindeutete. Obama erklärte daraufhin öffentlich, er hätte sich bloß versprochen – oder unklar ausgedrückt, und es wäre sicher nicht das erste und wahrscheinlich auch nicht das letzte Mal, dass ihm dies passierte. Allerdings putzte er später in Pennsylvania die Wahlkampftaktik von Senatorin Hillary Clinton herunter, indem er sagte, sie werfe »mit der Küchenspüle, mit Porzellan und mit dem Büfett« nach einem. Er merkte gar nicht, dass diese Bemerkung nun wirklich ein verräterischer Hinweis war. Wenn er tatsächlich die Stahlarbeiter, Farmer und andere ländliche Bürger Pennsylvanias ansprechen wollte, was sollte dann der Zusatz »mit Porzellan« und

»mit dem Büfett«? Es sind offenbar nicht die Spüle, das Spülmittel, die Kaffeebecher, Töpfe und Pfannen, die in Obamas Küche fliegen, es ist das Porzellan und das Büfett. Damit ist nicht gesagt, dass die ländliche Bevölkerung Pennsylvanias kein hübsches Porzellan besäße, aber es steht sicher nicht in der Küche, außer bei speziellen Anlässen. Ich sehe hier eine Kluft zwischen der von Obama beschriebenen Küche und einer einfachen Arbeiterküche in einem ländlichen Zuhause.

Inhalt und Kontext können alles bedeuten. Wie wir gesehen haben, existieren Methoden, um uns breitzuschlagen, und ihrer bedienen sich viele Menschen, denen wir solche Macht nicht zugestehen wollen. Wenn wir das wissen, liegt es noch mehr im eigenen Interesse, verräterische Hinweise, unsere Compliance-Bereitschaft und unsere eigenen psychologischen Mechanismen möglichst nicht preiszugeben, uns darüber hinaus aber auch eine Schutzbrille ähnlich einer Sonnenbrille zuzulegen, die die Reaktionen anderer uns gegenüber deutlich macht.

Sobald wir auf diese Weise wachsam geworden sind, gehen wir nicht mehr so leicht irgendeinem Schwindler auf den Leim, der uns eine neue Hypothek aufschwatzen will oder etwas Ähnliches, um uns hinterher fragen zu müssen: *Wie konnte ich bloß?!*

Abwehrmechanismen

Die Rolle von Abwehrmechanismen bei der Manipulation habe ich im vorigen Kapitel schon erwähnt. Sie dienen sowohl unseren eigenen Interessen wie auch den Interessen der Menschheit an sich. Sie haben sich als so wertvoll erwiesen, dass sie fast genauso zum Menschsein gehören wie die Gene. Sie haben sich mit uns zusammen entwickelt und sind auch bei den Compliance-Prinzipien zugegen, deren Funktionsweise sie enthüllen helfen.

Die wissenschaftliche Erforschung von Abwehrmechanismen begann früher als die der Compliance-Prinzipien. Deshalb benutzen heute die meisten Wissenschaftler ähnliche Kategorien wie die hier verwandten.

Verleugnung

Verleugnung ist schlicht ein Abweisungsmechanismus. Er tritt zum Beispiel dann in Kraft, wenn falsche Komplimente für aufrichtig gehalten werden. Da jeder Mensch das Grundbedürfnis hat, geliebt zu werden, weisen wir die Vermutung ab, dass man uns nur schmeichelt. Umgekehrt weisen Menschen, die schlecht von sich denken, unter Umständen sogar ein aufrichtiges Kompliment zurück. Im einen wie im anderen Fall könnten wir die Botschaft einfach hinnehmen und ihren Wahrheitsgehalt anderswo überprüfen. Verleugnung tritt oft in Form von Projektion auf (darauf gehe ich gleich noch ein). Wir projizieren Schuld oder Versagen auf jemand anderen, um nicht mit unserer eigenen Schuldhaftigkeit konfrontiert zu werden.

Einbildung

Das Einbilden erzeugt eine künstliche Realität, die nur in der Fantasie besteht. Manchmal können wir uns mit der objektiven Außenwelt nicht zufriedengeben. Dann tun wir lieber so, als ob, und schaffen uns eine Scheinwirklichkeit in einer Traumwelt. Auf dem Unterhaltungssektor dient vieles der Befriedigung unserer Sehnsucht nach den Abenteuern, der Liebe und der Sicherheit, die wir uns erträumen.

Introjektion

Die Introjektion ermöglicht es uns, Schuld zu empfinden. Mit Schuldzuweisungen an uns selbst oder Selbstbestrafung wehren wir Enttäuschung, Desillusionierung und Unsicherheit ab. Wenn zum Beispiel ein Elternteil einem Kind keine Aufmerksamkeit schenkt, hat das Kind das Gefühl, dass es keine Aufmerksamkeit verdient. Es wagt kaum je die Möglichkeit in Erwägung zu ziehen, dass Vater oder Mutter es einfach nicht beachtet. Oft zementiert dieser Mechanismus eine gewisse Autoritätshörigkeit, obwohl dies in der Vergangenheit immer wieder schiefgegangen ist. Eine subtile, aber weit verbreitete Form dieses Mechanismus geht so: »Ich bin nicht clever genug. Ich muss etwas missverstanden haben.«

Isolation

Durch Isolation wird vermieden, Assoziationen zuzulassen, die Angst auslösen. Bestimmte Datensets werden von einem zugehörigen Datenset isoliert: Kriegsgewinn von Leid und Tod, Atomwaffen von mörderischem Grauen. Denken Sie einmal an die Autobewertung mit dem Model zurück: Männer hielten einen mit einer attraktiven Frau abgebildeten Wagen für schneller als einen Wagen ohne Frau, leugneten jedoch, in ihrer Entscheidung von dem Model beeinflusst worden zu sein; das Gegenteil zuzugeben, hätten sie als bedrohlich empfunden. Dieser Mechanismus kann auch bei Assoziationen ohne unmittelbaren Bezug aktiviert werden, etwa bei Geburt und Tod.

Projektion

Durch Projektion übertragen wir unsere Absichten, Einstellungen, Schuld- und Verantwortungsgefühle auf einen anderen Menschen. Denken Sie einmal an die unzähligen Fernsehfilmszenen, in denen eine Schauspielerin in einem Minirock auf die Hilfe nahezu aller männlichen Passanten zählen kann. Was, glauben Sie, haben die auf die Schauspielerin projizierten Fantasien der Männer mit deren Bereitwilligkeit zu tun, über lange Strecken schwere Einkaufstaschen für die Frau zu schleppen? Eine feine Linie trennt die normale von der krankhaften Projektion. Viele Vergewaltiger haben die Einstellung, dass ihr Opfer es »im Grunde so wollte«.

Regression

Beim Regredieren fällt man in ein früheres Lebensalter zurück, meist in einen Zustand der Abhängigkeit, in dem man sich sicher und geborgen gefühlt hat. Der betreffende Mensch kehrt zu einer früheren Entwicklungsstufe zurück, in der jemand anders die Verantwortung trug und nicht so viele und große Anforderungen an ihn gestellt wurden, sondern leichtere. Dieser Mechanismus tritt im Allgemeinen bei einer Erkrankung in Kraft. Aber auch die Schaumbadreklame, in der sich eine überarbeitete Mutter nach einem langen Arbeitstag in der Badewanne entspannt, und ähnliche Spots belegen ihn deutlich. In den Anzeigen von Antigrippemedikamenten wird er ebenso angesprochen wie in den vielen Formen der Genusswerbung. Verhätschelt und verwöhnt werden, sorglos sein können, solche und andere kindliche Elemente in den Werbekampagnen bedienen diesen Mechanismus.

Verdrängung

Durch Verdrängung werden Erinnerungen, Assoziationen und Anpassungen zensiert und/oder aus der bewussten Wahrnehmung verdrängt. Dieser Mechanismus hält wie ein unsichtbarer Filter das Bewusstsein davon ab, schmerzliche Erinnerungen und verdeckte Motive zur Kenntnis zu nehmen. Persönliche Erfahrungen vom Peinlichberührtsein bis hin zur Grausamkeit werden durch die Brille der Verdrängung oft nur verschwommen wahrgenommen. Auch hier spielt die soziale Enkulturation eine entscheidende Rolle. Warum jemand in einer Whisky-Anzeige einen großen Penis nicht sieht, hängt wahrscheinlich damit zusammen, dass die Wahrnehmung angeblich von »schmutziger Fantasie«

zeugen würde. Den Penis zu sehen hieße einzugestehen, wenn auch nur sich selbst gegenüber, dass man eine schmutzige Fantasie hat. Also wird er einfach nicht gesehen oder die Wahrnehmung zumindest verdrängt.

Sublimation

Bei der Sublimation werden grundlegende Triebmechanismen umgelenkt. Das heißt: Elementaren Begierden wird durch annehmbare Verhaltensweisen entsprochen, weil sie in ihrer primitiven Form nur durch irgendeine Art von inakzeptablem Verhalten befriedigt werden könnten. Sport sublimiert häufig Aggressionen. Dieser Mechanismus ist bei Assoziationen besonders nützlich, speziell bei sexuellen Verknüpfungen. So kann beispielsweise ein Sportwagen zum sozial akzeptierten Ausdruck von Sexualität werden.

Manche Theoretiker zählen noch diverse andere Flucht- und Abwehrmechanismen zu diesen acht grundsätzlichen Abwehrhaltungen. Sie alle haben die Aufgabe, das vor uns zu verbergen, was wir nicht über uns und unsere Umwelt wissen wollen – oder psychisch nicht verkraften können.

Compliance-Experten sind sich sowohl der Prinzipien als auch der perzeptorischen Abwehrmechanismen sehr wohl bewusst. Aus diesem Grund sind sie auch oft auf dem Gebiet der Werbung tätig.

Veränderte Bewusstseinsstadien

Es wäre unverzeihlich, das Thema *Compliance* zu behandeln, ohne veränderte Bewusstseinszustände zu erwähnen, zu denen auch eine gesteigerte Beeinflussbarkeit gehört, wie die Fachleute sagen. Das erste Buch über NLP als eigenes Sachgebiet war dem

Studium der exzellenten Hypnoseforschung und Hypnotherapie von Milton H. Erickson zu verdanken. Musikrhythmen, Blickanhebungen und -fixierungen, Lichtblitzfolgen unterschiedlicher Stärke und andere Techniken können hypnotische Wirkung haben. In meinem Buch *Die Subliminal-Methode*[18] habe ich skizziert, auf welche Art die Werbung, religiöse Organisationen, Volksbewegungen usw. Suggestivtechniken anwenden, die in der Hypnose entdeckt und weiterentwickelt wurden. Es braucht wohl kaum erwähnt zu werden, dass Sie, wenn Sie mal das Gefühl haben, beim Fernsehen in eine leichte Trance gefallen zu sein (etwa, wenn Sie gar nicht hören, dass Ihre Frau mit Ihnen spricht), genau das vermutlich getan haben.

Indirekte Suggestion

Viele Hypnotherapeuten favorisieren die indirekte Suggestion, durch die Compliance erzielt werden kann. Bei dieser Methode wird in der Hauptsache mit internen Entscheidungen gearbeitet. In stark vereinfachter Form kommt sie in manchen Verkaufsabschlussfragen mit zwei Entscheidungsmöglichkeiten vor. Zum Beispiel fordert ein Verkäufer nie zum Kauf auf. Er dreht einfach den Kaufvertrag zum Kunden und fragt: »Wollen Sie Ihren eigenen oder meinen Stift benutzen?«

Ein Hypnotiseur bittet seinen Klienten vielleicht, sich einen Magneten auf seiner Stirn vorzustellen und einen zweiten auf seiner Handfläche, um eine Armhebung hervorzurufen, eine verbreitete Methode zur Einleitung der Hypnose. Er bittet den Klienten, sich die Kraft der Magneten zu vergegenwärtigen und dann zu entscheiden: »Ist die Magnetwirkung von der Hand zum Kopf hin stärker oder die vom Kopf zur Hand?« Anders gesagt: Welcher ist der stärkere Magnet? Die Antwort spielt keine Rolle. Entscheidend ist, dass die Frage eine magnetische Kraft bereits voraussetzt, und die innere Notwendigkeit, dieser Voraussetzung zu entsprechen, sorgt dafür, dass die Hand vom Kopf angezogen wird. Voilà – schon hat der Hypnotiseur die Kontrolle über den Körper des Klienten. Erinnert Sie das an irgendwelche Verkaufsgespräche, von denen Sie gelesen oder die Sie selbst erlebt haben?

Die ethische Frage

Die Anwendung dieser Techniken und Prinzipien ist unumgänglich und von hohem Nutzen, auch wenn ich ihren Missbrauch ablehne. Um auf Augenhöhe mitentscheiden zu können, hat meines Erachtens der Verbraucher, Wähler oder Neuling, bei dem die Methode greifen soll, ein Anrecht auf die gleichen Kenntnisse wie die Compliance-Experten.

Ich meine, dass Abwehrmechanismen und bewertende Heuristik die Grundsteine der Compliance-Prinzipien sind. Die Gesellschaft spielt den Architekten, und unsere Verwandten und Bekannten legen die Backsteine aufeinander und nageln die Deckbretter fest.

Abwehrmechanismen sind, ebenso wie die anderen Prinzipien der Compliance, wesentliche und notwendige Elemente des individuellen und sozialen Wohlbefindens. Wie sie zur Anwendung kommen, entscheidet darüber, ob sie gut oder schlecht sind. Ein ethischer Imperativ fordert Geschicklichkeit und lautere Absichten bei ihrer Verwendung.

Compliance-Prinzipien sind im Marketing durchaus am Platz, vorausgesetzt, sie dienen nicht der Täuschung. Werbung bringt Produkte in Umlauf, die Wirtschaft wird angekurbelt, und das versetzt uns praktisch in die Lage, die Menschheit zu ernähren und zu kleiden, wie dürftig auch immer es uns bisher gelungen ist.

Die beschriebenen Konzepte auszunutzen, um Produkte zu verkaufen, und dazu heimlich eine subliminale Bildsprache zu verwenden, die die Feindseligkeit gegenüber anderen erhöht, ist unmoralisch und unverantwortlich. Unsere Sensibilität für Gewalt hat in diesem Jahrzehnt drastisch abgenommen. Ich wage sogar zu behaupten, dass fortgesetzte Manipulationen an der psychischen und sozialen Verfassung der Menschen allmählich die Struktur unserer Gesellschaftsordnung unterhöhlen könnten. Hand aufs Herz: Haben Sie etwa nie einem Freund eine Bitte abgeschlagen, weil Sie selber einmal von jemandem, den Sie für einen Freund gehalten hatten, übervorteilt wurden?

All diese Informationen summieren sich zu einer kurzen Übersicht über die zur Verfügung stehenden Daten, die uns die Augen für gewisse Manipulationen öffnen und uns vor ihnen schützen können. Sie können zum ethisch korrekten Gebrauch von Compliance-Verhaltensmustern oder zu deren Ablehnung anregen.

Zusammenfassung

Compliance-Prinzipien können Entscheidungen beeinflussen und Mechanismen in Gang setzen, die uns zur Einwilligung in etwas bringen. Fachleute nutzen diese Grundsätze für ihre Zwecke, um ihre Ziele zu erreichen, Waren abzusetzen oder die Menschen zu ihren Ansichten zu bekehren.

Abwehrmechanismen können das Erkennen von Informationen erschweren oder verhindern. Ihre Existenz erklärt, warum die sogenannte Subliminalwerbung in Printmedien unverblümt sexuelle Sachverhalte darstellen kann, die unentdeckt bleiben.

Ein aufmerksames Bewusstsein dafür zu entwickeln hilft, sich vor dem Missbrauch dieser Prinzipien und Mechanismen zu schützen. Ich hoffe aufrichtig, dass Sie von jetzt ab viel wachsamer sind.

4

Marketingmethoden

Geld ist eine neue Form von Sklaverei und unterscheidet
sich von der alten nur durch die Tatsache, dass es
unpersönlich ist – dass keine menschliche Beziehung
zwischen Herrn und Sklaven besteht.
Leo Tolstoi

Die Werbung ist ein Riesengeschäft. Schauen Sie sich einmal in
der nächsten Film- oder Fernsehszene, die Sie sehen, bestimmte
Gegenstände genauer an. Von den Autos bis hin zu den Compu-
tern, die sogenannte zufällige Platzierung ist in Wirklichkeit alles
andere als Zufall; sie ist höchst effektive Werbung.

Überlegen Sie mal: Ein Förderer des Manchester Midnight
Walk, einer vom St. Ann's Hospice im britischen Manchester
organisierten Wohltätigkeitsveranstaltung, sorgte dafür, dass ein
Plakat des Ereignisses an prominenter Stelle in einer Szene der in
England sehr beliebten Seifenoper *Coronation Street* zu sehen war.
Die Szene, in der das Plakat erschien, war besonders dramatisch
und für die Handlung entscheidend. Laut *Manchester Evening
News* führte dieser »Werbegag« zu einem ungewöhnlichen An-
stieg der Anfragen bei den Spendensammlern von St. Ann's.

Kurz nach Erscheinen meines Buches *Die Subliminal-Methode*
schickte mir ein anonymer Leser einen »Leitfaden der Werbung«. Diese »Selbstentlarvung« der Werbewelt, wie meine Kollegen es nannten, erklärt das Wie und Warum von Subliminal-

werbung, unter anderem am Beispiel realer Anzeigen, die in bedeutenden Medien erschienen sind. Trotz solcher Beweise blieben viele Werbeleute einfach bei der alten Leier: »Wir machen das nicht und werden es auch in Zukunft nicht tun, außerdem funktioniert es nicht.«

Die Werbewelt ist gut gerüstet, um in die Psyche des Menschen einzugreifen. Vor Kurzem habe ich in den *Fox News* gehört, dass die Werbebranche 2007 149 Milliarden Dollar für Marktforschung ausgegeben hat. Nur damit Sie im Bilde sind: Das entspricht 500 Dollar pro Person! Die Werbetreibenden ließen die besten Psychologen und Soziologen für sich arbeiten, stellten ihnen Top-Forschungslabore zur Verfügung, entwickelten und benutzten Geräte zur Messung unbewusster Gedanken und vieles andere mehr, alles in der Absicht, herauszufinden, was uns bewegt. Mithilfe von komplizierten Biofeedback-Instrumenten überwachten sie die Reaktionen auf eine ganze Palette von Reizen, um auch die feinsten Feinheiten aufzuspüren, die den Kaufentscheidungen und dem Kaufverhalten zugrunde liegen. Nicht alles ist auf die Marktforschung beschränkt geblieben, wie Sie im nächsten Kapitel sehen werden, wo die verschiedenen Methoden der Gehirnwäsche beschrieben werden. Was dies betrifft, ist bekannt, dass in den 1960er Jahren mehrere Sender Subliminalwerbung ausstrahlten. Der Fernsehsender KTLA-TV in Los Angeles unterzeichnete seinerzeit einen 60.000-Dollar-Vertrag, mit dem er sich sogar verpflichtete, subliminale Botschaften des *öffentlichen Dienstes* in sein Programm aufzunehmen.

1972 veröffentlichte der kanadische Professor Wilson Bryan Key sein viel diskutiertes Buch *Subliminal Seduction* (»Unterschwellige Verführung«). Darin zeigte er eine Anzeige nach der anderen mit Bildinhalten, die gut getarnt waren und der normalen Wahrnehmung verborgen blieben. Key und seine Studenten an der University of Western Ontario hatten in Anzeigen, die in den beliebtesten Printmedien geschaltet waren, sogenannte optische Täuschungen und andere Kunstgriffe entdeckt. Keys Arbeit bleibt zwar bis heute umstritten, aber sein neueres Buch *Subliminal Ad-Ventures in Erotic Art* (etwa: »Subliminale Werbeprojekte in erotischer Kunst«) macht deutlich, dass international agierende amerikanische Werbeagenturen zum großen Teil die Medien der gesamten freien Welt kontrollieren. Key sagt auch: »Die Konsumentenwerbung in den Medien erzieht die Armen zu den profitorientierten Wertsystemen der Reichen, ... die sich im nie endenden Rausch des Prestigekonsums ergehen, auf den sie unterbewusst programmiert wurden.«[19]

Sowohl Key als auch der Autor August Bullock haben viel Zeit dafür aufgewendet, Anzeigen auseinanderzunehmen und deren unterschwelligen Inhalt offenzulegen. Natürlich stoßen ihre Ergebnisse nicht überall auf Zustimmung, sondern werden manchmal als »schmutzige Fantasie« abgetan. Die Gegner glauben wohl, dass jemand, der tabuisierte Bilder in der Werbung findet, sie genauso gut auch in den Wolkenbildern finden kann. Mit einer Art Rorschach-Test versuchen sie, subliminale Informationen für Unfug und Schwindel zu erklären, und behaupten, dass niemand damit arbeitet, und wenn doch, dann ohne die geringste Wirkung.

Statt meinen Lesern Anzeigen und *meine* Deutung vorzulegen, will ich ihnen lieber zeigen, was die Werbewelt ihren Auszubildenden erklärt, zumindest in dem erwähnten Leitfaden, der mir zugeschickt wurde. Einiges aus diesem Leitfaden habe ich in früheren Büchern schon angeführt, aber ich habe vorher noch nie so detailliert die Texte und Skizzen zum Warum, Was, Wann und Wo der Anzeigeninhalte zitiert wie auf den folgenden Seiten.

Auszüge aus einem Werbeleitfaden

Der Leitfaden beginnt mit dem farbigen Entwurf einer Spirituosenanzeige. Darunter steht in fetten Lettern: »Manchmal muss man sich über den Buchstaben des Gesetzes hinwegsetzen.« Das dazugehörige Bild (ebenso wie die folgenden Bilder) ist hier in Schwarzweiß wiedergegeben, aber im Internet unter *www.eldontaylor.com* (weiter zu Mind Programming) finden Sie die Farbbilder.

Abb. 1 Entwurf einer Spirituosenanzeige

Nach einem Deckblatt mit der Aufschrift »Top Secret« geht es los:

> Die fetten Jahre sind für Millionen Amerikaner vorbei. Lassen Sie sich nicht zu dem naiven Denken verleiten, Ihnen könnte das nicht passieren – ein weit verbreiteter Trugschluss, wie umfassende Forschungen ergeben haben. Die Wärmestuben und Suppenküchen sind bis in den letzten Winkel angefüllt mit armen Seelen, die sich für unersetzlich hielten, um am Ende zu spät aufzuwachen und sich in der harten Realität eines Lebens ohne Geld wiederzufinden.

Der Leitfaden garantiert allen, die diese Schulung in der Kunst der subliminalen Manipulation abschließen, eine Anstellung. Als er gedruckt wurde, kostete der 60-Tage-Kurs 2.578 Dollar (heute ist er wahrscheinlich viel teurer), mit dem Versprechen einer »Abenteuerreise bis weit über die Grenzen des Geistes hinaus, die noch den Stärksten erschüttern wird«.

Weiter heißt es im Kursangebot:

> Sie werden in das Wie und Warum tabuisierter Bildsprache und in die auf kollektiven Animus-Anima-Symbolen beruhenden Theorien der Gruppenmotivation eingeführt. Sie erfahren, wie sich Gehirnwellen verlangsamen und die Alpha-, Theta- und Delta-Bereiche des Geistes erreichen lassen, und lernen die emotionale Bedeutung von Farben, Formen und Mustern sowie die Grundlagen des Illustrierens und der Airbrush-Techniken kennen.
>
> Die Einführung in die psychologischen Konzepte und Manipulationsmethoden der Werbekunst wirkt oft wie ein Schock auf naive Personen, die der Computer fälschlich ausgewählt hat.

Das Material wird möglichen Anwärtern zum einen als Geheimnis und zum andern als Schock verkauft, was beides für sich schon die Bereitschaft steigert, sich einzuschreiben. Weiter brüstet sich der Leitfaden mit dem Geheimnisvollen und Schockierenden, indem er angibt,»36 Prozent aller früheren Kandidaten seien in den ersten drei Tagen bereits angewidert ausgeschieden«. Dann kommt noch der Macho-Hammer:»Da es *keine* Gebührenerstattung gibt, möchten wir betonen, dass Zartbesaitete den psychischen Anforderungen dieser schnelllebigen, geheimnisvollen Arbeit nicht gewachsen sind.« Achten Sie einmal darauf, wie hier gleichzeitig zurückgewiesen und herausgefordert wird.

Das Ziel?»Künstler und Kreativkräfte auszubilden, die sich den Notwendigkeiten der Werbung engagiert widmen und unterwerfen und damit helfen, den amerikanischen Produktions- und Konsumkreislauf zu steuern.«

Es folgen Aussagen über die Werbebranche, ihre Marketingerfolge usw. Unmittelbar vor einer Analyse des Titelbildes heißt es noch:

> Der Mensch lebt in einer Umwelt voller Symbole, und es ist von entscheidender Bedeutung, sich mit der Symbolsprache auszukennen, denn Symbole sind das Rohmaterial des menschlichen Denkens und aller Kommunikation. Wir glauben zunächst, dass Worte die einzige Kommunikationsform sind, weil wir in einer stark verbalen Umgebung leben. Doch in Wirklichkeit wird die ganze Zeit über viel mehr nichtverbal, durch andere Symbole als Worte, kommuniziert.

Sie fragen sich vielleicht, warum ich so viel aus diesem Leitfaden zitiere. Die Antwort ist einfach: Ich könnte die Aussagen entweder in meinen Worten wiedergeben, aber dann wären sie, wie vor Gericht, Beweismaterial, das auf Hörensagen beruht, oder ich lasse die Texte für sich sprechen und berufe Sie zum Richter. Aus Erfahrung neige ich zu Letzterem, denn sonst wird das alles von vielen wieder als reine *Verschwörungstheorie* abgetan. Also lesen Sie hier nicht einfach meine Interpretation der Dinge – dies alles stammt tatsächlich aus dem besagten Leitfaden.

Sexuelle Anspielungen

Noch eine Bemerkung, bevor ich mit dem Leitfaden fortfahre. Vergessen Sie nicht, dass die Werbeagenturen und Marketingexperten entsprechende Untersuchungen durchgeführt haben, um genau zu sehen, wie und worauf die Leute reagieren. Dazu haben sie Versuchspersonen erotische und halberotische Bilder vorgelegt und dabei ihre Körperfunktionen gemessen, etwa die Leitfähigkeit der Haut, die Pulsfrequenz und so weiter. Infolgedessen wissen sie genau, wie bestimmte Symbole, Farben und Bilder gefühls- und verstandesmäßig wahrgenommen und interpretiert werden. Eine gewisse Kenntnis der Freud'schen psychosexuellen Begriffe dürfte bei der weiteren Lektüre des Leitfadens von Nutzen sein.

Im Folgenden heißt es also:

Die beigefügten Fotos [siehe Abbildung 2 und 3] sind ein ausgezeichnetes Beispiel für einige dieser »Notwendigkeiten der Werbung« und fassen visuell zusammen, worum es bei unserer Schulung überhaupt geht.

Auf dem einen Foto ist eine sexy Blondine mit einem Cocktailglas in der Hand zu sehen. »Ein hübsches Gesicht unter vielen« ist der visuelle Eindruck, den die meisten Betrachter haben ... Schauen wir uns die künstlerische Strategie einmal genauer an, die wir angewendet haben, um die emotionale Wirkung der Anzeige zu steigern.

Erstens hat die Frau Sexappeal. Amüsieren sich Blondinen besser? Jedenfalls schwingt mit, dass Blondinen erotischer und leichter verführbar sind und dass sie mehr Spaß am Sex haben als Frauen mit anderen Haarfarben. Da die subliminale Botschaft dieser Anzeige unverhohlener Sex ist, dient das blonde Haar als emotionaler Katalysator, indem es im Unterbewusstsein des Betrachters für eine sexuelle Interpretation sorgt [sic!].

Das Bild des Satyrs auf dem Halsband steigert noch einmal das unterbewusste Thema der Anzeige. Ein Satyr ist ein uraltes Symbol für die niedrigen Triebe des Mannes, für die dunkle Seite seiner Lust. Der Satyr bringt seine Trägerin mit triebhafter Erotik in Verbindung.

Das Halsband ist der visuelle Beweis für ihre Ergebenheit in die Erotik des Satyrs. Da es sich um ein Halsband ähnlich einem Hundehalsband handelt, ist die Unterwerfungssymbolik (in diesem Zusammenhang) ziemlich klar – die Frau wird so gehorsam sein wie ein Hund und sich den erotischen Wünschen ihres Herrn (des Betrachters) fügen. Sie ist seine Sexsklavin.

Wenn wir genauer hinschauen, sehen wir, dass die Blondine das Cocktailglas äußerst merkwürdig in der Hand hält. Ihre rechte Hand ist bis auf den Zeigefinger geballt. Der Zeigefinger ist ausgestreckt und zeigt auf die »Eiswürfel« im Glas.

Eingelassen in die »Eiswürfel« sind verschiedene Sexsymbole. Sie sollen tabuisierte Gedanken und Gefühle beim Betrachter wecken. Durch die Auslösung solcher tiefgreifenden triebhaften Denkprozesse garantieren wir unserem Kunden die emotionale Beteiligung des Betrachters oder möglichen Konsumenten. Wir erzeugen Begierden, die nur durch Konsum des beworbenen Produkts befriedigt werden können.

Man könnte denken, die Symbole in den »Eiswürfeln« seien nicht zu erkennen, aber die hypnotische Erforschung hat gezeigt, dass 95 Prozent der Bildinhalte unterbewusst erfasst werden. Das Unterbewusstsein kann eine erstaunliche Menge von Informationen aufnehmen. Aus diesen Informationen wird das herausgefiltert und bewusst gemacht, was gesellschaftlich akzeptiert ist. Alles Übrige bleibt im Unterbewusstsein gespeichert, wo es später in Form von Begierden und Wünschen, die nur durch Konsum befriedigt werden können, wieder aufsteigt.

Unter Umständen geben manche Menschen diesen Trieben nach und leben sie aus. Statt das Geschaute einfach nur aufzunehmen und zu verarbeiten, werden sie auf eine Weise aktiv, die die Gesellschaft verwerflich findet. Es wäre interessant, herauszufinden, wie viele Erkältungen durch Antigrippemittel hervorgerufen werden oder wie viele Amok laufende Schüler Triebe ausagieren, die unterbewusst bei ihnen aktiviert wurden.

Aber fahren wir fort mit unserem Leitfaden:

Die »Eiswürfel«, auf die der Zeigefinger der Frau weist, bilden einen erigierten Penis. Diese beiden »Würfel« sind fleischfarben, und sie sind,
wenn man einmal den Blick darauf gerichtet hat, noch aus einer Entfernung von mehr als einem Meter leicht zu erkennen. Beachten Sie, dass
der Winkel des Penis für eine männliche Erektion korrekt ist. Da ein
Penis in einem Glas tabu ist, wird dieses Bild sofort verdrängt. Die Leute
sehen nur das, was sie zu sehen erwarten.

Die Lippen der Frau befinden sich in unmittelbarer Nähe dieses erigierten, fleischfarbenen Penis. Dieser Fellatio-Eindruck wird durch den
Satyr, der auf einer Flöte, einem phallusartigen Gegenstand, spielt,
noch verstärkt. Oraler Sex ist ein weit verbreiteter Wunsch, den Männer aller Altersstufen insgeheim hegen. Durch Retusche und andere
grafische Eingriffe in diese symbolische Sexbotschaft haben wir ein
schlichtes Glas Whisky in ein potentes Aphrodisiakum verwandelt.

Neben dem erigierten Penis ist eine rote Kirsche zu sehen. Rot ist
eine heiße, laute, aktive Farbe. Rechts neben der Kirsche rammelt
fröhlich ein Karnickel. Auch das Kaninchen ist ein eindeutiges Symbol für Liebe und Sex. Es ist allgemein bekannt, dass das promiskuitive
Kaninchen dem *Playboy*-Magazin als Logo dient. Männer, die sich mit
ihrer Manneskraft brüsten wollen, sagen oft, dass sie mit ihrer Partnerin »rammeln wie ein Karnickel«. Wie Sie sehen, ist der Bereich rings
um den geschwollenen Penis des Karnickels rahmweiß. Die Eiswürfel
oberhalb der Kirsche sind ebenfalls rahmweiß statt durchsichtig klar. In
diesem unverhohlen erotischen Kontext stellt dieses Weiß einen Bezug
zum Rahmweiß von Sperma her. Offensichtlich führt die Fellatio zur
Ejakulation, ein Hinweis auf die Potenz des beworbenen Produkts.

Unter dem Rammler ist ein glücklich lächelndes Frauengesicht zu
erkennen, ein Symbol dafür, dass der Drink gut schmeckt und glücklich
macht. Außerdem wird die Vorliebe für den oralen Sex angesprochen –
in Vorfreude leckt sich die Frau ihre Lippen.

Schockiert Sie all dies? Leider ist es so schockierend, dass viele
Leute von vornherein die Möglichkeit ableugnen, dass ihnen tatsächlich eine solche Symbolik zugemutet werden könnte. Vergessen Sie nicht, dass ich nur aus dem Leitfaden der Werbung einer
sehr bekannten Werbeagentur zitiere. Solche Informationen lie-

ber zu ignorieren heißt, den Werbeleuten stillschweigend freie Hand zu geben – und das nutzen sie tagtäglich gegen uns aus!

Sehen wir uns die fragliche Grafik noch etwas genauer an, ehe wir fortfahren. Das eben betrachtete Bild war ein konzeptioneller Entwurf des Grafikers. Die tatsächliche Anzeige sah dann so aus:

Abb. 2 Spirituosenanzeige. Die Headline lautet: Jeder Mann sollte ein Teufelchen haben, das er sein Eigen nennen kann.

Ein vergrößerter Ausschnitt, auf dem das Glas besser zu sehen ist, enthüllt Folgendes:

Abb. 3 Ausschnittvergrößerung zu Abb. 2. Bildtexte: siehe Abb. 4.

Betrachten wir das Scribble des Grafikers zu diesem Ausschnitt, ergibt sich das wahre Bild:

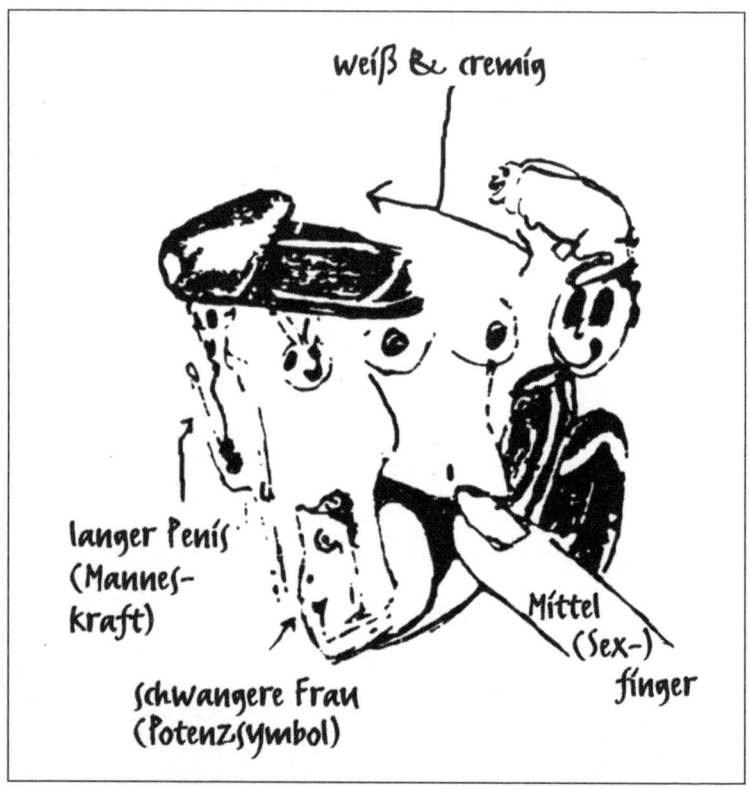

Abb. 4 Grafiker-Scribble zu Abb. 3. Bildtexte im Uhrzeigersinn: Weiß & sahnig; Mittelfinger (Sex); schwangere Frau (Fruchtbarkeitssymbol); langer Penis (Potenz)

Nachdem das Visuelle vollständig demaskiert ist, wollen wir mit den Erklärungen der Schöpfer dieses Bildes fortfahren. Wenn Sie alles gelesen und angeschaut haben, werden Sie sich überzeugt haben, dass nichts in dieser Anzeige reiner Zufall ist, wie manch einer behaupten könnte. Und dass meine Beobachtungen beileibe keine »Rorschachklecksereien« sind und von schmutziger Fantasie zeugen.

Im Leitfaden heißt es weiter:

Unter dem lächelnden Gesicht befinden sich diverse Penisse in verschiedenen Stadien der sexuellen Erregung. Links von diesen erigierten Penissen sind mehrere weibliche Gestalten mit großen Brüsten zu erkennen. Die großen Brüste tragen dazu bei, das Saugen an der Mutterbrust in Erinnerung zu rufen, und sprechen das Lustprinzip an. Die weiblichen Formen erregen visuell beim Betrachter unterdrückte sexuelle Gelüste.

Der Mittelfinger der linken Hand des Fotomodells berührt sichtlich den Genitalbereich der einen weiblichen Gestalt mit großen Brüsten. Der Mittelfinger wird mit Sex und anstößigen Gesten (»Fick dich!«) assoziiert und stellt einen Bezug zu Geschlechtsverkehr her. Die Berührung der Genitalien mit dem Mittelfinger wird unterbewusst als Bisexualität oder sexuelle Lockerheit (für alles zu haben …) interpretiert. Da männliche Fantasien oft auch um lesbische Betätigungen kreisen, haben wir uns die Freiheit genommen, diese visuelle Verlockung grafisch dem erotischen Repertoire einzufügen, mit dem unsere lockere Schöne den Betrachter in Versuchung führt.

Wir sagten bereits, dass der Satyr und das Halsband die Bereitschaft des Models andeuten, sich den jeweiligen sexuellen Fantasien des Betrachters zu fügen. Um diese Gefügigkeit besser erkennbar zu machen, ließen wir das Model nach oben gucken. Durch seinen Augenaufschlag steht es visuell niedriger als der Betrachter. Das wird in diesem Kontext unterbewusst so ausgelegt, als knie sie vor dem Betrachter oder nehme eine für oralen Sex günstige Haltung ein. Die großen weißen Augäpfel wurden retuschiert, um genau den Farbton der rahmweißen Eiswürfel zu treffen. Detaillierte Forschungen weisen darauf hin, dass das Unterbewusstsein das so auffasst, als sähe sie gern spritzenden Samen, genieße den Höhepunkt und sei voyeuristisch.

Auch der Copytext der Anzeige muss eine erotische Färbung haben. Etwa mitten im Text heißt es: »The smoothest thing since skin«, mit Betonung auf *smooth* (weich) und *skin* (Haut), wodurch ein Bezug zur weichen Haut des Penis hergestellt wird, auf den die Frau zeigt.

Auch der letzte Satz ist ziemlich sexbezogen, wenn er im unterschwellig erotischen Kontext der Anzeige gelesen wird. »It brings out the *Imp* in all of us« (»Es bringt das Teufelchen in uns allen hervor«) ist eine Andeutung, niederen sexuellen Instinkten, also *Imp*ulsen nachzugeben, die allgemein menschlich sind.

So geht es weiter, aber inzwischen dürfte die Sache klar sein.

Angstbesetzte Anspielungen

Bei einer anderen Anzeige, die ebenfalls detailliert in dem Leitfaden beschrieben wird, lohnt es nachzuverfolgen, wie mit der Angst Geschäfte gemacht werden, denn Angst ist ein ebenso verkaufsförderndes Instrument wie Sex. Diesmal werden Zigaretten beworben. Abgebildet finden Sie sowohl den Entwurf des Grafikers als auch die Printversion, die wie die eben analysierte Spirituosenanzeige mit professionellen Fotomodellen gestaltet wurde.

Abb. 5 Zigarettenanzeige (die Zigarettenmarke wurde aus rechtlichen Gründen aus dem Print entfernt und durch XYZ ersetzt)

Im Leitfaden wird diese Anzeige unter Bezugnahme auf die angeblich stark gestiegene Rate von Studienabbrüchen bei den neuen Kursteilnehmern angeführt. Es wird behauptet, dass man dies zum Anlass genommen hätte, einmal zu untersuchen, warum die Teilnehmer den Kurs abbrachen. Hierzu heißt es:

Die Ergebnisse dieser Untersuchung haben gezeigt, dass für die Mehrzahl der Kursanfänger die *Grenze traumatisierender Belastung* erreicht war, als es um eine Kaschierung der Doppeldeutigkeit auf der Theta-Ebene ging. Während dieser Übelkeit erregenden, aber notwendigen Indoktrination werden die Zartbesaiteten ausgesiebt. Die seit Kurzem außerordentlich hohe Ausfallquote sagt uns, dass viele nicht auf den *Gewalt*aspekt der Verkaufstechnik des 20. Jahrhunderts vorbereitet waren. Sex und Gewalt sind die zwei Seiten einer Medaille und werden in minutiös austarierter Verbindung ohne Zögern eingesetzt, um das störungsfreie Wachstum von bestimmten psychischen *Verbraucher*-Eigenschaften anzuregen, von Eigenschaften, die als notwendig für das zukünftige Wirtschaftswachstum erachtet werden. Gewalt als manipulative Kraft ist ein integraler Bestandteil dieser Strategie.

Des Weiteren wird im Leitfaden konstatiert, dass die Agentur sich nicht auf ihren Lorbeeren ausruht oder an gewissen Moralvorstellungen festhält, sondern alles, was nötig ist, im Interesse ihrer Kunden zum Einsatz bringt. Dann wird die Zigarettenwerbung wie folgt erklärt:

Die Anzeige an sich wirkt harmlos genug auf das Wachbewusstsein: Ein junges Liebespaar genießt an einem stillen See den Sonnenuntergang und eine Zigarette. Kaum genügend emotionaler Druck auf jemanden, sich dem Krebsrisiko auszusetzen.

Seit sie in den frühen 1960er Jahren entworfen wurde, gründet sich die subliminale Verkaufsstrategie für XYZ [meine Änderung] auf unsere streng geheime Theorie des »Hölleverkaufens«. Dem Betrachter wird visuell die Errettung vom Tod verheißen, zugleich mit dem Verlust seiner Seele an den Teufel, ein emotionaler Aufhänger, den wir immer

wieder in unterschiedlicher Form für eine Reihe von Kunden angewandt haben. Religiöse Überzeugungen und Gefühle hinsichtlich des
Todes rühren noch tiefere Emotionen auf als die häufig gebrauchten
erotischen Strategien.

Beigefügt sind zwei Bilder (siehe Abb. 5), die ein Beispiel unserer
Methode, die Hölle zu verkaufen, veranschaulichen. Das rechte Bild
entspricht der tatsächlichen Zigarettenanzeige, während das andere die
unterbewusste emotionale Bedeutung der Anzeige (noch mit Blume)
wiedergibt.

In dem tatsächlichen Anzeigenfoto sieht man, dass der Himmel ein
tristes, düsteres, lebloses Grau ist. Natürlich hätten wir einen farben-
prächtigeren, romantischeren Sonnenuntergang wählen können, wenn
wir gewollt hätten. In diesem düsteren, trostlosen Himmel schwimmt
eine schwach leuchtende untergehende Sonne. Die Dämmerung bricht
herein. Weitere und eingehendere Aussagen zur Sonne und ihrer Symbolik folgen gleich. Behalten Sie jetzt einfach im Gedächtnis, dass sie
trübselig und schwach glimmt.

Das Paar, das diesen trostlosen, blassen Sonnenuntergang miterlebt,
ist nicht in allen Einzelheiten zu erkennen, sondern nur als Silhouette.
Das Profil des Mannes ist scharf. Sein Haar bildet vorn einen Zacken.
Seine Nase ist eher lang und spitz, nicht rund und knubbelig. Sein
Kinn wird durch seinen Daumen visuell verlängert. Die Kinnpartie
wurde retuschiert, um Kinn und Daumen zusammenzuführen.

Die Lage von Hand und Daumen im Kinnbereich vermittelt den
Eindruck, als *denke* der Mann nach. Sein Kopf ist leicht nach vorn ge-
neigt, um den Eindruck des Denkens noch zu verstärken. Beweise für
diese Interpretation liefert auf Anfrage unsere Forschungsabteilung.

Richten Sie nun bitte Ihr Augenmerk auf die visuelle Mitte der Anzeige und konzentrieren Sie sich auf die gefassten Hände der beiden. Beachten Sie, dass die Hände den Schattenriss eines Teufelskopfes bilden,
ähnlich dem Silhouettenprofil des Mannes. Der Haarzacken am Kopf
entspricht dem Teufelshorn an den Händen (linker Daumen des Mannes), und sein spitzes Kinn, das aufgrund der Retusche eine Einheit mit
dem Daumen bildet, entspricht dem spitzen Kinn (Mittelfinger der jungen Frau) in der Teufelssilhouette. Der Mann schaut mit leicht *nach unten* (zur Hölle) geneigtem Kopf nach rechts. Der durch die gefassten
Hände (Pakt mit dem Teufel) gebildete Teufelskopf schaut ebenfalls mit

leichter Neigung nach rechts. Auch die junge Frau hat den Kopf leicht zum Kopf des Mannes hin gesenkt. Ihr Kopf ist dem des »Denkers« sehr nahe. Im kontrollierten Kontext der Anzeige sagt die Kombination aus »teuflisch« spitzer Kinnsilhouette, Denkerhaltung, Teufelssilhouette der gefassten Hände und Nähe der beiden Stirnen dem Betrachter auf unterbewusster Ebene, dass er eine Situation beobachtet, die recht unheimlich ist und in der der »Geist« über die Materie triumphiert.

Abb. 6 Die Zigarettenanzeige

Die folgende Wiedergabe einer echten Seite aus dem Leitfaden, der mir zugespielt wurde, könnte von Nutzen sein. Manches von dem, was da zu sehen ist, haben wir noch nicht besprochen, aber das holen wir beizeiten nach.

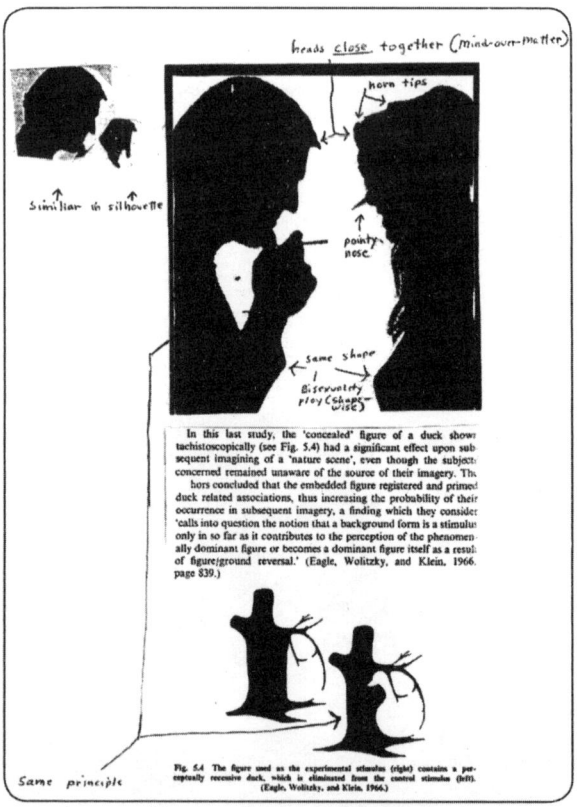

Abb. 7 Originalseite aus dem Leitfaden der Werbung

Weiter geht es:

Um diese Auslegung zu erleichtern, haben wir die Teufelskopf-Hand-Kombination direkt *über* der Sonne platziert. Der Teufelskopf nimmt visuell eine höhere (Sieger-)Position gegenüber der Sonne ein. Im unteren Teil der *schwach glimmenden* Sonne (sie ist kurz vor dem Untergang) befindet sich eine horizontale Linie, die am linken Rand der Sonne endet. Dieser dünne Strich *unterhalb* der verschwommenen Linie des Horizonts deutet an, dass die Sonne *im* See versinkt und nicht dahinter. Der Tod der Sonne, der satanische Triumph des Geistes über die Materie, scheint unmittelbar bevorzustehen! Natürlich ist das auf bewusster Ebene praktisch unmöglich. Die Sonne symbolisiert das Leben selbst. Alles uns bekannte Leben kann nicht ohne Sonne existieren. Zeuge des visuellen Endes allen Lebens zu werden ist ein solcher Schlag, dass der Geist des Betrachters nach einer Möglichkeit sucht, diesen Sachverhalt zu verdrängen. Um von dem verstörenden Gedanken abzulenken, haben wir Gras gut kenntlich dicht unter der horizontalen Untergangslinie der Sonne eingefügt. Dieses Gras erleichtert den bewussten *Zugriff* ein wenig. Jetzt fällt es dem Bewusstsein leichter, die horizontale Linie als Teil der Wiese zu interpretieren, statt sich emotional mit dem Tod der Sonne (und dem bewussten Realitätsbezug zum atomaren Winter) zu beschäftigen.

Die beiden Bösen, zwischen denen die sterbende Sonne *festsitzt*, tragen Hosen gleichen Stils und gleicher Farbe. Der *schwarze* Ledergürtel der Frau ist sehr breit und wirkt maskulin, gar nicht weich, zierlich und feminin. Durch die Andeutung männlicher Züge haben wir eine Veränderung der Geschlechterrollen suggeriert. Diese Verkehrung der Rollen tritt im weiteren Verlauf der Interpretation allmählich deutlich hervor.

Dass die Hosen der beiden grün sind, ist kein Zufall. Grün ist die Farbe der Hexen. In Untersuchungen der Halloween-Tradition hat sich klar bestätigt, dass die meisten Kinder, die sich als Hexen verkleiden, grüne Schminke verwenden. Auch die Hexen aus Kindermärchen werden oft grün dargestellt.

Das Grün der Hosen harmoniert mit dem Grün der Wiese, auf der die beiden stehen. Die ungepflegte, ungemähte Grasfläche symbolisiert in diesem Zusammenhang die ungezähmte, unzivilisierte Natur. Die Schuhe oder Füße der beiden Personen sind so retuschiert worden, dass sie sich gut in den wilden, krautigen grünen Untergrund einfügen. Die Füße sind meist ein Symbol des Fundaments einer Person, des Grundsteins, auf den sich ihr Leben gründet. Teufel werden häufig mit gespaltenem oder Pferdefuß dargestellt. Schurken und Halunken in Film, Schauspiel und Fernsehen humpeln oder hinken oft. Dies versinnbildlicht eine verkrüppelte, schwache, verdrehte Lebensgrundlage. Dadurch, dass die Füße des Paares mit dem krautigen, wilden Wiesenbereich im Vordergrund verschmelzen, in den dann Teufels- und Horrorfratzen eingesprüht wurden, wird uns vor Augen geführt, dass das Leben der beiden auf Unheil und Tod gegründet ist ... ihre *Sohlen* (und *Seelen*) sind böse.

Um den Eindruck eines so üblen Fundaments weiter zu verstärken, sind die Knie des Mannes künstlich deformiert und verkrümmt worden. Sie sind an unpassender Stelle nach hinten durchgedrückt und bilden nur noch ein schwaches, krummes Gerüst. Die Frau hat eine ebenso unpassende Falte im Kniebereich. Überhaupt sind die Hosen der beiden total verknittert und verknautscht, was wiederum Schwäche, Entstellung und Verdrehung suggeriert. (Es handelt sich also nicht um Typen, die gebügelte, saubere, gesellschaftlich akzeptierte Kleidung tragen.)

In das untere Hosenbein der Frau wurde mit Airbrush-Technik eine riesige Spinne eingefügt. Eine weitere Riesenspinne liegt rücklings auf dem Wiesengrund darunter. (Durch die Verkleinerung der Fotos sind die Spinnen und die Fratzen im Vordergrund für das ungeschulte Auge nur schwer, wenn überhaupt, bewusst zu erkennen. Der Leser kann aber sicher sein, dass die zwei Spinnentiere wirklich da sind.)

Schauen Sie sich die nachfolgende Ausschnittvergrößerung oder online die entsprechende Farbabbildung unter dem genannten Link an.

Abb. 8 Ausschnittvergrößerung des Entwurfs zu Abb. 6

Die beiden Spinnen hängen mit ihren Hinterleibern zusammen, womit angedeutet ist, dass sie sich paaren. Da schon *kleine* Spinnen als Angsterreger ganz oben auf dem Phobienindex stehen (an zweiter Stelle hinter Schlangen), ist es einleuchtend, dass *große kopulierende* Spinnen den zur Verdrängung nötigen emotionalen *Schock* auslösen. Auffällig sind die dünnen, etwas kantigen, fast vertikal verlaufenden Linien, die die Beine der oberen Spinne bilden. Diese überaus leichten Beinstriche sind viel höher angeordnet als die Wiesenkräuter ringsum und dünner als die Hosenknitter und Falten. Die runden Leiber der Spinnen sind ebenfalls ein auffälliger Reiz, der laut »Durffstinckles Gesetz der Stoffempfindlichkeit und des Faltenwurfs« in seiner Auffälligkeit dem Unterbewusstsein des Betrachters *garantiert nicht entgeht.*

Ich habe versucht, dieses merkwürdige Gesetz zu finden, jedoch ohne Erfolg. Unter Umständen ist es frei erfunden worden, um die angehenden Kursteilnehmer zu beeindrucken, und so fahren wir einfach fort.

Der Lebensraum des bösen Pärchens ist günstig für Spinnen. Spinnen lauern oft in der Nähe von Spalten und Rissen. Das würde einen Bezug zu den tiefen Falten und Knittern in den verknautschten Hosen der beiden herstellen. Spinnen krabbeln auf der Suche nach Beute gern durchs Grün und verbringen oft ihr ganzes Leben darin. Außerdem sind sie häufig grün oder können ihre Farbe verändern, um sich ihrer Umgebung (den grünen Hosen) anzupassen. Spinnen sind eher nachtaktiv (Bezug zum Sonnenuntergang).

Achten Sie darauf, dass die Hosentasche des Mannes etwas Langes, Hartes enthält, wie die deutliche Ausbeulung und Falte beweisen. Es ist in nächster Nähe zu seinem Genitalbereich. Die Teufelskopf-Silhouette befindet sich vor beider Genitalien. Diese böse Form des »Triumphes von Geist über Materie« wird im Wechselspiel der folgenden Elemente auf Sexualkräfte der Fortpflanzung übertragen: überlebensgroße kopulierende Spinnen, harte phallische Objekte (Messer) in der Hosentasche des Mannes und der Teufelskopf in der Nähe der Geschlechtsorgane der beiden.

Die riesigen Spinnen implizieren auch verborgene Netze und Schlingen, … dass man Satan ins Netz geht, … dass man sich in einem Netz von Tod und Verzweiflung fängt. Spinnen lähmen ihre Opfer oft, um sie nach Belieben aussaugen zu können. Ein schmerzhafter, grausamer Tod. Nichts, womit man sich gern bewusst auseinandersetzen würde … Inhalte, die man lieber verdrängt.

Beide jungen Leute sind obenherum rot gekleidet. Rot ist die Farbe, die mit Hölle und Teufel assoziiert wird. Außerdem sind Rot und Grün Komplementärfarben. Dass der junge Mann und die junge Frau beide nur Rot und Grün tragen, ist ein Hinweis auf den Zusammenfall der Gegensätze und stellt wieder einen Bezug zum Teufelspakt her. Der Teufel (rot) vereinigt sich mit einer Hexe (grün) zur überlegenen Macht des Bösen, die das Leben (die Sonne) zu überwältigen vermag.

Durch eine minutiöse Anordnung der Gestalten haben wir ihrer Silhouette viele Ecken und Kanten gegeben. Spitze Formen fungieren als Katalysator für frühkindliche Schmerzerfahrungen, die durch den jähen Kontakt mit einem spitzen Gegenstand (etwa einer Tischecke) entstanden sind. Im unteren Rückenbereich des Mannes ist eine Spitze oder ein Zacken zu sehen, der nicht zu einer normalerweise weich gerundeten Pulloverfalte passen will. Seine Wirbelsäule wirkt verkrümmt. Eine lange, spitze, dornige Form bildet auch der helle Raum unten zwischen den Beinen des jungen Mannes. In die Nasenpartie der Frau wurde eine Haarsträhne hineinretuschiert. Diese verlängert das Riechorgan visuell zu einer langen, spitzen Hexennase. Auch die Gürtelschnalle läuft oben spitz zu. Auf dem Kopf der jungen Frau wurden zwei kleine Erhebungen eingefügt, die in diesem Kontext Hörner andeuten. Die Zigaretten beider Personen weisen zueinander. Sie sind dünner als echte Zigaretten. Diese Reduzierung ist eine Anspielung auf Nadeln und tut weh. Statt zu rauchen, sind die beiden dabei, einander Nadelstiche zu versetzen. Daran zeigt sich ihre sadistische Vorliebe, Schmerz zuzufügen oder selbst zu erfahren.

Die Schmerz liebende junge Frau ist nicht etwa kleiner, sondern genauso groß wie der Mann. Der junge Mann trägt einen langärmeligen Rollkragenpulli, sie hingegen nur ein dünnes, kurzärmeliges Oberteil. Normalerweise ist eine Frau kleiner als der Mann und zieht sich bei kühlem Wetter wärmer an als dieser. Ein Rollkragenpulli im Sommer (auf grüner Wiese) passt nicht zum kurzärmeligen Top der Frau und steht für die Sehnsucht nach großer Wärme … Im Kontext des Bösen ist die Sehnsucht nach großer Wärme die Sehnsucht nach dem Höllenfeuer. Die Unstimmigkeiten in Größe und Kleidung deuten auch wieder auf subtile Art eine Rollenverkehrung an; die Frau ist größer und »abgehärteter« als die meisten Geschlechtsgenossinnen, er dagegen kleiner und empfindlicher als die meisten Männer. In mehreren Anzeigen dieser Sommerserie war sogar statt des leichteren Pullis aus der hier gezeigten Werbung ein Wollpullover zu sehen. Wieder muss sich der geneigte Leser diesbezüglich auf unser Wort verlassen.

Man beachte, dass der Teufelspakt am Wasser geschlossen wird. Damit ist symbolisiert, dass man sich am Rande einer neuen Erfahrung (des Todes) befindet. Das Ufer ist der Bereich, in dem eine Form von Materie (Land) auf eine andere trifft (Wasser). Zwei *gegensätzliche* Formen treffen aufeinander und *vereinigen* sich. Die Entsprechung hierzu sind die vereinigten Hände und die vereinigten Spinnen. Die Matrix vereinter Gegensätze verleiht dem suggerierten Horrorthema noch mehr Kraft. Wasser regt wegen seiner Wandlungsfähigkeit oft zu spirituellen und religiösen Assoziationen (Taufe usw.) an. Es kann Dampf, Flüssigkeit oder etwas Festes sein. Dadurch bekommt die böse »Geist triumphiert über Materie«-Situation, mit der der Betrachter *konfrontiert* ist, zusätzlich etwas Mystisches. Der Betrachter steht kurz vor einer neuen Schmerz- und Horror-Erfahrung. Am Ufer wird oft tote Materie angeschwemmt und sammelt sich dort. Tiere (im Wasser und an Land), die auf Beute aus sind, suchen lieber Uferzonen ab, als das Inland zu durchstreifen.

Inzwischen dürfte auch dem oberflächlichsten Betrachter aufgegangen sein, dass die Situation *aussichtslos* ist. Ewige Finsternis, ein qualvoller Tod und der Verlust der Seele an Satan drohen! Indem wir den Betrachter in eine Situation auf Leben und Tod stellten, haben wir unterbewusste instinktive Selbsterhaltungskräfte massiv herausgefordert (alles in Sekundenschnelle … beim Umblättern der Seite). Kaum jemand möchte qualvoll sterben, um dann ewig in der Hölle zu schmoren. Im Gegenteil, die meisten Menschen würden alles tun, um einer solchen Hölle zu entgehen. Jetzt kommt XYZ (die Zigarettenmarke) ins Spiel.

Es ist nicht zu übersehen, dass auf der Anzeige das Wort »good« überbetont wird. Es steht dreimal übereinander. Durch seine visuelle Hervorhebung springt das Wort »good«, das Gute, ins Auge und wird

mit den XYZ-Zigaretten assoziiert. Da der Betrachter zuerst in eine aussichtslose Situation gestellt wurde, in der ihm nun durch XYZ Gutes
versprochen wird, haben wir die »krebserregenden Glimmstängel«
XYZ imagemäßig zu einer Art Schutzamulett im Taschenformat erho-
ben, das auf magische Weise auch noch mit den Qualitäten eines Scc-
lenretters ausgestattet ist.

In der heutigen gewalttriefenden Welt, in der alle paar Sekunden ein
Raubüberfall, Mord oder Missbrauch verübt wird, ist man unterbewusst
unablässig auf der Suche nach dem Guten und nach Schutz (Selbsterhaltung). Man geht tagtäglich seiner Wege, kommt dabei zwangsläufig
mit Fremden in Berührung und an den Punkt, wo das Leben auf dem
Spiel steht ... an seine *Grenze*. Das sind Stresszeiten voller Angst und
Unruhe. Wir versprechen, dass der Genuss des beworbenen Produkts genau von den Sorgen befreit, die wir selbst erzeugt haben. Indem wir die
Angst vor dem Neuen, dem Unbekannten, dem Sterben, dem Zurhölle-
fahren schüren, landen wir *emotional* einen Volltreffer. Mit Varianten
der »Gut gegen böse«-Strategie verkaufen nicht nur wir, sondern auch
unsere Konkurrenten eine Vielzahl von Produkten. Unsere Strategie des
»Hölleverkaufens« wird noch von der Kirche verstärkt. Die Religiosität
der Konsumenten untermauert die spirituelle Realität der Hölle. Dadurch wird die emotionale Glaubhaftigkeit und Zugkraft des strategi-
schen Verweises auf die Hölle indirekt noch gefestigt. Wenn man bedenkt, dass der »Durchschnittsamerikaner« 800 Werbespots pro Tag
hört oder sieht, ist die gesammelte Zugkraft geradezu furchteinflößend.

Da Trinken und Rauchen einen so hohen Rang auf dem Markt haben, dürfen wir sie nicht durch Gesundheitsapostel oder Gutmenschen
vom Markt vertreiben lassen. Die hohen Raten von Alkoholismus und
Lungenkrebs sind der statistische Beweis für die Wirksamkeit unserer
einfachen, aber emotional voll ins Schwarze treffenden Werbestrate-
gien. Dann sollen sie auch der Beweis für unsere Bereitschaft sein, wie
die Teufel (der Wortwitz ist beabsichtigt!) für die Rechte unserer fi-
nanzstarken Klientel zu kämpfen. Ziemlich häufig werden in der Werbung »Schröpftechniken« entwickelt, die es erlauben, mit geringem
oder gar keinem Kostenaufwand ganz oben auf der Woge religiöser, sozialer und ökonomischer Bewegungen zu reiten. Das wirklich Schöne
daran ist, dass im Grunde der Verbraucher selbst für seine »Gehirnwäsche« bezahlt, während wir Konzernchefs uns ins Fäustchen lachen.

Empört? Der Tenor erinnert irgendwie an Kriminelle, die gerade offen ein Verbrechen planen, es rechtfertigen und sich schon mal in der Vorfreude sonnen – händereibend.

Falls Sie jemals geraucht haben – wie fühlen Sie sich jetzt? Ich selbst habe über vierzig Jahre lang zwei bis drei Päckchen am Tag gequalmt, bis ich die Werbebotschaft durchschaute, aber das ist eine andere Geschichte. Der Leitfaden der Werbung geht bei dieser speziellen Anzeige noch mehr ins Einzelne; es folgen weitere Anzeigen, Bilder, Hintergrundinformationen und Beschreibungen bis ins letzte Detail (von Pose und Retusche).

Nach dieser Lektüre besteht kein Zweifel mehr, dass die Anzeigen gründlich durchdacht waren. Man könnte die Thesen infrage stellen, aber die Forschungsergebnisse, auf die sich die Werbeagenturen stützen, sind nicht öffentlich zugänglich. Was die psychologischen Forschungen erbringen, die mit Abermillionen Dollar von Privatfirmen, Werbeagenturen und anderen finanziert werden, ist kein Gemeingut und steht meist auch der Verhaltensforschung nicht zur Verfügung. Der Fachmann muss die Thesen selbst überprüfen oder bei seiner Arbeit von dem ausgehen, was durch öffentliche Forschung bereits bekannt ist.

In einem der nächsten Kapitel werde ich mich mit den öffentlichen psychologischen Untersuchungen von Überzeugungstechniken, besonders von solchen mit Subliminalwirkung, befassen. Nach meiner – auf wissenschaftliche Arbeiten gestützten – Ansicht steht eins im Voraus fest, nämlich dass diese von den Werbern angewandten Methoden und Strategien auf (allerdings private) wissenschaftliche Forschungsnachweise gründen. (Das heißt, nur diejenigen, die dafür bezahlt haben, erhalten Einsicht.) Es gibt nicht nur Beweise, die etliche der im Leitfaden vertretenen Thesen stützen, sondern auch die Mittel, durch die einige der Anzeigen immerfort wiederholt werden können – manchmal fließen Millionen in eine einzige Anzeige –, und das zeugt entweder von der Effektivität der Kampagnen oder von der Dummheit der Werber: Sie dürfen entscheiden.

Noch eine kurze Anmerkung, bevor wir dieses Kapitel abschließen. Derzeit wird eine vollkommen neue Art von Forschung betrieben, das sogenannte Neuromarketing. Dabei kommen ausgeklügelte Techniken zum Einsatz wie etwa die funktionelle Magnetresonanztomografie (fMRT) oder die Elektroenzephalografie (EEG), mit deren Hilfe die Gehirnaktivitäten des Anzeigenbetrachters gemessen und aufgezeichnet werden. Eine 7 Millionen Dollar teure Neuromarketing-Studie hat bereits Informationen erbracht wie die, dass die Warnung auf Zigarettenpackungen die Gier nach Zigaretten steigert, also eine gegenteilige Wirkung hat als die erwartete und gewünschte.

In seinem kürzlich erschienenen Buch *Buy-ology: Warum wir kaufen, was wir kaufen*[20] verweist Martin Lindstrom wiederholt auf die Ergebnisse seiner Zusammenarbeit mit einem Team britischer Wissenschaftler aus Oxford, mit denen er zeigte, dass die Verbraucher von unterbewussten Motivationen getrieben werden. Lindstrom (Generaldirektor und Chairman der Werbeagentur Lindstrom Co.) untersuchte die Reaktionen von etwa 2000 Probanden in fünf Ländern. Über seine Arbeit und die Ergebnisse äußerte er in der Zeitschrift *Advertising Age*, Neuromarketing sei der Hammer. Alles hinge davon ab, für wen und wie man es anwende. Man könnte damit zerstören oder ein schönes Bild an die Wand malen.

Zusammenfassung

Seit Jahren wird dementiert, dass in der Werbung unterschwellige sexuelle Anspielungen Anwendung finden, und dem Anzeigenbetrachter nachgesagt, er hätte bloß eine schmutzige Fanta-

sie. Dabei wird diese Behauptung durch die Beweise der Werbe-
moguln selbst entkräftet, wie wir sehen. Es besteht kein Zweifel
mehr darüber, wie weit einige Leute gehen, um unsere Gedanken
und Wünsche zu manipulieren.

Die Anwendung subliminaler Anspielungen in einer Anzeige
stößt zwar bei den meisten Leuten auf Ablehnung, aber die neue
Technik des *Product Placement* (Produktplatzierung) ist auch
nicht viel besser. Die Wahrheit verspricht nicht unbedingt spannende Fernsehunterhaltung, doch sie würde uns helfen, eine bessere, vernünftige Wahl zu treffen.

In diesem Kapitel ging es um den Gebrauch oder Missbrauch
psychologischer Überzeugungstechniken zum Zwecke des Pro-
duktverkaufs. Machen Sie sich klar, dass mit dem Verkauf von
Gütern auch Ideen und Überzeugungen kommuniziert werden.
Werden solche Ideen immer wieder eingehämmert und bekräftigt, kommt es schließlich auf verschiedene Arten und auf unterschiedlichen Bewusstseinsebenen zur Verinnerlichung. Mit der
Zeit entstehen durch die wiederholte Infiltrierung mit den jeweiligen Ideen kulturelle Überzeugungen. Manchmal finden sie Eingang in die Unterhaltungsindustrie und werden dann zu einem
bewussten Teil unserer Vorstellungswelt. Wir übernehmen geistige Inhalte wie etwa das »Gute« an einer Zigarette nicht einfach, sondern sie gehen uns sozusagen in Fleisch und Blut über.
Dabei spiegeln diese Gedanken oder geistigen Konstrukte gar
nicht wider, wer wir in Wirklichkeit sind, und sie sind auch kein
Maßstab für unsere besten menschlichen Möglichkeiten. Kurz:
In vieler Hinsicht werden wir allmählich das Produkt dessen, was
wir konsumieren.

Obwohl ich Ihnen das noch deutlichere Bildmaterial erspart
habe, dürfte Ihnen aus den paar Bildern, die ich Ihnen gezeigt
habe, schon klar sein, dass das wahre Gewicht und Ausmaß der
Schulung, die allen Bemühungen, uns zu manipulieren, zugrunde

liegt, weitgehend unbemerkt geblieben sind. Ich hoffe, dass die Reise in die Gedankenwelt derer, die uns von der Gesundheitspflege bis zum Lippenstift alles verkaufen, wahrhaft aufschlussreich gewesen ist.

5

Die tägliche Gehirnwäsche

Fernsehen für die tägliche Gehirnwäsche und das Internet
zum Abbau auch der letzten Reste von Widerstand.
Paul Carvel

Das Merriam-Webster-Lexikon definiert *Gehirnwäsche* als: 1. er-
zwungene Indoktrination, um jemanden dazu zu bringen, seine
politischen, sozialen oder religiösen Grundüberzeugungen und
-einstellungen aufzugeben und kontrastierende, fremdbestimmte
Vorstellungen zu akzeptieren; und 2. die Beeinflussung durch Propaganda oder Verkaufstüchtigkeit.

Schauen wir uns zuerst die »Beeinflussung durch Propaganda
oder Verkaufstüchtigkeit« an. Mein früheres Buch *Nutze die Kraft
des Unterbewusstseins*[21] handelt davon, wie wir die Sprache erlernen, die wir sprechen, die Überzeugungen ausbilden, die wir lieb
und wert halten, und bestimmte Alternativen in Betracht ziehen – im Grunde geht es um die Schablonen unseres Denkens. In
dem Buch erzähle ich auch die Geschichte eines Adlerweibchens,
das unter Hühnern aufwächst. Nina strengt sich sehr an, ein gutes Huhn zu sein, obwohl sie merkt, dass sie einige Charakterzüge
hat, die nicht gerade hühnermäßig sind. Als ein fremder Adler
den Versuch unternimmt, ihr ihre wahren Möglichkeiten zu zeigen, verschließt sie die Augen davor und bleibt lieber ein Huhn,
das im Dreck scharrt, statt in den Himmel aufzusteigen.

Die Moral dieser Geschichte ist klar. Die meisten Menschen

sind kulturell dazu erzogen worden, bestimmte Dinge zu glauben, die sie in ihren wahren Möglichkeiten einengen. Wir alle sind ebenso *geprägt* wie die Hühner im Hühnerstall. Verhaltensforscher bezeichnen mit dem Wort »Prägung« den Vorgang, durch den ein Jungtier Anerkennung zu finden versucht, indem es seine Gefährten imitiert. Ein Entenküken (oder ein Adlerküken), das im Hühnerstall aufgezogen wird, benimmt sich wie ein Huhn, und so weiter. Anders als in der Geschichte vom hässlichen jungen Entlein kommt meistens kein Schwan des Weges gezogen. Und wenn doch, ergeht es ihm wahrscheinlich wie dem Adler bei Nina.

Worauf ich hinauswill, ist Folgendes: Der Mensch wird auf eine Weise sozialisiert, die seinem Denken Grenzen setzt oder genauer: die ihn zu einem bestimmten Denken *erzieht*. Das geschieht so gründlich, dass fast alle Menschen »auf einem Auge blind« sind. Diesen blinden Fleck bezeichnen Kognitionstheoretiker oft treffend als *kontextgebundenes Denken*.

Kontextgebundenes Denken

Ellen Langer[22] von der Harvard-Universität benutzt in diesem Zusammenhang eine Reihe von Analogien. Als Erstes soll man an den Speichel im Mund denken. Er schmeckt süß, wenn er sich auf der Zunge sammelt, und fühlt sich gut an, insbesondere im Vergleich zu einem trockenen Mund. Dann soll man sich, so Langer, vorstellen, dass man genügend Speichel in ein Glas spuckt und ihn austrinkt. Jetzt ändert sich etwas, man denkt plötzlich ganz anders über den Speichel – oder nicht? Im Kontext des Mundes ist er wunderbar. Aber als Drink … ist er für die meisten Menschen etwas Ekliges. Warum?

Ehe wir zu Langers zweiter Analogie kommen, will ich in diesem Zusammenhang noch auf etwas hinweisen. Wenn ein Produkt in einen Kontext gestellt wird, der per Definition erstrebenswert ist, dann sind wir im Normalfall blind für den entgegengesetzten Kontext. Die meisten Raucher betrachten die Zigarette als ihren Freund. Sie wirkt beruhigend und löst Stress auf. Sie ist immer in Reichweite, schmeckt gut und hilft, klar zu denken. Sie gibt den Händen etwas zu tun und macht vieles erträglich, was sonst schwer durchzustehen wäre, etwa dazusitzen und sich lange Reden anzuhören. Unter Umständen verlängert die Zigarette eine Unterhaltung sogar (man frage nur einmal eine Kellnerin, die Raucher bedient hat).

Das alles ist natürlich Unsinn, aber der Raucher sieht es anders. Warum? Weil die Tabakindustrie das Umfeld sehr sorgfältig gewählt (das heißt den richtigen Kontext entwickelt) hat, aber uns ist gleich klar, dass dieses Bild nicht einfach da war: Es wurde geschaffen. Wenn der Raucher den Kontext verändert – »ins Glas spuckt« –, fällt es leicht, das Rauchen aufzugeben.

Diese Feststellung schockiert vielleicht die Raucher und Raucherinnen, aber sie entspricht der Wahrheit. Ich selbst habe viele Jahre lang geraucht, doch erst als ich den Kontext durchschaute, in den die Zigarette gestellt wurde, konnte ich aufhören. Tabak macht süchtig, aber die körperliche Abhängigkeit ist viel leichter zu durchbrechen als die psychische. Zigaretten schmecken eigentlich nicht gut, wenn man sich mal auf jeden Zug konzentriert, sie machen den Raucher zum Sklaven, und so fort. Ich könnte mich noch viel detaillierter über das Thema auslassen, aber ich denke, der springende Punkt ist klar. Zigaretten sind das perfekte Beispiel für die Produktaufstellung durch den Kontext. Wie bei der Spucke im Mund kommt es nur auf den Kontext an; einmal erscheint etwas gut, einmal schlecht.

Langers zweites Beispiel geht so: Stellen Sie sich vor, eines Abends um neun Uhr wird an Ihre Tür geklopft. Sie machen auf, und ein Freund steht vor Ihnen. Er sagt:»Ich nehme an einer Schnitzeljagd teil, und wenn ich eine Holzplatte finden kann, die ein mal zwei Meter groß ist, kann ich 10.000 Dollar gewinnen. Ich teile den Preis mit dir, wenn du mir eine solche Platte gibst.« Sie denken einen Augenblick nach und sagen dann:»Tut mir leid, ich habe nicht stapelweise Holzplatten oder so was. Ich kann dir nicht weiterhelfen.« Mit diesen Worten schließen Sie Ihre ein mal zwei Meter große Wohnungstür aus Holz.

Langer hat recht: Türen sind für uns keine Holzplatten. Meist denken wir gar nicht erst nach. Wir sind total auf Definition, Kontext und andere Vorstellungen fixiert, die unserer Wahrnehmung Grenzen setzen. Manche Leute glauben, das, was sie sehen, existiere, und umgekehrt. Dabei ist es ganz anders. In meinen früheren Büchern habe ich aufgezeigt, wie falsch diese Annahme ist, und wissenschaftliche Untersuchungen kommen ebenfalls zu dem eindeutigen Schluss, dass unsere Wahrnehmung mehr auf Erwartung und Überzeugung beruht als auf unabhängiger Interpretation.

Versteckte Vorurteile

Vieles am Menschen ist wirklich wunderbar, und nur weniges stößt weithin auf Ablehnung. Etwas, das wir alle lieber im Dunkeln lassen, sind versteckte Vorurteile. Es sind nicht immer die gleichen, aber jeder hat Voreingenommenheiten und findet es meist peinlich, sie einzugestehen. Jesse Jackson, der afroamerikanische Bürgerrechtler, hat einmal gesagt:»Nichts ist für mich in dieser Phase meines Lebens schmerzlicher, als eine Straße entlangzugehen, Schritte hinter mir zu hören und anzufangen, an einen Raubüberfall zu denken – um mich am Ende umzudrehen und beim Anblick eines Weißen erleichtert zu sein.«

Studien haben gezeigt, dass Vorurteile oft stillschweigend gehegt, aber nicht ausgesprochen werden. Genauer gesagt, sie existieren oft, ohne voll bewusst zu sein. Die meisten Menschen wissen, dass sie Hitler und andere Tyrannen der Geschichte verurteilen oder auch Organisationen, die als verwerflich gelten, wie etwa den Ku-Klux-Klan, und selbst Politiker, deren Ansichten sie nicht teilen. Das ist unübersehbar; aber nicht so leicht erkennbar sind festgelegte Meinungen, deren wir uns gar nicht bewusst sind. So muss Jesse Jackson seine Reaktion wirklich erschreckt haben, als sie ihm bewusst wurde.

In einer Studie zur Aufdeckung von Vorurteilen wurden weißen Vorschulkindern wütende Gesichter zum Ausmalen vorgelegt, die sie dann vorwiegend schwarz ausmalten statt weiß. Ebenso interessant ist die Tatsache, dass im Rahmen dieser Studie glückliche Gesichter weiß gemalt wurden. Beide Ergebnisse sind ein gutes Beispiel für unbewusste Vorurteile.

Nachdem New Yorker Polizisten in Zivil den unbewaffneten westafrikanischen Einwanderer Amadou Diallo erschossen hatten, wollten Forscher herausfinden, ob es anders gekommen wäre, wenn der junge Mann weiß gewesen wäre. Zu diesem Zweck entwickelten sie ein Computerspiel, bei dem Versuchspersonen hundert Bilder von Leuten gezeigt bekamen, die eine Waffe, eine Brieftasche oder ein Telefon in der Hand hielten. Die Hälfte war weiß, die andere Hälfte schwarz, und im Spiel wurde gemessen, wie lange es dauerte, bis die Versuchspersonen reagierten und entweder schossen oder nicht. Die Untersuchung kam zu dem eindeutigen Ergebnis, dass Rassenvorurteile die Schießentscheidung beeinflussten. Sie können dieses Spiel selbst ausprobieren unter *http://backhand.uchicago.edu/Center/ShooterEffect/*.

Holen Sie sich einmal alles, was Sie bisher gelesen haben, ins Gedächtnis zurück, und denken Sie nun an Fernsehsender in Ländern wie Saudi-Arabien und Iran, die Juden und Amerikaner als üble Schurken abstempeln, wie es seit Jahren geschieht. Noch lange, nachdem offene Konflikte erloschen sind, bleiben tiefsitzende ausgesprochene und unausgesprochene Vorurteile erhalten und beeinflussen alle Parteien. Tatsächlich ist es schwer vorstellbar, dass nicht auch in ebendiesem Augenblick überall auf der Welt ähnliche Vorurteile zwischen religiösen und politischen Gruppierungen entstehen. Manches davon ist einleuchtend, anderes nicht. Der springende Punkt ist, wie leicht aufgrund eines versteckten Vorurteils ein Urteil gefällt werden kann. Wie fast immer, ist auch hier Wissen die beste Abwehrstrategie.

Die Wirkung des Fernsehens

Womit sich Kinder unterhalten – Fernsehen, Computerspiele usw. –, kann weitreichende Folgen haben. Wie Forschungen ergeben haben, verbringen Kinder in den USA, die noch nicht zur Schule gehen, ungefähr 60 Stunden pro Woche vor dem Fernseher, während Schulkinder im Durchschnitt 30 bis 35 Stunden pro Woche fernsehen. Grob gerechnet beläuft sich das auf etwa 20.000 Werbespots im Jahr. Bis zum Alter von etwa 15 Jahren haben die Kinder ca. 200.000 Werbespots im Kopf gespeichert. Darüber hinaus haben sie 33.000 Morde gesehen!

Viele der Folgen, die ein so intensives Fernsehen für Kinder hat, sind inzwischen bekannt, ganz zu schweigen von den Auswirkungen auf ihr Selbstbild und ihre Erwartungen. Hier eine kurze Zusammenfassung der möglichen negativen Folgen: Fernsehen kann die sensorische Entwicklung negativ beeinflussen, zu verstärkter Aggressivität und Feindseligkeit führen und bei kleinen Kindern das Gehör schädigen. Es ersetzt die körperliche Betätigung und hat deshalb einen negativen Einfluss auf die Gesundheit. Das Fernsehen setzt die Kinder zu lange künstlichem Licht aus, sodass Schlafstörungen vorprogrammiert sind. Es beeinträchtigt die kognitiven und intellektuellen Fähigkeiten, verlangsamt die Spracherfassung und kann zu Leseschwierigkeiten führen. Außerdem hemmt das Fernsehen die soziale Entwicklung und beeinträchtigt den Realitätssinn.

Alles, was ein Kleinkind sieht, empfindet es als real. Erwachsene wissen, dass sie mit einem Kleinkind Versteck spielen können, indem sie sich einfach ein Blatt Papier vors Gesicht halten, es dann zur totalen Verblüffung des Kindes schnell wieder wegziehen und rufen: »Kuckuck!« Für das Kind ist das Gesicht (die Person) verschwunden und auf magische Weise wieder erschienen. Es dürfte einleuchtend sein, dass für dieses Kind auch alles, was es im Fernsehen sieht, Wirklichkeit ist, einschließlich der Gewalt, der Monster und der moralischen Verwerflichkeit vieler Programme. Ein denkender Mensch sollte meinen, dass das Fernsehen im Interesse der Kinder ebenso streng kontrolliert werden müsste, wie man den Internetzugang überwacht.

Bei richtiger Anwendung kann das Fernsehen durchaus auch ein gutes Hilfsmittel sein. Die Möglichkeiten, mehr zu lernen, die schönen Künste zu erkunden und die Bildung zu verbessern, sind einfach fantastisch. Warum sollten sich Menschen, wenn sie die Wahl hätten, irgendeine ekelhafte Reality-Show anschauen statt einer Oper, eines Naturfilms, einer Wissenschaftssendung über astronomische Entdeckungen oder gar einer Dokumentation über eine aktuelle archäologische Ausgrabung?

Fragen Sie sich einmal selbst: *Was schaue ich mir an und warum?* Sind Sie süchtig nach einer bestimmten Art von Unterhaltung, oder benutzen Sie das Fernsehen zu einem bestimmten Zweck, zum Beispiel, um innere Ängste abzubauen? Ist der Fernseher der Versammlungsort der Familie, um zu essen, Filme anzuschauen und noch mehr zu essen? Setzen Sie sich vor den Fernseher, statt ans Kaminfeuer, und lassen sich von Fremden Geschichten erzählen? Sind das die Geschichten, die Sie wirklich hören und in sich aufnehmen wollen?

Wer sind Sie eigentlich wirklich?

An diesem Punkt ist leicht zu erkennen, wie weit wir uns unter Umständen schon von uns selbst entfernt haben. Unsere Überzeugungen, Tabus, Wünsche und Interpretationen sind womöglich alle manipuliert oder uns untergeschoben worden, und zwar auf ähnliche Art und Weise, wie wir unsere Muttersprache erlernt haben. Noch unmerklicher sind uns unsere Konsumgewohnheiten, Filmvorlieben, heutigen Sitten, Wünsche und sogar unsere Krankheiten psychisch eingeimpft worden. Und von wem? Natürlich von den Anbietern. Händler, Dienstleister, der Staat und sogar die Kirchen, sie alle und noch andere hatten die Hand dabei im Spiel.

Was ist denn dann überhaupt noch authentisch? Wer sind Sie wirklich? Spielt das eine Rolle? Falls das alles eine Gehirnwäsche ist, hat es so etwas nicht auf die eine oder andere Art immer gegeben? Wie kann ein Mensch überhaupt herausfinden, wer er wirklich ist, und was kann er tun, um diesen Zumutungen zu entgehen? Was bleibt, wenn ein Mensch das blinde Denken hinter sich lässt und über seine Denkschablonen hinausgeht?

Nicht zuletzt um diese Fragen geht es in Teil II, dort befasse ich mich unmittelbar mit dem Wie, Was und Wo der eigenen Authentizität. Ich erkläre Hilfsmittel wie Hypnose oder NLP, die subliminale Kommunikation, Methoden zur Beeinflussung der Gehirnwellen und vieles mehr – und alles durchaus positiv. Die gleichen Mittel, die so häufig dem Machtmissbrauch dienen, können, wie Sie bald sehen werden, auch im positiven Sinne zum Machtgewinn eingesetzt werden.

Wohlüberlegte, gut recherchierte, geplante Propaganda ist ein Teil unserer Kultur. Sie findet sich immer da, wo Konsum erwünscht ist, sei es der Konsum von Ideen oder der Konsum von Waren. Oft treten dabei Symbole, Stereotype und Ähnliches an die Stelle der Worte. Dahinter steckt die Absicht, das kritische Denken zu umgehen – es überflüssig erscheinen zu lassen. Walter Lippmann beschreibt diesen Prozess in seinem überaus lesenswerten Buch *Die öffentliche Meinung* so:

Dieser Prozess besteht aus einer mehr oder weniger geordneten Reihe von Bildern zur Beschreibung der unsichtbaren Welt. Aber nicht nur zu deren Beschreibung, auch zu deren Beurteilung. Darum sind die Stereotype mit Präferenzen befrachtet, mit Zuneigung oder Abneigung gesättigt und an Ängste, Lüste, starke Begierden, Stolz und Hoffnung gekoppelt. Was immer das Stereotyp beschwört, wird entsprechend dem jeweiligen Gefühl bewertet. Außer wenn wir mit unserem Vorurteil absichtlich zurückhalten, begutachten wir einen Menschen gar nicht erst, um ihn dann als schlecht zu beurteilen. Wir sehen von vornherein einen schlechten Menschen. Wir sehen einen taufrischen Morgen, ein errötendes Mädchen, einen frommen Priester, einen humorlosen Engländer, einen gefährlichen Kommunisten, einen sorglosen Bohemien, einen faulen Inder, einen verschlagenen Orientalen, einen verträumten Slawen, einen unberechenbaren Iren, einen habgierigen Juden oder einen hundertprozentigen Amerikaner.[23]

Ich könnte noch hinzufügen, dass man eine Tür sieht, keine Holzplatte. Man sieht nur ekelhafte Spucke statt warmen, mundbefeuchtenden Speichel.

Kommen wir noch einmal zu Edward Bernays zurück. Die Übernahme psychoanalytischer Konzepte in die Konsumforschung hat zu einer raffinierten Modifikation bei der Anwendung dieser Konzepte und zur Entwicklung von Symbolen, Stereotypen und vielem mehr geführt, etwa der Umwandlung von Ideen in moralische Einstellungen, wie im Falle des Spruches »Jedem das

Seine«. Dies ist nur ein Beispiel für eine Vorstellung, die sich so verbreitet hat, dass sie in unser Wertesystem Einlass fand. Was Lippmann über unsere Werte gesagt hat, besitzt heute noch ebenso viel Gültigkeit wie vor über achtzig Jahren:

> Moral, guter Geschmack und gute Umgangsformen machen einige dieser grundlegenden Vorurteile zur Norm und betonen sie schließlich sogar. (Das Vorurteil wurde zuvor so beschrieben: »Weder Gerechtigkeit noch Erbarmen, noch Wahrhaftigkeit sind in solch eine Beurteilung eingeflossen, denn die Beurteilung ist dem Ereignis vorausgegangen.«) Während wir uns unserer Norm entsprechend ausrichten, passen wir die Fakten, die wir sehen, der Norm an …, denn eine Norm oder ein Moralkodex ist ein Verhaltensrahmen für eine Reihe ganz bestimmter Gelegenheiten. Indem man sich so verhält, wie es die Norm vorschreibt, dient man dem jeweiligen Ziel, das mit dieser Norm verfolgt wird.

Welchem Ziel dient zum Beispiel der Spruch »Jedem das Seine«? Wo kommt er her? Wozu ermutigt er?

Die zunehmende Gewalt an Schulen

In einem Bericht zur Gewalt an Schulen, den ich vor ein paar Jahren verfasst habe, sagte ich einige Dinge voraus, die niemanden heute mehr überraschen. Die erste Voraussage war, dass die Gewalt zunehmen würde. Die zweite und der Grund für die erste war, dass in den Medien noch mehr Gewaltakte und andere aufstachelnde Bilder gezeigt werden würden, um den Absatz von Produkten zu steigern. Das wiederum würde zu starker Abstumpfung führen, sodass zwangsläufig noch eindeutigere Bilder von Gewalt, Sex und anderen Reizen nötig wären. Zuletzt läge die Reizschwelle so hoch, dass die Zuschauer Tod, Verstümmelung und Schlimmeres ohne jede Erregung mitansehen könnten, und die Jugend würde kein Gefühl mehr für den Sinn des Todes wie überhaupt für Werte haben. Es brauchte keinen Wahrsager, um das alles kommen zu sehen.

Heute sehen wir überall immer mehr Gewalt. Kinder, die noch nicht einmal das Jugendalter erreicht haben, erschießen fremde Leute. Manchmal tun sie das von fern, um ihre Treffsicherheit unter Beweis zu stellen, eine Kunst, in der sie sich unablässig in irgendwelchen Spielhallen oder Computerspielen geübt haben. Ebenso wie ein Terrorist im Simulator oder mit ausgeklügelter Software am Laptop lernen kann, ein Flugzeug zu fliegen, kann ein Kind lernen, eine Waffe abzufeuern und Mitmenschen zu töten.

Die Beliebtheit von Ego-Shooter-Spielen* ist seit 1993, als Senator Joe Lieberman im Senat eine Anhörung zu Videogewaltspielen durchsetzte, ständig gewachsen. Nach einschlägigen Untersuchungen wurden Software-Ratings und Verkaufsbeschränkungen eingeführt, aber solche Beschränkungen sind für junge Menschen, ähnlich wie die Warnungen auf Zigarettenpackungen, eher noch ein Anreiz, die betreffenden Spiele unbedingt aufzutreiben. Wieder wird ein Symbol verdreht und macht das Produkt für Konsumenten attraktiv.

Einstweilen wollen wir festhalten, welches Ausmaß die »Beeinflussung durch Propaganda oder Verkaufstüchtigkeit«, wie es im Lexikon heißt, angenommen hat, ehe wir uns mit der ersten Definition von »Gehirnwäsche« befassen, der »erzwungenen Indoktrination, um jemanden dazu zu bringen, seine politischen, sozialen und religiösen Grundüberzeugungen und -einstellungen aufzugeben und kontrastierende, fremdbestimmte Vorstellungen zu akzeptieren«.

---

* Auch Killerspiele oder *First-Person-Shooter-Games* (FPS) genannt.

Zusammenfassung

Bestimmte erworbene oder selbstauferlegte Neigungen haben einen Kurzschluss in unseren natürlichen Denkprozessen herbeigeführt. Der Mensch ist in einem solchen Maße sozialisiert worden, dass er in seinen geistigen Bewegungen eingeschränkt ist. Viele vermeintliche Wahlmöglichkeiten bestehen nur aus den Alternativen, die uns während unseres Heranreifens eingetrichtert worden sind. Deshalb entscheiden wir uns für A statt für B oder C, ohne in Betracht zu ziehen, dass uns ein ganzes Alphabet von Möglichkeiten offensteht. Wir sind durch unsere Etikettierungen, Definitionen, Denkmuster usw. geblendet. Wir leben in Denkschablonen, die unsere Möglichkeiten einengen.

6

Erzwungene Indoktrination:
Verhör und Gedankenkontrolle

Wir wissen jetzt, dass der Mensch dazu gebracht werden kann,
einfach alles zu tun … Es kommt lediglich auf die Wahl der
richtigen Mittel an.

Jules Romains

Zumindest etwas teilt unsere Kultur mit der übrigen Welt: Verschwörungstheorien. Es gibt unzählige, und manche sind so unverhohlen blöd (dieses Wort benutze ich äußerst ungern, aber es ist das einzig zutreffende), dass man, wenn man auch nur einen Funken Selbstachtung hat, eigentlich keine andere Wahl hat, als sie zu verurteilen. Mit dieser Feststellung sind jedoch nicht alle Verschwörungstheorien vom Tisch. In Politologen- und Philosophenkreisen ist folgender Gedanke wohlbekannt: »Einer guten Lüge liegt immer ein Körnchen Wahrheit zugrunde.« Einige Verschwörungstheorien enthalten, ob mit Absicht oder als Ausgangspunkt für Übertreibungen, durchaus Elemente der Wahrheit.

Man kann also nicht sagen, dass Verschwörungstheorien ausnahmslos Lüge sind, vielmehr ist es so, dass uns unter Umständen die eine oder andere Wahrheit entgeht, wenn wir uns gleich davon abwenden. Die meisten Menschen werden überrascht (und entsetzt!) sein, wenn sie hören, dass das Motto dieses Kapitels einer CIA-Studie über Gehirnwäsche entnommen ist. Der volle Wortlaut des Zitats ist folgender: »Wir wissen jetzt, dass der Mensch dazu gebracht werden kann, einfach alles zu tun … Es kommt lediglich auf die Wahl der richtigen Mittel an. Wenn wir uns große Mühe geben und langsam genug vorgehen, können wir ihn dazu bringen, seine alten Eltern zu ermorden und in einem Eintopfgericht zu verspeisen.«[24]

Dementsprechend werden in diesem Kapitel Methoden der unfreiwilligen Gehirnwäsche oder erzwungenen Indoktrination untersucht und einige der bekanntesten Beispiele vorgestellt. Später werden wir uns einige der Techniken genauer anschauen, die dabei angeblich angewendet werden, wie Hypnose, gezielte Gehirnstimulation, subliminale Informationen und Befehle und die Kombination all dieser Techniken.

Die öffentliche Bildung und Erziehung

Es wird Sie vielleicht überraschen zu erfahren, dass einer der wichtigsten Einstiegspunkte beim Thema »Gehirnwäsche« das öffentliche Bildungssystem ist.

Was die Bildung und Erziehung in Amerika betrifft, so herrscht kein Mangel an Verschwörungstheorien. Das Internet ist voll von Artikeln, Kommentaren, Berichten aus erster Hand, historischen Dokumenten, oft genannten Missständen und dergleichen mehr. Ich überlasse es Ihnen, darin zu stöbern, falls Sie mögen. Worauf ich mich konzentrieren will, ist das Offenkundige – die enorme Macht und der ungeheure Einfluss, den das Bildungssystem auf die Art und Weise hat, wie wir denken, wie wir uns verhalten, welche Erwartungen wir haben usw. In meinem Buch *Nutze die Kraft des Unterbewusstseins* lasse ich mich des Langen und Breiten darüber aus, wie unser Denken durch Konditionierung in Schablonen gepresst wird. Ein kurzer Blick auf die Anfänge des öffentlichen Bildungswesens dürfte verständlich machen, wie und warum viele glauben, dass dieses eigentlich unschätzbare System den Zwecken einer Machtelite untergeordnet wurde.

Das erste öffentliche Bildungssystem mit Schulzwang ist 1819 in Preußen entstanden. Es wurde in drei Stufen mit drei verschiedenen Bildungsniveaus (die nichts mit der Benotung zu tun hatten) eingeteilt. Die drei Stufen sollten drei verschiedenen Klassen von Kindern gerecht werden. Nach Einschätzung des pensionierten amerikanischen Lehrers und Autors John Gatto war die Oberstufe für die Herrschenden gedacht, die Mittelstufe für die Beamten und Mitarbeiter der Herrschenden sowie für bestimmte Berufsgruppen wie Ärzte, Juristen usw., und die Unterstufe war denen vorbehalten, die beherrscht werden sollten. Dieser Klasse sollte eine Erziehung zukommen, die Autoritätsgehorsam (gegenüber den Herrschenden) garantierte. Die Unterschicht stellte über 90 Prozent der Bevölkerung.

Diese, die Beherrschten, sollten zwar eine Schulbildung erhalten, ohne jedoch zum selbstständigen Denken und Urteilen angeleitet zu werden. Durch unterschiedliche Lehrpläne und Methoden sollten die Massen zwar auch in Mathematik, den Geistes- und Naturwissenschaften, in Sprachen und Kunst unterrichtet werden, aber so, dass ihr Denken in bestimmte Schablonen gepresst wurde, für die der Begriff »Denken« eigentlich gar nicht mehr passt.

Im Lauf der Zeit wurde dieses System von vielen anderen Ländern kopiert und übernommen. Ende des 19. Jahrhunderts war es auch vollständig in Amerika angekommen und gedieh unter der Obhut einiger führenden Personen. Der Philosoph John Dewey, einer der einflussreichsten Männer dieser Zeit, war überzeugt, dass der Zweck öffentlicher Schulen vor allem der sei, eine aktive

Rolle bei der Gestaltung der künftigen Gesellschaftsordnung zu spielen, indem die Lehrer sich an den neueren Bestrebungen, die für eine gesellschaftliche Kontrolle der Wirtschaft eintreten, orientieren.

Ebenfalls sehr einflussreich in der Geschichte des öffentlichen Bildungssystems der Vereinigten Staaten war Edward Lee Thorndike. Er beschreibt die Aufgabe des Lehrers folgendermaßen:

> Lehren ist ... die Kunst, Anreize zu schaffen oder zurückzuhalten mit dem Ziel, eine bestimmte Resonanz hervorzurufen oder zu verhindern. Nach dieser Definition bezeichnet der Begriff »Anreiz« praktisch jedes Ereignis, das einen Menschen beeinflusst ... etwas, das ihm gesagt wird, ein Blick, ein Satz, den er liest, die Luft, die er atmet, usw. usf. Der Begriff »Resonanz« umfasst jede seiner Reaktionen ... jeden neuen Gedanken, jedes Gefühl des Interesses, jede körperliche Handlung, jeden geistigen oder körperlichen Zustand, der eine Folge des Anreizes ist. Das Bestreben des Lehrers ist es, durch Hervorrufen oder Verhindern bestimmter Resonanzen wünschenswerte Veränderungen bei den Menschen einzuleiten oder unerwünschte zu verhüten. Das heißt, dass dem Lehrer die jeweiligen Anreize zur Verfügung stehen, die für den Schüler von Bedeutung sind ... Worte, Gesten und Erscheinungsbild, Zustand und Ausstattung des Klassenzimmers, die Auswahl des Lesestoffs, die sichtbaren Gegenstände und so weiter, eine lange Liste von Dingen und Ereignissen, über die der Lehrer die Kontrolle hat.[25]

Offensichtlich bietet das Unterrichtssystem die Möglichkeit, das Denken von Schülern und Studenten zu trainieren und zu kontrollieren, und zumindest einige der namhaftesten und einflussreichsten Personen, die an der Schaffung unseres Bildungssystems beteiligt waren, sahen das Ziel des Unterrichts eher in der Sozialisation als in der Bildung. Es gab sogar die Meinung, der Unterricht sollte eher einer Sozialordnungsdoktrin als einer Schulung des Intellekts dienen. Angemerkt werden sollte auch, dass Männer wie Dewey und Thorndike maßgeblich daran mitwirkten, die Zielsetzung des Lehrerseminars an der Columbia-Universität festzulegen, und laut Jim Keith, Autor der *Bewusstseinskontrolle*, war dieses Lehrerseminar, an dem etwa ein Drittel aller Schulleiter und Universitätsdekane und ein Viertel der amerikanischen Lehrer akkreditiert waren, in den 1950er Jahren ohne jeden Zweifel die stärkste Kraft im Erziehungswesen Amerikas.[26]

Fragen Sie sich das nächste Mal, wenn Sie Ihrem Kind Stifte usw. kaufen und dann erfahren, dass sie – zusammen mit denen von anderen Kindern – vom Lehrer eingesammelt wurden, um an einer gemeinschaftlichen Ausgabestelle allen zur Verfügung zu stehen: *Warum?* Werden dadurch Individualität und Eigentumsrechte gestärkt ...? Fragen Sie sich das nächste Mal, wenn Ihnen etwas absolut Merkwürdiges zu Ohren kommt, das in einer Schule geschieht: *Was tue ich, damit so etwas nicht in Schulen in meiner Nähe passiert?* Und fragen Sie sich das nächste Mal, wenn Sie erfahren, dass in der Schule beim Aufsagen des *Pledge of Allegiance** bestimmte Worte ausgelassen werden: *Wie wird das Gelöbnis wohl in zukünftigen Jahren lauten?*

Psychologische Bedingungen

Gehen wir nun kurz die psychologischen Bedingungen durch, die geeignet sind, eine Gehirnwäsche zu erleichtern. Viele Amerikaner erinnern sich noch daran, wie Patricia Hearst 1974 gekidnappt wurde. Kurz nach ihrer Entführung wurde die Zeitungserbin mit einem Maschinengewehr in der Hand gemeinsam mit

---

* Das amerikanische »Treuegelöbnis« gegenüber Nation und Fahne, das in öffentlichen Schulen und bei öffentlichen Veranstaltungen oft gemeinsam aufgesagt wird.

ihren Kidnappern, der Symbionese Liberation Army (SLA), bei einem Bankraub fotografiert.

Dieses Stockholm-Syndrom genannte Phänomen bezeichnet die Neigung eines Opfers, zum Entführer, Geiselnehmer, manchmal sogar zu einem Vergewaltiger ein positives emotionales Verhältnis aufzubauen und sich mit der betreffenden Person zu verbünden, um zusätzlichen Schmerz zu vermeiden. Eine Variante dieses Syndroms ist die psychologische Identifikation mit dem viel stärkeren Täter. Opfer mit dieser psychischen Störung verteidigen oft genau die Person, die sie misshandelt oder missbraucht hat. So scheint es auch im Fall von Patty Hearst gewesen zu sein.

Eine psychische Disposition, von der viele Menschen betroffen sind und die es leicht macht, sie hinters Licht zu führen oder einer Gehirnwäsche zu unterziehen, ist die *Arroganz*. Jemand in dieser Verfassung neigt zu der Ansicht, mit seiner Denkweise immer recht zu haben. Infolgedessen ignoriert er vernünftige Überlegungen, die der Wahrheitsfindung dienen würden. Im Grunde handelt es sich hierbei um eine Art von Gehirnwäsche, die sich der Betreffende selbst auferlegt.

Unser soziales Gefüge und unser Bedürfnis nach Akzeptanz liefern viele der Gründe, warum wir uns so leicht beeinflussen lassen. Ich bin vielleicht befangen, aber ich finde es interessant, dass es in der gesamten Menschheitsgeschichte immer den Glauben an eine spirituelle Wirklichkeit oder Gott gegeben hat. Die Artefakte antiker Begräbnisstätten belegen, dass Menschen zu allen Zeiten an ein Leben nach dem Tod geglaubt haben. Neueres Beweismaterial liefern Neurowissenschaftler, die dem Religiösen gewidmete Areale im menschlichen Gehirn gefunden haben. Mit anderen Worten: Wir sind dazu gemacht, zu glauben. Es bedarf gesellschaftlichen Handelns und gemeinsamer Anstrengungen der Erzieher, einen Atheisten hervorzubringen. So gesehen, wird der Atheismus durch Gehirnwäsche erzeugt.

Wir wissen bereits, welchen Einfluss der Massenartikelmarkt, Verkaufsorganisationen, Politiker oder auch *Nachrichten* (sofern es in Amerika überhaupt noch Nachrichten gibt und nicht nur Kommentare und Leitartikel) auf die Gemütslage des normalen Bürgers haben können; was aber nicht gleich ins Auge fällt, sind die *Ideen*, die uns allen verkauft werden. Da wäre zum Beispiel der Mythos, dass Vegetarier überwiegend Intellektuelle sind, oder die Antwort der Fleischindustrie darauf – dass ein richtiger Mann Rindfleisch essen muss! Denken Sie an all die Ideen und Vorstellungen, die Ihnen lieb und teuer sind. Wie viele davon sind Märchen, Verfälschungen, Übertreibungen oder schlicht und ergreifend Lüge?

Gruppenverhalten

Ein weiterer Faktor, der hier zu beachten ist, ist das Gruppenverhalten. Die Fachliteratur ist voll von Berichten über Fälle von Gruppenhysterie. Manchmal entstehen daraus tatsächlich physische Symptome. In einem Fall bemerkte eine Highschoollehrerin einen benzinähnlichen Geruch in ihrer Klasse. Sie bekam Kopfschmerzen und litt unter Atemnot und Schwindelgefühlen. Kurz darauf klagten die Schüler über ähnliche Symptome. Die Schule wurde geräumt, und Rettungsmannschaften aus verschiedenen Bezirken kamen zum Einsatz. An dem fraglichen Tag begaben sich etwa hundert Personen mit Symptomen, die angeblich durch den Aufenthalt in besagter Schule verursacht worden waren, in die Notaufnahme eines Krankenhauses. Bei Untersuchungen und Labortests konnten jedoch keinerlei toxische Ursachen für die Symptome nachgewiesen werden.

Philip Zimbardos Gefängnisexperiment[27] aus dem Jahr 1971 ist ein klassisches Beispiel für die Auswirkungen von Rollen- und Gruppenspielen auf das individuelle Verhalten. Bei dieser bekannten Studie wurden Freiwillige in Gefängnisinsassen und -wärter aufgeteilt. Nach kürzester Zeit benahmen sich die »Wärter« – denen man vollkommene Autorität und Macht über die »Gefangenen« gegeben hatte – auf eine Art und Weise, die nur als ungeheuerlich bezeichnet werden kann. Was die »Gefangenen« betrifft, so wurden sie durch ihre Rolle in ihrem Menschsein auf eine Weise herabgewürdigt, deren negative Auswirkungen laut Zimbardo auch in unseren heutigen Vollzugsanstalten zu befürchten sind. Er bemerkte dazu, dass Gefängnisse Orte seien, die der Entmenschlichung Vorschub leisten und für die Gefängniswärter ebenso schlecht seien wie für die Gefangenen.

Bewusstseinskontrolle

Bewusstseinskontrolle und sogenannte *Psychological Operations* (PSYOPS) liefern oft den Stoff für Science-Fiction-Filme. Tatsächlich werden dafür aber auch Milliarden Dollar von den Staaten dieser Welt ausgegeben. Welches Motiv dahinterstecken könnte, besonders hinter den geheimen Aktivitäten, an denen Bürger beteiligt werden, ohne gefragt worden zu sein, ob sie mitmachen wollen, können Sie selber entscheiden.

Der bekannte Film *Botschafter der Angst* (*The Manchurian Candidate*) schildert die Anwendung posthypnotischer Suggestion zur Erzielung eines vorprogrammierten Verhaltens. Zu diesem Verhalten gehört die Sabotage amerikanischer Interessen. Als der Film in die Kinos kam, wurden große Bedenken geäußert wegen der im Film dargestellten Möglichkeiten der Gehirnwäsche. Experten wiesen sogleich darauf hin, dass der Film reine Fiktion und so etwas unmöglich sei. Immer wieder wurde schlicht behauptet: »Man kann niemanden unter Hypnose dazu bringen, etwas gegen seinen Willen zu tun.«

Seit der Freigabe des Films 1962 ist diese Behauptung immer wieder bekräftigt worden, obwohl viele Leute glauben, dass unsere und andere Regierungen nach wie vor Menschen in geheimen Operationen zu bösen Zwecken abrichten. 1987 wischte das »Gremium für die soziale und ethische Verantwortung in der Psychologie« (BSERP) im amerikanischen Psychologenverband (APA) Gehirnwäschetheorien mit der Erklärung vom Tisch, dass sie der wissenschaftlichen Exaktheit und objektiven kritischen Haltung entbehrten und deshalb von der APA keine Druckerlaubnis erhielten.

Was den Verschwörungstheorien immer wieder Nahrung gibt, ist die Uneinigkeit der Forscher und sogenannten Experten. Viele Fachleute glauben inzwischen, dass Gehirnwäschemethoden zum Teil durchaus angewandt werden, und diese Ansicht ist Wasser auf die Mühlen der Verschwörungstheoretiker, die Dementis von Organisationen wie der APA oder Staatsorganen wie der CIA als Vertuschungsversuche betrachten.

Gehirnwäsche und die US-Regierung

Untersuchen wir einmal einige der Theorien und Möglichkeiten, indem wir mit einem kurzen Geschichtsabriss über das Wer, Was und Warum der mutmaßlichen Gehirnwäsche-Vorreiter in der US-Regierung beginnen. Präsident Franklin D. Roosevelt richtete 1941 ein Amt für Informationskoordination (COI) zur Verteidigung Amerikas gegen psychologische Kriegführung ein, das schon im Folgejahr in Amt für strategische Dienste (OSS) umbenannt wurde. Daraus entstand dann 1947 der amerikanische Geheimdienst CIA.

Offiziellen Berichten zufolge mussten alle Forschungsprogramme, die das Amt für strategische Dienste plante, durch das Komi-

tee für psychologische Kriegführung den vereinigten General-
stabschefs vorgelegt werden. Wie aus Veröffentlichungen hervor-
geht, hat das Amt für strategische Dienste die *Operation Mind
Control* (»Operation Bewusstseinskontrolle«) ins Leben gerufen
und »die psychologische Kriegführung zu einer wirksamen Waffe
gegen die Denkweise ziviler und militärischer Bevölkerungsteile
im Inland wie im Ausland entwickelt«, wie Jim Keith in seinem
Buch *Bewusstseinskontrolle* schreibt.[28]

Laut Walter Bowart, den Jim Keith zitiert, hat George Estabrooks vom Colgate Collage die Anwendung von Hypnose bei
der Ausbildung von Spionen und Attentätern bereits zu Beginn
des Zweiten Weltkrieges propagiert. Keith erklärt dazu:

> Estabrooks verplapperte sich 1968 einmal während eines Interviews
> mit einem Reporter des *Providence Evening Bulletin.* In dem daraus re-
> sultierenden Artikel hieß es: »Dr. Estabrooks sagte, eine Schlüsselstel-
> lung in der Ausbildung eines guten Spions nehme die … Schaffung
> einer multiplen Persönlichkeit mithilfe von Hypnose ein«, eine Proze-
> dur, die der gute Mann als »Kinderspiel« bezeichnete. Estabrooks äu-
> ßerte sogar die Vermutung, dass Lee Harvey Oswald und Jack Ruby
> »bei ihren Taten unter Hypnose gestanden haben könnten«.

Das Amt für strategische Dienste OSS beschränkte sich bei seinen Methoden und Forschungsprojekten nicht allein auf Hypnose. Keith erzählt von einer streng geheimen Studie, durch die
eine Wahrheitsdroge gefunden werden sollte:

> Bei diesem Programm ging es darum, den Widerstand von Spionen und
> Kriegsgefangenen zu brechen. Es wurde mit den Freimaurern zusammen
> durchgeführt und stand unter der Leitung von Inspektor Winfred Over-
> hulser, einem Freimaurer und Chefpsychiater des St.-Elizabeth-Hospi-
> tals in Washington, D. C. Hinzu kam ein Forschungsteam, zu dem der
> Chef des Bundesamtes für Betäubungsmittel Harry J. Anslinger und der
> damalige Präsident des amerikanischen Psychologenverbandes Dr. Ed-

ward Stecker gehörten. Im Rahmen der Studie wurde die Verwendung von Meskalin, Skopolamin, Peyote und Barbituraten überprüft; man einigte sich schließlich jedoch auf eine Mischung aus Marihuana und Tabak, um ein möglichst perfektes Mittel herzustellen, das einen »Zustand von Verantwortungslosigkeit« auslösen konnte. Als Nächstes entwickelten OSS-Wissenschaftler einen starken Marihuana-Extrakt, der TD genannt wurde. Über seine Wirkung heißt es in einem OSS-Bericht: »TD scheint alle Hemmungen aufzuheben und jene Bereiche im Gehirn lahmzulegen, durch die ein Mensch Vernunft und Vorsicht walten lässt.«

Am 20. September 1945 unterzeichnete Präsident Harry S. Truman eine Anordnung, die mit sofortiger Wirkung die OSS auflöste. Allen Dulles übernahm die Leitung des neuen Geheimdienstes CIA.

Das Programm »Manchurian Candidate«

Die Anfänge der psychologischen Kriegführung bilden den Nährboden für viele Verschwörungstheorien. Versuche, die während oder nach dem Zweiten Weltkrieg von der amerikanischen Regierung und anderen durchgeführt wurden, erhöhen die Wahrscheinlichkeit, dass viele dieser Hypothesen keine Märchen sind, sondern doch der Wahrheit entsprechen. Zum Beispiel nannte James Jesus Angleton, der Chef der Spionageabwehr der CIA, drei Ziele des nach Buch und Film benannten CIA-Programms »Manchurian Candidate«, die alle auf der Anwendung von Hypnose beruhten: 1. die zügige Hypnotisierung nichts ahnender Versuchspersonen, 2. die Möglichkeit, einen lang anhaltenden Gedächtnisverlust hervorzurufen, und 3. die Einprägung lang anhaltender, nützlicher hypnotischer Befehle.

Estabrooks hatte der CIA bereits demonstriert, dass junge Soldaten mit geringer Bildung so programmiert werden konnten, dass sie komplizierte mündliche Informationen zu behalten vermochten. Daraufhin führte der Forscher J. G. Watkins ein paar weiterführende Tests mit Estabrooks' rangniedrigen, wenig gebildeten Untergebenen durch. Wie Keith schreibt, wies Watkins nach, dass diese Männer entgegen der landläufigen Meinung so hypnotisiert werden konnten, dass sie Taten begingen, die ihrem Moralkodex zuwiderliefen, von militärischen Vorschriften ganz zu schweigen. Bei einem Experiment, das Watkins ausführte, wurde einfachen Soldaten unter Hypnose suggeriert, im gleichen Raum mit ihnen befände sich ein feindlicher Agent. Watkins erklärte den hypnotisierten Soldaten, der Agent würde sie zu töten versuchen. Auf einen entsprechenden Befehl hin griffen alle Soldaten ohne Ausnahme den Agenten an.

Einer meiner Hypnoselehrer war Harry Arons, der einen Großteil seines Berufslebens damit zubrachte, herauszufinden, wie die Nordkoreaner im Koreakrieg so erfolgreich amerikanische Kriegsgefangene einer Gehirnwäsche hatten unterziehen können. Seitdem sind noch viele weitere Experimente mit Menschen durchgeführt worden in der Absicht, sie und ihre Überzeugungen zu manipulieren und zu kontrollieren. Es herrscht kein Mangel an Büchern zu diesem Thema, nehmen wir uns also ein paar der bekannteren Experimente vor.

»Bluebird«

Wie Anton Chaitkin in seinem Artikel »Von der Rassenhygiene zum Meuchelmord« in der Fachzeitschrift *British Psychiatry* (1994) schreibt, verfolgte in einem als »Bluebird« bekannt gewordenen Forschungsprogramm ein Mann namens Morse Allen die Idee jederzeit einsetzbarer Meuchelmörder. Dem Bluebird-Material ist Folgendes zu entnehmen:

Ein freigegebenes CIA-Dokument vom 7. Januar 1953 beschreibt die experimentelle Schaffung einer multiplen Persönlichkeit bei zwei 19-jährigen Mädchen. »An diesen Versuchspersonen hat sich klar gezeigt, dass Menschen nach einem Telefonanruf, nach Erhalt eines Schriftstücks oder nach Anwendung eines Codes, eines Signals oder bestimmter Worte vom vollkommenen Wachzustand in eine tiefe kontrollierte Hypnosetrance fallen können und dass die Kontrolle über die Hypnotisierten ohne große Schwierigkeiten von einer Person auf eine andere übertragen werden kann. Außerdem ist durch die Experimente mit diesen Mädchen nachgewiesen, dass sie als unfreiwillige Kuriere zu Informationszwecken eingesetzt werden können.«

Laut Chaitkin unterstützte die CIA auch eine Studie von Alden Sears an der Universität von Minnesota, bei der Versuchspersonen multiple Persönlichkeiten entwickeln sollten. Dieses Forschungsprogramm wurde zeitgleich mit »Bluebird« unternommen.

»Artischocke«

»Artischocke« folgte oder, wie manche behaupten, ersetzte »Bluebird« und war ein Gemeinschaftsprojekt der CIA mit dem amerikanischen Bundesamt für Betäubungsmittel. Die Fragestellung des Versuchs wurde in einer Aktennotiz vom Januar 1952 wie folgt formuliert: »Können wir über eine Person Kontrolle gewinnen bis zu einem Punkt, an dem diese Person gegen ihren eigenen Willen und sogar entgegen grundlegenden Naturgesetzen wie der Selbsterhaltung unseren Erwartungen entspricht?«[29] Mit diesem Programm wurden Hypnose und Chemikalien wie Morphium in Situationen erzwungener Sucht und erzwungenen Entzugs erforscht.

Auf »Artischocke« folgten noch etliche andere Programme,

darunter »Chatter« (Plauderei), MK-Delta, MK-Naomi, MK-UL-tra und HAARP. MK-Ultra und HAARP sind wahrscheinlich die amerikanischen Forschungsprogramme, über die am meisten geschrieben wurde. Schauen wir sie kurz an.

MK-Ultra

MK-Ultra war der Codename für ein geheimes Forschungsprogramm der CIA, mit dem die Möglichkeiten einer Bewusstseinskontrolle und des Einsatzes chemischer Mittel bei Verhören geprüft werden sollten. Bei Anhörungen 1977 im Senat des amerikanischen Kongresses sagte Senator Ted Kennedy:

> Der stellvertretende Direktor der CIA enthüllte, dass über dreißig Universitäten und Institutionen an einem »umfangreichen Test- und Forschungsprogramm« teilgenommen hätten, das auch geheime Drogenexperimente mit ahnungslosen Bürgern »aller sozialen Klassen, der Ober- wie der Unterschicht, gebürtigen Amerikanern wie Ausländern« beinhaltete. Bei mehreren dieser Tests sei »nichts ahnenden Personen bei sozialen Interaktionen« LSD verabreicht worden. Durch diese Aktivitäten sei es zu mindestens einem Todesfall gekommen, dem des Dr. Frank Olson. Der Geheimdienst selbst habe zugegeben, dass solche Tests kaum einen wissenschaftlichen Nutzen hätten. Die zu deren Überwachung eingesetzten Agenten seien dafür nicht wissenschaftlich qualifiziert gewesen.[30]

Der absichtlich verschleiernde CIA-Name des Programms besteht aus den zwei Buchstaben »MK«, die bedeuten, dass das Programm von der »Technical Services Division«, einer Unterabteilung der CIA, gesponsert wurde, und dem willkürlich aus dem Wörterbuch entnommenen Wort »Ultra«. (Hier ist anzumerken, dass es dieselbe Unterabteilung der CIA war, die während der

Kennedy-Regierung den Plan ausheckte, Fidel Castro zu ermorden.)

In seiner vor Kurzem erschienenen kritischen Betrachtung mit dem Titel »Untersuchungsbericht: MK-Ultra und Nazismus in der US-Regierung« verlangt Paul J. Norton Maßnahmen zur Propagandabekämpfung. Er stellt klipp und klar fest, dass die CIA ihre Forschungsprogramme fortführt. In einem anderen Artikel schreibt Norton: »Vergewaltigung, Mord, Verstümmelung, illegale Überwachung, Angriffskriege, praktisch alles, was man von Staatsfeinden erwarten kann, das und noch mehr hat die CIA bereits getan.«[31]

Freigegebene Dokumente über das MK-Ultra-Programm sind, gelinde gesagt, mehr als aufschlussreich. Ich zitiere aus einer Anhörung der beteiligten Ausschüsse vor dem amerikanischen Senat am 3. August 1977:

> Während der zehnjährigen Laufzeit des Programms wurden viele »zusätzliche Möglichkeiten zur Kontrolle menschlichen Verhaltens« (das heißt, zusätzlich zu chemischen und biologischen Mitteln) für die Erforschung im Rahmen des MK-Ultra-Projekts zugelassen. Dazu gehören »Bestrahlung, Elektroschocks, verschiedene Anwendungen aus der Psychologie, Psychiatrie, Soziologie und Anthropologie, die Graphologie, schädliche Substanzen sowie paramilitärische Mittel und Materialien.«[32]

Viele sind der Meinung, dass MK-Ultra oder eine Weiterentwicklung dieses Programms noch immer läuft, und zwar nicht nur in den Vereinigten Staaten, sondern weltweit. In Kanada wird allgemein angenommen, dass die USA subliminale Botschaften über ihren Radiosender »Radio America« verbreiten und anderswo auf der Welt noch andere psychologische Tricks anwenden. Lynn Schroeder, die bekannte Psychologin und Autorin einer Reihe von Sachbüchern und Ratgebern, legte einmal einem Brief an mich einen Artikel bei, der ihr anonym zugeschickt worden war.

Der Inhalt war leicht zu überprüfen. Anscheinend hatte ein Spitzenwissenschaftler des FBI ausgesagt, er habe vorgeschlagen, Mittel anzuwenden, um das Bewusstsein des Davidianer-Sektenführers David Koresh, der sich mit seinen Anhängern in einer Ranch bei Waco, Texas, verschanzt hatte, zu beeinflussen. Dr. Igor Smirnow von der medizinischen Hochschule Moskau führte zehn Beamten des amerikanischen Militärs, des Geheimdienstes und der Polizei in Washington ein Gerät vor, das angeblich die Gedanken von Menschen subliminal beeinflussen und dadurch deren Handeln steuern konnte. Der einzige Grund, warum das FBI das Gerät schließlich doch nicht verwendete, war der, dass die russischen Wissenschaftler nicht ausschließen konnten, dass »der Schuss nach hinten losginge und noch mehr Gewalt auslöste«. Allerdings wandte das FBI damals laute Beschallung 24 Stunden am Tag und sieben Tage die Woche sowie andere Zermürbungstechniken an.

»Skull and Bones«

Bei den meisten Verschwörungstheorien gibt es einen Hintergrund, der noch nicht erwähnt wurde. Im Wesentlichen geht es um das »Skull and Bones«-Argument, im Geheimen bestehe längst eine neue Weltordnung mit dem erklärten Ziel, nicht nur die Führer dieser Erde hervorzubringen, sondern auch den Lauf der Welt zu bestimmen. *Skull and Bones* (»Schädel und Knochen«), auch *Brotherhood of Death* (»Orden des Todes«) genannt, ist eine geheime Verbindung von Studenten und Ehemaligen der Yale-Universität. Es wird behauptet, dass sie ursprünglich dem Drogenhandel mit China diente, vor allem dem Opiumschmuggel. Finanziert wird sie von der Ehemaligenorganisation »Russell Trust Association« (R. T. A.), so benannt nach einem der Gründungsmitglieder, die auch alle Aktivitäten der Verbindung überwacht.

Nach dieser Theorie sind viele der politischen Führer dieser Welt willige Vasallen der amerikanischen CIA und des britischen MI5 sowie anderer Geheimdienste und deren verdeckter Bemühungen, die Massen zu kontrollieren. Die Theorie stützt sich auf viele spezifische Beispiele, deren Beschreibung den Rahmen dieses Kapitels sprengen würde, die man jedoch leicht im Internet nachlesen kann. Grundtenor ist der, dass die Propaganda, die geheimen Gehirnwäscheprogramme und sogar einige reale Aktionen (Tragödien) von denen inszeniert worden sind, die eine neue Weltordnung fordern und unterstützen.

So denken nicht nur die Mitglieder der »Skull and Bones«-Verbindung. Vielmehr glauben viele Menschen, dass hinter dem Bestreben, Kontrolle über die Menschheit auszuüben, die Illuminaten stecken, ein Geheimbund, der angeblich im Hintergrund die Fäden des Weltgeschehens zieht. Da uns diese Verschwörungstheorien zu weit von unseren Zielen wegführen, lasse ich es dabei bewenden.

Immerhin verstehen Sie jetzt wahrscheinlich, dass Besorgnis, was die Gehirnwäsche betrifft, durchaus berechtigt ist. Auch darunter will ich hier einen Schlussstrich ziehen und nur noch kurz das HAARP-Programm und seine Auswirkungen schildern.

HAARP

HAARP (High Frequency Active Auroral Research Program) ist ein amerikanisches Forschungsprogramm, bei dem hochfrequente elektromagnetische Wellen von 1,7 Gigawatt Stärke in die Ionosphäre, die elektrisch geladene Schicht über der Erdatmosphäre, gebeamt werden sollen.

In einem Wikipedia-Artikel über HAARP heißt es:

HAARP ist ein Forschungsprogramm »zum Verständnis, zur Simulation und zur Kontrolle ionosphärischer Prozesse, die die Leistungsfähigkeit von Kommunikations- und Überwachungssystemen verändern könnten«. Das Programm wurde 1993 für die Dauer von mindestens zwanzig Jahren aufgelegt. Es wird von der US-Luftwaffe, der US-Marine, der Universität von Alaska und der DARPA, einer Forschungsbehörde des US-Verteidigungsministeriums, gemeinsam finanziert.

Das HAARP hat bei vielen Besorgnis ausgelöst, darunter die, dass »die obere Atmosphäre zum Kochen gebracht wird«, aber wir wollen uns hier nicht mit den möglichen Auswirkungen auf das Wetter, mit den globalen Gefährdungen usw. befassen. Unsere Sorge ist eine andere.

HAARP funktioniert im Grunde wie ein umgekehrtes Radioteleskop – es sendet, statt zu empfangen. Es verfügt über ein wachsendes Netz von Übertragungsantennen, die den Satellitenantennen für Handys gleichen. Theoretisch besitzt es die Fähigkeit, Informationen aller Art auf einer Trägerfrequenz zu übermitteln. Solche Trägerfrequenzen können die Gesundheit und das Wohlbefinden des Menschen ernstlich beeinträchtigen und sich in die Hirnstromaktivitäten einschalten. Bei den übermittelten Informationen kann es sich auch um subliminale Botschaften handeln, die in sogenannte »tote Zonen« unseres Gehörs geleitet werden. Theoretisch kann durch den Gebrauch von hochfrequenten Trägerwellen also eine für andere absolut unhörbare Nachricht übermittelt werden.

Vor ein paar Jahren habe ich mit Pat und Gayle Flanagan zusammen gespeist. Dr. Pat Flanagan ist heute bestens bekannt wegen seines Neurophons, das Audioinformationen direkt ins Gehirn einspeist und die normalen Hörkanäle umgeht. Es wurde als Gerät für Hörbehinderte patentiert, aber bald darauf von der nationalen Sicherheitsbehörde der USA beschlagnahmt. 25 Jahre lang hatte der Erfinder keinen Zugriff auf sein Gerät.

Pat ist wirklich ein Genie und Pionier. Als Junge baute er das erste Frühwarnsystem, das eine Atomexplosion registrieren konnte. Die amerikanische Regierung erwarb diese Technologie, und Pat wurde über Nacht als Wunderkind berühmt.

Jahre bevor wir uns kennenlernten, leitete ich ein Forschungsprojekt, bei dem ich Hypnose, subliminale Affirmationen und das Neurophon einsetzte. Als wir uns trafen, sprachen wir unter anderem über meine frühere Arbeit mit diesem Gerät, und bald kamen wir auf das Thema HAARP. Er hatte die Gegend besucht, in der das Programm gerade durchgeführt wurde, und wusste von den Sicherheitsvorkehrungen ringsum. Am Ende unseres gemeinsamen Abends kamen wir zu dem Schluss, dass HAARP ohne Zweifel die Gelegenheit bietet, mithilfe der allgemeinen Kenntnisse von Frequenzen und Subliminalmethoden Experimente an Menschen durchzuführen. Jeden Tag auf dem Weg zur Arbeit komme ich an einer verdächtigen Antenne vorbei, die mich an dieses Gespräch erinnert.

HAARP soll dazu dienen, eine kontinuierliche oder gepulste Trägerwelle auszusenden, die vieles übermitteln kann, darunter auch elektrischen Strom. Das ist wichtig, denn durch Forschungen wurde eindeutig nachgewiesen, welche Auswirkungen elektrische Impulse auf das Gehirn haben können. Am Rande erwähnt sei, dass es heute technische Möglichkeiten gibt, um die spezifischen Frequenzen verschiedener Produkte zu registrieren, von pharmazeutischen bis hin zu elektrischen Impulsen. Diese »Signatur«, wie man es nennen könnte, kann Auswirkungen auf den menschlichen Körper haben, die einer Resonanz vergleichbar sind. Mit anderen Worten: Man übermittelt dem Körper per

Schwingung oder mit einer Flüssigkeit die »Signatur«, und er reagiert darauf.

Wie aus sicherer Quelle verlautet, benutzt die HAARP-Anlage »die gleichen Frequenzen wie das menschliche Gehirn und kann so abgestimmt werden, dass ganze Bevölkerungsgruppen erreicht werden. Die Technologie kann also dazu verwendet werden, Worte und Bilder direkt ins Denken großer Bevölkerungsteile einzuschleusen.«[33] Damit ist sie bestens für die geistige Beeinflussung geeignet und in der Lage, ein Signal auszusenden, das direkt auf die Funktion der Gehirnwellen einwirkt.

Sie ist auch der Mechanismus hinter dem, was Jerry Smith drahtlose intrazerebrale Bewusstseinskontrolle nennt. Wie Smith in seinem Buch HAARP: *The Ultimate Weapon of Conspiracy* (»HAARP: Die ultimative Verschwörungswaffe«) ausführt, geschah im HAARP-Programm vieles ursprünglich in Reaktion auf sowjetische Fortschritte in der technischen Bewusstseinskontrolle. Mit einer dieser Technologien, einem als *Woodpecker* (»Specht«) bekannt gewordenen Funksignal, wurde die amerikanische Botschaft in Moskau bombardiert, was zu Krankheits- und Todesfällen geführt haben soll. Dieses Mikrowellenbombardement dauerte 15 Jahre an, ehe es von der US-Regierung entdeckt und offiziell bestätigt wurde. Ehemalige Botschaftsangehörige und ihre Familien erinnerten sich, dass sie während ihrer Amtszeit in Moskau unter merkwürdigen Beschwerden litten, und bei einigen wurde Krebs diagnostiziert. Eine medizinische Untersuchung großen Stils wurde durchgeführt.[34]

Aber zurück zu unserer eigentlichen Sorge. In Dr. José M. R. Delgados Buch *Gehirnschrittmacher*[35] wird Verhaltensmanipulation an Tieren gezeigt, die Elektroschocks erhalten. Delgado, ein Yale-Professor, konnte später die gleiche Wirkung mit eingepflanzten Elektroden hervorrufen – und damit ohne fest angeschlossene Geräte aus der Ferne Kontrolle ausüben. Im Anschluss an diese Forschungen gelang es dem Neurochirurgen Dr. Robert G. Heath von der Tulane-Universität, auch menschliches Verhalten durch elektrische Impulse zu manipulieren. In N. Begichs und J. Mannings Buch *Löcher im Himmel* heißt es, dass der Neurochirurg Dr. Heath ebenso wie Delgado zu dem Schluss kam, dass die elektronische Stimulierung des Gehirns (ESB) sowohl Halluzinationen als auch Angst und Lust auslösen kann. Sie könnte tatsächlich den Willen des Menschen vorsätzlich manipulieren.[36]

Es ist sicher erwähnenswert, dass manche Leute mehr als nur einen Zufall darin sehen, dass das Frequenzband von Mobiltelefonen das gleiche ist wie das, von dem Wilhelm Reich behauptete, es sei für die Gedankenübertragung zuständig. In einer Beschreibung der Reich'schen Frequenzen (die heute für Handys genutzt werden) heißt es, dass Reich über fünf Jahre lang, von 1947 bis 1952, heimlich für die CIA an diesem Projekt arbeitete, bis ihm klar wurde, dass der Geheimdienst dieses Mittel der Bewusstseinskontrolle beim amerikanischen Volk anwenden wollte.

Neuro-elektromagnetische Bewusstseinskontrolle

Ein weiteres entscheidendes Gerät für ähnliche Zwecke ist der Persinger-Helm, so benannt nach seinem Erfinder Dr. Michael Persinger. Persinger war Neurologe an der Laurentian-Universität von Ontario, Kanada, und entdeckte bei seiner Forschungstätigkeit mit elektromagnetischen Frequenzen, dass die Ergebnisse je nach stimuliertem Gehirnbereich unterschiedlich ausfielen. Wie der Verschwörungstheoretiker Glenn Krawczyk behauptet, war er später auch in die »Operation Black Beauty« involviert, bei der es um die Entwicklung eines tiefkühlboxgroßen elektromagnetischen Funkgerätes ging, das bei Unruhen und anderen Massenbekundungen zivilen Ungehorsams eingesetzt werden sollte.

Der bereits mehrfach zitierte Jim Keith schreibt darüber in seinem Buch *Bewusstseinskontrolle*, das Gerät sollte zeitlich schwankende extreme Langwellen benutzen und mit einer Frequenz zwischen 1 und 10 Hertz senden, die bei denjenigen, die ihr ausgesetzt sind, zu Erbrechen führt.

In den 1990er Jahren unterhielt ich mich einmal mit Dr. Robert Beck, der sich mit dem sowjetischen »Specht«-Impuls auskannte und viel Erfahrung mit extrem niedrigen Frequenzen (*Extremely Low Frequencies* oder ELF) hatte. Er erzählte mir, wie er und ein Freund eines der Geräte zur Verhaltenskontrolle, das er gebaut hatte, auf dem Gelände der Universität von Kalifornien in der Nähe der Eingangstreppe zu einem Hörsaaltrakt ausprobiert hatten.

Auf einer Website der Federation of American Scientists, des Bundes amerikanischer Wissenschaftler, ist über das Gerät zu lesen:

> Eine nicht tödliche Waffe, zu der 1. ein neuro-elektromagnetisches Gerät gehört, mit dem Schallwellen durch gepulst modulierte Mikrowellenstrahlen direkt in den Schädel von Personen oder Tieren übertragen werden; 2. eine lautlose Schallübertragung durch ein Gerät, das Geräusche direkt im Schädel von Personen oder Tieren erzeugt. Es kann sich dabei um Stimmen oder subliminale Hörbotschaften handeln. Genutzt werden diese Geräte unter anderem auch als elektronische Vogelscheuchen in der näheren Umgebung von Flughäfen.[37]

Die Mikrowellen-Schallübertragung trägt noch einen anderen Namen: *Medusa* (Mob Excess Deterrent Using Silent Audio). Das *Medusa*-Programm wurde zeitweilig von der US-Marine finanziert und war als Mikrowellen-Schallwaffe konzipiert worden. Bei dieser Form von Schallübertragung entsteht eine Art Druckwelle im Kopf, die »gehört« werden kann. Es wurde vorgeschlagen, *Medusa* mit geringer Stärke anzuwenden und so ein Flüstern zu erzeugen, das zu leise ist, um bewusst gehört zu werden, das aber eine unterbewusste Wirkung entfalten kann. Außer den genannten gibt es noch viele weitere Programme dieser Art mit den unterschiedlichsten Auswirkungen und Anwendungsmöglichkeiten. Auch besteht kein Mangel an Verschwörungstheorien und persönlichen Zeugnissen über den Missbrauch, der angeblich mit solchen Programmen getrieben wird.

Bewusstseinsmanipulation

Ich bin kein Experte für Verschwörungstheorien und halte auch nicht viel von Theorien über Geheimhaltung und Bewusstseinsmanipulation. Meine Tätigkeit hat mich bisweilen an Orte und zu Menschen geführt, die viel besser über diese Dinge informiert zu sein scheinen als andere. Mit Sicherheit kann ich nur sagen – und das müsste Ihnen nach unserer kleinen Informationstour klar sein –, dass es nicht schaden kann, gewisse Fakten im Hinterkopf zu behalten.

1. Genauso wie in der Werbewelt sind viele Forschungsprojekte angestoßen und ausgeführt worden, um herauszufinden, wie und unter welchen Umständen menschliches Verhalten am besten manipuliert werden kann; es ist auch untersucht worden, welchen Zwecken damit gedient sein könnte.
2. Technisch besteht die Möglichkeit, Leute mithilfe unterschiedlichster Methoden zu kontrollieren, sei es direkt oder indirekt und ohne deren Wissen.
3. Bei diesen Forschungen wird sehr auf Geheimhaltung geachtet. Tatsächlich ist in vielen Fällen erst etwas davon

ans Licht gekommen, weil jemand geplaudert hat oder weil es eine undichte Stelle bei den internationalen Geheimdiensten gab.

4. Die Experten sind sich nicht einig, was man darüber weiß und was getan werden kann. Bestimmte Informationen und Dokumente sind zwar für die Öffentlichkeit freigegeben worden, aber die schwarz übermalten Stellen in diesen Dokumenten und alles, was weiter geheim gehalten wird, bereiten einem doch großes Unbehagen.

Fasst man all das zusammen, hat man genügend Material für mehrere Verschwörungstheorien.

Zusammenfassung

Inzwischen sind wir am Ende unserer Erkundungstour angelangt und wissen nun, wie weit manche Leute gehen, um zu lernen, wie sie uns manipulieren können. Beeinflussung, Manipulation und Gehirnwäsche, das alles ist Realität; ob es Menschen sind, die wir lieben, Leute, die etwas verkaufen wollen, oder der Staat selbst – viele bedienen sich dieser Methoden. Dieses Kapitel hatte den Zweck, zu informieren und Ihnen tieferen Einblick in die Kunst der Einflussnahme zu geben. Wissen ist Macht. Informationen sind wichtige Entscheidungshilfen, und wie es aussieht, würden uns viele Leute und Gruppen diese Entscheidungen liebend gern abnehmen.

Eine Reise zur Sonnenseite mentaler Einflussnahme

7

Subliminale Kommunikation

Betrug und Verrat sind die Mittel der Narren,
die zu dumm sind, um ehrlich zu sein.

Benjamin Franklin

Mittlerweile wissen wir, wie einfach es für andere ist, unsere Gedanken und Überzeugungen zu manipulieren. Von allen erwähnten Methoden ist es die subliminale Kommunikation, auf die ich mich mit meinen Forschungen fast dreißig Jahre lang konzentriert habe. Die unterschwellige oder subliminale Kommunikation kann zwar tagtäglich gegen uns angewendet werden, aber sie hat auch ihre Vorteile und kann uns dabei helfen, unsere Ziele und Träume zu verwirklichen. Aus diesem Grund ist es meiner Meinung nach äußerst nützlich, dieses Gebiet eingehender zu betrachten.

Als *unterschwellig* beziehungsweise *subliminal* wird jede Form von Kommunikation bezeichnet, die nicht bewusst wahrgenommen wird. Für unsere Zwecke kommen die folgenden Definitionen und Unterscheidungsmerkmale in Wortgebrauch und Bedeutung infrage:

Überschwellig (supraliminal) wird im Sinne von *wahrnehmbar* verwandt, obwohl das Wahrgenommene meist nicht bewusst wird. Assoziationen, die uns beim Anblick eines Politikers mit Baby kommen, und die Annahmen, die sich für uns daraus ergeben, sind Beispiele für supraliminale Kommunikation.

Vorbewusst (subzeptiv) ist etwas, das aufgrund des Inkrafttretens eines oder mehrerer Abwehrmechanismen nicht bewusst wahrnehmbar ist. Ein Beispiel dafür sind tabuisierte Assoziationen.

Unterschwellig (subliminal) ist alles, was nicht bewusst wahrgenommen wird, weil es durch technische Mittel verdeckt (maskiert) worden ist (es sei denn, es kommen technische Möglichkeiten der Aufdeckung oder Demaskierung zum Einsatz), in seltenen Fällen auch, weil bestimmte veränderte Bewusstseinszustände vorliegen.

In Bezug auf ihre Verwendung als Kommunikationsmittel ergeben sich die folgenden Unterscheidungen:

Überschwellige (supraliminale) Kommunikation umfasst normale Unterhaltungen, die allerdings auch unbewusste Elemente enthalten können.

Vorbewusste (subzeptive) Kommunikation bezieht sich auf Manipulationen der Art, wie sie die Werbung manchmal in den Printmedien vornimmt. Die vorbewusste Kommunikation ist ebenso wie die überschwellige für einen geübten Beobachter ohne technische Hilfsmittel wahrnehmbar.

Unterschwellige (subliminale) Kommunikation beruht auf technischen Hilfsmitteln (also einer entsprechenden Ausrüstung, Instrumenten und Geräten) und entzieht sich der direkten bewussten Wahrnehmung, selbst wenn sich der Beobachter in solchen Dingen auskennt oder geschult ist. Zum Beispiel kann ein Toningenieur durch *Backmasking* oder »Rückwärtsmaskieren« (das Einspielen eines Wortes oder Satzes rückwärts) eine subliminale Botschaft in eine Heavy-Metal-Aufnahme einschleusen und so den Zuhörer unterschwellig beeinflussen. In diesem Fall ist der Toningenieur selbst jedoch ebenso wie der Zuhörer auch nicht mehr in der Lage, die unterschwellige Botschaft im Endprodukt ohne spezielle technische Hilfsmittel herauszuhören.

Die unterschwellige Kommunikation wurde wahrscheinlich von M. Suslowa zum ersten Mal erforscht, der 1863 die Wahrnehmungsschwelle bei einer subliminalen elektrischen Stimulation nachwies. 1894 schrieb der Arzt W. R. Dunham einen faszinierenden Kommentar zur subliminalen Wahrnehmung und Kommunikation, die selbst gute hundert Jahre später von manchen Leuten noch immer für reine Science-Fiction gehalten wird.[38]

Jüngste Forschungen

In meinen früheren Büchern habe ich ausführlich über die Forschungen berichtet, die im Bereich der subliminalen Kommunikation durchgeführt wurden, bevor das Verfahren gegen die Heavy-Metal-Gruppe Judas Priest angestrengt wurde. Angesichts der Kontroverse, die dieser Fall (den ich in meinen Buch *Nutze die Kraft des Unterbewusstseins* detailliert beschrieben habe) auslöste, zögerten die Wissenschaftler, auf diesem Forschungsgebiet weiterzuarbeiten. Ich selbst habe in einem Artikel, der 2007 in der Zeitschrift der Amerikanischen Psychotherapeutischen Gesellschaft erschien, geschrieben, dass viele Akademiker wegen der Fehlinformationen im Fall Judas Priest ehrgeizige junge Studenten davon abhielten, subliminale Kommunikation und Subliminaltheorien zu erforschen. Ferner wies ich darauf hin, dass – ebenfalls im Gegensatz zur landläufigen

Meinung von Akademikern und Laien – kein Gesetz die Anwendung subliminaler Methoden in der Öffentlichkeit verbietet. Außerdem können einem unterschwelligen Reiz sehr unterschiedliche Techniken zugrunde liegen. Seit Kurzem ist die Forschung in diesem Bereich aber wieder aufgelebt und bestätigt frühere Erkenntnisse. 2007 zeigten die Ergebnisse des Kognitionsneurologen Ken Paller von der Northwestern University, dass Gesichtsausdrücke, die nicht bewusst wahrgenommen werden, sehr wohl unterbewusst registriert werden. Pallers Kollege Wen Li führte dazu aus: »Unsere Ergebnisse zeigen, dass eine unbewusst aufgenommene Bedrohung oder ein Signal wie etwa ein sekundenlang erscheinender angstvoller Gesichtsausdruck wieder aufsteigen und unsere sozialen Bewertungen und unser Handeln beeinflussen können, ohne dass wir es merken.«[39]

Einem Artikel zufolge, der im *New Scientist* veröffentlicht wurde und auch online gelesen werden kann, hat Johan Karremans von der Universität Nimwegen Versuchspersonen durch subliminale Methoden dazu gebracht, ein bestimmtes Getränk zu mögen. Karremans suggerierte sehr durstigen und normal durstigen Personen 23 Millisekunden lang visuell die Botschaft »Lipton Eistee«. Als die Versuchspersonen später gefragt wurden, was sie trinken wollten, bevorzugten beide Gruppen mehrheitlich Lipton Eistee, von den sehr Durstigen sogar 80 Prozent. Dieses Ergebnis lässt vermuten, dass subliminale Botschaften durch einen entsprechenden Antrieb (Durst) verstärkt werden und schneller zum entsprechenden Handeln führen.[40]

In einem Bericht von *CBC News*, Ontario, vom 26. Februar 2007 heißt es, ein Glücksspielautomat hätte entfernt werden müssen, weil angeblich subliminale visuelle Gewinnbotschaften darauf übermittelt wurden: »Auf den Automaten erschienen für eine Fünftelsekunde Jackpot-Gewinnsymbole, gerade lange genug, um vom Gehirn aufgespürt zu werden, selbst wenn die Spieler sich dessen gar nicht bewusst waren«, erklärten Psychologen. Der japanische Automatenhersteller Konami behauptete, es handle sich eindeutig bloß um eine »Softwarepanne«. CBS fügte dem hinzu: »Wie der Spezialist für elektronische Spiele Horbay sagt, klagen betroffene Spieler, die Automaten würden ihr Denken beeinflussen. Sie können das Problem nicht genau lokalisieren, aber das könnte Teil dessen sein, was ihnen ihrer Ansicht nach den Kopf so wirr macht.«

Forscher der Universität von Jerusalem untersuchten ebenfalls unterschwellige Einwirkungen von Symbolen, in diesem Fall von Flaggen, und veröffentlichten ihre Ergebnisse in einer Fachzeitschrift. Sie stellten fest, dass die subliminale Vorführung der israelischen Fahne genügte, um die Leute zu moderateren Ansichten zu bringen.

Im März 2008 machten Schlagzeilen überall auf die fast schon magische Wirkung des Apple-Logos auf die Kreativität aufmerksam. Beim Apple-Experiment arbeiteten Professoren von der Duke-Universität in North Carolina mit einer Professorin von der Waterloo-Universität in Kanada zusammen. Um herauszufinden, welchen Einfluss verschiedene Firmenzeichen auf die Kreativität haben, bekamen Versuchspersonen subliminal entweder das IBM- oder das Apple-Logo (in Regenbogenfarben) gezeigt. Die Forscher gingen davon aus, dass sich das Apple-Logo wegen der Assoziation der Marke mit Kreativität stärker schöpferisch auswirken würde, und genau zu dem Ergebnis kamen sie auch. Thomas Claburn bemerkte in einem Artikel in der *Information Week*: »Die Ergebnisse lassen sicher neues Interesse an subliminalen Marketingmethoden aufkeimen, denn Folgetests mit anderen bekannten Marken wiesen ebenfalls eine Reaktion bei den Versuchspersonen nach. Zum Beispiel verhielten sich Versuchsteilnehmer, wenn sie das Disney-Channel-Logo gezeigt bekamen, ehrlicher als beim E!-Channel-Logo.«[41] (Neues Interesse? Als wenn die Marketingexperten je aufgehört hätten, subliminale Methoden anzuwenden!)

Im Februar 2008 wurde das Channel Ten Network des australischen Fernsehens wegen des Verdachts unterschwelliger Werbung während einer Musikpreisverleihung unter die Lupe genommen. Angeblich wurden in dieser Fernsehsendung jeweils 40 Millisekunden lang (die Standardzeit für visuelle subliminale Botschaften) in der Mitte jeder Preiskategorie bekannte Sponsorenlogos auf dem Bildschirm eingeblendet. Außerdem erschienen die Logos der Programmsponsoren auch vor und hinter jeder Preiskategorie. Nach allem, was wir inzwischen wissen, ist leicht einzusehen, welche Vorteile die Werbetreibenden sich von dieser Methode versprechen.

In Großbritannien beobachtete ein Forscherteam vom University College in London anhand sowohl von visuellen als auch von funktionellen Magnetresonanztomografien (MRT), wie subliminale Informationen bei sieben Versuchspersonen verarbeitet wurden. Die Forscher bemerkten Aktivitäten im primären Sehzentrum, wenn den Probanden eine unterschwellige Botschaft in einer als »einfach« eingestuften Aufgabe (wie etwa den Buchstaben H aus einer Reihe von Buchstaben zu wählen) übermittelt wurde. Es zeichnete sich jedoch ab, dass die Ergebnisse unter gewissen Umständen, die als »schwieriger« definiert wurden, weniger eindeutig ausfielen. Im diesbezüglichen Artikel hieß es weiter, subliminale Werbung sei in Großbritannien verboten, in den Vereinigten Staaten hingegen noch immer erlaubt. Zum Schluss wurde im Wesentlichen Folgendes konstatiert: Na schön, jetzt ist also hieb- und stichfest erwiesen, dass unterschwellige Botschaften im Gehirn verarbeitet werden – aber das heißt noch lange nicht, dass sie auch das Verhalten beeinflussen. (Also wirklich – glauben Sie das etwa auch?)

In zwei Studien, die 2000 und 2003 durchgeführt wurden, fanden Forscher heraus, dass sexuelle Impulse möglicherweise durch unterbewusste kognitive Vorgänge ausgelöst werden. Das spräche für die besondere Macht unterbewusster Informationsverarbeitung bei subliminaler Beeinflussung. In diesem Fall wäre bestätigt, was die Untersuchungen von Werbeagenturen schon lange an den Tag gebracht haben. Wie die Forscher Spiering, Everaerd und Karsdrop und Both im *Journal of Sex Research* schrieben, »erleichterten subliminal präsentierte sexuelle Hinweisreize das Erkennen sexueller Ziele. Ohne dass eine bewusste Auswertung nötig gewesen wäre, aktivierten sexuell relevante Reize implizierte sexuelle Erinnerungen und lösten sexuelle Reaktionen aus«.[42] Für jedermann verständlich ausgedrückt: Die Forscher fanden heraus, dass die unterschwellige Präsentation etwa von Frauenbrüsten bei Männern zu einer sexuellen Reaktion führte.

Auch die Reaktionen von Frauen auf unterschwellige Reize wurden in dieser Studie untersucht. Die Ergebnisse waren etwas abweichend, ebenso die von den Forschern daraus gezogenen Schlüsse: »Zwar ist die implizite Informationsverarbeitung bei Männern und Frauen qualitativ gleich, aber es ist möglich, dass ein quantitativer Unterschied besteht. Männer scheinen stärker sexuell motiviert zu sein als Frauen.«

Im März 2007 bemerkte Jagdish Sleth, Präsident der Abteilung für Verbraucherpsychologie der APA*: »Der Streit tobte immer um Verhaltensänderungen, die bei den Leuten vorgenommen werden sollten. Aber man kann doch nicht das Verhalten ändern! Man kann höchstens eine zugrunde liegende Einstellung oder Haltung ansprechen und ändern.« Meine Frage lautet: Warum sollte das Verhalten nicht manipuliert werden können? August Bullock führt in seinem Buch *The Secret Sales Pitch* eine 1982

---

* APA: American Psychological Association

von Gerald Gorn geleitete Studie an, die aufzeigte, dass die Präsentation eines Produkts mit passender Musik die Wahl des Ver-
brauchers entscheidend beeinflusst. Bullock plädiert eindringlich
für eine behutsame Verbraucherkonditionierung im klassischen
Sinne des Wortes seitens der Werber. Er schreibt:

Natürlich täten die Werbetreibenden nichts lieber, als uns heimlich so
zu konditionieren, dass wir ihre Produkte kaufen. In einem Artikel im
Wall Street Journal wurde ein für Coca-Cola arbeitender »Kommunika-
tionsforschungsmanager« wie folgt zitiert: »Wir ernennen Pawlow zum
Vater der modernen Werbung. Pawlow nahm einen neutralen Gegenstand und machte ihn durch die Assoziation mit einem sinnvollen Ob-
jekt zu einem Symbol für etwas anderes ... genau das versuchen wir zu
tun.«[43]

Unterschwelliges in der Politik

Bestimmt brauche ich Sie nicht daran zu erinnern, welche Mühen
die Werbung auf sich genommen hat, um die Forschungsergebnisse
über subliminale Botschaften für sich auszubeuten. Vergessen Sie
aber nicht, dass es nicht nur Konsumgüter sind, die mit diesen
Methoden verkauft werden. Bei den amerikanischen Präsident-
schaftswahlen 2000 gab es einen Aufschrei der Empörung, als her-
auskam, dass in einem Werbespot der Republikaner subliminal das
Wort »RATS« (»Ratten«) auf Al Gores Gesicht eingeblendet
worden war. Es wurden viele Erklärungen abgegeben, von »Das
war ein Versehen« bis hin zu »›RATS‹ war doch nur das Wortende
von DEMOCRATS«. Vollends lächerlich wurde der Vorfall, als
George Bush nicht einmal das Wort *subliminal* korrekt ausspre-
chen konnte, und schließlich wurde die ganze Sache mit einem
Kommentar unter den Teppich gekehrt, der etwa so lautete: »Was
soll's? Es war doch nur eine kurze Einstellung in dem Werbespot!«

Vielleicht interessiert es Sie zu erfahren, dass ungefähr zur gleichen Zeit jemand im Auftrag eines prominenten ausländischen Politikers an mich herantrat und mich über die Anwendung subliminaler Werbung ausfragte. Nach einem längeren Gespräch riet ich dem Politiker, unterschwellige Botschaften nur dann zu verbreiten, wenn das Publikum vorher informiert wurde. Man könnte in einer Kampagne das Interesse der Wähler wecken, indem man subliminal einblendet: »Wählen gehen!« Diese Aufforderung würde nur zum Wählen motivieren, ohne einen bestimmten Kandidaten hervorzuheben. Der Politiker entschied sich dafür, ohne subliminale Inhalte oder zumindest ohne meine Hilfe bei der Gestaltung seiner Kampagne auszukommen.

Aber zurück zu dem »Ratten«-Spot, mit dem ein Präsident verkauft – oder ein Kandidat diskreditiert – werden sollte, je nachdem, wie man es sieht. Anschließend wurde in einer Studie untersucht, wie wirksam der Fernsehspot gewesen sein könnte. Der Psychologe Joel Weinberger von der Adelphi-Universität in New York und sein Kollege Drew Westen von der Emory-Universität in Atlanta arbeiteten einen Fragebogen aus, den sie auf einer Website präsentierten. Websitebesucher wurden gebeten, mögliche Kandidaten nach ihren Bildern zu bewerten. Die Versuchsleiter blendeten jeweils eins von vier kurzen Worten auf dem Gesicht des Kandidaten ein: RATS, STAR, ARAB oder XXXX. Die Versuchspersonen wurden je nach dem Wort, das ihnen subliminal suggeriert wurde, in Gruppen eingeteilt.

Sid Perkins hat in einem Online-Artikel mit dem Titel »Dreckige Ratten: Wahlwerbespot hat möglicherweise Wähler subliminal beeinflusst« das Ergebnis zusammengefasst. Er schrieb: »Die Einblendung des Wortes ›RATS‹ hatte auf die Männer und Frauen der Studie den gleichen negativen Effekt. Des Weiteren reagierten Versuchsteilnehmer, die sich als Republikaner ausgewiesen hatten, ebenso negativ auf ›RATS‹ wie Demokraten.« Darüber hinaus ging aus dieser Studie hervor, dass der unterschwellige Einfluss stärker war, wenn die Aussagen, die das Foto des jeweiligen Kandidaten begleiteten, negativ waren.[44] Ähnliches gab es während der Präsidentschaftsvorwahlen 2008. Der zu Fox gehörende Fernsehsender KMSP von Minneapolis-St. Paul blendete während einer Reportage über einen terroristischen Sexualstraftäter Barack Obamas Gesicht ein. Der Sender behauptet, das sei ein Versehen gewesen. Andererseits wurden Bilder von John McCain und seiner Frau Cindy in das Fox-Nachrichten-Logo eingeblendet. Meiner Meinung nach kann diese Kombination von Bildern kein Zufall sein – vielmehr liegt beide Male ein klarer Fall von subliminaler Beeinflussung vor.

Wilson Bryan Key berichtet in seinem Buch *Subliminal Adventures in Erotic Art*[45] von verschiedenen Gelegenheiten, bei denen Politiker Subliminaltechniken anwandten, unter anderem die versteckte Einfügung von Schimpfworten auf Kandidatenplakaten. Der Nutzen solcher Assoziationen liegt auf der Hand, ebenso deren Gefahren.

Im März 2008, als das Auswahlverfahren für den demokratischen Kandidaten in die heiße Phase ging, strotzten die täglichen Schlagzeilen nur so von schmutzigen Andeutungen, Rufmordversuchen und anderen politischen Ausrutschern zwischen Barack Obama und Hillary Clinton. Im selben Monat veröffentlichte die Zeitschrift *Newsweek* einen Artikel mit der Überschrift »Die politische Psychologie von Rasse und Geschlecht«, in der sich der Psychologieprofessor Jeffrey Rachlinski folgendermaßen zu einer Studie namens »Amerikanisch heißt weiß« äußerte:

Die Studie hat uns gezeigt, dass die Leute stillschweigend weiß mit amerikanisch gleichsetzen und schwarz im Gegensatz zum Amerikanischen sehen. Darüber hinaus wurde in Studien über die Präsidentenwahl von 2008 nachgewiesen, dass von den Leuten, die Bilder der amerikanischen Fahne eingeblendet bekamen – unterbewusst, also nur Millisekunden lang –, die Weißen nicht mehr solche Sympathie für Barack Obama hatten. Das führt uns zurück zu der Frage, warum Obama keine Anstecknadel mit der amerikanischen Fahne trägt, und zu der Anschuldigung, dass er die Hand nicht aufs Herz gelegt hat, als er die Nationalhymne sang. Das sind verfängliche Sachen, besonders in Anbetracht der Tatsache, dass einige seiner Gegner an seinem Patriotismus zweifeln.[46]

Auf der Gegenseite gab es viel Gerede um den republikanischen Präsidentschaftsbewerber Mike Huckabee und einen seiner Werbespots, in dem im Hintergrund angeblich subliminal ein Kreuz war. In diesem Fall war das Kreuz gar nicht subliminal, allerdings wirkte es so auf die Zuschauer, die sich ja auf sein Gesicht und seine Botschaft konzentrierten. Viele äußerten sich in den Medien dazu und wiesen darauf hin, dass Huckabee bekannt sei für seine Genauigkeit bis ins Detail, sodass ein Versehen in diesem Fall unwahrscheinlich sei.

Der Schutz der Heimat

Obwohl die Öffentlichkeit generell pessimistisch blieb, was die Anwendung von Subliminaltechniken und anderen Methoden der Bewusstseinskontrolle und -beeinflussung betrifft, musste sie 2007 erfahren, dass das amerikanische Heimatschutzministerium den Mindreader 2.0 erprobte und zu kaufen erwog. Aufbauend auf der Pionierarbeit des verstorbenen Igor Smirnow und dessen Frau Elena Rusalkina, wurde dieses Gedankenlesegerät von einer russischen Organisation entwickelt.

Rusalkina leitet das Institut für psychotechnische Forschungen in Moskau. Wie Sharon Weinberger in der Zeitschrift *Wired* schreibt, behauptet sie, dass ihr Gerät schneller als ein Lügendetektor ist und an Flughäfen zum Sicherheitscheck von Touristen eingesetzt werden kann. Das Gerät blendet subliminale Bilder in ein scheinbar harmloses Computerspiel ein.»Dieser Technik liegt die Annahme zugrunde, Terroristen würden ein verschlüsseltes Terroristenfoto als solches erkennen, ohne es zu merken, und könnten durch ihre unterbewusste Reaktion auf das Bild entlarvt werden.«[47]

Smirnow war der führende Kopf in Russland, der dem FBI Empfehlungen während der Belagerung der Davidianer in Waco, Texas, gab (siehe Kapitel 6). Weinberger macht aber gleich deutlich, dass es über Smirnows Arbeit, die Waco-Sache und den »Mindreader« geteilte Meinungen gibt. Zwar wollte sich das Heimatschutzministerium nicht zu Weinbergers Anfragen äußern, aber Beteiligte sagten ihr, dass ein Vertrag unmittelbar bevorstehe. Geoff Schoenbaum, Neurowissenschaftler an der medizinischen Fakultät der Universität von Maryland, hält es allerdings für fraglich, dass die Technik tatsächlich funktioniert. Es bestehe zwar kein Zweifel daran, dass unser Gehirn auch Dinge aufnehmen kann, die unterhalb der Schwelle bewusster Wiedergabe und Identifikation liegen, aber das bedeute nicht, dass wir damit über die Detailgenauigkeit und Sensibilität verfügten, um einen Terroristen zu erkennen.

Trotzdem könnte die Zukunft des amerikanischen Antiterrorkampfes zumindest teilweise mit subliminalen Reizen verknüpft sein, durch die unterbewusste Motive zum Vorschein kommen.

Subliminale Verleugnung

Es gibt sicher noch Hunderte von Beispielen, die angeführt werden könnten (siehe *www.progressiveawareness.org*). Doch trotz aller Forschungsergebnisse behaupten viele Leute immer noch, die subliminale Informationsverarbeitung sei ein Witz. So schrieb zum Beispiel Todd Stark in einem Online-Artikel der Zeitschrift *Real Magick*, die veröffentlichten empirischen Daten zeigten deutlich, dass eine subliminale Einflussnahme über das Hören entweder kaum oder gar nicht stattfinde, und die meisten theoretischen Begründungen einer Wirkung seien bestenfalls fragwürdig.

Starks Artikel ist nur einer von vielen, bei denen man im Internet auf der Suche zum Stichwort *subliminal* landet. Subliminal: so etwas wie des Kaisers neue Kleider? Subliminal: alles Schwindel. Subliminal: eine Pseudowissenschaft für geistig Behinderte? Ich zitiere noch einmal aus dem bereits weiter vorn genannten Buch *Age of Propaganda* von Pratkanis und Aronson: »Diesmal war es eingebettet in die New-Age-Überzeugung, es gäbe eine starke verborgene Kraft in der Persönlichkeit des Menschen, die durch Magie, Kristalle und subliminale Befehle endgültig unter Kontrolle gebracht werden könne.«[48] Was für eine wunderbare Art, Stellung zu beziehen – Kristalle, Magie und subliminale Befehle! Glaubt man an das eine, muss man auch das andere akzeptieren – das jedenfalls ist hier impliziert. Hier wird etwas durch Implikation begraben – oder sollen intelligente Ermittlungen durch Hohn und Spott begraben werden?

Vielleicht ist der *Skeptical Enquirer*, zumindest historisch, das leidenschaftlichste Sprachrohr all jener Experten, die beharrlich dabei bleiben, dass es keine subliminale Kommunikation gibt, dass sie nicht in der Werbung gebraucht wird und dass die Anwendung dieser Technik zur Selbsthilfe ein Schwindel ist. Doch selbst diese Fachzeitschrift, die in dem Ruf steht, in der Vergangenheit vieles als falsch entlarvt zu haben, was sich später als wahr herausstellte, gibt inzwischen zu, dass einiges für Verhaltensveränderungen durch unterschwellige Reize spricht. So weit kam es aber erst nach der Judas-Priest-Verhandlung.

Zusammenfassung

Wir haben uns bisher nur mit einem winzigen Teil der Forschungen beschäftigt, deren Gegenstand die subliminale Kommunikation ist. Die Geschichte dieser Forschungen habe ich in meinen früheren Büchern behandelt. Die Überfülle von Material, das heute existiert und das die Wirksamkeit unterbewusster Stimuli bestätigt, nimmt immer weiter zu. Im nächsten Kapitel wollen wir uns mit den Versuchen befassen, gesetzliche Regelungen gegen den Missbrauch subliminaler Einflussnahme durchzusetzen oder zumindest eine vorherige Einverständniserklärung zu fordern.

Das Thema wird weiterhin kontrovers diskutiert. Fast alle vertretenen Positionen lassen sich begründen, vor allem dann, wenn es um die Verteidigung der eigenen Forschungsarbeit geht. Was subliminale Reize sind, ist nicht immer klar definierbar und auch nichts Lineares, das sich für eine durchgängige Ja-oder-Nein-Überprüfung anbieten würde. Nein, sie sind eher dem Bewusstsein selbst zu vergleichen. Der Forschungsgegenstand ist dynamisch – ein Vorgang, ein kontinuierlicher Prozess, der einmal unmittelbar zu überprüfen und ein andermal nahezu undurchschaubar ist. Trotzdem sollte klar sein, dass er *Realität* ist. Subliminale Befehle gehören nicht in einen Topf mit Unsinn, Magie, New-Age-Kristallen und dergleichen.

8

Der Rechtsstatus subliminaler Kommunikation

Bestrafungen sind heute nicht mehr in Mode … weil wir damit die Menschen moralisch unterscheiden, was der demokratischen Gesinnung zuwider ist. Wir geben sinnentleerten kollektiven Schuldgefühlen den Vorzug vor einer sinnvollen persönlichen Verantwortung.

Thomas Szasz

Die meisten Menschen glauben, dass sie durch Gesetze vor dem Missbrauch subliminaler Kommunikation geschützt sind. Das ist leider nicht der Fall.

Zum Teil liegt es an Definitionsproblemen, dass es keine gesetzlichen Regelungen gibt. 1984 gab es in dieser Sache eine Anhörung vor dem amerikanischen Kongress, und der einzige Konsens, der erzielt wurde, bestand in der Empfehlung, jeder Gesetzentwurf sollte die Einstellung von Richter Whitehead während der Judas-Priest-Verhandlung in Reno berücksichtigen – also bei einer subliminalen Beeinflussung das vorherige Einverständnis der Betroffenen zugrunde legen.

Unterbewusste Wahrnehmung

Der Kongress berief eine Reihe von Experten, die sich bei der Anhörung 1984 äußern sollten. Unter den vielen Fragen war eine, welche innere »Mechanik« beim Menschen an der unterbewussten Informationsverarbeitung beteiligt sein könnte. Man bezog sich in der Hauptsache auf die Arbeit von Benjamin Libet, einem Forscher der Universität von Kalifornien in San Francisco und Pionier auf dem Gebiet der Bewusstseinsforschung. Es ist wieder einmal höchst aufschlussreich, sich einige der Aussagen anzuschauen. In einer Stellungnahme des Neuro-Psychoanalytikers und Experten Howard Shevrin, der sich später auch im Judas-Priest-Fall im Auftrag der Kläger äußerte, ging es zunächst um den Unterschied zwischen dem Unbewussten und dem Unterbewusstsein. Shevrin erklärte, dass das Unbewusste in den Bereich der Psychoanalyse gehöre und nicht in den der übrigen Psychologie. Nachdem er die Begriffe erklärt hatte, kam er zu den konkreten, nachprüfbaren Fakten. Er begann mit Libets Arbeit:

1967 berichteten Libet und andere, dass eine somatosensorisch ausgelöste Reaktion im Kortex einer Person auftreten kann, wenn die Haut der Person einem unterschwelligen elektrischen Reiz ausgesetzt wird. Obgleich die Person immer wieder bekundete, nichts zu spüren, zeigte sich bei jeder Stimulation eine klare Reaktion im Kortex. Das Gehirn wies also kortikale Ansprechbarkeit auf, auch wenn kein Bewusstsein da war.

Danach führte Shevrin umfangreiche technische Details an, die auf Untersuchungen der Hirnrindenreaktion beruhten (der Reaktion des Gehirns auf Informationen mit Reizwirkung), und erklärte, dass diese Untersuchungen eindeutig Folgendes zeigten:

Wenn wir die beiden Ergebnisse Libets zusammenführen, nämlich erstens, dass auf einen subliminalen Reiz eine kortikale Primärreaktion
folgt, und zweitens, dass für eine bewusste Erfahrung eine kortikale Im-
pulsfolge nötig ist, kommen wir zu dem Schluss, dass somatosensori-
sche Reize unbewusst kortikal registriert werden können und dass bewusste Erfahrung die Funktion eines weiteren Systems mit eigenen
Merkmalen ist.[49]

Der Einfluss auf das Verhalten

Später, vor dem Kongressausschuss für Wissenschaft und Technik, äußerte Shevrin sich zum möglichen Einfluss subliminaler
Informationen auf das Verhalten; er konnte im Wesentlichen
keinen solchen Einfluss erkennen. Beim Judas-Priest-Verfahren
änderte Shevrin seine Einstellung jedoch. Anzumerken ist, dass
Shevrin bei seiner Aussage in Reno auf Forschungsergebnisse
und Daten von über einem Jahrzehnt zurückgreifen konnte.

Dr. Lloyd Silverman, Psychologe an der New Yorker Universität, sprach 1984 ebenfalls vor dem Kongress. Er erklärte die subliminale Informationsverarbeitung, indem er vom psychotherapeutischen Modell eines dynamischen, denkenden Unbewussten
ausging. Seine Arbeit mit symbiotischen (ineinander übergehen-
den) Botschaften überzeugte ihn, dass unterschwellige Informationen tatsächlich das Verhalten direkt und nachweisbar beeinflussen können.

Über die Effektivität unterschwelliger Botschaften war man
geteilter Meinung, und für den Gesetzgeber standen weiterhin juristische und verfassungsrechtliche Fragen im Vordergrund – vor
allem der erste Zusatzartikel der amerikanischen Verfassung, der
»Bill of Rights«.

Die rechtliche Definition

In einer für die Anhörungen vorbereiteten Stellungnahme befasste sich in diesem Zusammenhang auch die *Southern California Law Review* mit diesen Fragen. Die Autoren diskutierten die angebliche Einblendung subliminaler Botschaften zur Förderung des gewerblichen Verkaufs von Erfrischungen in einer Vorführung des Films *Picknick* im Jahr 1957. Sie berichteten über unterschiedliche Standpunkte vom öffentlichen Aufschrei nach der Vorführung bis zum moralischen Dilemma bei der Beurteilung verschiedener Formen von Verhaltenskontrolle. Moralische, soziale und ethische, aber auch verfassungsrechtliche und juristische Fragen wurden wortreich behandelt. Die Verfasser waren sich der Schwierigkeit bewusst, den Begriff »unterbewusste Wahrnehmung« zu definieren, und einigten sich schließlich auf die folgende, recht allgemeine Definition:

> Ein Vorgang, durch den Einzelpersonen und Gruppen visuelle und auditive Informationen übermittelt werden können, ohne dass sie sich der Informationsübermittlung bewusst sind, auf die sie aber selektiv reagieren.[50]

Eine Schlüsselbedeutung hat hier das Wort *reagieren*. Mit anderen Worten: Ohne eine selektive Reaktion wird Information nicht als unterschwelliger Stimulus betrachtet.

Rechtliche Folgerungen

Des Weiteren wurde bei den Anhörungen ein Überblick über die wissenschaftliche Literatur gegeben, mit ausführlicher Bezugnahme unter anderem auf die Forschungsarbeit von Norman Dixon, der eindeutig den Einfluss unterschwelliger Kommunikation auf das Verhalten nachwies, aber auch mit dem Hinweis auf die Leichtigkeit, mit der die Öffentlichkeit Geräte zur Übermittlung subliminaler Inhalte erwerben kann. Die Experten erklärten, die Anwendung subliminaler Geräte nähme zu, vor allem aber würden seit Neuestem Modelle gebaut, deren Wirkung nicht mehr aufzuspüren sei.

Ihre Schlüsse und Vorschläge sind es wert, zitiert zu werden:

Erhebliche Differenzen gibt es darum, ob die Technik in der Lage ist, das Verhalten zu ändern, oder ob sie nur Verhaltensweisen stärkt, zu denen die betreffende Person ohnehin neigt. Nichtsdestotrotz können aufgrund der vorliegenden Forschungsergebnisse einige allgemeine Feststellungen getroffen werden.

1. Personen können Informationen aufnehmen, die ihnen übermittelt werden, ohne dass sie sich dessen bewusst sind, und unbewusst den Inhalt dieser Informationen bewerten und darauf reagieren, indem sie sich gegen negative Inhalte wehren und positive bereitwilliger annehmen. Hieraus könnte man schließen, dass man subliminale oder unterschwellige Informationen auf die gleiche Art und Weise verarbeitet, wie man supraliminale oder überschwellige Informationen verarbeitet und bewertet – man reagiert in der vorgegebenen Weise und ist folglich ebenso schwer zu manipulieren oder zu ändern, als ob man die Informationen bewusst aufgenommen hätte. Wenn dies zutrifft, wäre die subliminale Beeinflussung keine effektive Methode zur Gehirnwäsche.

2. Menschen können auf einer vorbewussten Wahrnehmungsebene zu neuen Reaktionen angeleitet werden und unterschwellige Informationen für effektivere Problemlösungen nutzen.

3. Eine vorgegebene Reaktion oder Verhaltensweise ist nicht unbedingt Voraussetzung für eine effektive unterschwellige Suggestion, sondern es können auch gewisse neue Reaktionen ausgelöst werden. Diese Erkenntnis gibt zu der Sorge Anlass, dass subliminale Kommunikation Menschen dazu bringen kann, etwas zu tun, was ihnen sonst nie in den Sinn gekommen wäre – dass sie eher »manipuliert« statt »an etwas erinnert« werden.

Es werden drei weitere Punkte genannt:

4. Menschen reagieren uneinheitlich auf unterschwellige Botschaften, auch wenn diese mit gleicher Intensität und Dauer übermittelt werden.
5. Bestimmte Persönlichkeitsmerkmale können der Grund dafür sein, dass manche Personen leichter durch subliminale Suggestion zu beeinflussen sind als andere.
6. Die Wirksamkeit subliminaler Kommunikation hängt möglicherweise von der Motivationslage und vom Gemützstand des Empfängers ab.

Der erste Zusatzartikel zur Verfassung

In der abschließenden Zusammenfassung wurde darauf hingewiesen, dass die zentrale Frage der Schutz der Autonomie und Privatsphäre sei und dass schließlich im ersten Zusatzartikel zur Verfassung die Meinungsfreiheit garantiert sei. Präzedenzfälle wurden zitiert, speziell im Hinblick auf »ideelle Inhalte als Teil der Privatsphäre«. Zum Schluss wurde der Vorschlag gemacht, die »volle Offenlegung von Gebrauch und Inhalt der Botschaft« zu fordern – also eine Art Einverständniserklärung des Empfängers. So weit meine Zusammenfassung. Wer mehr wissen will, findet den vollen Wortlaut der Anhörungen in der im Anhang angegebenen Quelle.[51]

Erklärtes Einverständnis

Kurz nach diesen Anhörungen im Kongress wurde im Bundesstaat Utah ein Gesetz zur Einverständniserklärung gefordert. Das war 1986.

22 Jahre später haben zwar etliche amerikanische Bundesstaaten sowie der Kongress Gesetze formuliert, um die Übermittlung unterschwelliger Informationen in öffentlichen Kommunikationsmedien zu verbieten, aber sie sind noch nicht rechtswirksam. Es war Frances Merrill, Abgeordneter des Repräsentantenhauses von Utah, der schon 1986 ein Gesetz forderte, das die Unterbindung von subliminaler Kommunikation ohne Einverständniserklärung vorsah. Das heißt: Ebenso wie zeitweise von Restaurants bei Mikrowellenbenutzung ein Hinweis darauf gefordert wurde, würde beispielsweise auch von einem Einzelhändler, der »subliminale« Anti-Diebstahl-Botschaften verwendet, verlangt, alle Hörer solcher Botschaften vorher darüber zu informieren. Natürlich wären auch Heavy-Metal-Gruppen, die subliminale Botschaften verbreiten, verpflichtet, entsprechend darauf aufmerksam zu machen, genauso wie alle anderen Nutzer solcher Kommunikationsmittel.

Ich war in diesen Gesetzgebungsprozess involviert, auch beruflich. Ich war damals Komoderator einer Radio-Talkshow, und meine Mitarbeiter und ich machten über den Äther auf den Streit aufmerksam. Nach meiner Auffassung war ein Einverständniserklärungsgesetz nicht nur sinnvoll, es schien mir damals wie heute auch das einzige rechtliche Mittel zu sein, das durchgesetzt werden konnte, ohne die in der Verfassung garantierte Freiheit anzutasten. Eigentlich hätte es mich nicht wundern dürfen, aber ich weiß noch, dass ich regelrecht schockiert war von der großen Zahl der verschiedenen Interessenvertreter einschließlich der Werbeagenturen, die sich an dem Tag, als wir zur Anhörung vor dem Parlamentsausschuss von Utah kamen, gegen eine solche Gesetzgebung aussprachen. Was wir für eine lokale Entscheidung gehalten hatten, war offensichtlich von nationalem und sogar internationalem Interesse. Sprecher aus New York meinten, ein derartiges Gesetz sei nicht nötig – niemand würde diese Technik anwenden, sie sei zu teuer und funktioniere nicht. Der Ausschuss hörte sich beide Seiten an, und gemeinsam mit anderen drangen wir darauf, dass die Sache zumindest dem Parlament zur Abstimmung unterbreitet werden müsse. Der Ausschuss einigte sich mit Mühe darauf, das geplante Gesetz dem Parlament vorzulegen, aber dort wurde es abgelehnt. Bis heute gibt es noch immer keinen rechtlichen Schutz gegen subliminale Eingriffe in die Privatsphäre.

Patente für Subliminalgeräte

Es gibt ungezählte Geräte zur subliminalen Kommunikation, für die eine Regelung gefunden werden müsste. Über hundert Patente sind vom amerikanischen Patentamt vergeben worden, und mein eigenes ist nur eins davon. Manche dieser Geräte blenden subliminale Inhalte in Hintergrundgeräusche ein, andere nutzen bestimmte Klangmuster oder Tonspuren, und wieder andere fügen hörbares oder sichtbares Material in Medien ein, die sie zum Beispiel über das Fernsehen verbreiten. Es gibt Geräte zum Einschleusen unterschwelliger Inhalte in die Musik, die in Läden und Kaufhäusern gespielt wird, und Geräte, die analog zur Lichthelligkeit geschaltet werden und Bilder aufblitzen lassen. Wieder andere stellen sich automatisch auf das Licht im Raum ein, um mit etwas schwächerer Lichtleistung subliminale Informationen zu übermitteln, und so weiter. Es gibt Geräte zum Anschluss an den Computer, zur Aufzeichnung von Audio- und Videodaten, zur Bearbeitung von Printmedien und vieles mehr – eine Vielzahl von Geräten, aber keine Gesetze, die deren verantwortungslose Anwendung unter Strafe stellen würden.

Immerhin gibt es eine Verordnung der amerikanischen *Federal Communications Commission* (FCC), die subliminale Inhalte verbietet. Im Wesentlichen handelt es sich dabei um eine Warnung an die Rundfunk- und Fernsehsender (und wie ich von Regierungsseite hörte, kann die FCC einem Sender durchaus die Lizenz entziehen), aber erst einmal muss ein Verstoß überhaupt aufgedeckt werden. Als zum Beispiel ein Fernsehsender eine Spielzeugwerbung mit unterschwelligen Botschaften ausstrahlte, die nicht ganz synchron waren, entdeckte man den versteckten Aufruf: »Sag Mami, kauf jetzt!« Besorgte Bürger beschwerten sich, aber niemand wollte für diesen Spot verantwortlich sein.

Wer hat das Recht und die Pflicht zur Aufdeckung? Vor allem aber: Ohne nähere Angaben im Strafgesetzbuch, was da überhaupt rechtswidrig ist, kann nur auf Kooperation gehofft werden. Was technisch verfolgt werden *könnte* und was wirklich verfolgt *wird*, sind zwei Paar Schuhe. Wir wissen, dass im Fall der eben erwähnten Werbung gar nichts geschah. Übrigens sind auch nach dem Eingeständnis der Bush-Wahlkämpfer, absichtlich das Wort *RATS* als Teil von *DEMOCRATS* eingeblendet zu haben, keine gerichtlichen Schritte erfolgt.

Vielleicht haben Sie sich bisher in der angenehmen Gewissheit gewiegt, Gesetze würden Übergriffe auf Ihre privaten Überzeugungen verhindern, aber die Fakten sprechen dagegen – zumindest in der Praxis.

Zusammenfassung

Bedenken wegen des Missbrauchs unterschwelliger Kommunikation werden seit 1953 immer wieder laut. Besorgte Bürger haben auf strenge Kontrollen gedrängt, und es sind viele Gesetzesentwürfe entstanden. Aber trotz der Bemühungen vieler Menschen über fünf Jahrzehnte hinweg existiert bis heute kein Gesetz zur Kontrolle unterbewusster Kommunikation. 1990 gab es sogar einen gerichtlichen Vorstoß, die subliminale Kommunikation als Recht auf Redefreiheit nach dem ersten Zusatzartikel zur Verfassung einzustufen. Diese völlig abwegige Interpretation des amerikanischen Grundrechtekatalogs aus dem 18. Jahrhundert scheint vom Tisch zu sein. Sie könnte aber zukünftigen Regelungen noch im Wege stehen.

Die Kontrolle unterschwelliger Kommunikation wirft viele Probleme auf. Entsprechende Regelungen durchzusetzen dürfte sowohl mühselig als auch teuer werden, und bisher sind alle Regulierungsversuche gescheitert.

9

MIP-Programm und Rückwärtsaufnahmen

Forschung heißt, das zu sehen, was jeder andere auch sieht,
und das zu denken, was niemand sonst denkt.
Albert Szent-Györgyi

Ein Grund für den rund um das Thema »subliminale Kommunikation« aufgekommenen Meinungsstreit sind die unterschiedlichen Anwendungstechniken. Zum Beispiel sind viele unterschwellig wirkende Audio-Selbsthilfeprogramme auf dem Markt, die einfach nicht funktionieren, weil gravierende Fehler bei ihrer Produktion gemacht wurden, zum Beispiel, dass Affirmationen in der zweiten statt in der ersten Person gesprochen wurden oder so weit unter dem Primärinformationsträger eingespielt wurden, dass sie praktisch nicht vorhanden sind.

Da ich glaube, dass unterschwellig wirkende Selbsthilfeprogramme besonders gute Mittel des mentalen Trainings sind, möchte ich Sie kurz in die Theorie einführen, die meinen Inner-Talk-Programmen zugrunde liegt.

Ich habe durch eigene Forschungsversuche eine spezifische Methode zur Übermittlung unterschwelliger Botschaften entwickelt, die mir 1988 patentiert wurde. Die »Taylor-Methode«, auch »holografische Subliminalmethode« genannt, heute allgemein unter dem Markennamen *InnerTalk* bekannt, weist einige Unterschiede zu anderen Audiomethoden auf. Damit will ich nicht behaupten, dass andere Programme auf Tonträgern generell nichts taugen, sondern nur meine Technik von den Techniken abheben, die Eric Spangenberg in seiner Studie »Die Wirkung von Labels« im Judas-Priest-Verfahren untersucht hat, um zu beweisen, dass unterschwellige Audiobotschaften keine Wirkung haben. Ich gebe Ihnen im Anschluss einen kurzen Überblick über diese Studie; die genauen Einzelheiten können Sie meinem Buch *Nutze die Kraft des Unterbewusstseins* entnehmen.

Die Spangenberg-Studie

Für diese Studie entwickelte ein Doktorand ein Forschungsprojekt, bei dem Kassetten fünf verschiedener Fabrikate mit unterschwelligen Inhalten verwendet wurden. Es gab zwei Arten von Kassetten: Die eine sollte die Gedächtnisleistung verbessern und die andere das Selbstwertgefühl heben. Allerdings wurden die Labels vertauscht, sodass auf den Kassetten für das Selbstwertgefühl »Gedächtnis« stand und umgekehrt. Nach Ablauf des Experiments wurden die Versuchspersonen auf positive Veränderungen getestet. Diejenigen, die geglaubt hatten, durch die Kassetten würde subliminal ihre Gedächtnisleistung gesteigert, gaben an, ihr Erinnerungsvermögen habe sich verbessert, und diejenigen, die glaubten, ihre Selbstachtung würde subliminal gestärkt, berichteten von einem gesteigerten Selbstwertgefühl. Doch mit entsprechenden Messinstrumenten konnten keinerlei statistisch relevante Veränderungen ermittelt werden. Natürlich können auch die Labels einen Einfluss haben, aber wie steht es mit der echten Wirkung subliminaler Informationen?

Die fünf Audioprogrammhersteller beriefen sich alle auf unterschiedliche Methoden und Botschaften in ihren Lernprogrammen, einschließlich solcher in Ichform und in der zweiten Person. Eine Höranalyse förderte allerdings bei keinem der Pro-

gramme Botschaften zutage. Einige Hersteller benutzten frag-
würdige Affirmationen, und alle verwandten generell sehr unterschiedliche Methoden und Inhalte. Alle hatten zwar die Bezeichnung »subliminal« gemeinsam, aber dadurch waren sie noch
lange nicht gleich.

Bei dieser Studie gab es also nicht nur eine einzige zu untersu-
chende Variable, sondern eine Mischung aus mehreren Variablen, aus der aber ein einziger Schluss gezogen wurde – das ist absolut unwissenschaftlich!

InnerTalk®

Zurück zu InnerTalk. Das ist, kurz beschrieben, eine Methode der
Vorwärtsmaskierung (Einfügung) von gesprochenen Botschaften
auf der einen Tonspur und der Rückwärtsmaskierung von gesprochenen Botschaften auf der zweiten Spur. Die Spurdifferenzierung
ist auf die Gehirnhemisphären und ihre jeweiligen Hauptaufga-
ben bei der Informationsverarbeitung ausgerichtet. Hierbei werden die akustischen Signale in elektrische Impulse umgewandelt
und auf zwei getrennten Spuren in einem ganz bestimmten Ver-
stärkungsverhältnis aufgezeichnet. Dadurch kann eine viel größere Signalstärke der unterschwelligen Botschaft erreicht werden
als bei anderen Formen der Maskierung, bei der die subliminale
Information bis zu 60 oder 80 Dezibel unter dem Trägergeräusch
(dem Hauptklangmuster) wie etwa Meeresrauschen, Musik, Plät-
schern eines Baches und Ähnlichem liegt.

Durch die eben beschriebene Vorgehensweise ist das Signal
also deutlicher, und tatsächlich geben die meisten Zuhörer an, so
etwas wie ferne Stimmen zu hören, aber nicht genau verstehen zu
können, was sie sagen. Deshalb nennen einige Kritiker das, was
ich mache, »nichtsubliminal«.

Durch das Zweispurverfahren ist eine zweigeteilte Übertragung möglich; meist wird die Botschaft auf der rechten Spur in Vorwärtsmaskierung übermittelt und wendet sich an die linke Gehirnhälfte; diese Botschaft, zum Beispiel »Es ist in Ordnung, gut zu sein«, ist eher bestätigend und locker. Zugleich ergeht auf der linken Spur die autoritäre Botschaft »Ich bin gut« an die rechte Gehirnhälfte.

Meine Theorie war immer – und die Forschung hat mir recht gegeben –, dass bei Leuten, die sich einfach nur sagen: »Ich bin gut«, die linke Gehirnhälfte, Sitz von Logik, Vernunft und diversen Abwehrmechanismen, gleich irgendetwas einwendet, etwa: »Ja sicher. Aber gut wozu?«

Der Sinn unterschwelliger Botschaften ist der, das kritische Bewusstsein zu umgehen und den inneren Dialog der betreffenden Person in die gewünschte Richtung zu lenken. Das heißt, die Botschaften oder Affirmationen sollen »von innen nach außen« wirken. Da wir im Allgemeinen den eigenen Gedanken mehr Glauben schenken als den Gedanken anderer Menschen, kann diese Methode zu einer optimistischeren Einstellung verhelfen und kontraproduktiven Selbstgesprächen, durch die sich so viele Leute in ihren Möglichkeiten selbst beschneiden, ein Ende machen.

Das ist im Grunde die ganze InnerTalk-Technik, aber schauen wir uns ein paar der Forschungen an, aus denen ich meine Schlüsse gezogen habe. Wenn Sie nicht an den technischen Aspekten der Sache interessiert sind, können Sie die nächsten Seiten überspringen und gleich zu den letzten Seiten des Kapitels übergehen, in denen die Anwendungen der InnerTalk-Methode und deren Ergebnisse beschrieben werden.

Die Taylor-Methode

InnerTalk arbeitet mit gleichzeitiger Vorwärts- und Rückwärtsmaskierung auf zwei getrennten Tonspuren und mit einer Lautstärke, die innerhalb der Bandbreite gerade noch wahrnehmbarer akustischer Information liegt. Die Übermittlung der Informationen geschieht mit einer Phasenverschiebung zwischen linker und rechter Spur. Dadurch können die unterschwelligen Botschaften bei entsprechender Verstärkung auch mit einer privaten Stereoanlage leicht hörbar gemacht werden. Bei normalem Abspielen allerdings werden diese Informationen vom Hörer nicht bewusst wahrgenommen. Außer mir hat eine ganze Reihe unabhängiger Forscher die Wirksamkeit meiner Methode in verschiedenen Versuchsanordnungen nachgewiesen.

InnerTalk hat sich seit 1982 aus meiner experimentellen Forschung entwickelt und beruht vor allem auf Studien der Hemisphärenteilung des Gehirns und der daraus resultierenden Funktionen nach dem holografischen Modell von Karl H. Pribram. Professor Peter Kruse von der Universität Bremen nannte meine Technik die »Taylor-Methode«, um sie von anderen subliminalen Techniken zu unterscheiden, und stellte fest: »Die Taylor-Methode funktioniert!«[52]

In einer unveröffentlichten Abhandlung habe ich einmal MIP (*Mirror-Image Processing* oder Spiegelbild-Verarbeitung) als Arbeitsmodell zur Beschreibung eines Hauptelementes meiner Methode vorgeschlagen. Forschungen haben gezeigt, dass das Gehirn Informationen verarbeiten kann, die spiegelverkehrt eingehen. Ein bekanntes Beispiel dafür ist das »Richtigstellen« von visuellen Informationen, die auf dem Kopf stehen.

Im Folgenden ein Geschichtsabriss der Entwicklung von InnerTalk und ein umfassender Überblick über die Theorie und Praxis der Methode.

Geschichte

Das Studium der Informationsverarbeitung habe ich während meiner Verkaufstätigkeit begonnen, und meinen ersten Einblick in die Funktionsweise des Gehirns habe ich in den erforderlichen Kursen am College gewonnen. Mein persönliches Interesse wuchs, als meine älteste Tochter Angela in die Schule kam.

Angela hatte einige Schwierigkeiten beim Lesen und Schreiben, und ihre Lehrerin im ersten Schuljahr nannte sie legasthenisch. Die Legasthenie schien jedoch nicht gravierend zu sein, sondern etwas, aus dem sie herauswachsen würde. Wir arbeiteten mit ihr, um ihr zu helfen, diese Schwäche zu überwinden.

Sie konnte Buchstaben und ganze Zahlen von schriftlichen Vorlagen abschreiben, aber oft spiegelverkehrt. Das verblüffte mich, denn ich selbst konnte das nur mit Mühe. Besonders ihre S reizten mich, denn sie waren perfekt.

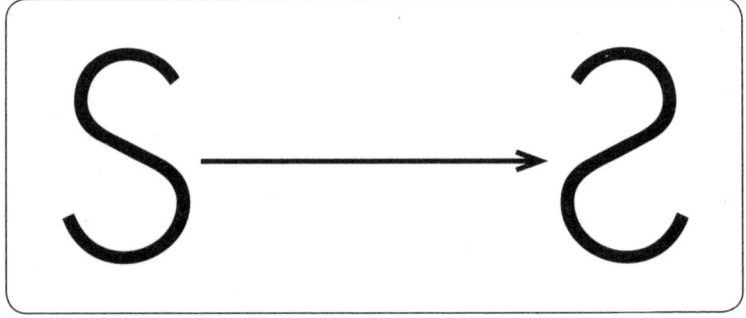

Abb. 9 Spiegelschrift

Bei meiner Arbeit mit Angela fiel mir auf, dass sie mal die eine, mal die andere Hand benutzte und mal das eine, mal das andere Auge, wodurch sich jedes Mal das Schriftbild der spiegelverkehrten Buchstaben leicht veränderte. Wenn sie die Hand wechselte und ein Auge zukniff, schrieb sie anders und machte andere Fehler. Mit der Zeit verlor sich ihre Legasthenie, und ich verlor das Interesse an diesem Thema. Ich bewahrte zwar einige meiner Notizen auf, widmete mich jedoch wieder anderen Dingen.

Unterbewusste Gehirnaktivitäten

1981 nahm ich in Chicago an einem Hypnosekurs unter Leitung von Harry Arons teil. Harry vertrat entschieden die Auffassung, das Gehirn verarbeite Informationen zum Teil durch eine Art Knobeln. Er meinte, dass dies in einem bestimmten physischen Teil des Gehirns geschehen müsse, und verglich es mit dem Schütteln von Würfeln in einem Knobelbecher. Das Knobeln gehörte seiner Ansicht nach zu einer Verarbeitungsform, die er »unterbewusste Zerebration« nannte. Dadurch würden Worte oder auch einzelne Buchstaben innerhalb eines Wortes gemischt, verdreht und durcheinandergeschüttelt. Dieses Durcheinanderschütteln laufe im Allgemeinen vollkommen unbewusst ab.

Je nach Mischung im »Knobelbecher« könnten sich die Worte zu anderen Sätzen neu zusammenfügen und ihnen einen völlig neuen Sinn verleihen. Sätze müssten folglich sehr sorgfältig aufgebaut werden, damit keine unerwünschten Umformungen stattfinden könnten. Diesen Gedanken fand ich besonders interessant.

Als Beispiel führte Arons Affirmationen an. Eine Affirmation zur Einschränkung des Zigarettenkonsums könnte etwa so lauten: »Ich finde, dass zehn Zigaretten am Tag mehr als genug für mich sind.« Aron wies darauf hin, dass sich dieser scheinbar hilfreiche Satz auch zu der Feststellung umformen könnte: »Ich finde, dass mehr als zehn Zigaretten am Tag genug für mich sind.«

Das kam mir abwegig vor. Ich hatte allerdings keinen Grund, den Mann für unglaubwürdig zu halten. Doch wie und warum das Gehirn so funktionieren sollte, bereitete mir Kopfzerbrechen. Ich begann, nach entsprechenden Belegen in den akzeptierten Theorien und davon abweichenden Modellen der Informationsverarbeitung und der Wahrnehmung der Außenwelt zu suchen.

Gehirnhälftenspiegelung

1984 war ich davon überzeugt, dass die Gehirnhemisphären sich in vieler Hinsicht – in welcher, war noch weitgehend unerforscht – in ihren Funktionen spiegelverkehrt verhielten. Das betraf mit Sicherheit auch Lernprozesse, vor allem die Entwicklung von Logik und Vernunft, von Orientierung sowie von sprachlichen und mathematischen Fähigkeiten (hier vor allem von dreidimensionalen mathematischen Modellen).

1985 stieß ich auf das von Ken Wilber herausgegebene Buch *Das holografische Weltbild*, in dem mich besonders die Beiträge von Karl H. Pribram und David Bohm faszinierten.[53] Offenbar hatte die Physik der äußeren Welt in der Funktionsweise des Gehirns und sogar in der Metaphysik ihre Entsprechung. Plötzlich rückte das Modell der Gehirnhälftenspiegelung ins Blickfeld – zumindest in meins. Ich spürte in mir eine zunehmende Gewissheit und intuitive Klarheit, hatte jedoch keine Ahnung, wie ich dafür objektiv den Beweis führen sollte. 1987 sprang ich über meinen Schatten und stellte einfach meine Idee der holografischen Informationsverarbeitung in dem Buch *Die Subliminal-Methode* vor.[54]

Das holografische Gehirn

Wie zuvor bereits erwähnt, ist vieles vom theoretischen Unterbau der Taylor-Methode auf Karl H. Pribrams holografische Modelle der Gehirnhemisphären und -funktionen gegründet. Er hatte die Theorie aufgestellt, dass das Gehirn Erinnerungen holografisch mittels bioelektrischer Frequenzmodulation speichert. Das holografische Modell des realen Universums, von dem David Bohm ausgeht, hat eine ähnliche Struktur. Das holografische MIP-Modell könnte Anomalien bei der Erinnerungsspeicherung wie auch das Unvermögen, Erinnerungen abzurufen oder darauf zuzugreifen, erklären. Dies scheint bei Überreizung der Fall zu sein, wie klassische Rattenexperimente mit der sogenannten Skinner-Box, einem von B. F. Skinner[55] entwickelten »Irrgarten«, gezeigt haben.

Auch die Auswertung von Parallelverarbeitungsmodellen wie in der Analyse von PET-Scans* – ich habe in diesem Zusammenhang von holonomischer Datenverarbeitung gesprochen – gehört hierher. Durch die Analyse von PET-Scans können offenbar die Epizentren von Reizereignissen im Gehirn genau lokalisiert werden. Von diesen Epizentren, die der beobachteten Hemisphären-Asymmetrie entsprechen und Teil davon sind, breitet sich die Reizinformation durch Frequenzmodulation (FM) aus. Möglicherweise dehnt sich dieses Speichersystem sogar über das Gehirn hinaus bis zum sogenannten »Nullpunktfeld« aus. Theoretisch ist dieses Feld die einigende Kraft, die Potenzial und Existenz des Universums zugrunde liegt. (Weitere interessante Informationen zum Thema entnehmen Sie bitte dem spannenden Buch *Das Nullpunkt-Feld* von Lynne McTaggart.)[56]

---

* PET: Positronen-Emissions-Tomografie, ein bildgebendes Verfahren der Nuklearmedizin.

Die Hemisphären-Asymmetrie des Gehirns

Das MIP-Modell baut ebenfalls auf der Grundlage der Hemisphären-Asymmetrie auf. Frühe Untersuchungen von »Split-Brain«-Patienten haben starke Unterschiede in den kortikalen Funktionen der Gehirnhälften je nach deren Dominanz (D) oder Nichtdominanz (ND) aufgezeigt.

Anfang der 1980er Jahre wimmelte es in der psychologischen Fachliteratur nur so von Listen aufgabenorientierter Gehirnfunktionen, die nach ihrer D- und ND-Zuordnung unterschieden wurden. In diesen Listen wurde dem normalen Rechtshänder die Dominanz (D) der linken Gehirnhälfte und die Nichtdominanz (ND) der rechten zugesprochen. Eine Fülle von Aufgaben wurde als Primärfunktionen der Hirnhemisphären ausgewiesen. Meist wurden sie in linear-deduktive und ganzheitlich-intuitive Prozesse unterteilt. Eran Zaidel[57] kam zu dem Schluss, dass die Gehirnhälften anatomisch eine deutliche Spaltung aufweisen, aus der sich die eben erwähnte, ebenso ausgeprägte Aufgabentrennung ableiten lässt.

Zaidel beschreibt die Rede- und Sprachfunktionen der beiden Hemisphären als D (dominant) beim Erwachsenengehirn und ND (nichtdominant) beim Gehirn eines drei- bis sechsjährigen Kindes. Andere Forscher wiesen nach, dass die Aktivität der ND-Seite zunahm, wenn der Tonfall einer menschlichen Stimme beim Sprechen verstärkt wurde, und dass die hintere ND-Hemisphäre für das Intonationsverständnis verantwortlich ist und die vordere ND-Hemisphäre für die Sprachbildung.

Einer der Pioniere in der Erforschung der Gehirnhälftenspezialisierung ist Robert Ornstein,[58] der die Asymmetrie der Hirnhemisphären und deren Bezug zum Bewusstsein untersucht hat. Seiner Ansicht nach können die höchsten Funktionen des Menschen nur durch die Entwicklung beider Gehirnhälften verwirklicht werden. Wie er meint, hebt die westliche Gesellschaft die D-Hemisphäre so stark hervor, dass sie ihre Fähigkeit, etwas »Ganzes« zu erfassen, der Zersplitterung geopfert hat. (Anzumerken ist, dass viele der ursprünglichen Vorstellungen Ornsteins über die Besonderheiten der Gehirnhälften sich im Lauf der Zeit etwas verändert haben.)

Das heißt, wir sehen den Wald vor lauter Bäumen nicht und haben die Welt als Ganzes der reduktionistischen Untersuchung und Auswertung ihrer Teile geopfert. Ornstein sagte von dieser Zweiteilung ursprünglich, dass sie den Unterschieden im Denken von Ost und West vergleichbar sei.

Legasthenie

M. Ferguson machte die Entdeckung, dass bei einer Legasthenie im Kindesalter die Seitenzuordnung des Hörens eine Rolle spielt. Ferguson zitierte aus dem Werk von Kjeld Johansen, dass bei lesegestörten Kindern eine deutlich geschwächte Hörleistung des rechten Ohrs vorliegt, das mit der sprachdominanten linken Gehirnhälfte verbunden ist.

Die Legasthenie war einer der ersten Bereiche, die durch Hörversuche entweder mit dem einen oder dem anderen Ohr untersucht wurden. Sie war auch Gegenstand von Versuchen mit subliminalen Inhalten, die mithilfe eines Tachistoskops übermittelt wurden. Ein Tachistoskop ist ein Gerät, mit dem kurz visuelle Reize gezeigt werden; es kommt bei der Erforschung des Lernens, der Aufmerksamkeit und der Wahrnehmung zur Anwendung. Obwohl diese Studien noch umstritten sind, haben Sally Springer und Georg Deutsch[59] daraus den Schluss gezogen, dass einige Eigenarten der Hemisphären-Asymmetrie bei der Legasthenie eine Rolle spielen.

Springer und Deutsch befassten sich auch mit dem Datenma-
terial zu anatomischen Asymmetrien bei Legasthenie und fanden
bestätigt, dass ein Zusammenhang zwischen Händigkeit, Hemisphären-Asymmetrie und Legasthenie besteht. Sie warnten jedoch vor einer zu starken Verallgemeinerung, weil ihrer Ansicht
nach eine Veränderung der Gehirnasymmetrie nur im Zusam-
menwirken mit anderen Faktoren zu Legasthenie führe.

Samuel T. Orton[60] vertrat die Ansicht, dass Legasthenie ein
»Dominanzversagen« der D-Hemisphäre sei, dass also eine schwache zerebrale Dominanz die Leseschwäche verursache. Dieses
sehr verallgemeinernde Modell hielt einer wissenschaftlichen
Prüfung zwar nicht in allen Punkten stand, bietet aber immerhin
ein funktionales mechanisches Modell, das sich im Kontext des
MIP-Modells als nützlich erweist.

Orton erforschte die Hemisphären-Asymmetrie überwiegend
im Bereich von Lese- und Sprachstörungen. Er nahm an, das
Konkurrieren der beiden Gehirnhälften um die Sprachbeherr-
schung sei die Ursache dieser Störung. Mit seinem Modell der
Informationsverarbeitung und Hemisphären-Asymmetrie geht er
von einer gegenläufigen Verarbeitung visueller Daten in den beiden Hirnhemisphären aus und bezeichnet die visuelle Korrektur
auf dem Kopf stehender Bilder als einen mechanischen Vorgang
der Spiegelung (siehe Abb. 10).

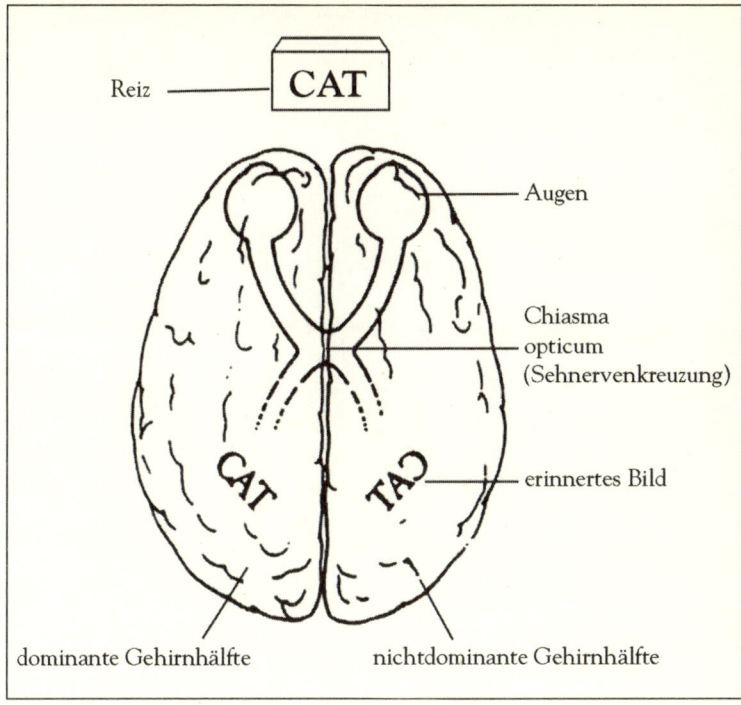

Abb. 10 Die Spiegelung eines Reizes im Gehirn

In Anlehnung daran ergibt sich ein genaueres holografisches MIP-Modell (Abb. 11).

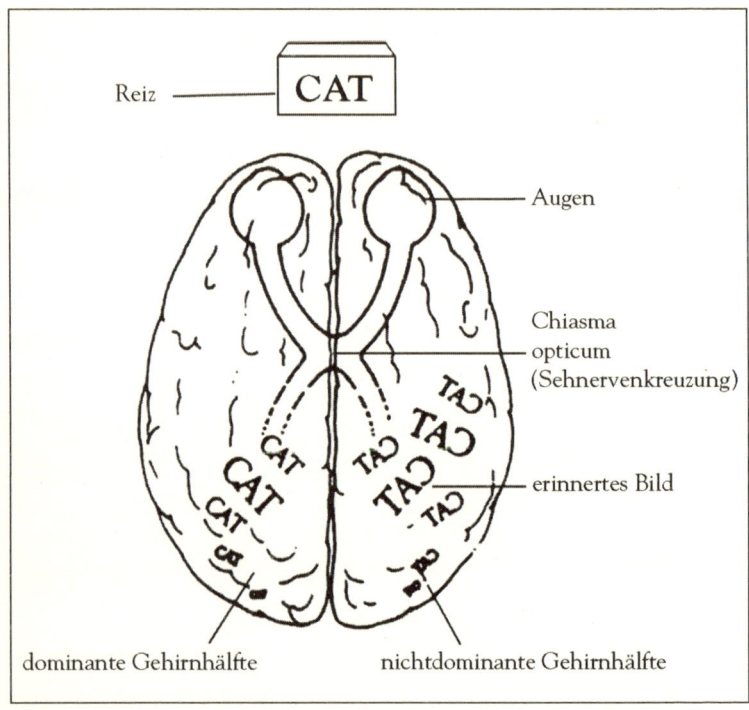

Abb. 11 Das holografische MIP-Modell

Orton prägte den Begriff *Strepbosymbolia* zur Beschreibung einer Art der »Wortblindheit«, bei der der Spiegelungsprozess aufgrund einer besonderen zerebralen Dominanz unvollständig ist oder gar nicht stattfindet.[61]

Rückwärtssprache

Laut David Oates[62] enthält alles, was gesprochen wird, sinnvolle Umkehrungen, durch die das Unterbewusstsein offensichtlich auf seine Weise kommunizieren kann. Über einen Zeitraum von sechs Jahren machte er minutiös Tonbandaufnahmen, spielte sie rückwärts ab und analysierte die Sprache. Wiederholt fielen ihm sinnvolle Umkehrungen auf, die den Inhalt des Vorwärtsgesprochenen ergänzten oder ihm widersprachen. Ein Satz wie »Ich habe Feierabend gemacht und bin einkaufen gegangen« könnte zum Beispiel eine zusätzliche Botschaft wie »einen Laib Brot« enthalten. Solche Umkehrungen fügen Informationen hinzu, die einen direkten Bezug zur Vorwärtsbotschaft haben. Eine gegensätzliche Botschaft wäre: »Ich hasse das!« bei der Vorwärtsbotschaft: »Alles in Ordnung.«

Auch ich bin diesem Phänomen begegnet. 1984 ging ich die Aufnahmen eines Lügendetektortests durch, und dazu gehörte unter anderem, ein Tonband rückwärts abzuspielen und dabei eine bestimmte Stelle zu prüfen. Als ich das Tonband langsam rückwärts laufen ließ, hörte ich das Wort *Lügner*. Es war deutlich zu hören, und andere konnten es später ebenfalls leicht heraushören. Beim Vorwärtsabspielen sagte die Testperson einfach nur: »Nein.« Beim Rückwärtsabspielen lautete das Wort: »Lügner.« Die Funktionsdiagramme ließen auch deutlich einen inneren Konflikt erkennen, ein Anzeichen für eine Täuschung. Der Getestete bestätigte diese Täuschung später durch sein Geständnis. Wenn Oates recht hatte, war diese Sache keineswegs Zufall.

Oates sagte ferner, dass das Phänomen der Rückwärtssprache nicht nur für gerichtsmedizinische Anwendungen taugt, sondern auch von Therapeuten erfolgreich eingesetzt wurde, um aus Tonaufnahmen ihrer Patienten zugrunde liegende Traumata herauszufiltern. In einem Beispiel wurde eine Frau beschrieben, die ihren Therapeuten aus völlig anderen Gründen aufgesucht hatte als dem sexuellen Missbrauch, der beim Rückwärtsabspielen dessen, was sie gesagt hatte, ans Licht kam.

Von entscheidender Bedeutung für uns ist, dass Oates die Tonbänder um etwa 20 Prozent verlangsamt rückwärts abspielte. Aus den Lauten, die ein Kind in der Phase zwischen Lallen und verständlichem Sprechen von sich gibt, waren auf diese Weise Sätze wie: »Papa spielen?«, »Mama zu Hause?« und Ähnliches herauszuhören.

Offensichtlich bedienen wir uns, wenn wir sprechen lernen, anfangs auch der Rückwärtssprache. Die meisten Menschen erzeugen diese Umkehrung in der rechten Gehirnhälfte. Wie bereits erwähnt, stützen klinische Daten, die ich gesammelt habe, diese Hypothese.

Ich habe mich jahrelang mit Voice-Stress-Analysen, das sind Stimmauswertungen mithilfe von Lügendetektoren, befasst und dabei besonders auf ein kaum wahrnehmbares Vibrieren in der Stimme mit einer Frequenz von etwa acht Schwingungen pro Sekunde geachtet. Es besteht so lange, wie das vegetative Nervensystem relativ entspannt funktioniert. Tritt Stress auf, verschwindet der Mikrotremor. Meistens kommt es zu diesem »verräterischen Knacks« in der Stimme bei einem inneren Konflikt. Die linke Gehirnhemisphäre kümmert sich um die Regeln des Satzbaus, die Zeitformen, Wortwahl, Logik usw. – ist die rechte Gehirnhemisphäre dann für die Affektstruktur der Sprache zuständig?

Ebenso wie sich in der Sprache ein Wechselspiel der Gehirnhälften erkennen lässt, lassen sich auch grafologische Umkehrungen, also Dreher in der Handschrift, auf diese Weise erklären. In der Literatur über Hypnose und Parapsychologie wird oft über Fälle von Rückwärtsschrift berichtet. Wenn man diese Schrift vor einen Spiegel hält, kann man sie lesen. Da die Aktivitäten der linken Gehirnhälfte im Zustand der hypnotischen Trance abnehmen, scheint auch dies ein Beispiel für die Umkehrung im Gehirn zu sein. Ist der kritische Verstand (linke Gehirnhälfte) dabei im Ruhezustand? Bei kathartischen religiösen Ritualen reden die Leute oft in fremden Zungen. Auf welche Weise hängt dies mit der von Oates beschriebenen Rückwärtssprache zusammen?

Die möglichen Folgerungen aus dem Phänomen der Rückwärtssprache, von dem der Sprechende nichts weiß oder das er zumindest nicht bewusst zur Kenntnis nimmt, sind ebenso erstaunlich, wie die Liste entsprechender Beobachtungen lang ist. Ehe ich etwas von Oates' Erkenntnissen hörte, habe ich die Rückwärtssprache nur aus der Sicht der Informationseingabe betrachtet. Wandelt das Gehirn Rückwärtssprache in verständliche, sinnvolle Information um? In manchen Artikeln zum Thema hieß es: »Absolut nicht!«

In den betreffenden Studien wurden bewusste Auswertungen umgekehrter Informationen geprüft. Dabei hätte Rückwärtssprache besser mithilfe von Instrumenten wie etwa dem Thematischen Auffassungstest (TAT), der speziell zur Auffindung »unterbewusster Zerebrationen« und Reaktionen (rechte Gehirnhälfte) dient, ausgewertet werden müssen. Stattdessen wurde der bewusst erfasste Sinn (linke Gehirnhälfte) unmittelbar nach dem Abspielen von Rückwärtssprache ermittelt. Ausgehend vom MIP-Modell hat diese Art von Versuchsanordnung wenig oder überhaupt keinen Sinn, und die daraus gezogenen Schlüsse sind wertlos.

Die Funktionsweise von InnerTalk

Jetzt wissen Sie zumindest theoretisch, wie ich an die Sache herangehe. Betrachten wir noch einmal die wesentlichen Punkte. Was geschieht in einem normalen menschlichen Gehirn? Es empfängt Sinnesreize, und die dominante (D)-Gehirnhälfte sorgt für eine stabile Wiedergabe, während die nichtdominante (ND)-Gehirnhälfte umgekehrte Darstellungen produziert. Diese können mit zuvor etablierten Darstellungen (Vorstellungen und Überzeugungen) übereinstimmen. Nach dem holografischen Modell könnte die Umkehrversion durch Resonanz solche übereinstimmenden Darstellungen im ganzen Gehirn auslösen. Die Kombination aus bereits etablierter Darstellung und Gegendarstellung könnte sich an die Stelle der aktuellen D-Darstellung setzen.

Affirmationen liefern ein einfaches Beispiel dafür, wie das funktioniert. Während wir sagen: »Ich vergebe …«, erinnern wir uns bereits an Leute, denen wir noch nicht vergeben haben. Mithilfe von Affirmationen können wir offenbar leicht an Überzeugungen und Vorstellungen herankommen, die wir noch nicht zum Ausdruck gebracht haben. Andererseits kann eine Affirmation auch dazu beitragen, Überzeugungen aufzuspüren, die uns blockieren. Einmal entdeckt, können wir ihnen mit wirksamen Mitteln begegnen.

Bei der Rückwärtssprache ist es so, dass die dominante Gehirnhälfte ihr keinen Sinn zuordnet. Die nichtdominante Gehirnhälfte produziert wie immer umgekehrte Darstellungen. Eine der einfachsten dieser Art, die zeitliche Umkehrung, hat tatsächlich eine Bedeutung. Diese Gegendarstellung ist jedoch nicht stark genug, um ins Bewusstsein zu dringen oder dort eine Gegen-Gegendarstellung zu bewirken. Deshalb kann dann durch Wiederholung eine Darstellung (Überzeugung) entstehen, ohne das Bewusstsein zu stören oder Widerspruch hervorzurufen.

Die InnerTalk-Methode macht sich die Informationen sowohl der Vorwärts- als auch der Rückwärtssprache simultan zunutze. Auf der linken Spur (die die rechte Gehirnhälfte anspricht) wird eine autoritäre Feststellung getroffen, zum Beispiel: »Ich bin gut«, während auf der rechten Spur eine bestätigende Bemerkung dazu abgegeben wird wie etwa: »Es ist in Ordnung, gut zu sein.« Ich wende diese Simultanübermittlung, die ich mir habe patentieren lassen, aus verschiedenen Gründen an. Die zwei Hauptgründe sind folgende:

1. Die beiden Gehirnhälften werden in der richtigen Weise angesprochen – tolerant oder autoritär –, die linke Hemisphäre als Sitz von Logik und Vernunft und die rechte Hemisphäre als Zentrum von Kreativität und Kunstsinn.[63]

2. Da das Denken sich verlangsamt, wenn beide Gehirnhälften in Anspruch genommen sind, wie der Stroop-Effekt beweist, hört die betreffende Person dann weniger gut, was gesprochen wird, auch wenn das Gesagte mit einer ganz normalen Heimstereoanlage relativ leicht auszumachen ist. (Beim Stroop-Test werden die Namen von Farben in Farben gedruckt, die nicht zur jeweiligen Farbbezeichnung passen. Zum Beispiel könnte das Wort *Gelb* mit grüner Farbe gedruckt werden, das Wort *Blau* mit roter usw. Sie können das selbst ausprobieren!)

Die Botschaften werden innerhalb des Frequenzbandes der Tonspur mit den Musik- und Naturgeräuschen interpoliert, am Rand dicht unterhalb der größten Lautstärke. Auf einer guten Stereoanlage sind die unterschwelligen Botschaften leicht zu hören: Stellen Sie einfach den Balanceregler ganz nach rechts und die Equalizerregler außer denen im 500- und 1000-Hz-Bereich alle auf null. Jetzt können Sie die Stimmen heraushören, die diese Botschaften übermitteln.

Ich habe mich für eine Definition von *subliminal*, die praktischen Wert hat, entschieden. Der Sinn unterbewusster Informationen war und ist der, Informationen am Bewusstsein vorbeizuschleusen. Viele Befürworter haben wortgewandt die Vorteile dieser Methode gepriesen. Hier verweise ich vor allem auf Norman Dixon, der die Techniken und den Nutzen unterschwellig übermittelter Botschaften ausführlich dargestellt hat.[64]

Forschungsergebnisse für InnerTalk

Wenden wir uns nun den durch die Anwendung von InnerTalk erzielten Forschungsergebnissen und ihrer Bedeutung für das Verhalten zu. Vorausschicken möchte ich, dass viele der anschließend wiedergegebenen Studien von unabhängigen Forschern in weit verstreuten Einrichtungen (zum Beispiel Universitäten) geleitet wurden und mir nur die Aufgabe zufiel, für eine subliminale und eine Placebo-Tonaufnahme zu sorgen. In den meisten Fällen enthielt das Placebo-Hörprogramm eine harmlose unterschwellige Botschaft in der Art von »Leute gehen spazieren«.

Eine meiner ersten Untersuchungen mit dieser Technik habe ich im Staatsgefängnis von Utah durchgeführt. Sie hat mein Leben verändert, denn ich bin danach nicht nur beruflich neue Wege gegangen, sondern habe auch meinen Lebensstil verändert. Die Studie zeigte, wie wichtig Vergebung für die Verwirklichung einer wie auch immer gearteten Selbstverbesserung ist. (Eine genauere Schilderung der Studie finden Sie in meinen früheren Büchern.) Hier möchte ich mich auf den Hinweis beschränken, dass es nicht nur gelang, die Wirksamkeit der Technik nachzuweisen, sondern dass ich darüber hinaus gelernt habe, dass Vergebung eine unumgängliche, unglaublich viel Kraft gebende Einstellungsveränderung bewirkt, die uns in der Entfaltung unserer Möglichkeiten bestärkt (mehr darüber in Kapitel 12).

Anschließend gab es eine Studie zum Einfluss von InnerTalk bei Stress. P. Galbraith und B. Barton, zwei Studenten der Weber State University in Utah, meiner eigenen *Alma mater*, wollten meine neue Technik zur Stressreduzierung testen. Für die Auswertung war das State-Trait-Angstinventar maßgeblich. Die Versuchspersonen, die das InnerTalk-Programm anwendeten, erlebten eine deutliche Stressreduzierung.[65]

Es folgte eine Studie an der Colorado State University, wo James Joseph Reid einen Doppelblindversuch mit depressiven Versuchspersonen leitete. Das Fazit ergab keine brauchbaren Ergebnisse bei Probanden, die das Programm weniger als 17 Stunden benutzten. Hingegen waren bei allen Versuchspersonen, die das Programm während der sechzig Versuchstage mehr als 17 Stunden anwandten, nach dem Beck-Depressions-Inventar (BDI) merkliche Unterschiede zu verzeichnen (eine Verringerung der Depression um durchschnittlich zehn Punkte). Die Studie bewies nicht nur die Wirksamkeit der Subliminalmethode von Inner-Talk als therapiebegleitendes Hilfsmittel, sondern auch ihre Relevanz für die Medikamentenreduzierung.[66]

Von den Universitäten ging es dann in den OP: In einer weiteren Studie wurde die Wirkung unterschwelliger akustischer Reize im Hinblick auf eine mögliche Verringerung von Narkosemitteln bei einer Operation untersucht. Dieses Forschungsprojekt, an dem 720 Patienten teilnahmen, wurde von Robert Youngblood und seinem Chirurgenteam durchgeführt. (Dr. Youngblood ist Facharzt für plastische Chirurgie in Salt Lake City.) Eigens zur Reduzierung des Stresspegels vor, während und nach der Operation wurde ein unterbewusst wirkendes Audioprogramm entwickelt. Die Hälfte der Patienten (360) bildete die Kontrollgruppe. Die anderen 360 Patienten hörten sich die subliminal wirkenden Tonaufnahmen drei (für das Ergebnis relevante) Stunden lang an. Allen Probanden war gesagt worden, dass ihnen vor, während

und nach dem Eingriff eine »positive subliminale Botschaft« zugespielt würde. Es zeigte sich, dass die verbalen subliminalen Botschaften eine Senkung der zur Anästhesie erforderlichen Mittel
um 32 Prozent ermöglichten.[67]

Professor Peter Kruse von der Universität Bremen hat über
die perzeptuelle Instabilität geforscht. In seiner Studie wurde die
Theorie von Störeffekten auf kognitive Prozesse als mechanistisches Element vorbewusster Informationsverarbeitung (subliminaler Wahrnehmung) untersucht. Die Ergebnisse der Studie
zeigten, dass die an bestimmten Wertvorstellungen orientierte
Wahrnehmung durch unterschwellige Reize manipuliert werden
kann.[68]

Ebenfalls in Deutschland untersuchte Professor Rainer B. Pelka
von der Universität der Bundeswehr München die Auswirkungen unterschwelliger Botschaften auf das Gewicht von 34 über-
gewichtigen weiblichen Versuchspersonen, die zwischen 24 und
49 Jahre alt waren. Etwa 25 Prozent von ihnen wurden bereits wegen Gewichtsproblemen medikamentös behandelt. Die
Frauen änderten während des Experiments weder ihre normale
Ernährung, noch verschafften sie sich häufiger Bewegung als
sonst. Nach einer durchschnittlichen Anwendung von Inner-
Talk über einen Zeitraum von neun Wochen ergab sich eine mitt-
lere Gewichtsabnahme von 6,4 Kilogramm. Außerdem gaben die
Versuchsteilnehmerinnen an, sich schlank, vital und fit zu fühlen.[69]

Ein Forscherteam von den Universitäten Stanford und Santa
Clara nahm die Wirkung von InnerTalk auf Versuchspersonen
mit Prüfungsangst unter die Lupe. In dieser Studie sollte die Wirkung kurzer Aerobic- und Entspannungsübungen bei gleichzeitiger Anwendung des InnerTalk-Programms *Angst loslassen* untersucht werden. 52 Versuchspersonen nahmen an dieser Studie
teil. Sie wurden nach dem Zufallsprinzip den drei verschiedenen

Gruppen Aerobic-Übungen, Entspannungstraining und Kontrolle (Illustrierten lesen) zugeteilt. Die Daten bewiesen die Effektivität unterbewusster Botschaften zur Reduzierung von Prüfungsangst.[70]

Kim Roche von der Phoenix-Universität in Arizona testete die Anwendung von InnerTalk-Subliminalbotschaften in einem Doppelblindversuch an Kindern mit einer Aufmerksamkeitsdefizit-Störung (ADS) und einem Aufmerksamkeitsdefizit/Hyperaktivitäts-Syndrom (ADHS). Ihre Ergebnisse zeigten eine deutliche positive Wirkung.[71]

In einer von mir geleiteten Studie wurde ein akustisches Subliminalprogramm zur Krebsheilung entwickelt und Krebspatienten mit Zustimmung und unter Aufsicht ihres Arztes zugänglich gemacht.[72] Eine Nachuntersuchung der Teilnehmer, die die Tonkassette erhalten hatten, erfolgte schriftlich. Die dabei gewonnenen Erkenntnisse bestehen, verallgemeinert, in folgenden Beobachtungen:

1. Im Schnitt überlebten die Patienten oder Patientinnen die ursprüngliche Prognose um 12 Monate (in Extremfällen 3 Jahre und 6 Monate), und die Auswertungen der Ärzte ergaben eine positive Korrelation zwischen der subliminalen Hörbotschaft und der Einstellung der Patienten zu ihrer Erkrankung.

2. Die Haltung der Ärzte war mitentscheidend für die Wirkung des Programms auf die Patienten, wie die Korrelation zwischen Sterblichkeitsrate und Einstellung des Arztes ergab.

3. 43 Prozent der Patienten, die das Programm benutzten, waren anschließend auf dem Weg der Heilung.

Der für diese Studie erarbeitete Fragenkatalog war so angelegt, dass vier Kategorien von Antworten ausgewertet werden konnten:

1. Einstellung des Patienten (vor und nach Anwendung des Programms)
2. Vom Patienten erfahrene Lebensqualität
3. Heilungschancen/Überlebensfähigkeit
4. Haltung des behandelnden Arztes

Eine ganze Reihe weiterer Studien haben die Wirksamkeit der Anwendung von subliminalen InnerTalk-Methoden in verschiedensten Bereichen aufgezeigt, zum Beispiel bei Aufschiebeverhalten, Zeiteinteilungsproblemen, Minderwertigkeitsgefühlen, Angst und Unruhe, Beziehungsunfähigkeit, mangelndem Durchsetzungsvermögen, geringer Selbstachtung und so fort.

Was beeinflusst uns?

Nach dieser kurzen Übersicht über die Entstehungs- und Anwendungsgeschichte dürfte Ihnen klar sein, dass ich aus erster Hand weiß, wie unterbewusste Informationen erzeugt werden und wirken. Damit will ich nicht gesagt haben, dass alle unterbewussten, überbewussten und ähnlichen Reize »gleich« sind oder dass alles, was das Etikett »subliminal« trägt, auch tatsächlich wirkt. Trotzdem ist es durchaus angebracht, die große Frage zu stellen: »Wie viel von alledem beeinflusst mich wirklich?«

Das kann letztlich niemand genau sagen, denn das Bewusstsein ist zu komplex, als dass genaue Angaben dazu gemacht werden könnten. Wir können aber sicher sein, dass generell ein Einfluss da *ist*. Jedem von uns fällt es mit InnerTalk viel leichter, auf die eigene innere Stimme zu lauschen, Überzeugungen und Einstellungen selbst zu bewerten, uns zu vergegenwärtigen, was wir wollen und warum, und ins Auge zu fassen, was wir uns wünschen, aber anscheinend nie verwirklichen können. In gewisser Weise bleibt es uns zwar versagt, unser eigener Psychotherapeut zu sein, aber wir sind gefordert, viel tiefgreifender und sinnhafter zu uns selbst zu finden, als es in unserer Zeit üblich ist.

Ich glaube fest, dass die meisten Menschen die Kraft und Fähigkeit haben, ihre inneren Dimensionen auf eine Weise zu erkunden, die frei macht. Manche innere Last mag zuerst schwer erscheinen, aber wenn sie bewusst zur Kenntnis genommen wird, können wir uns davon frei machen. Nehmen wir einmal Leute, die merken, wie selbstsüchtig und ichbezogen sie sind. Im Allgemeinen geben sie anderen die Schuld daran oder ignorieren diese Gefühle. Sobald jedoch die Selbsterkenntnis eingesetzt hat, vollzieht sich ein fundamentaler innerer Wandel, der sowohl das Selbstbild als auch die Beurteilung anderer Menschen betrifft. Diese Transformation ist vielleicht nicht allumfassend, aber sie bringt auf jeden Fall Veränderungen.

Neu zu bewerten, wonach wir suchen – und warum –, ist eine gute Möglichkeit, mehr über uns selbst in Erfahrung zu bringen und zugleich herauszufinden, wie leicht wir uns bisher von äußeren Einflüssen überzeugen ließen. Doch nehmen wir einmal an, Sie hätten beschlossen, den Spieß umzudrehen und die vorhandenen Techniken dazu zu benutzen, die eigenen Überzeugungen und Hoffnungen zu verwirklichen. In diesem Fall könnten Sie ein subliminal wirkendes Lernprogramm, eine Hypnoseanleitung oder ein anderes Hilfsmittel der Selbstverwirklichung anwenden. Was hätten Sie zu erwarten?

Was ist von InnerTalk zu erwarten?

Wir sind das, was wir sind, unter anderem durch Akkumulation von Verhaltensmustern. Wir benutzen saloppe Redensarten wie: »Du kannst mich mal.« Wir untermalen diese Redensarten mit Körpersprache, und schon haben wir uns möglicherweise Feinde gemacht. Wir haben auch Sätze auf Lager, um jemanden anzumachen, und unsere Körpersprache unterstreicht das Gesagte noch – die Anmache ist gar nicht böse gemeint, sondern ganz im Gegenteil. Ich könnte noch mehr anführen, aber worauf ich hinauswill, dürfte klar sein: Jeder folgt einem inneren Drehbuch oder Skript, das Körpersprache und Mimik oder andere vorgegebene Ausdrucksmöglichkeiten aktiviert, selbst wenn das Szenario nur vor einem Spiegel geprobt wird. Dieses Fantasieren und Einstudieren von Skripten kann das wahre Selbst in den Hintergrund drängen, sodass wir kaum noch zeigen können, wer wir wirklich sind.

Mit Blick darauf, wie viel wir in Wort, Bild und Tat angesammelt und eingeübt haben, das unser wahres Selbst überlagert, dürfte es nicht verwundern, dass wir nicht unbedingt sofort etwas daran ändern können. Aber ach, wir leben in einer Welt der Instantprodukte: Instantpudding, Instantreis, Instanthaferflocken, Instantbefriedigung. Instant – oder noch schneller – ist angesagt. Viele von uns suchen ständig nach *mehr*, nach höher, schneller und weiter, und das möglichst mit *sofortiger* Wirkung. Kein Wunder, dass manche Leute immer weiter suchen müssen. Nichts scheint ihnen zu genügen, denn sie sind auf sofortige Befriedigung aus; aber der innere Wandel ist kein Instantprodukt.

Auf den Gedanken der sofortigen Befriedigung komme ich gleich noch einmal zurück, aber erst möchte ich noch etwas zu unserer Erwartungshaltung sagen. Dabei kommt mir ein Aufenthalt in Mexiko-Stadt in Erinnerung, der für mich höchst lehrreich war. Ich hatte gerade einen Vortrag gehalten und die Fragestunde eröffnet, als eine Frau aufstand. Ich forderte sie auf, ihre Frage zu stellen, und sie erzählte, dass sie eine InnerTalk-CD gekauft hätte, die bei ihr nicht funktioniere. Sie hätte sie dreißig Tage immer wieder abgespielt, jeden Tag mindestens eine Stunde lang, meist sogar zwei und mehr Stunden, ohne Erfolg.

Ich bat sie, mir den Titel der CD zu nennen, und erfuhr, dass es sich um *Creative Writing* (»Kreatives Schreiben«) handelte. Dann fragte ich sie nach ihrem Beruf, und sie sagte, sie sei Schriftstellerin. Tatsächlich schrieb sie täglich eine Zeitungskolumne und hatte schon viele Artikel und mehrere Bücher geschrieben. Sie war eine ziemlich bekannte Autorin.

Auf meine Frage, was genau sie sich vom Kauf des Programms versprochen hätte, antwortete sie: »Mehr Kreativität – mehr Ideen, was man schreiben kann.«

Ich fragte weiter, ob sie denn auch die Affirmationen gelesen hätte, die der CD beilägen, und sie bejahte es. Daraufhin fragte ich sie, ob es bei den Affirmationen irgendwelche Feststellungen gäbe, von denen sie nicht längst überzeugt war – im tiefsten Innern überzeugt. Ihre Antwort: »Nein.«

Dies war ein Fall, in dem das InnerTalk-Programm absolut nichts nützen konnte. Stellen Sie sich vor, Sie wären ein überzeugter Vegetarier und ich würde Ihnen ein Programm verkaufen, mit dem Sie Vegetarier werden könnten. Was würde sich groß ändern für Sie?

Sofortige Befriedigung

Die Schriftstellerin verstand mich, sie erwarb eine andere CD und hatte damit bald den gewünschten Erfolg, aber hier klingt noch etwas anderes an, das uns zum Thema »sofortige Befriedigung« zurückführt.

Ich habe bei vielen Leuten erlebt, dass sie sofort auf allerlei Programme reagierten. Ich hörte, dass lebenslange Kopfschmerzen über Nacht verflogen, dass ein kleiner Junge nach nicht ganz einer Woche nicht mehr ins Bett machte, dass die einen gleich vom ersten Tag an nicht mehr an den Nägeln kauten und die anderen abnahmen oder das Rauchen aufgaben und noch vieles mehr – alles in kürzester Zeit. Manchmal waren diese Erfolge einem Hypnose- oder Subliminalprogramm zu verdanken und manchmal dem Coaching per Audio-CD, aber mein Punkt ist folgender: Solche Dinge geschehen zwar, aber sie sind nicht typisch (und können für die meisten nicht gelten). Nein, im Allgemeinen vollzieht sich der Wandel ganz allmählich im Laufe der Zeit.

Selbstgespräche führen

Schauen wir uns noch einmal an, was ein subliminales Selbsthilfeprogramm bewirken soll und was davon zu erwarten ist. Im besten Fall dürfen wir darauf hoffen, dass die Affirmationen unseren inneren Dialog in die gewünschte Richtung lenken. Mit anderen Worten: Die Affirmationen finden ihren Ausdruck in unseren Gedanken, unseren Selbstgesprächen. Nehmen wir als Beispiel ein Programm zum Abnehmen. Da könnten bei den Affirmationen Sätze sein wie: »Ich mag Wasser gern; ich trinke Wasser; ich mag frisches Obst und Gemüse; ich bewege mich gern; ich lasse ruhig etwas auf meinem Teller« und so weiter. Sie sollen unsere Ansichten von Nahrung und Ernährung verändern, einschließlich dessen, was wir normalerweise essen. Deshalb empfiehlt das Programm Gemüse, Obst und Wasser – und zwar jede Menge davon, denn es ist sowohl sättigend als auch reinigend, ganz zu schweigen davon, dass es auch erheblich besser ist als viele Alternativen –, und es empfiehlt Bewegung.

Die Affirmationen richten den inneren Dialog auf unser Ziel aus, bis wir schließlich etwas in der Art denken wie: *Ich mag Wasser. Ja, wirklich. Ich will gleich etwas trinken.* Die erste Veränderung, die wir beobachten, ist vielleicht nur der minimale Anstieg unseres Wasserkonsums. Kurz: Es geschehen keine Wunder. Das Gewicht hat sich über viele Jahre angesammelt, und endgültig auf gesundheitlich sinnvolle Weise abnehmen zu wollen garantiert keine sofortige Befriedigung. Wenn wir erwarten, in einem zeitlichen Rahmen von etwa dreißig Tagen unser gesamtes Übergewicht loszuwerden, werden wir enttäuscht, denn das ist einfach unrealistisch. Machen wir uns hingegen klar, dass sich zuerst unser Verhalten und unsere Einstellung ändern müssen, werden wir aller Wahrscheinlichkeit nach irgendwann bemerken, dass sich tatsächlich etwas tut – zuerst geringfügig, aber mit der Zeit immer mehr.

Bei anderen Formen der subliminalen Einflussnahme geht es mit den Erwartungen ähnlich. Wir probieren es vielleicht mit einer Anleitung zur Selbsthypnose und haben hinterher das Gefühl, bloß eingedöst zu sein: »Wie langweilig. Das klappt nie – ich schlafe dabei einfach ein.« Die meisten Menschen glauben nach den ersten paar Hypnose-Erfahrungen, dass sie eingenickt sind, es sei denn, sie werden von einem Therapeuten begleitet, der ihnen schrittweise Anweisungen gibt, was sie gerade fühlen sollen, und zur Bekräftigung beispielsweise kataleptische Tests mit einzelnen Muskelgruppen durchführt. Gute Hypnotiseure erklären alles, was ihr Klient vermutlich gerade erlebt, sei es auch nur, um die Hypnose durch das so induzierte Erleben zu vertiefen. Oft sorgt diese Form der Suggestion für eine gewisse Kurzschlussreaktion, die das kritische Bewusstsein umgeht, vergleichbar etwa mit der in Kapitel 3 erwähnten, vom Hypnotiseur propagierten Magnetwirkung.

Der Einfluss von Suggestion

Bevor wir uns selbst verstehen und erkennen können, wie sehr wir unter dem Einfluss anderer stehen, ohne uns dessen bewusst zu sein, müssen wir unbedingt wissen, wie Suggestion funktioniert – ob wir nun durch unsere Erwartungen und Überzeugungen uns selbst etwas suggerieren oder ob andere offen oder mit verdeckten Methoden uns ihre Ziele suggerieren.

Jeder verdient, so zu leben, wie es ihm gefällt, soweit das möglich ist. Die Gedanken sind frei! Aber Sie werden (und wurden vielleicht schon!) auf eine Weise zu etwas gedrängt, die Sie nicht für möglich gehalten hätten, ehe Sie dieses Buch gelesen haben. Doch Sie besitzen auch, wie ich bereits gesagt habe, die innere Kraft und Fähigkeit, sich am eigenen Schopf aus dem sprichwörtlichen Sumpf zu ziehen, in dem Sie vielleicht stecken, indem Sie einmal anhalten und schauen, wie Ihr Leben eigentlich sein sollte und was Sie daraus gemacht haben.

Letztendlich sind wir viel mehr als nur Konsumenten, die alles aufsaugen und immerfort im Kreis laufen. Für mich hat dieses Im-Kreis-Laufen ein Ende, und ich hoffe, für Sie auch!

Zusammenfassung

Die spiegelbildliche Informationsverarbeitung (MIP) ist ein Modell dafür, wie Daten im menschlichen Gehirn verarbeitet werden. Dank MIP können wir besser verstehen, wie wir Informationen aufnehmen, wie wir lernen, uns zu erinnern und selbst Informationen zu erzeugen. Die MIP-Thesen zum Sprachverständnis und zu den Reaktionen des Menschen auf Sprache konnten inzwischen durch umfangreiche Tests bestätigt werden. Möglicherweise wird ein anderes Modell die Ergebnisse irgendwann einmal besser erklären. Doch abgesehen davon, welche Erkenntnisse die Zukunft bringen mag, hat sich bis jetzt die simultane Wiedergabe von Rückwärts- und Vorwärtssprache als Träger unterbewusster Informationen für viele Ziele der persönlichen Entwicklung als effektiv erwiesen.

Die Anwendung von Subliminalmethoden zur Selbstverbesserung sollte mit vernünftigen Erwartungen einhergehen. Das Wissen, wie eine Methode wirkt, kann die Beurteilung von Fortschritten erleichtern, die mit dieser Technik erzielt werden. Und nicht vergessen: Veränderung braucht Zeit.

10

Gut versteckte Informationen

Wenn die wunderbare Gnade Gottes wirkt, wirkt sie
vermutlich auf dem Weg durch das Subliminale.
William James

Subliminale Information wird im Allgemeinen wie folgt definiert:
Daten, die präsent und auffindbar sind, normalerweise jedoch
unbemerkt bleiben. Es gibt allerdings zwei Arten von Übermitt-
lungssystemen für unterbewusste oder versteckte Informationen.
Beide Methoden sind allem Anschein nach lautlos und nach
normalem Standard nicht wahrnehmbar. Darüber hinaus unterscheiden sie sich in vieler Hinsicht. In diesem Kapitel wollen wir
uns Gedanken über die wirklich unhörbaren und unsichtbaren
Formen der Informationsübermittlung machen.

Unhörbare Botschaften

Die Vorstellung von unhörbaren subliminalen Botschaften sorgt
für Verwirrung. Solche Aufnahmen enthalten angeblich verbale
Informationen. Es wird behauptet, dass frequenzmodulierter Klang
in einem unhörbaren Bereich eingespielt wird. Infolgedessen gibt
das Programm beim Abspielen keinen Ton von sich, genau so, als
hörte man sich eine leere CD an.
Nach Angabe der Vertreter solcher subliminaler Programme

spürt das Unterbewusstsein die Information auf, verarbeitet sie und handelt entsprechend. Ich habe von Studien gehört, die diese Wirkung nachgewiesen haben wollen. Doch meine Versuche, etwas von diesem Material in die Finger zu bekommen, sind bisher fehlgeschlagen.

Tatsächlich bewiesen ist nur, dass der Mensch Informationen außerhalb des Hörbereichs verarbeiten kann. So sind zum Beispiel unhörbare Hundepfeifen mit Stromstößen gekoppelt worden, um ein Beispiel klassischer Konditionierung am Menschen zu demonstrieren. Bei jedem Pfeifen gab es einen leichten Stromstoß; nach einer bestimmten Anzahl von Wiederholungen zuckte die Hand beim Blasen der Pfeife in Erwartung des Stromstoßes, ohne dass dieser erfolgte. Die Erzeugung einer Frequenz ist zwar etwas anderes als die Weiterleitung einer sprachlichen Information, aber die Frequenz ist womöglich entscheidender als der Wortinhalt, wie wir bereits gesehen haben.

Ich beschloss, selbst ein Experiment durchzuführen, bei dem die schlichte Gefahrenmeldung »Vorsicht!« subliminal übermittelt werden sollte. Dazu wurde ein Hörprogramm entwickelt, in das in bestimmten Intervallen die unterbewusst wirkende Botschaft »Achtung – Achtung – Vorsicht! – Gefahr!« eingebettet war. Die Studie wies autonome Reaktionen in der Art von Kampf-oder-Flucht-Reflexen nach, wie man sie von Menschen erwarten würde, die diese Botschaft wirklich hören.

Das Diagramm in Abbildung 12 stammt von einer Versuchsperson, die nur Meeresrauschen hörte, das Diagramm in Abbildung 13 hingegen von einer Person, die auch das Meeresrauschen hörte, aber unterlegt mit der unterschwelligen Warnung vor Gefahr.

Außer diesen Messdaten gab es noch einen Katalog von Fragen, den die Versuchspersonen nach dem Experiment ausfüllen mussten. Aus den Antworten ging hervor, dass die subliminal beeinflussten Probanden an Tod und Sterben gedacht hatten.

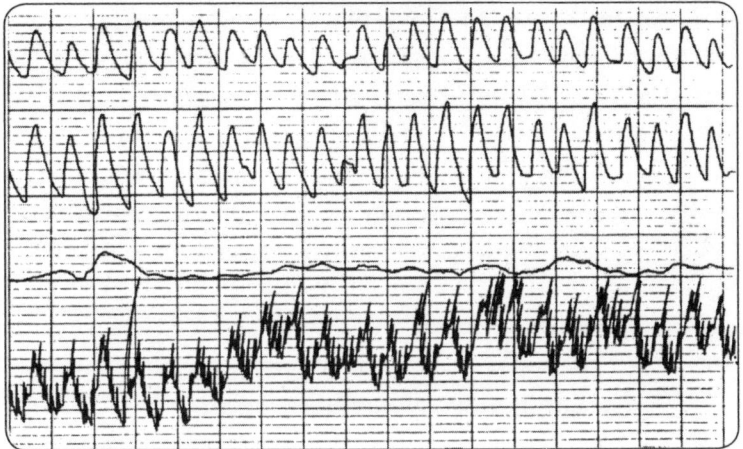

Abb. 12 Körperfunktionskurven

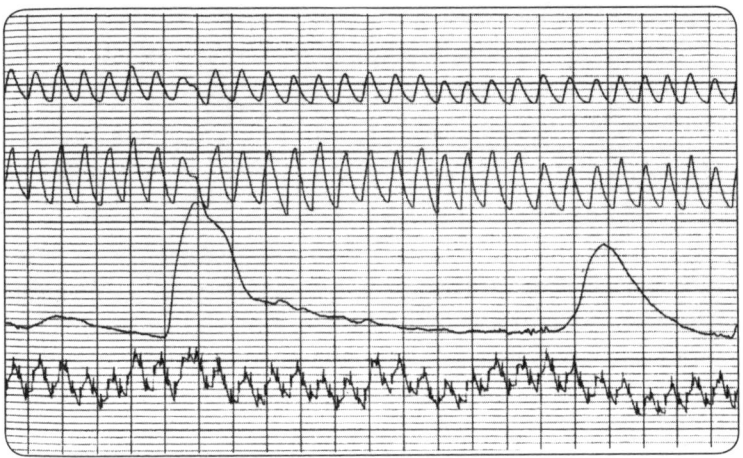

Abb. 13 Körperfunktionskurven bei Meeresrauschen mit subliminaler Warnung

Als Vorläufer dieses Forschungsprojekts führte ich in meinem Büro einen Pilotversuch durch. Zuerst ließ ich eine Kassette mit einer unhörbaren subliminalen Botschaft von einem Experten präparieren und spielte sie Freiwilligen vor. Dann testete ich eine Übertragungsmethode mittels Skalarantenne, die ein Erfinderfreund gebastelt hatte. (*Skalarwellen* sind eine neu entdeckte Art von elektromagnetischen Wellen, die nur im Vakuum leeren Raums existieren sollen – in den Lücken zwischen den Atomen unseres Körpers ebenso wie im leeren Raum des nächtlichen Himmels.) Diese Methode wandte ich nur bei einer Versuchsperson an.

Der Lügendetektor zeigte keine Reaktion bei Probanden, die der unhörbaren subliminalen Aufnahme ausgesetzt waren, wohl aber bei der Person unter Skalarwelleneinfluss. Dieses Ergebnis lässt zwar noch keine Schlüsse zu, stachelte mich jedoch dazu an, eine weitere Studie zu planen, bei der die Informationsübermittlung nur über Skalarantenne erfolgen soll.

Vielleicht finden Sie das etwas abwegig, aber geben Sie Acht: Skalarantennen sind ebenso verschieden wie subliminale Programme. Meine Erfahrungen haben mich gelehrt, dass nur wenige von denen, die etwas von den Möglichkeiten der Skalarwellen zu wissen behaupten, über die notwendige Sachkenntnis verfügen, um ein brauchbares Gerät dafür zu bauen.

In einem Gespräch mit Dr. Thomas Budzinski, einem Forscher auf dem Gebiet der Neurotechnologie, erfuhr ich, dass auch er physiologische Reaktionen bei solchen Versuchen mit ähnlichen Reizen verzeichnet hatte. Er hatte ebenfalls die Übertragung von unterschwelligen Informationen durch Frequenzmodulation probiert und wie ich keinen Zusammenhang mit physiologischen Reaktionen erkennen können. Reaktionen verzeichnete er nur bei der subliminalen Übermittlung von in Meeresrauschen eingebetteten Worten in Vorwärts- und Rückwärtsmaskierung.

Ich selbst habe aber lediglich Beweise gefunden, die gegen eine erfolgreiche Übertragung von unterbewussten Informationen durch Frequenzmodulation in Form von »unhörbaren subliminalen Botschaften« sprechen. Vielleicht ändert sich das schon morgen, vielleicht aber auch nicht. Es könnte sein, dass auch die US-Regierung Versuche mit akustischer Frequenzmodulation gemacht hat. Mit Sicherheit kennen sich die mächtigsten Regierungen dieser Welt bestens in subliminaler Kommunikation und Manipulation aus. Vielleicht wird bald einmal jemand sein im »Freedom of Information Act (FOIA)« verbrieftes Recht auf Zugang zu geheimen Staatsdokumenten wahrnehmen und es herausfinden.

Die Verwirrung bezüglich unterbewusster Informationen sollte endlich ein Ende haben, und es sollten keine Übertragungsformen erlaubt sein, die über das Spektrum dessen hinausgehen, was normalerweise unter akustischer oder visueller subliminaler Information verstanden wird. Wenn Sie ein unterschwellig wirkendes Selbsthilfe-Programm erworben haben, spielen Sie es ab. Sie hören nichts? Falls es nicht deutlich als »unhörbares Subliminalprogramm« gekennzeichnet ist, schicken Sie es zurück. Denn wenn Sie nichts hören ... ist wahrscheinlich auch nichts drauf.

Verdeckte subliminale Informationen

Vor vielen Jahren bin ich wiederholt auf Berichte gestoßen, die Sowjets würden subliminale Techniken anwenden (zum Beispiel im bereits erwähnten »Woodpecker«-Projekt, vgl. Kapitel 6). Angeblich benutzten sie Mikrowellen zur Übertragung von Informationen durch extrem langsame Frequenzen (ELF). Im Vergleich zum riesigen Netz von Nervenbahnen im Körper des Menschen ist auch das größte Radioteleskop ein Zwerg. Das menschliche Nervensystem empfing also die Informationen, aber wie konnte es diese Daten verarbeiten? Wie reagieren?

Ich bin mit ein paar angesehenen Leuten bekannt, die Zugang zu Geheiminformationen haben. Einige von ihnen beharrten darauf, die Sowjets hätten genau auf diese Weise Mitarbeiter der US-Botschaft krank gemacht. Dass die Botschaft Mikrowellenbestrahlung ausgesetzt war, ist inzwischen allseits bekannt, weiterhin unklar ist jedoch, ob die Sowjets dabei ELF oder andere Informationsträger nutzten. Es gibt Beweismaterial, demzufolge die verdeckten Informationen als Waffe verwendet werden könnten. Tatsächlich können solche Technologien, wie wir schon bei HAARP (vgl. Kapitel 6) gesehen haben, Einfluss auf uns nehmen, ohne dass wir es merken.

Zusammenfassung

Manche Anwender sind mit ihren Vorstellungen von subliminaler Kommunikation über das Ziel hinausgeschossen. Meine Untersuchungen haben ergeben, dass zumindest ein Teil der unhörbaren subliminalen Reize von Selbsthilfe-Programmen unwirksam ist. Andererseits ließ mein Test von Skalarwellen zur Übertragung unterbewusster Botschaften auf eine gewisse Effektivität dieser Technik schließen. Sie wird anscheinend auch von Regierungen geprüft.

Dieses Kapitel bildet den Abschluss von Teil I, und so will ich noch anmerken, dass es, wie beim Skalpell eines Chirurgen, viele missbräuchliche Anwendungsmöglichkeiten für alle aufgeführten Beeinflussungsmethoden gibt, zu denen auch, aber nicht nur, unterschwellige Kommunikation, Hypnose, Drogen und NLP gehören.

In Teil I ging es in erster Linie um die Schattenseiten, das heißt vor allem um die Methoden, die gegen uns verwandt werden können. Teil II ist überwiegend alternativen Beeinflussungstechniken gewidmet, die dazu benutzt werden können, den Geist in der Weise zu schulen, wie man es sich wünscht. Mit anderen Worten: Wir werden uns im nächsten Teil dieses Buches der Sonnenseite dieser Methoden zuwenden.

Teil II

Die Nutzung der Kraft des Geistes

Wir müssen der Inbegriff, die Verkörperung von Erfolg sein.
Wir müssen Erfolg ausstrahlen, bevor er uns gegeben ist.
Wir müssen zuerst mental, von unserer Einstellung her so sein,
wie wir werden wollen.
Earl Nightingale

1. Abschnitt

Der Geist als Heiler – die Programmierung von Erfolg, Gesundheit und Spiritualität

11

Selbstfindung: die Wende

Die größere Gefahr für die meisten von uns liegt nicht darin,
uns ein zu hohes Ziel zu stecken und es nicht zu verwirklichen,
sondern uns ein zu niedriges Ziel zu stecken und es zu
verwirklichen.

Michelangelo Buonarotti

In Teil I haben wir uns mit der Idee zweier Gehirne – einer linken
und einer rechten Hemisphäre – befasst und dieses Phänomen
aus der Sicht der Informationsverarbeitung untersucht. Aber es
gibt noch eine andere Betrachtungsmöglichkeit dieser Theorie.

Die rechte Gehirnhälfte ist auf eine Art und Weise von der linken getrennt, die vermuten lässt, dass die beiden Hemisphären
nicht nur Daten völlig verschieden verarbeiten, sondern auch die
Welt vollkommen unterschiedlich erfahren. Die rechte Hirnhemisphäre erlebt das Jetzt – den gegenwärtigen Augenblick –, während die linke auf Vergangenheit und Zukunft ausgerichtet ist.
Nach Auffassung von Dr. Jill Bolte Taylor, einer bekannten
Neurowissenschaftlerin, erfährt die rechte Hirnhemisphäre das
»Jetzt« nicht einfach so, sondern gewissermaßen räumlich, sodass
man mit allem eins wird und, mit ihren Worten, »wahres Nir-
wana« erlebt.[73] In einem unvergesslichen Vortrag erzählte Dr. Taylor einmal, wie sie nach einem Schlaganfall ihr Gehirn von innen
her studieren konnte, und machte deutlich, dass wir in jedem Augenblick wählen können, wie wir die Welt erfahren wollen. Wir

können wählen, ob wir zeitlich aufeinanderfolgende Ereignisse wünschen, die von der Vergangenheit in die Zukunft übergehen, oder ob wir Gleichzeitigkeit vorziehen, das »Jetzt«, von dem heute so viele Leute reden. Im gegenwärtigen Augenblick erleben wir uns anders – wir sind eins mit unseren Mitbewohnern auf dieser Erde und von der gemeinsamen Energie des Lebens durchdrungen.

Nach der Lektüre des ersten Teils dieses Buches erscheint der Gedanke eines Lebens »im Jetzt« vielleicht etwas weltfremd, aber schweifen wir ruhig ein wenig vom Thema ab und stellen wir uns die große Frage: *Wer bin ich?*

Als ich zur Highschool ging, hatte ich eine ungewöhnliche Lehrerin, Mrs. Foster, die mich dazu ermutigte, Gedichte zu schreiben. Ich hatte ein Faible für Lyrik und habe es immer noch. Woran ich mich gut erinnern kann, ist ihre radikale Ehrlichkeit. Einmal überarbeitete ich ein Gedicht immer wieder, bis es ganz und gar dem entsprach, was ich hatte ausdrücken wollen, und überreichte es ihr. Sie gab es mir zurück mit dem Kommentar in Rot: »Dies ist so trivial, dass Adam gegen die Stäbe seiner Wiege trampelte, als er es hörte.« Ich war zwar gekränkt von ihrer Kritik, schätzte Mrs. Foster aber zu sehr, um ihren Kommentar einfach zu ignorieren. Stattdessen feilte ich so lange an dem Gedicht, bis es ihren sehr hohen Ansprüchen genügte.

Wer bin ich? ist mindestens so trivial wie das Gedicht, das Mrs. Foster verwarf, und doch bleibt diese Frage bei vielen Menschen unbeantwortet und wird von noch viel mehr Menschen ausgeklammert. Vielleicht müssen wir die Frage anders formulieren: *Was bedeutet es, Mensch zu sein?*

Was ist das Menschsein? Wie unterscheidet es sich – wenn überhaupt – von anderen Formen tierischen Lebens? Sind wir Menschen mit all unseren Möglichkeiten und all den historischen Verdiensten, die für unsere Genialität sprechen, einfach in mancher Hinsicht smarter als andere Tiere?

Ich finde diese Frage mehr als nützlich. Ich glaube sogar, dass die Art, in der wir sie beantworten, zukunftsweisend für die Menschheit ist. Wir wissen inzwischen, dass uns manche Leute gern manipulieren und ausnutzen würden, so wie man Roboter programmiert. Bestimmte soziale Regeln, Gewohnheiten, Sitten, Erwartungen und anderes mehr scheinen unser Verhalten vorhersehbar zu machen. Und bei näherer Betrachtung müssten wir allerdings zugeben, dass sich diese Vorhersehbarkeit durch unsere Reflexe ergibt und nicht durch wohlüberlegte Reaktionen.

Als reaktive Wesen nehmen wir uns nur wenig Zeit, um im Jetzt zu leben, und noch weniger Zeit, um über unser Menschsein nachzudenken. Wir verlieren uns im Konsum, und das heißt manchmal, dass wir uns selbst aufzehren. Unsere Schnelllebigkeit lässt uns keine Zeit mehr, etwas anderes zu tun, als das nächste Ziel anzusteuern und wieder etwas zu konsumieren.

Wir verplempern unsere Zeit mit den vielen Götzen, die uns zur Verfügung stehen, wie Computerspielen, Fernsehen, Gameboys, Playstations, iPods und dergleichen. Die modernen Erfindungen scheinen uns alle darin zu bestärken, die Selbstbesinnung zu vergessen. Unsere Kultur beschäftigt sich mit allem und jedem, von Verschönerungskosmetik bis hin zu Reality-TV. Kann jemand angesichts dieses Lebensstils tatsächlich noch erwarten, dass sich der Mensch wirklich vervollkommnet?

Das Menschsein

Worin bestehen die Möglichkeiten des Menschen? Sie sind ein wichtiger Aspekt dessen, was Menschsein bedeutet. Sind wir auf eine bestimmte Entwicklung beschränkt – ein Staub-zu-Staub-Modell des Seins? Sind wir als Konsummaschinen angelegt, die Reichtum und Macht derjenigen untermauern, von denen sie gesteuert werden? Ich glaube nicht, und in diesem Punkt stimmen Sie mir sicher zu.

Die meisten Menschen, mit denen ich gesprochen habe, finden die Methoden, mit denen sie manipuliert werden, widerlich. Dieselben Leute, ich würde sogar so weit gehen zu sagen, alle, denen ich je begegnet bin, glauben, dass irgendwie irgendwo in ihrem Innern noch etwas schlummert – ungenutzte Potenziale. Manche sträuben sich zwar, es zuzugeben, aber sobald sie die diversen Abwehrmechanismen überwunden haben, die jeder von Zeit zu Zeit aktiviert, ist ein Bewusstsein da für das »Mehr«, das in ihnen wartet.

Das »Mehr« zu definieren ist ein guter Anfang für die Beantwortung unserer Frage, *was es bedeutet, Mensch zu sein.* Zu diesem Zweck wollen wir einmal auflisten, was wir uns unter diesem »Mehr« – den Merkmalen des Menschseins – vorstellen. Nach dieser Liste wäre der Mensch wahrscheinlich so:

- mitfühlend
- geduldig
- tolerant und versöhnlich
- friedfertig
- ausgeglichen
- fröhlich
- einfühlsam
- verständnisvoll
- gütig
- großzügig

Vielleicht wollen wir auch noch die Eigenschaft »spirituell« hinzufügen.

Wenn wir ernsthaft über das Wesen des Menschseins nachsinnen, betrachten wir uns durch eine andere Brille und schrauben unsere Erwartungen höher, als wir es bei allen übrigen Tieren tun würden. Irgendwie, ob zu Recht oder zu Unrecht, schreiben die meisten dem Menschsein eine spezielle Qualität zu, die über die vergängliche Existenz hinausgeht. Ganz gleich ob darunter Geist, Seele oder einfach das wahre Selbst verstanden wird, die meisten Menschen glauben an ein Leben nach dem Tod.

Ob wir Atheisten, Agnostiker oder Gläubige sind, eins ist uns allen gemeinsam: Wir alle erwarten mehr vom Menschen als von unseren Verwandten, den Affen, oder unseren geliebten Hunden und Katzen. Gleichzeitig ist sonnenklar, dass manche dieser Tiergefährten mehr als viele Menschen von dem besitzen, was wir als höchste Eigenschaften des Menschen einstufen. Ein Beispiel: Vor Kurzem verlor ich einen sehr lieben Freund, Balto, eine Schäferhündin. Sie gehörte zu unserer Familie, seit sie fünf Wochen alt war. 1996, als ein Schneesturm die Gegend von Spokane im Staat Washington heimsuchte, waren die meisten Anwohner ohne Strom. Deshalb trug ich Balto in ihren ersten Wochen entweder unter meiner Jacke mit mir herum, um sie warmzuhalten, oder sie lagerte mit der Familie, an uns gekuschelt, vor dem Kaminfeuer.

Balto war der beste Hund, den wir je hatten. Sie war Freund, Wachhund und Gefährte. Was auch vor sich ging, sie war immer dabei und zeigte uns, wie sehr sie uns liebte. Mit zunehmendem Alter bekam sie Arthritis, klagte aber nicht, selbst dann nicht, wenn meine Kinder beim Spielen versehentlich auf sie fielen. In ihren letzten Lebensjahren litt sie unter trockenen Augen und musste zweimal am Tag medikamentös behandelt werden. Auch dagegen wehrte sie sich nicht, sondern liebte uns nur noch mehr. Zwei Wochen vor ihrem Tod versagten ihre Nieren. Sie hatte große Schmerzen, klagte aber trotzdem nicht und liebte uns nach wie vor. Sie einschläfern zu lassen war mit das Schwerste, was ich je im Leben tun musste. Balto verkörperte für mich bedingungslose Liebe. Was genau macht also das Menschsein aus?

Das Problem beim Versuch einer Definition des *Menschseins* liegt darin, dass es sich um fortschreitende Erfahrungen von gemeinsamen Merkmalen handelt, die der Mensch oft aus der übrigen Natur entlehnt, für sich beansprucht und damit als menschlich etikettiert. Vielleicht ist das der Punkt, auf den wir unsere Aufmerksamkeit richten sollten. Wenn wir etwas Herzerwärmendes miterleben, das uns Freudentränen oder ein Lächeln entlockt oder uns eine Gänsehaut verursacht usw., gilt eine solche Reaktion automatisch als menschliche Empfindung und damit als Teil des Menschseins. Der Hund, der ein kleines Kind aus einem brennenden Haus rettet, ruft Bewunderung, Hochachtung und Liebe hervor. Wir vermenschlichen das Tier und merken, dass seine mutige Tat ebenso wie unsere Emotionen beim Erzählen dieser Geschichte zum Menschsein gehören.

Das Menschsein wird mehr durch das definiert, was uns inspiriert, als durch das, was wir in einer Aufzählung anführen können. Es ist Emotion, übersteigt jedoch zugleich die primitiveren, triebhafteren Gefühle. Die Geschichten, die uns berühren, die Kreativität, die uns begeistert, die Abenteuer, die uns locken, die Leidenschaft, die uns dazu treibt, besser zu werden, die Freude und ehrfürchtige Scheu in unserem Innern, die uns leiten – das alles und noch mehr ist menschlich. Wie beim Hund der Einsatz seines Lebens für ein Kind, so ist das Höchste bei unserer Spezies die Erkenntnis, dass dieses Menschsein uns aufruft, nach Höherem zu streben, noch mehr zu leisten und noch mehr zu geben. Wir sind aufgerufen, unserem innersten Wesen und unseren höchsten Zielen treu zu sein. Das gebietet der Tag, ob wir es einsehen oder nicht.

Hohe Ziele

Ich glaube, dass die Ausrichtung auf unser höchstes und bestes Ziel die einzige Möglichkeit ist, zu uns selbst zu finden. Wir leben in einer Welt, in der wir etwas bewegen können, auch wenn es Leute gibt, die behaupten, wir könnten gar nichts ändern. Diese Fatalisten meinen, alles, was geschieht, müsste so sein, und man dürfte da nicht einschreiten. Sie sind sogar der Auffassung, man sollte vorbeigehen, wenn man Zeuge eines Überfalls wird, statt Hilfe zu leisten. Sie benutzen die Feststellung, dass alles genau so geschieht, wie es geschehen soll, als Rechtfertigung für ihr Untätigbleiben – für ihre Passivität. Die gleichen Leute erklären uns unter Umständen aber auch, dass unsere Gefühle und Leidenschaften durch das Ego begründet sind und bezwungen werden müssen. Ich habe Auseinandersetzungen miterlebt, in denen das Ego als böse verteufelt wurde, als etwas, das es zu überwinden gilt. Nach Ansicht dieser Leute sollen wir meditieren und selbstlos handeln, um uns für unseren Rückzug aus der Welt zu rüsten.

Sprache kann uns in eine Falle locken. Eine einfache Behauptung kann viele Interpretationen und Neuinterpretationen veranlassen. An irgendeinem Punkt, ob alles nach Plan geschieht oder nicht, müssen wir uns samt und sonders dem Geschehen in unserer Umgebung entsprechend verhalten. So gesehen kann unser Eingreifen bei einem Überfall genau das sein, was geschehen soll.

Unter wissenschaftlichen Gesichtspunkten kann ich vielleicht ermessen, was Stabhochsprung ist. Ich habe möglicherweise schon Hunderte von Stabhochsprüngen beobachtet und Sprungbahn, Geschwindigkeit und den genauen Winkel berechnet, den der Stab beim Start im Einstichkasten haben muss – ein Stabhochspringer bin ich deshalb noch lange nicht. Ich muss selbst springen, um zu wissen, was ein Stabhochsprung ist. Mit dem Leben verhält es sich genauso. Wenn ich nicht manipuliert werden will, muss ich etwas tun, damit die Manipulation aufhört. Wenn ich glaube, dass die Menschheit sich vervollkommnen sollte, muss ich meine Stimme erheben oder mich sonstwie dafür einsetzen, dass dies geschieht.

Einführung in ein waches Leben

In früheren Zeiten glaubte die Menschheit, von Göttern beherrscht zu werden. Der Gedanke der Selbstverbesserung oder Selbstverwirklichung ist relativ neu, aber schon heute ein Milliardengeschäft. Die Akzeptanz neuer Theorien in der Psychologie und unsere Fortschritte in der Definition von *Freiheit* haben eine mobile Gesellschaft begründet, wie es sie in der Geschichte noch nie gegeben hat. Wir sind nach oben hin mobil, was unseren Lebensstil und unsere Erwartungen betrifft, und wir glauben aufrichtig daran, dass Mitglieder unserer Gesellschaft fast alles für sich erreichen können, was ihnen vorschwebt.

Zugegeben, es gibt ein paar Ewiggestrige. Zum Beispiel die, die meinen, dass man sich in das Bewusstsein nicht einmischen darf, die überzeugt sind, dass Hypnose, Psychotherapie und dergleichen Teufelswerk sind, oder die glauben, dass die Menschen grundschlecht sind und deshalb um Erlösung flehen müssen. Davon abgesehen geht die westliche Kultur überwiegend davon aus, dass jeder sein Schicksal selbst in die Hand nehmen oder zumindest sein Los verbessern kann.

Wir hoffen, dass unsere Kinder in der Schule lernen, verantwortlich zu handeln, ordentlich zu essen, Sport zu treiben, ihren Verstand zu gebrauchen und sich auf Erfolg ohne Ende vorzubereiten. Wenn wir auf einen Lehrer treffen, der unser Vertrauen enttäuscht, indem er unseren Kindern einredet, ihnen seien Grenzen gesetzt, sodass sie ihre Träume nicht verwirklichen könnten, sorgen wir dafür, dass die Kinder einen anderen Lehrer bekommen. Die Idee, sich aus eigener Kraft selbst zu verwirklichen, ist nicht nur verhältnismäßig neu in der Menschheitsgeschichte, sie ist auch zu einer Wertvorstellung geworden, die wir alle hochschätzen und an unsere Kinder weitergeben.

Eine Grundannahme

Warum spielen Grundsätze eine Rolle? Die Geschichte ist eine großartige Lehrerin. Der Kampf, der von der Magna Charta des 13. Jahrhunderts zu den heutigen Konzepten von Freiheit und Gerechtigkeit für alle geführt hat, ist durchaus folgenreich. Ein Blick auf die Welt von heute mit ihren sozialen, ökonomischen und politischen Beziehungen zeigt uns jedoch, wie weit entfernt wir oft noch von der Einigung auf bestimmte Grundsätze sind.

Was ist ein Grundsatz oder eine Grundannahme? Nach meinem Verständnis des Wortes ist ein Grundsatz ein guter Ausgangspunkt für den Weltfrieden. Nehmen wir zum Beispiel einmal den Gedanken, dass Leben heilig ist. Man sollte meinen, dass eigentlich jeder diesem Gedanken zustimmen müsste – er ist eine Art moralischer Imperativ, der für alle gilt. Dann würden wir unseren ersten Grundsatz wie folgt formulieren: »Jeder Mensch hat ein Recht auf Leben.«

In der Wissenschaft wird eine Grundannahme als Voraussetzung oder Hypothese betrachtet, die nicht bewiesen werden kann. Der große Mathematiker Kurt Gödel formulierte in seinem sogenannten Unvollständigkeitssatz, dass alle Grundannahmen von Natur aus unbeweisbar sind.[74] Eine Grundannahme wie etwa die des Urknalls (»Big Bang«), durch die der Astrophysiker Stephen W. Hawking[75] berühmt geworden ist, kann jedoch zu ihrer eigenen Überprüfung herangezogen werden, indem man die Theorien untersucht, die sie einschließt. Zum Beispiel impliziert ein Urknall, dass sich das Universum ausdehnt. Wird diese Expansion nachgewiesen, wird damit auch die Grundannahme unterstützt.

Will man einen Grundsatz für Menschen formulieren, muss man sich von traditionellen Vorstellungen verabschieden. Meines Erachtens ist das aber notwendig und richtig. Hier der Grund, warum: Grundannahmen tun mindestens zweierlei für die Gesellschaften, in denen sie Anwendung finden: Erstens veranlassen sie die Gesellschaften dazu, die Folgerungen aus diesen Annahmen zu untersuchen und Methoden zu entwickeln, die fruchtbare Wechselbeziehungen zwischen wissenschaftlichen Disziplinen wie beispielsweise Chemie und Physik begünstigen. Zweitens schaffen sie eine Art visuelle Landschaft, mit der alle etwas anfangen können – sowohl Laien als auch Experten.

Gut, dann nehmen wir mal an, wir hätten eine Grundannahme und würden sie »Leben« nennen. Wir gehen davon aus, dass menschliches Leben kostbar ist und dass alle Menschen ein Recht auf Leben haben. Diese Annahme können wir ebenso wenig beweisen wie die Urknalltheorie, aber wir können verschiedene Möglichkeiten nutzen, um diese Annahme zu überprüfen, besonders in den Fächern Politologie, Soziologie, Psychologie usw. Außerdem können wir einen Rahmen – eine visuelle Landschaft – schaffen, mit der die meisten zumindest ansatzweise etwas anfangen können. Darum ist die einvernehmliche Feststellung, dass »alle Menschen ein Recht auf Leben haben«, in ihrer Schlichtheit grandios.

Wenn die Welt diesen einfachen Grundsatz akzeptieren würde, hätten alle Kriege ein Ende. Aber sie tut es nicht. Nein, vielmehr gibt es viele, die glauben, sie hätten die Pflicht zu töten. Für sie hat das Leben anderer Menschen, solange diese nicht an etwas

Bestimmtes glauben wollen, weder eine besondere Bedeutung noch einen Wert. Wie und wo sollen wir angesichts einer so traurigen Sachlage beginnen, in diesem einen Punkt Übereinstimmung zu erzielen: *dass alles menschliche Leben heilig ist?*

Aus eigener Kraft

Wer für sich selbst einstehen will, muss sich zuerst auf sich selbst besinnen. Die Frage *Was ist Menschsein?* ist sicher Teil einer jeden ernsthaften Selbstbetrachtung. Für Sigmund Freud und andere nehmen Menschen lediglich eine Stufe auf der evolutionären Leiter ein, sie besitzen mehr »graue Zellen« und sind infolgedessen auch eher zur Selbsthemmung fähig. Das wunderbare Gehirn des Menschen ist nicht nur komplexer im Hinblick auf die Fähigkeit, logisch zu denken, sondern besitzt auch bessere Möglichkeiten, Impulse zu unterdrücken. Das ist von entscheidender Bedeutung, denn das Unbewusste ist, so Freud, ein brodelnder Kessel voller animalischer Triebe, die in Schach gehalten werden müssen. Kein höheres Selbst hat seinen Sitz im Unbewussten oder sonst irgendwo im Menschen. Im Gegenteil, die Menschen sind Bestien, die sich von anderen Tieren im Wesentlichen nur durch ihre Fähigkeit unterscheiden, ihre Bestialität verstecken und auf einzigartige Weise ihren Verstand gebrauchen zu können.

Seit Langem diskutieren Philosophen darüber, was Menschsein bedeutet. In einer Zeit mit so vielen Möglichkeiten und Chancen (oder Problemen, wie manche finden) sollte man meinen, dass die Grundfrage, was uns unterscheidet, immer ein Thema ist, das großes Interesse erregt. Mit Blick auf die Geschichte könnte man leicht zynisch werden und Sätzen wie den folgenden zustimmen: »Normal ist, dass die Menschheit ihre Kinder völlig anormal erzieht« oder: »Seit undenklichen Zeiten wird im Namen Gottes getötet« usw. Doch wenn wir wache Bürger werden wollen, werden wir solche Aussagen einfach indiskutabel finden.

Die Welt verändert sich, indem ein Mensch nach dem anderen sich verändert. Ich bin davon überzeugt, dass jeder Mensch zu solcher Besonderheit fähig ist, dass eines Tages die Frage: *Was bedeutet es, Mensch zu sein?* vollkommen überholt wirken wird, weil die Antwort klar auf der Hand liegt. Vielleicht lernen wir noch, uns ein bisschen mehr auf unsere rechte Gehirnhälfte zu verlassen. Vielleicht erkennen wir dann etwas mehr vom »Jetzt« und den Wechselwirkungen unserer kollektiven Energien und achten weniger auf das Trennende zwischen uns und unserer Umwelt.

Für mich heißt das unterm Strich: Ich glaube an Sie! Und mehr noch: Ich bin fest davon überzeugt, dass eine grundlegende Wende eintreten wird, wenn jeder von uns an den anderen glaubt. Das wäre die große Wende mit der Verheißung einer friedvollen Welt.

Zusammenfassung

In diesem Kapitel haben wir darüber nachgedacht, was es bedeutet, Mensch zu sein, und dass Menschen doch eine bessere Behandlung verdienen, als ihnen Werbeagenturen und Geheimdienste angedeihen lassen, heute wie vermutlich auch in Zukunft.

Wir glauben in der überwiegenden Mehrzahl, dass unausgeschöpfte Potenziale in unserem Innern schlummern, und meines Erachtens besteht die einzige Möglichkeit, uns selbst zu finden, darin, unsere eigenen höchsten Ideale zu verwirklichen.

Im nächsten Kapitel werden wir uns anschauen, was ich persönlich für die stärkste Kraft des Menschseins halte, mit der allerdings vielleicht auch am schwersten umzugehen ist – Vergebung.

12

Vergebung und ein frohes Herz

Am Ärger festzuhalten ist so, als ergreife man eine glühende
Kohle in der Absicht, sie nach jemandem zu werfen:
Man verbrennt sich nur selbst.

Gautama Buddha

Durch fast alles, was ich in den letzten beiden Jahrzehnten geschrieben oder vorgetragen habe, zieht sich der Gedanke der Vergebung. Ich sage Ihnen rundheraus, dass dies eine der schwersten
Lektionen für mich war; vielleicht komme ich deshalb immer
wieder darauf zurück. Sehen Sie, ich habe gelernt, dass es beim
Vergeben nicht einfach nur darum geht, sich selbst oder jemand
anderem zu verzeihen; vielmehr geht es auch darum, von einer
bestimmten Lebensweise ablassen zu können, indem wir vergeben.

Zuerst möchte ich eine meiner Einsichten mit Ihnen teilen.
Jahrelang habe ich die subliminale Kommunikation in Theorie
und Praxis für verschiedene Zwecke der Selbsthilfe benutzt. Dies
erforderte gelegentlich Tonaufnahmen einer bestimmten Art.

Beim Entwerfen eines subliminalen Programms habe ich, um
entsprechende emotionale Inhalte zu bestimmen und aufzude-
cken, einen einfachen, selbsterfundenen, auf beschreibende Substantive bezogenen Test mit dem sogenannten »Psychological
Stress Evaluator« (PSE) durchgeführt, der die erforderlichen Bewertungen lieferte. Auf der Liste der Substantive standen Worte

wie *Mutter, Vater, Liebe, Hass, Vergebung* und *Schuld*. Der PSE wurde von zwei Colonels des US-Militärgeheimdienstes entwickelt, um den Wahrheitsgehalt der Aussage einer Person ohne Verkabelung zu überprüfen. Im Grunde wird mit diesem Gerät lediglich ein feines Zittern von normalerweise 8 bis 14 Schwingungen pro Sekunde registriert, eine Begleiterscheinung unwillkürlicher Muskelbewegungen. Das kaum merkliche Zittern hat seine Ursache im Wechselspiel zwischen dem Sympathikus und dem Parasympathikus des vegetativen Nervensystems.

Der PSE ist ein höchst differenziertes Instrument, das ich als Experte für Lügendetektion jahrelang bei Strafsachen wie Mord und Diebstahl angewandt oder auch zivil genutzt habe bei Einstellungsgesprächen und um Persönlichkeitsprofile von Führungskräften zu erstellen. Seine Empfindlichkeit beim Messen auch geringster Anzeichen von Stress (im Gegensatz zu auffälligen Stresssymptomen) macht dieses Gerät zu einem unschätzbaren Werkzeug der Aufklärung. Aus diesem Grund wird es von vielen Psychologen verwandt, und es hat einige sehr interessante Erkenntnisse erbracht. Drei Aussagen, die immer Stress verursachen, sind zum Beispiel im »Vergebungsset« enthalten.

Das Vergebungsset

Jedes subliminale Programm, das ich in den letzten Jahren erarbeitet habe, enthält auch ein sogenanntes »Vergebungsset«. Ich bin davon überzeugt, dass schon die Verwendung nur dieser Botschaften, die sich gegenseitig ergänzen, den Aktivitäten eines Menschen ganz neuen Schwung geben kann. Das Set besteht aus drei Botschaften: »Ich vergebe mir.« »Ich vergebe all meinen Mitmenschen.« »Mir wird vergeben« (oder auch: »Uns wird vergeben«). Ich glaube – und meine Forschungen bestärken mich in dieser Überzeugung –, dass wir, indem wir unsere Augen vor unserer Verantwortung im Leben verschließen, uns die Möglichkeit versagen, von den Beschränkungen loszukommen, die uns einengen. Wenn wir die volle Verantwortung übernehmen, gewinnen wir die Kraft zur Veränderung.

All meine Tests mithilfe von PSE und anderen Messmethoden zeigen die unmittelbare Verbindung zwischen Angst und Wut, Schuld und Scham auf der einen Seite und Vergebung auf der anderen. Indem wir den unsinnigen Teufelskreis zwischen Angst und Wut, Schuld und Scham durchbrechen, heben wir auch alle damit einhergehenden Probleme auf, vom schwachen Selbstwertgefühl bis hin zu Gesundheitsstörungen, die wir selbst verursacht haben.

Außerdem bin ich der Überzeugung, dass manches neuronal Erlernte die Zellerinnerung aufhebt oder durcheinanderbringt. Die Folge davon ist Krankheit. Paradoxerweise ist Krankheit manchmal das äußere Anzeichen von Emotionen, ausgelöst durch eine Sicht der Dinge, die meist auf einer Fehlinterpretation der Rolle von Akzeptanz und Ablehnung bei der Vergebung beruht.

Alle Verhaltensweisen sind jedoch durch eine Entscheidung begründet, selbst wenn diese selbstzerstörerische Züge trägt (wie es oft bei Vermeidung der Fall ist). So gesehen bringen wir unsere Zellen durch unsere Entscheidungen dazu, umzulernen oder die innere Ordnung aufzuheben. Im Grunde sind wir wirklich selbst für unsere Krankheiten verantwortlich. Darum schaffen wir uns in unserem Leben oft genau das, wovor wir am meisten Angst haben. Wogegen wir uns sträuben, das ziehen wir magisch an; was uns an anderen missfällt, das manifestieren wir selbst. Interessant ist, dass der Anpassungsprozess (Vermeidung von Ablehnung) paradoxerweise eine geistige Grundlage hat, wie man sagen könnte, nämlich den Trotz (das Bedürfnis nach unverwechselbarem Selbstausdruck). Wir könnten ferner sagen, dass die Manipulationsstrategie, die diesem Zweck dient, ein Gesetz unserer Psychologie ist.

Demnach ist das Gesetz des Geistes der Trotz und das Gesetz der Psyche die Manipulationsstrategie, und zu den Hauptopfern dieser beiden zählen meist wir selbst. Der Wert eines Paradoxes liegt für einen Philosophen in der gegenseitigen Bedingtheit seiner relativen Elemente. Eine These, auf die eine Antithese folgt, gibt den Blick frei auf die Synthese. Das Paradoxe am Menschsein ist vor allem, dass viele seiner Schutzmechanismen eher der Auslöschung dienen als der Erhaltung.

Nachdem das klargestellt ist, erlauben Sie mir, Ihnen ein paar klinische Fallbeispiele zu geben. Das erste ist die Geschichte eines Jungen, der als unheilbar krank galt. Die zweite Story ist meine eigene, die Geschichte vom frohen Herzen, wie ich heute gern sage. Ich könnte noch viele andere Fälle anführen, aber diese beiden bringen genau das zum Ausdruck, worum es mir hier geht.

Intervention

Ich finde den ersten Fall noch immer absolut spannend. Ich habe ihn ursprünglich vor etwa zwanzig Jahren in meinem Buch *Die Subliminal-Methode* beschrieben. Nach meiner Auffassung stellt er noch immer einen besonders reizvollen Aspekt des Menschseins dar und weist verheißungsvoll auf Möglichkeiten hin, die in uns allen schlummern. Er ist ein perfektes Beispiel für den Geist als Heiler und als Würger. Außerdem spricht er deutlich für eine positive und nützliche Anwendung der Subliminalmethode.

V. war ein 14 Jahre alter Junge mit einer langen Krankengeschichte. Er wurde mit einer Stimmbandlähmung geboren, die das Schlucken und die Verdauung beeinträchtigte und durch einen Luftröhrenschnitt behoben werden musste. Mit zwei Jahren waren seine Funktionen normal. Kurz danach bekamen seine Eltern noch ein Kind. Nun zeigten sich bei V. Symptome einer ernsten Erkrankung, die als Muskelschwund diagnostiziert wurde. Im Alter von 14 Jahren schließlich war er an den Rollstuhl gefesselt und konnte sich kaum noch selbst an- und auskleiden oder baden. Zusätzlich litt er unter einer extremen Skoliose (Seitwärtsverkrümmung der Wirbelsäule) und ernsten Lungenproblemen. Seine Ärzte machten die Skoliose für die Lungenprobleme verantwortlich und hielten eine operative Korrektur der Verkrümmung durch implantierte Metallstäbe für notwendig. Doch obwohl sie an den Nutzen dieser Maßnahme glaubten, hatten sie ihre Zweifel, ob der Junge bei diesen Atemschwierigkeiten eine Operation überhaupt überstehen könnte – eine absurde Situation.

V.s Vater traf im Rahmen meines *Progressive-Awareness*-Programms mit den Experten zusammen und beriet sich mit ihnen darüber, ob für seinen Sohn ein spezielles Programm erarbeitet werden könnte. Ein Blick in die Krankenakte von V. enthüllte mehrere wichtige Faktoren. Erstens nahm die Schwere seiner Erkrankung und entsprechender Symptome je nach dem Maß der Aufmerksamkeit, die ihm geschenkt wurde, zu oder ab. Zweitens benutzte er seine Krankheit dazu, seinen Einfluss auf Familie und Freunde zu vergrößern. Drittens herrschte innerhalb der Familie ein starker Konkurrenzkampf unter den Geschwistern, eine Folge von V.s Erkrankung. Viertens hatte es bei den Eltern Unstimmigkeiten und Meinungsverschiedenheiten über die Behandlung und Pflege des Jungen gegeben, die er für seine Zwecke ausgenutzt hatte.

Ich entwickelte ein spezielles unterbewusst wirkendes Programm mit Männer-, Frauen- und Kinderstimmen, die im Rund-

laufverfahren mit vollem Echo und Hall in hemisphärischer
Verarbeitung aufgenommen wurden. Affirmationen wurden in
einem autoritären und einem bestätigenden Dialog wiedergegeben und umfassten folgende Bereiche: Selbstachtung, Ganzheit, Wohlbefinden, die Fähigkeit der Zellen zu perfekter Repro-
duktion, Akzeptanz, Liebe und spezifische, an die betroffenen
Körperzonen von V. gerichtete Botschaften. Darüber hinaus kamen das Vergebungsset und die Vater-Mutter-Beziehung zur Anwendung.

Da V. in seiner räumlichen Bewegungsfreiheit eingeschränkt
war, wurden hierfür geeignete Aufnahmen gemacht und die Affirmationen unterschiedlichen Primärinformationsträgern unterlegt. Der Primärtonhintergrund bestand aus einer Mischung aus
Meeresbrandungs- und Naturgeräuschen, die es V. erlaubte, zu
lernen, fernzusehen und anderen Aktivitäten nachzugehen, ohne
von dieser Geräuschkulisse gestört zu werden. Weitere Primärträ-
ger richteten sich nach dem Musikgeschmack des Jungen und seiner Familie.

In der Zeit, als diese Programme entstanden, war V. aus der
Schule genommen worden und wurde aufgrund der Komplikatio-
nen seiner Erkrankung zu Hause unterrichtet. Sechs Wochen
lang hörte er sich tagaus, tagein die Audioprogramme an. Als im
Anschluss daran seine Lunge untersucht wurde, zeigten sich unglaubliche Fortschritte. Die behandelnden Ärzte waren so begeistert von den Testergebnissen, dass sie meinten, jetzt könne
V. eine Wirbelsäulenoperation heil überstehen. Aber nicht nur
das, in den zwei Wochen, in denen die Lungentests durchgeführt
wurden, hatte sich auch seine Beweglichkeit drastisch verbessert.
Sein Vater schickte uns ein Bild des Sohnes, wie er, der zuvor
noch an einen Rollstuhl und ans Bett gefesselt war, gerade eine
Treppe hinaufstieg.

Nach einigen Wochen hatte V. Probleme mit der Kohlendioxid-Ausatmung und musste künstlich beatmet werden. Eines Abends bemerkten seine Eltern, dass die Sauerstoffzufuhr doppelt so hoch wie vorgeschrieben war. Der Junge kam sofort auf die Intensivstation und wurde entsprechend behandelt. Dort fiel dem Vater auf, dass V.s Atemmuster dem bei seiner Stimmbandlähmung glich. Wie sich herausstellte, litt V. wieder unter dieser Paralyse, und es wurde erneut ein Luftröhrenschnitt gemacht.

Nun erholte V. sich und wurde vollkommen gesund. Ich habe Fotos von ihm, wie er neben seinem neuen Auto steht, auf dem besten Wege, ein normaler, gesunder junger Mann zu werden. Auf die Frage nach seinem Zustand haben die Ärzte ihm lediglich schwache Muskeln attestiert. Könnte es sein, dass V. durch die subliminale Konfrontation mit den Ursachen seiner gestörten Abwehrmechanismen bis zu dem Punkt in seiner persönlichen Geschichte regredierte, an dem er sich vollkommener Gesundheit und Aufmerksamkeit erfreute?

Vergeben und loslassen

Im zweiten Fall, von dem ich Ihnen berichten möchte, geht es unter anderem um mich und um den Gedanken, dass es nicht ausreicht, sich selbst und anderen zu vergeben – wir müssen auch Ideen, Denkmuster, vieles, was wir uns eingeprägt haben usw., vergeben und loslassen. Aber zuerst der Fall.

Wie wichtig auf dem Weg der Selbstverwirklichung oder echten Selbstverantwortlichkeit das Vergebenkönnen ist, wurde mir in den 1980er Jahren klar. Wie bereits erwähnt, überzeugten mich Untersuchungen im Staatsgefängnis von Utah davon, dass Vergebung nottat. Ich ging sofort ans Werk und vergab allen, die mir einfielen, vielfach telefonierte ich zu diesem Zweck oder schrieb Briefe, um mich für meine Fehler zu entschuldigen. Das empfand ich als angemessen, wenn ich mir selbst Taten vergeben wollte, die egoistisch waren und anderen schadeten.

Ich begann, Vorträge über die Macht der Vergebung zu halten und Bücher darüber zu schreiben. Ich entwarf ein Modell des Geistes, das anschaulich machte, wie wir uns aus unserer Verantwortung stehlen und unseren Mitmenschen oder den Umständen die Schuld geben, sobald die Vergebung fehlt. Ich führte überzeugende Argumente an, warum wir uns nicht ändern können, solange wir uns das nicht erlauben und uns nicht dafür stark machen. Überdies sind wir machtlos, solange wir die Schuld woanders suchen, weil der Fehler angeblich nicht bei uns liegt – was kann sich dann überhaupt ändern?

Nach und nach nahm ich das Vergebungsset in all meine Audioprogramme auf, und da ich das Vergebenkönnen so wichtig fand, beschloss ich Anfang der 1990er Jahre, die Aufnahmen gratis zur Verfügung zu stellen. Mit anderen Worten: Meine Firma verschenkte das Programm, ihren Verkaufsschlager (es ist immer noch gratis erhältlich unter *www.innertalk.com*).*

Endlich hatte ich das Gefühl, das Meine zu tun. Natürlich musste ich viel lernen, aber ich glaubte wirklich, dass ich dieses Thema allmählich in den Griff bekam. Eines Tages stahl ein junger Mann etwas in meinem Buchladen, und ein Freund, der gerade im Laden stand, schrie, ich solle den Dieb verfolgen, der nach draußen gerannt war und davonlief. Wenn ich an diese Episode zurückdenke, finde ich, dass ich Grund hatte, recht stolz auf mich zu sein, denn ich wandte mich einfach an meinen Freund und sagte: »Er kann mir nichts stehlen. Wenn er es wirklich so dringend braucht, schenke ich es ihm.« Ich machte dem Dieb nicht einmal den Vorwurf, mich zu bestehlen!

---

* Deutsche Version unter dem Titel »Vergeben – ohne Begrenzung mit Freude und Liebe leben«. Kostenloser Download unter *www.innertalk.de*.

Meine Geschichte

Jetzt muss ich kurz abschweifen. Wie Sie inzwischen wissen, habe ich jahrelang Lügendetektortests, Ermittlungen, Überwachungsaufgaben usw. durchgeführt. Mein Vater war im Polizeidienst tätig, und in meinen Erinnerungen habe ich ihn eigentlich nur mit Uniform und einem dicken Revolver an der Seite vor Augen. Er hatte seinen ursprünglichen Beruf als Holzfäller an den Nagel gehängt, war in die Armee eingetreten und hatte als Veteran des Zweiten Weltkriegs den Purple-Heart-Orden verliehen bekommen. Nach seiner Rückkehr in die Vereinigten Staaten wurde er Ausbildungsfeldwebel. Er war ein recht strenger Vater und ziemlich engstirnig – heute würde man ihn vielleicht bigott nennen.

Ich wuchs mit ethischen und moralischen Vorstellungen auf, die in mancher Hinsicht von Vorurteilen geprägt waren. Mein Vater hielt das für gute Arbeitermoral. Als das Fernsehen aufkam, schaute meine Familie Wildwest- oder Kriminalfilme an. Es gab immer Gute und Böse, und wenn der Film etwas taugte, gingen wir ganz darin auf und wollten, dass der Gute Vergeltung übte. Etwas von den echten Westernklassikern wie *Mein großer Freund Shane* und *Zwei glorreiche Halunken* war also in mir lebendig. Ich muss gestehen, dass ich ein paar Lieblingsfilme hatte, die ich mir immer wieder ansah, darunter *Pale Rider* und *Tombstone*.

Na schön, Sie wollen sicher wissen, was das alles mit Vergebung zu tun hat. Folgendes habe ich gelernt: Die Bösewichter lebten in meiner Fantasie, und ich wartete nur auf die Gelegenheit, die Heldenrolle, die ich mir selbst ausgemalt hatte, in die Tat umsetzen zu können. (Fairerweise muss ich sagen, dass ich tatsächlich öfter in diese Heldenrolle schlüpfen konnte, wenn ich Müttern ihre entführten Kinder zurückbringen oder jemandem das Leben retten durfte, und es hat mir im Innersten wohlgetan). Worauf ich hinaus will: In mir wartete immer ein Urteil darauf, gesprochen zu werden.

Ich »las« oft in anderen Menschen wie in einem Buch, und es fiel mir leicht, meine Beurteilung von Kriminalität auch auf die Politik, auf ethische Fragen wie Abtreibung oder das Klonen von Menschen usw. zu übertragen. Mit welchem Ergebnis? Dass ich nicht vergeben und das loslassen konnte, was mich wütend machte und was ich innerlich streng verurteilte.

Noch etwas anderes, das seine Wirkung auf mich nicht verfehlte und das ich jahrelang lehrte, kommt ins Spiel. Über Jahre hinweg habe ich in meinen Publikationen gesagt, dass Krankheit an bestimmte Persönlichkeitsmerkmale und -bedürfnisse gekoppelt ist. Zum Beispiel leidet ein Sänger, der schreckliches Lampenfieber hat, nicht wie eine Tänzerin unter einer Knöchelverstauchung, sondern wahrscheinlich unter Halsschmerzen. Die Erkrankung ist offensichtlich vorgeschoben, damit die Künstler ohne Gesichtsverlust vor einer angstbesetzten Situation fliehen können. Mir fiel eine gewisse Korrelation auf, nämlich dass Herzkrankheit mit größerer Wahrscheinlichkeit bei ablehnenden, aggressiven Menschen anzutreffen war, während Krebs häufiger bei introvertierten Menschen auftrat, die ihre Gefühle unter Verschluss hielten. Damit will ich nicht auf einen solchen Zusammenhang pochen, sondern nur meiner innersten Überzeugung Ausdruck geben.

Recht haben oder Frieden finden?

Im Frühjahr 2007, ich lebte ganz friedlich, arbeitete die Woche über und genoss meine Freizeit, indem ich mit meinen Pferden spielte und mich viel draußen im Freien aufhielt, spürte ich ein Brennen in meinem linken Lungenflügel. Es machte sich bemerkbar, sobald ich auf dem Laufband oder Fitnessbike trainierte, verschwand jedoch nach dem Training wieder. Ich erwähnte es beiläufig meiner Frau gegenüber, weil ich es merkwürdig fand, war aber überzeugt, dass es sich bloß um irgendeine neue Art Allergie handelte.

Ein paar Wochen vergingen. Eines Morgens öffnete meine Frau eine frische Packung Müsli. Als sie gerade etwas davon ausschütten wollte, bemerkte sie einen Warnhinweis auf der Verpackung und las ihn. Bestürzt kam sie zu mir. Auf der Müslipackung waren genau meine Symptome beschrieben mit der Warnung, dass sich auf diese Weise ein Herzinfarkt ankündigen könnte.

Natürlich unterzog ich mich sofort einer Belastungs-Echokardiografie, mit schlechtem Resultat. Als Nächstes kam eine Angiografie an die Reihe, nach der meine Frau und mein Sohn in Tränen aufgelöst waren. Wir bereiteten uns schon geistig auf das Einsetzen eines Stents vor, aber an eine dreifache Bypass-Operation hatte keiner gedacht.

Der langen Rede kurzer Sinn: Ich hatte Riesenglück (oder war einfach in guten Händen!). Obwohl zwei der drei Hauptarterien in meinem Herzen total verstopft waren und die dritte zu 99 Prozent blockiert war, hatte mein Körper Wege gefunden, das Blut weiter durch mein Herz strömen zu lassen. Der Herzmuskel hatte keinen Schaden genommen.

Die Operation gab mir Zeit, über vieles nachzudenken. Ich merkte, dass ich mich irgendwie betrogen fühlte und wütend war. Ich hatte mich fit gehalten, mit dem Rauchen aufgehört, meinen Salz- und Zuckerkonsum drastisch eingeschränkt und viel frisches Obst und Gemüse gegessen – warum also gerade ich? Als ich meiner Wut nachspürte, entdeckte ich zweierlei. Erstens hatte ich entgegen meiner Überzeugung, ein versöhnlicher Mensch zu sein, nicht vergeben. Ich hatte alle möglichen Szenarien mit mir herumgetragen, wie ich meinem Ärger Luft zu machen gedachte. Oft waren es Geschichten aus meiner Kindheit, und wenn nicht, hätten sie es zumindest sein können. Anders ausgedrückt: In meinem Denken hatte anscheinend das *Rechthaben* Vorrang vor dem Friedenfinden.

Wenn man mit der Vergebung lebt – das heißt sich selbst und anderen vergibt –, befindet man sich in einem speziellen Zustand inneren Friedens. Vergebenkönnen ist *das* Gegenmittel zu Wut, Vorwürfen, Schuldgefühlen und dergleichen!

Um meine Theorie zu überprüfen, ließ ich mir entsprechende Soft- und Hardware vom HeartMath-Institut kommen, installierte das Programm und fing an, damit zu arbeiten. Es ist so angelegt, dass verschiedene Messdaten ausgewertet werden, darunter Puls und Herzrhythmus; vor allem aber lehrt es den Benutzer *Herzkohärenz*, das heißt, im Einklang mit seinem Herzen zu sein. Das ist eine einfache, aber effektive Methode, und ich erkannte schnell, dass wütende, »herzlose« Gedanken zu Inkohärenz führten, friedvolle, liebreiche Gedanken, bei denen das Herz »lacht«, hingegen zur Herzkohärenz.

Ich machte die Probe aufs Exempel. Bei meiner Frau bestand nachweislich eine große Herzkohärenz – bis ich sie bat, an etwas zu denken, worüber sie sich ärgerte. Schon regte sie sich auf, und die innere Verbindung zum Herzen brach ab. Kaum kam Ärger auf, war es vorbei mit der Herzkohärenz, und so ging es mit jeder Person, die ich überprüfte. Ich lernte immerfort dazu, nicht nur im Hinblick auf die Kraft der Vergebung, sondern auch im Hinblick auf das, was ich *Happy Heart* nenne, das »frohe Herz«.

Ein frohes Herz

Was ist nötig, damit einem das Herz froh und leicht wird, und warum sollte man es sich wünschen? Hier ein wenig von dem, was ich gelernt habe: Würden Sie glauben, dass ein schweres Herz die

Immunabwehr, den Hormonhaushalt und das vegetative Nervensystem daran hindert, optimal zu funktionieren? Das heißt, dass in diesem Fall die Lebensqualität abnimmt und das Leben verkürzt wird. »Das Leben ist beschissen und man stirbt daran« ist eine sich selbst erfüllende Prophezeiung, und sie spiegelt eine Einstellung wider, die das Herz schwer macht.

Was ist der Unterschied zwischen einem schweren und einem leichten, frohen Herzen? Wussten Sie schon, dass normalerweise eine Minute vor dem Fernseher genügt, um eine Bewusstseinsveränderung (in der Gehirnwellentätigkeit) hervorzurufen, die als Zustand der Hyper-Beeinflussbarkeit gilt? Viele negative Denkmuster können sich in diesem Zustand in Ihrem Kopf einnisten und Ihr Herz schwer machen.

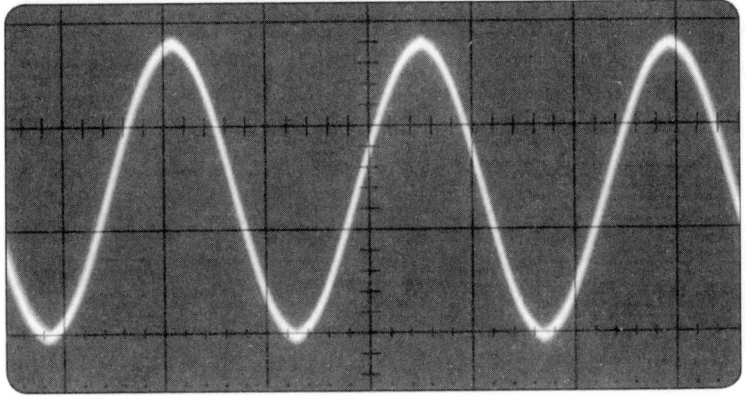

Abb. 14 Wellenmuster bei Herzkohärenz

Und wissen Sie, was Herzkohärenz ist? Sie ist an Wellenmustern zu erkennen, die gleichmäßig und ausgeglichen sind. Was Sie bei einem EKG auf dem Monitor oder auf anderen Geräten sehen, die Ihre Herztätigkeit wiedergeben, sind rekursive Sinuswellen – gleichmäßige, saubere Sinuswellen (siehe Abbildung 14). Bei geringer Herzkohärenz ist das Herz stark belastet, es funktioniert nicht optimal, und das ist leider für viele Menschen Normalität.

Wussten Sie, dass man an Ihrer Herzkohärenz ablesen kann, ob es Ihnen leicht oder schwer ums Herz ist? Wussten Sie, dass Computerspiele wie »Shoot 'em up«, sogenannte »Ballerspiele«, Herzkohärenz verhindern? Oder dass Wut, Angst und Unruhe sowie Stress für Inkohärenz sorgen? Sind Sie sich bewusst, dass Sie beim Fernsehen Gewalt und andere schlimme Sachen miterleben, die nicht mit einem frohen Herzen (Herzkohärenz) vereinbar sind?

Ist Ihnen klar, dass ein Zusammenhang zwischen den Gedanken und der Herzkohärenz besteht und dass allein die Erinnerung an etwas Trauriges, Böses, Gemeines oder Gewaltsames – schon der Gedanke an jemanden, gegen den Sie noch einen Groll hegen –, für Unregelmäßigkeiten und Inkohärenz in der Herztätigkeit sorgt? Mit anderen Worten: Gedanken werden in Gefühle umgesetzt.

Aber Gefühle müssen nicht bis in alle Ewigkeit erhalten bleiben. Es ist leicht einzusehen, warum es so wichtig ist, sich gegen umherirrende, unerwünschte Gedanken zu schützen, die einem in den Sinn kommen, und ebenso wichtig, alle negativen Emotionen zu neutralisieren. Mein Rat ist, möglichst immer ein leichtes Lächeln auf dem Gesicht zu tragen (Lächeln täuscht das Gehirn, sodass es vermehrt körpereigene Endorphine ausschüttet) – setzen Sie ruhig ein Lächeln auf, bis es von selbst da ist!

Gedanken erschaffen Wirklichkeit

Gedanken haben Realität. Seit ich alles dies herausgefunden habe, erfahre ich fröhliche und erhebende Fernsehsendungen als viel gesünder. Zwar bin ich noch immer süchtig nach ein paar guten alten Western, aber nicht mehr so wie früher, und ich nehme auch nicht mehr solchen Anteil daran. Wenn doch, wird der Fernseher abgeschaltet.

Ich bin schon oft gefragt worden: »Wie vermeiden Sie eigentlich all die ungesunden Radio- und Fernsehsendungen?« Eigentlich ist die Antwort leicht, aber wie bei so vielen Dingen ist es leicht gesagt und schwer getan. Machen Sie einen Anfang, indem Sie den Fernseher ausgeschaltet lassen. Wählen Sie ganz bewusst aus, was Sie sich anschauen wollen, und schalten Sie Werbespots ab, besonders solche, die über Krankheiten »informieren« bzw. Geschäfte mit dem Kranksein machen. Schützen Sie sich vor allem, was Ihnen unkontrolliert in den Sinn kommen will, und schlagen Sie sich alle Gedanken aus dem Kopf, die Ihren inneren Frieden und Ihre innere Ruhe stören – Sie wissen schon, was ich meine. Das Problem ist, auch wirklich so zu handeln.

Wir leben in einer Zeit, in der man ständig mit der Außenwelt in Kontakt bleiben und als informierter Bürger am öffentlichen Leben Anteil nehmen soll. Wir haben Rechte und Pflichten auf dieser Erde. Ich bin jedoch davon überzeugt, dass wir alle unserem Gewissen folgen können, und das ganz unabhängig davon, was uns das einbringt. Wenn wir das tun, werden wir zwar höchstwahrscheinlich mit den verschiedensten Meinungen und Standpunkten konfrontiert, aber dann gibt es keine wirklichen Antagonisten und Protagonisten mehr, die auf unsere Emotionen Einfluss nehmen. Sollten Sie der Ansicht sein, dass etwas so und nicht anders sein müsste, dann sagen Sie es und lassen es los.

Zusammenfassung

In diesem Kapitel haben wir uns angesehen, inwiefern Gedanken, bewusste und unbewusste, den Körper unmittelbar beeinflussen können und das auch häufig tun. In früheren Kapiteln war die Rede davon, wie leicht uns jemand auf Gedanken bringen kann, die gar nicht unsere eigenen sind. Angesichts dieser Informationen dürfte jetzt noch klarer sein, warum es von größter Wichtigkeit ist, sich vor unerwünschten Gedanken zu schützen. Eine der ersten Maßnahmen, wie wir die Kontrolle über unser Denken zurückgewinnen können, ist die, vergeben und loslassen zu lernen. Die in diesem Kapitel angeführten Fallbeispiele haben gezeigt, was geschehen kann, wenn uns die Kraft zum Vergeben und Loslassen fehlt.

Als Nächstes werfen wir einen Blick auf die Macht von Glaube und Absicht.

13

Glaube und Absicht

Mach dir Sorgen vor deinem Wetteinsatz
und nicht erst, wenn die Scheibe sich dreht.

Maxwell Maltz

Heute wird viel über die Macht von Glaube und Absicht geredet.
Glaube ist wahrscheinlich die Quelle unserer sich selbst erfüllenden Prophezeiungen, aber auch unserer Fähigkeit, uns eine persönliche Wirklichkeit zu schaffen. Die Kraft der Absicht kann als Energie verstanden werden, die wir in etwas einbringen. Ein Beispiel: Eine Gruppe von Meditierenden hatte die Absicht, die Kriminalitätsrate in ihrer Stadt zu senken, und brachte diese Absicht in das Feld oder kollektive Bewusstsein derjenigen in der Stadt ein, auf die sie ihre Meditation richteten. Als die Meditierenden auf diese Weise die Verbrechensrate in Washington, D. C., tatsächlich deutlich senkten, wurde dies als Beweis für die Macht der Intention gewertet.[76]

Demnach müsste wohl, wenn ein Kollektiv für einen Kranken betet und diese Person gesund wird, auch das eine Manifestation der Macht sein, die der Absicht innewohnt. Sicher trägt das Nullpunktfeld (die Potenzial und Existenz des Universums zugrunde liegende Kraft) Erinnerungen und Absichten von und für uns alle in sich, die durch Gedankenkraft (Intention) aktiviert werden können. Vielleicht eine Art von lebendiger Akasha-Chronik? Nach Überzeugung vieler östlicher Religionen ist die

Akasha-Chronik so etwas wie eine Bibliothek mit einem »Buch des Lebens« für jeden von uns. In diesem Buch finden wir jede unserer Handlungen, jeden Gedanken, jedes Motiv, jede Emotion usw. verzeichnet.

Physikalisch lässt sich das natürlich heute noch nicht beweisen, aber es haben sich schon viel seltsamere Dinge als wahr herausgestellt. Ich überlasse das der Zeit und den Wissenschaftlern (zum Beispiel meiner wunderbaren Nichte, die gerade an der Cambridge-Universität ihren Doktor in Kosmologie macht). Stattdessen will ich lieber den Unterschied zwischen Glaube und Absicht deutlich machen.

Glaube

Die Macht des Glaubens ist ziemlich gut dokumentiert und außerdem eine so einsichtige Sache, dass man kein Genie zu sein braucht, um sie zu verstehen oder anzuerkennen. Schon kleine Kinder kennen sich damit aus. In den USA ist der Gedanke in den letzten sechzig Jahren sogar durch Plakate mit dem Text »I think I can, I think I can, I think I can« an öffentlichen Schulen verbreitet worden. Meist haben wir jedoch noch nie darüber nachgedacht, warum die Kraft des Glaubens so einleuchtend ist. Einmal angenommen, sie ist es tatsächlich, warum engt uns dann das, was wir glauben, oft so stark ein und wird falsch verstanden?

Verglichen mit anderen technischen Errungenschaften ist der Geist ein Wunderding. Er übersteigt bei Weitem die Fähigkeiten aller Arten von sogenannter künstlicher Intelligenz, von Computerprogrammen, Rechnern und Ähnlichem. Das ist vielen allerdings gar nicht so klar. Es ist leicht, dem Computer ein perfektes Gedächtnis nachzusagen, mit dem er fehlerfrei schwierige mathematische Gleichungen und andere Probleme lösen kann, noch dazu mit atemberaubender Geschwindigkeit. Es ist ebenso leicht, dem Gehirn nachzusagen, dass ihm das Lernen schwerfällt oder dass sein Gedächtnis lückenhaft ist, und kaum einen Gedanken daran zu verschwenden, wie schnell es Daten verarbeiten kann. Der Geist ist jedoch viel mehr als ein Betriebssystem wie das des Computers oder ein Datenspeicher wie die Festplatte. Seine höchsten Möglichkeiten gehen weit über diesen engen Vergleich hinaus, sie liegen in den Fähigkeiten, etwas entwerfen, erschaffen, sich vorstellen und hinterfragen zu können. Und es gibt noch eine viel wunderbarere geistige Fähigkeit: die Fähigkeit, zu glauben!

Ob Sie's glauben oder nicht

Theoretisch ist das Glaubenkönnen eine interessante Sache. Was bewirkt der Glaube? Warum hat er eine solche Kraft? Wo liegt die Grenze zwischen rationalem und irrationalem Glauben? Wann wird er zu einer selbstzerstörerischen Waffe? Kann er wirklich Berge versetzen, also die physische Welt beeinflussen?

Sozialwissenschaftler haben viele Bezeichnungen für die Auswirkungen des Glaubens. Die Rede ist vom Placeboeffekt (die berüchtigte Zuckerpille), vom Pygmalion-Effekt (die Fähigkeit, sich den Vorstellungen anderer anzupassen oder sie zu imitieren wie ein Chamäleon, das seine Farben wechselt), vom Erwartungsfaktor (dem Einfluss der Erwartung auf das Ergebnis) und dem Unsicherheitsprinzip aus der Physik, das Beweise dafür liefert, dass der Akt des Beobachtens auf die Erscheinungsform von Materie Einfluss nimmt. Mystiker und religiöse Führer haben diese Kraft des Glaubens oft als den Urgrund bezeichnet, der alle Möglichkeiten in sich schließt.

Es ist eine geschichtliche Tatsache, dass der Glaube zu praktisch jeder Höherentwicklung der Menschheit einschließlich biologischer Fortschritte geführt hat. Das menschliche Bewusstsein ist sogar unauflöslich mit der Entstehung der Arten verknüpft, denn ohne Absicht gibt es keine Evolution. Von einigen Leuten wie etwa Rupert Sheldrake wird diese Absicht als morphogenetisches Feld oder Bewusstseinsfeld bezeichnet, das durch bewusstes Handeln sowohl gebildet als auch beeinflusst wird.[77] Andere haben Informationen zusammengetragen und daraus auf das bereits zitierte Nullpunktfeld geschlossen. Wieder andere wie Richard Dawkins sprechen von »egoistischen Genen« und Zellerinnerungen in Form von Memen.[78] Ein Mem ist nach Dawkins eine Informationseinheit der Zellerinnerung, die sich ähnlich vervielfältigt wie Gene. Und noch andere wie zum Beispiel Bruce Lipton gehen von einem »Flüssigkristallbewusstsein« aus, einem Zellbewusstsein, das in seiner Gesamtheit die menschliche Wahrnehmung mitbestimmt, ob bewusst oder unbewusst.[79] Welche Bezeichnung auch immer für den Ursprung dieser Phänomene gewählt wird – Erinnerung, Intention oder bewusstes Denken –, er ist eine Funktion des Geistes.

Der Geist

Der Geist ist nicht leicht zu begreifen, wenn er unter Bezug auf eingrenzende Definitionen gesehen wird, die beschreiben, was etwas ist und was es nicht ist. Bisher hat sich der Geist solchen netten kleinen Bezugssystemen immer entzogen. Im Allgemeinen endet die Betrachtung ohnehin in einer Diskussion über das Bewusstsein, die auch nicht weiterführt. Bewusstsein definieren zu wollen ist dem Versuch vergleichbar, die Unendlichkeit zu definieren. Es gibt keine einfache Lösung – denn der Geist ist viel mehr als das Organ »Gehirn« –, und das Ganze bleibt eine höchst undurchsichtige Angelegenheit, über die sich trefflich streiten lässt. Der Geist, an dem wir interessiert sind, ist allerdings nicht ganz so undurchsichtig. Er umfasst das persönliche Bewusstsein mit allen bewussten und unbewussten Merkmalen. Er ist die Quelle von Potenzial, Entdeckerfreude, Wachstum, Erkenntnis, Weisheit und Kreativität. Was wir verstehen wollen, ist unsere individuelle Innenwelt. Es ist *mein* Geist – der Sitz meiner Träume, Ambitionen, Ziele, Ängste, Enttäuschungen, Pläne, Neigungen und Bestimmung. Er kann der beste Verbündete und der schlimmste Widersacher sein. Dieser Geist, mit dem wir uns selbst identifizieren, steht hier im Mittelpunkt des Interesses.

Was der Geist genügend detailliert ersinnt, das kann er auch erschaffen. »Gedanken materialisieren sich«, »Der Geist ist ein Kausalfaktor« oder »Glaube, und es wird dir gegeben« sind Sätze, denen manche Menschen intuitiv zustimmen würden, und doch zwingen viele sich und ihren Mitmenschen ein begrenzendes Gesetz auf. Was ist das für ein Gesetz, und wo kommt es her?

Der ererbte Glaube

Stellen wir uns ein Szenario vor, das uns hilft, die Grenzen, die wir uns selbst gesetzt haben, verstandes- und gefühlsmäßig zu begreifen. Stellen Sie sich eine Umgebung vor, in der es keinen Hass und keinen Ärger, kein Misstrauen, keinen Neid, keine Habgier, Angst und Eifersucht usw. gibt. Stellen Sie sich jetzt vor, in diese Umgebung würde ein Kind hineingeboren. Das Kind wächst auf und erfährt nichts anderes als Fürsorge und Liebe, es fühlt sich nie vernachlässigt, preisgegeben oder unsicher. Es wird in dem Glauben erzogen, dass mit Geduld und Ausdauer alles möglich ist. Das Kind erhält alle überhaupt bekannten Lernmittel, es wird zum Forschen und zur Unabhängigkeit ermutigt und für seine Beharrlichkeit und guten Leistungen belohnt. Nichts passiert, wenn es versagt. Es bekommt nur Zuspruch. Schließlich glaubt es fest daran, auf allen Gebieten Meisterschaft erlangen zu können, und ist immer wieder erfolgreich. Mit der Zeit wachsen seine Bereitschaft und sein Verlangen, bis an die Grenzen seiner Fähigkeiten zu gehen.

Vergleichen Sie diese Kindheit nun einmal mit der Art von Kindheit, die die Mehrzahl von uns kennt. Überall herrschte Mangel, Zeit und Geld waren knapp. Die Welt war erfüllt von Wut, Habgier, Leid, Angst und anderen negativen Emotionen, und darin wurden wir auch noch ständig durch Fernseh- und Radiosendungen, durch Printmedien, Mutter und Vater, Freunde, Lehrer und andere bestärkt. Die meisten Kinder, die in einer solchen Umgebung aufwachsen, zweifeln irgendwann an ihrem Verstand, wenn das, was sie sich in ihrer Fantasie vorstellen – meist sind es erträumte Spielkameraden und Ähnliches – schon in frühester Kindheit nur auf Spott und Hohn trifft. Es wird nicht nur lächerlich gemacht, sondern gibt auch Anlass zur Androhung von Strafe. Vielleicht werden sie körperlich gezüchtigt und darüber hinaus noch mit solchem Beziehungsunsinn emotional unter Druck gesetzt wie:»Wenn du mich lieb hättest, würdest du das für mich tun« oder:»Wenn du auch nur einen Funken Respekt vor mir hättest, würdest du dich meinen Wünschen fügen« und so fort.

Denken Sie einmal eine Sekunde nach. Worin würden sich die Kinder dieser beiden Szenarien Ihrer Meinung nach unterscheiden? Gäbe es einen Unterschied im Glauben – im Glauben an sich selbst und an die Welt mit all ihren Möglichkeiten? Und falls es abweichende Glaubensmuster gäbe, gäbe es dann auch Unterschiede in dem, was die Kinder leisten? Bitte überlegen Sie gut. Stellen Sie sich vor, Sie wären so wie das erste Kind aufgewachsen. Wenn Sie nie damit gerechnet hätten, dass Sie versagen könnten, dass Sie straucheln und die Lust verlieren könnten, bedroht werden, krank werden, abgelehnt werden, gewaltsam angegriffen werden oder in eine Schablone gepresst werden könnten, die nie passt, wo wären Sie dann jetzt, und was könnten Sie machen? Denken Sie wieder einige Zeit darüber nach und vergegenwärtigen Sie sich Ihre Gefühle, ehe Sie weiterlesen.

Die meisten Menschen sind ein Produkt ihrer Umwelt. Unsere Überzeugungen haben wir fast auf die gleiche Weise übernommen, wie wir sprechen gelernt haben, und jetzt sind sie die Brille, durch die wir die Welt betrachten und interpretieren. Was wir erwarten, das tritt auch ein – meistens jedenfalls. Was uns ängstigt, das widerfährt uns. Und was wir uns vorstellen, ist normalerweise auch das, was uns begegnet.

Absicht

Wie wir gesehen haben, hat die Macht des Glaubens Einfluss auf den Glaubenden, aber gibt es tatsächlich noch eine andere Kraft, nämlich die Absicht? Kann eine Person mit ihrer Absicht andere ohne deren Wissen oder Einwilligung beeinflussen?

Es sind Fälle dokumentiert, wo gläubige Menschen von anderen beeinflusst wurden, ohne dass es direkte Kontakte gegeben hätte, etwa durch Voodoo-Praktiken, wie sie von Medizinmännern angewandt werden. Bei diesen Fällen ist jedoch kaum anzunehmen, dass der oder die Betroffene gar nichts von Voodoo, von einem Medizinmann und von dem mutmaßlichen Fluch wusste, der am Ende Wirkung zeigte, auch wenn es in Einzelfällen so gewesen sein könnte.[80]

Andererseits mehren sich die Beweise, die für eine parapsychische Begabung sprechen, durch die ein Medium bei der Aufklärung von Straftaten entweder zum Opfer oder zu den Verbrechern Verbindung aufnehmen kann. (Ich selbst habe in vergangenen Jahren bei meinen Ermittlungen mit Erfolg von solchen medialen Informationen Gebrauch machen können.)

Die Feststellung »Der Geist lässt sich nicht lokal beschränken« ist vielfach belegt. Eine Vielzahl von Daten belegen ferner, dass das Rätsel des Geistes eher größer wird statt kleiner, wie es angesichts der jüngsten wissenschaftlichen Untersuchungen zu erwarten gewesen wäre. Deshalb wiederhole ich meine Frage noch einmal: *Gibt es einen direkten Einfluss, den wir der Macht der Intention zuschreiben können?*

Vor Kurzem hörte ich von einem noch unveröffentlichten Artikel, in dem der Beweis für die Macht der Absicht angetreten wird. Er interessierte mich, und so kontaktierte ich den Herausgeber, das Institut für Noetische Wissenschaften (IONS), und bat um eine Kopie des Artikels sowie um weitere Informationen. Die Organisation war gern bereit, mir zu helfen, und stellte einen direkten Kontakt zum Forschungsleiter Dr. Dean Radin her. Ich kannte einige seiner früheren Arbeiten und war gespannt auf seinen Artikel »Mit Intentionen aufgeladene Schokolade und deren Wirkung auf die Stimmung«.

Bei meiner ersten Anfrage – ich hatte den Artikel noch nicht gelesen –, fragte ich Dr. Radin, was das Unterscheidungsmerkmal zwischen einem Placeboeffekt und einer intentionalen Aufladung sei. Das hielte ich für eine höchst faszinierende Sache, die sich möglicherweise aus einer wissenschaftlichen Doppelblindstudie ergeben könnte. Es würde ja angenommen, dass Glaube und Absicht (Intention) unterschiedliche Auswirkungen hätten, aber was wäre, wenn die Absicht eines Absenders zum Glauben eines Empfängers hinzukäme – wie sähe eine gemeinsame Wirkung aus, und welchen Unterschied der beiden Faktoren könnten wir ausmachen?

Wie sich herausstellte, war diese Fragestellung in der Studie nicht berücksichtigt. Eine gute Studie, für mich jedoch enttäuschend, da ich vor allem Interesse an Daten hatte, die eine vermutlich additive Beziehung zwischen Placeboeffekt/Erwartung und beabsichtigter Wirkung erkennen ließen. Radin wies mich in unserer späteren Korrespondenz auf Folgendes hin:

> Eine Gruppe ohne Erwartungen würde im vorliegenden Fall nichts helfen, denn um zu prüfen, ob eine hypothetische Behandlung eine Wirkung hat, müssen wir die Erwartung mit Erwartung + Behandlung vergleichen.
>
> Um Klarheit zu schaffen, wollen wir die *Kontrollgruppe* als Zustand der Nichterwartung + Nichtbehandlung bezeichnen, die *Placebogruppe* als Zustand der Erwartung + Nichtbehandlung und die *behandelte Gruppe* als Zustand der Erwartung + Behandlung. Die Gegenüberstellung des Zustands der Kontrollgruppe und der Placebogruppe könnte interessant sein, da sie uns die Wirkung allein der Erwartungshaltung offenbaren würde, aber bei einem Test von Kontrollgruppe versus behandelte Gruppe wäre ich nicht so sicher.[81]

Vielleicht wird Radin irgendwann das gesuchte Unterscheidungsmerkmal finden. Im Augenblick lautet das Fazit, dass Glauben bekannte Wirkungen hat und dass Absicht bekannte Wirkungen hat, aber für mich ist »Absicht« (Intention) in diesem Rahmen etwas zu weit gefasst. Es könnte sich um einen Bildinhalt handeln, eine Emotion, einen sprachlichen Ausdruck, einen zufälligen Gedanken, eine Voodoo-Aktion, einen Akt göttlicher Intervention auf ein Gebet hin und so weiter. Klar ist jedenfalls: Die kollektive Macht vieler Menschen, die von Gedanken des Friedens, des Ausgleichs und der Harmonie erfüllt sind, hat tatsächlich Einfluss auf andere, ebenso wie die kollektive Abwesenheit von Weisheit und das Festhalten an Gedanken der Macht, Aggressivität und Selbstsucht Wirkung hat.

Gedankenkraft – wohin lenken Sie Ihre? Unser Geist scheint wie ein Sende-und-Empfangsgerät die Gedanken anderer aufzunehmen. Vielleicht ist es Zeit, an dem Radio in unserem Kopf den Kanal zu wechseln und einen neuen Sender einzustellen.

Zusammenfassung

Glaube und Absicht haben erwiesenermaßen nicht nur Einfluss auf unser eigenes Leben, sondern auf das aller anderen gleichermaßen. Jeder hat schon einmal von der Kraft positiven Denkens gehört, aber jetzt sehen wir, dass die Energie noch viel weitreichender ist. Was immer der Geist sich detailliert genug vorstellt, das kann er erschaffen. Gedanken materialisieren sich, und der Geist *ist* ein Kausalfaktor!

14

Bewusstseinsveränderungen

Dunkelheit kann Dunkelheit nicht vertreiben; nur Licht kann
das. Hass kann Hass nicht vertreiben; nur Liebe kann das. Hass
vervielfacht Hass, Gewalt vervielfacht Gewalt, und Brutalität
vervielfacht Brutalität, eine abwärts führende Spirale der
Zerstörung ... Die Kettenreaktion des Bösen – Hass, der noch
mehr Hass erzeugt, Krieg, der noch mehr Kriege hervorruft –
muss unterbrochen werden, oder wir stürzen in den dunklen
Abgrund der Vernichtung.
Martin Luther King

Für manche ist eine Bewusstseinsveränderung tabu. Es würde bedeuten, im Geist herumzufuschen, und das tut man nicht. Ich
habe diese Behauptung immer als naiv empfunden, weil jeder
Mensch tagtäglich die verschiedensten Bewusstseinsstadien erlebt. Wenn der Durchschnittsbürger den Fernseher einschaltet,
ändert sich im Allgemeinen sein Bewusstseinszustand.

Schon Kinder sind so konditioniert, dass sie bereits nach wenigen Minuten Fernsehen anders wahrnehmen. In Studien ist
nachgewiesen worden, dass selbst bei Kindern, die an Geräte zum
Aufzeichnen der Gehirnwellenmuster, etwa ein EEG, angeschlos-
sen sind und durch Belohnungsmotivation dazu angehalten werden, wach und voll da zu sein, das normale Wachbewusstsein
schon nach fünf Minuten beeinträchtigt ist. Die Kinder fallen in
den Alpha-Zustand, wie er allgemein genannt wird (in Kürze

mehr darüber). Wenn ein Mensch tagträumt, in einen leichten Schlummer fällt, sich einer Träumerei hingibt, langsam aus tiefem Schlaf erwacht oder sich auf irgendetwas voll konzentriert, tritt er fast immer in einen veränderten Bewusstseinszustand ein.

Was ist ein verändertes Bewusstsein? Bewusstsein wird meist in vier Kategorien eingeteilt. Das normale Wachbewusstsein ist das Beta-Bewusstsein, das leicht veränderte Bewusstsein nennt man Alpha-Bewusstsein, das Tiefschlaf-Bewusstsein heißt Theta-Bewusstsein und ein komaähnlicher Zustand wird als Delta-Bewusstsein bezeichnet. Diese Ebenen entsprechen bestimmten Gehirnwellenmustern, die in Zyklen pro Sekunde gemessen werden. Das Beta-Bewusstsein reicht normalerweise von 15 bis 30 Zyklen pro Sekunde, das Alpha-Bewusstsein von 8 bis 14 Zyklen, das Theta-Bewusstsein von 4 bis 8 Zyklen, und das Delta-Bewusstsein tritt bei weniger als 4 Zyklen pro Sekunde auf.

Was haben diese Zahlen zu bedeuten?

Beta-Bewusstsein

Im normalen, alltäglichen Wachbewusstsein operiert der Geist von einer Warte scharfer Kritik aus. Unablässig beurteilt er alles, was vom Ich (im inneren Dialog) und von außen hereinkommt. Er wertet aus und reagiert. Genau genommen reagiert er fast nur. Denn selbst wenn wir glauben, etwas zu beurteilen, steht das Urteil oft schon vorher fest. Das Glaubenssystem des Unbewussten betrachtet nicht nur alle Angelegenheiten durch eine bestimmte Brille, es verbirgt darüber hinaus Informationen, die zu einer Fehlentscheidung führen könnten, hinter einem schützenden Schleier.

Mit anderen Worten: Das Unbewusste fungiert im normalen Wachzustand als Softwareprogramm, das den Fluss des Alltagsge-

schehens durch ein Mosaik von Interpretationen lenkt, denen in
erster Linie Vermeidungs- und Anziehungsprinzipien (erfahrene
und vorgestellte) zugrunde liegen. Wenn das Wachbewusstsein
beispielsweise sagt:»Ich kann das. Ich bin gut genug, um etwas zu
leisten und erfolgreich zu sein«, teilt sich das Unbewusste durch
die innere Stimme etwa so mit:»Ach ja? Wirklich gut genug?
Und wie steht's mit …? Weißt du noch?«

Vielleicht ist der Grund für die negative Botschaft des Unbe-
wussten etwas Beängstigendes aus der Vergangenheit oder etwas
Beunruhigendes, das in der Einbildung zum Leben erwacht. Vielleicht ist sie durch negative Äußerungen von Altersgenossen,
Eltern oder anderen Menschen begründet worden. Oder die
Schwarzmalerei rührt von einem tiefen Gefühl des Unwertes her,
eine Folge des Bedürfnisses nach Selbstbestrafung. Sie könnte
ihre Ursache sogar in einer tiefen Überzeugung haben, die im
Widerspruch zu den eigenen Wünschen steht wie etwa zu dem
Verlangen, Erfolg zu haben, oder in einer Überzeugung, die einer
inneren Logik folgt und ungefähr so lautet:»Ich will in den Himmel kommen, deshalb muss ich mich im Hier-und-Jetzt aufop-
fern. Außerdem ist Geldgier die Wurzel allen Übels.« Es gibt
noch Myriaden von weiteren Gründen, die alle irgendwie miteinander verflochten sind.

Um an das Unbewusste heranzukommen, ist es normalerweise
erforderlich, das Wachbewusstsein auf seinem Posten als Aufpas-
ser zu umgehen. Eine der Möglichkeiten dazu ist die Änderung
des Gehirnwellenmusters. Ins gewöhnliche Beta-Bewusstsein
können im Allgemeinen kaum neue Informationen eindringen,
»kaum« im Vergleich zum Alpha-Bewusstsein. Bevor wir fortfahren, sei noch angemerkt, dass die Methoden des *Superlearning* beziehungsweise der *Suggestopädie* deutlich zeigen, welche Vorteile
der Erwerb von Schulwissen wie Sprachen, Mathematik, Naturwissenschaften usw. im Alpha-Bewusstseinszustand hat.[82]

Alpha-Bewusstsein

Das Alpha-Bewusstsein gilt als der Zustand, der vor allem in Hypnose erlebt wird; Letztere ist aus den verschiedensten Blickwinkeln betrachtet und im Lauf der Geschichte unterschiedlich definiert worden. Die Hypnose-Trance, darauf hat man sich inzwischen geeinigt, wird heute als »Zustand erhöhter Beeinflussbarkeit« definiert. Genau das trifft auf das Alpha-Bewusstsein zu. Im Alpha-Zustand sind wir besonders anfällig für geschickt platzierte Suggestionen. Die Art der Beeinflussung hängt von demjenigen ab, der die entsprechenden Anweisungen gibt. Ein Hypnotherapeut wird gesunde, positive Vorschläge machen, während ein Handelsvertreter, der in suggestiven Verkaufstechniken geschult ist, Anweisungen wählen wird, die nur seinem eigenen Besten dienen. Die Macht der Suggestion und die Psychologie der Compliance werden tagtäglich bei Massenmarketing-Strategien angewandt, mit denen von der Krankheit bis zur Religion alles, aber auch alles verkauft wird.

Wenn wir uns im Alpha-Bewusstsein befinden, ob von selbst oder durch äußere Einwirkung, verlangsamt sich unser innerer Dialog meist, er orientiert sich mehr an Bildern und äußeren Reizen, von denen er sich auch leiten lässt, statt sich unaufhörlich (obschon meist unterbewusst) mit sich selbst zu befassen. Freud sprach in diesem Fall von »unwillkürlichen Reaktionen«. In der modernen Gesellschaft sind wir ständig einer Vielzahl von Reizen ausgesetzt, die unsere Vorfahren gar nicht kannten. Im Folgenden ein paar Beispiele.

Die Medien

Viele Fernseh- und Radiosendungen wie auch die Printmedien widmen sich bevorzugt Gewalt-, Sex- und sogenannten Tabu-Themen. Das Stichwort ist *Sensationslust*. Je aufsehenerregender der Stoff, umso besser die Kritiken, umso größer das Publikum, umso höher die Gewinne und so fort. Wie bereits erwähnt, ist in den vergangenen zwanzig bis dreißig Jahren die Reizschwelle in der Gesamtbevölkerung systematisch angestiegen und hat für einen Vorstoß in immer eindeutigere Bereiche gesorgt, um den Sensationskick zu erhalten.

Davon sind unser innerer Dialog, unsere Fantasien und unsere Denkprozesse selbst betroffen. Die daraus resultierende neue Toleranz gegenüber Rache, Wut, Angst, Gewalt, Sex und Ähnlichem hat unsere Gesellschaft in eine Schieflage gebracht. Der Werteverlust ist so weit fortgeschritten, dass manche Leute gar nicht mehr wissen, was Leben überhaupt bedeutet. Sie glauben, es ginge darum, sich auszuleben und immer nur zu nehmen, möglichst wenig Schmerz zu erfahren und möglichst viel Spaß zu haben. Zwölfjährige gehen zur Schule und schießen ihre Lehrer und Kameraden nieder. Drogen, Kinderprostitution, Bandenkriminalität, Drive-by-Schießereien und anderes in dieser Art sind die Hauptsorge vieler Eltern heute. Wie konnte unsere Gesellschaft nur so degenerieren? Wir ahnen schon, warum.

Viele Psychologen, Psychiater, Soziologen, Anthropologen und auch Politologen haben laut und warnend darauf aufmerksam gemacht, wie neurotisch unsere Zeit ist. Vereint versuchen sie, der Reizüberflutung und Profitorientierung, die von den Medien und der Werbung ausgehen, ein Ende zu setzen. Als Einzelfaktor hat das Fernsehen heute wahrscheinlich den stärksten Einfluss auf die Menschen. Es bestimmt unser Kaufverhalten und liefert uns all unsere Informationen über die Welt und das, was an

Fragen und Ereignissen darin auftaucht. Im Fernsehen wird alles vertrieben, von Kleidung über Haarmode bis hin zu Gesundheitsvorsorge, selbst die gewöhnliche Erkältung wird zu Geld gemacht: »Die Grippesaison hat begonnen! Jeder ist gefährdet! Aber *Sie* können sich beruhigen und entspannen. Genießen Sie das Leben zusammen mit Ihren Lieben und tun Sie, was Ihnen Spaß macht – dank XYZ.«

Ist Ihnen klar, dass Ihnen die Medien auf diese Weise nicht nur Vorstellungen und Ansichten einreden, sondern auch Krankheiten? Das haben wir schon an anderer Stelle erwähnt, aber es lohnt sich, ein wenig tiefer zu graben.

Vielleicht sagen Sie jetzt: »Der Taylor spinnt. Das Fernsehen macht niemanden krank. Man bekommt keine Grippe durchs Fernsehen!« Schön und gut. Schauen wir einmal genauer hin. Aus der wissenschaftlichen Fachliteratur geht klar hervor, dass jemand im Alpha-Bewusstsein, etwa in einer Hypnose-Trance, physisch an Gesundheit oder Krankheit herangeführt werden kann. Ein Hypnotiseur kann ein Brennen am Arm suggerieren, einen Eiswürfel auf die Stelle legen, und gleich darauf wird eine Brandblase erscheinen. Ich selbst bin als Hypnotiseur Zeuge von Phänomenen gewesen, die anschaulich machen, welche Kontrolle der Geist über den Körper ausübt, und zwar in einem Maße, dass schon die bloße Suggestion einer laufenden Nase dazu führt, dass sie läuft. Aber um diese Beeinflussbarkeit im Alpha-Zustand mit den Problemen in Verbindung zu bringen, die das Fernsehen aufwirft, sollten wir noch einen weiteren Forschungsbereich unter die Lupe nehmen, der Sie überraschen dürfte.

Studien haben gezeigt, dass der Durchschnittsmensch bereits nach einminütigem Fernsehen ein Alpha-Gehirnwellenmuster aufweist. Bei genauerer Betrachtung verwundert dieses Ergebnis nicht weiter. Haben wir nicht schon viele Male miterlebt, dass jemand – vielleicht sogar wir selbst – so absorbiert war von einer

Fernsehsendung, dass man schreien musste, um denjenigen auf sich aufmerksam zu machen?

Aber zurück zu Alpha-Bewusstsein und Schnupfensaison – ich frage noch einmal: Was glauben Sie, wie viel Krankheit verkauft wird, um einen Absatzmarkt für das entsprechende Heilmittel zu schaffen?

Natürlich ist das Alpha-Bewusstsein auch ein angeborener Zustand, den wir nutzen können, um unseren Biocomputer Gehirn/ Geist mit positiven Informationen zu füttern. Wie man sich das Alpha-Bewusstsein zunutze macht, ist eine Frage sowohl der Entscheidung als auch der Gewöhnung. Ich erinnere mich noch an ein Plakat, auf dem eine Fernsehzeitschrift mit dem Slogan »Einschalten und abschalten« angepriesen wurde. Wie oft haben Sie schon gehört oder gesagt: »Beim Fernsehen kann ich am besten abschalten«? Abhängen, abschalten, wegdröhnen usw., solche Begriffe fallen uns ein, wenn wir ans Fernsehen denken. Wir hören auf, selbstständig zu denken, und lassen uns einwickeln – soll sich doch jemand anders um unsere Probleme kümmern!

Warum »abschalten und abhängen«? Im Alpha-Bewusstsein steigt der Endorphin-Pegel. Endorphine sind vom Körper selbst produzierte Opioide, sogenannte Glückshormone; der Zustand ist also schön – manchmal vielleicht zu schön.

Die Gehirnwellentätigkeit

Ehe wir mit unserer Betrachtung von Bewusstseinszuständen fortfahren, möchte ich noch einen Vergleich anführen, der nützlich sein könnte. Stellen Sie sich Gehirnwellenmuster als mehr oder weniger dichte Linien auf Millimeterpapier vor, und schon können Sie sich ein Bild von der Gehirntätigkeit machen, wie sie beim EKG aufgezeichnet wird. Stellen Sie sich nun vor, dass die

Linien eine Art Zaun aus Maschendraht bilden. Je enger sie nebeneinander angeordnet sind, umso engmaschiger ist der Zaun. Je engmaschiger der Zaun, umso schwerer ist es beispielsweise für Vögel, von innen nach außen und von außen nach innen zu schlüpfen. Der Geist gleicht einem solchen Maschendrahtzaun. Je engmaschiger die Wellen, umso weniger Informationen (Reize) können verarbeitet und erinnert werden. Darum findet Superlearning im Alpha-Bewusstsein statt. Während sich die Gehirnaktivitäten verlangsamen, werden die Maschen in unserer Abschirmung, dem Zaun, immer größer, sodass immer mehr Daten durchkommen (siehe Abbildung 15).

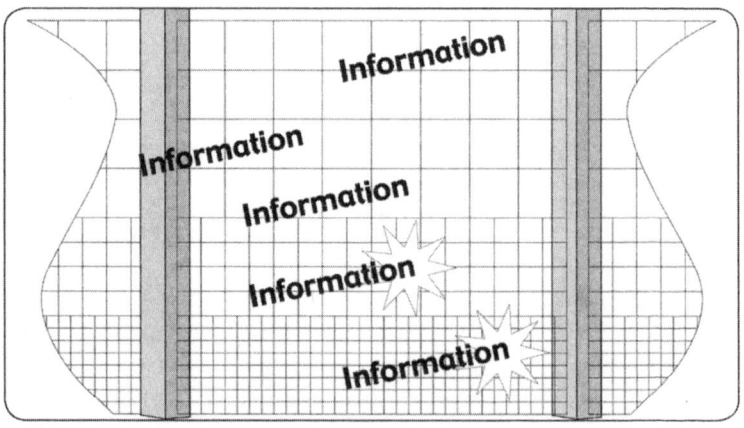

Abb. 15 Die geistige Abschirmung

Theta-Bewusstsein

Das Theta-Bewusstsein wird meist mit Tiefschlaf, mit tiefer Hypnose-Trance oder meditativen Zuständen in Verbindung gebracht. Nach allgemeiner Überzeugung erreichen viele spirituelle Meister ihre übermenschlichen Leistungen – über glühende

Kohlen zu laufen, alle Körperfunktionen zu beherrschen usw. – im Zustand des Theta-Bewusstseins. So lehren die Mystiker auch, dass sich die Schwingungen des Körpers bei Verlangsamung des Gehirnwellenmusters verändern. Auf diese Weise werden viele Dinge möglich, die sonst als unmöglich gelten. Mit der Schwingungsrate verhält es sich ganz ähnlich wie mit Lichtwellen; sie vibrieren viel schneller als Glas und können es deshalb durchdringen. Ein Stein hingegen vibriert viel langsamer als Glas und kann es folglich nicht durchdringen, ohne es zu zerbrechen. Gehirnwellentätigkeit und Körperschwingung verhalten sich also vermutlich umgekehrt proportional zueinander. Wird die Gehirnwellenaktivität langsamer, erhöht sich anscheinend die Schwingungsrate des Körpers.

Delta-Bewusstsein

Das Delta-Bewusstsein entspricht normalerweise einem komatösen Zustand. Jahrelang war man überzeugt, dies sei ein so in sich verschlossener Zustand, dass Reize von außen vollkommen unbemerkt blieben. Doch Oliver Sacks hat der Welt bewiesen, dass selbst in diesem Bewusstseinszustand etwas wahrgenommen wird.[83] Er benutzte bei seiner Arbeit sehr hohe Dosen Dopamin (einen Neurotransmitter), um seine Patienten (zumindest kurzzeitig) aufzuwecken. Es mutet wie ein Roman an, wenn man hört, dass diese Leute von den verschiedenen Stationen ihrer Krankengeschichte und Behandlung, dem Tagesablauf im Krankenhaus, ihrer Umgebung usw. erzählen konnten.

Es gibt kaum Bekanntes und nur wenige Studien über den tiefen Delta-Zustand des Bewusstseins; erwiesen ist allerdings, dass auch er mit geistiger Tätigkeit einhergeht.

Zusammenfassung

Es gibt vier Bewusstseinszustände, die durch entsprechende Gehirnwellenmuster erzeugt werden: das *Beta-*, *Alpha-*, *Theta-* *und* *Delta-*Bewusstsein. Im Allgemeinen geht man davon aus, dass Techniken wie zum Beispiel Hypnose Wirkung zeigen, weil sie eine Bewusstseinsveränderung (von Beta nach Alpha) hervorrufen und die hypnotisierte Person in diesem Zustand leichter durch Suggestionen zu beeinflussen ist. Wir haben gesehen, dass Alpha-Bewusstsein häufig auftritt, besonders beim Fernsehen. Unser Geist nimmt erheblich mehr Informationen auf, wenn unsere Abwehr schwach ist. Indem wir diesem Phänomen Aufmerksamkeit schenken und entsprechende Maßnahmen ergreifen, haben wir eine bessere Kontrolle darüber, wer unser Bewusstsein beeinflusst.

2. Abschnitt

Die Wege der Heilung

15

Die Mittel und Methoden der Veränderung

Jede Wahrheit ist leicht zu verstehen, sobald sie entdeckt ist;
sie muss nur erst entdeckt werden.
Galileo Galilei

Was ist Veränderung? Die Antwort scheint leicht zu sein. Manche verstehen unter Veränderung etwas Materielles. Zum Beispiel erstreben viele Leute in ihrem Leben mehr Wohlstand, und der Beweis für Erfolg bei ihrem Streben ist Geld. In diesem Fall bedeutet also »Geld« die Veränderung, stimmt's? Aber Geld ist nur das äußere Anzeichen dafür, dass eine Veränderung stattgefunden hat.

Die Möglichkeit zur Veränderung liegt in jedem Menschen. Sie ist nichts Materielles. Wenn beispielsweise Leute reich werden wollen, müssen sie in einer anderen Größenordnung denken als diejenigen, die damit zufrieden sind, gerade so über die Runden zu kommen. Wenigstens ein Element in ihrer Lebensführung muss verändert werden, damit sich ein Wandel vollziehen kann.

Nehmen wir zur Veranschaulichung einmal an, unser hypothetisches Individuum, das reich werden will, wäre in dem Glauben erzogen worden, dass Geldgier die Wurzel allen Übels ist. Dann kann es sein, dass seine Bemühungen, echten finanziellen Erfolg zu haben, unterbewusst sabotiert werden, denn das Ich sieht seine Sicherheit in der Abkehr, das heißt in der Abkehr vom Geld.

Jemand anders ist vielleicht der Auffassung, dass nur Geld

zählt. Doch auch dann können unterbewusste Strategien in Kraft treten, die dagegen arbeiten. Angenommen, derjenige möchte eine große Firma aufbauen, hat jedoch Angst vor öffentlichen Auftritten. Wie kann eine große, erfolgreiche Firma entstehen, wenn ihr Gründer kommunikationsunfähig ist? Wann kommt die Angststrategie (keine öffentlichen Auftritte) ins Spiel und macht die Zielstrategie (große Firma) zunichte? Wie konkurrieren die beiden Strategien miteinander?

Widerstand

Konkurrierende Strategien dieser Art stecken praktisch in jedem. Sie sind oft die Ursache dessen, was die Psychologen »kognitive Dissonanz« nennen, das Festhalten an zwei unvereinbaren Überzeugungen, ohne dass man sich dieses schwelenden Konflikts bewusst ist. Widersprüchliche Strategien verstecken sich oft auch hinter der sogenannten *Sublimation*, durch die inakzeptable Fantasien in sozialverträglicher Weise ausgelebt werden.

Es ist leicht einzusehen, warum eine Veränderung manchmal sehr schwerfällt, besonders wenn sie bedeutet, dass etwas aufgegeben werden muss. Dieses »Etwas« kann eine kontraproduktive Überzeugung, eine konkurrierende Strategie oder auch etwas Greifbares sein wie das angenehme Gefühl, das Essen mitunter auslöst. Wenn Menschen etwas aufgeben müssen, heißt das für sie meistens, es durch etwas anderes zu ersetzen. Ein Raucher fragt sich, welcher Ersatz für die Zigarette infrage kommen könnte – zum Beispiel Kaugummi?

Das Wichtigste beim Aufgeben aber ist die innere Veränderung. Beim Rauchenaufgeben geht es gar nicht in erster Linie um die Zigarette, sondern um die Gefühle, die mit dem Rauchen dieser Zigarette verbunden sind. Diese Gefühle gehören unter Umständen zu zehn, zwanzig, dreißig oder mehr konkurrierenden Strategien, die alle in die eine Verhaltensweise einmünden – in diesem Fall das Rauchen.

Immer, wenn wir etwas aufgeben, müssen wir uns dem Unbekannten stellen. Diese Konfrontation weckt oft Gefühle der Unsicherheit. Die meisten Leute fühlen sich nicht wohl, wenn sie ihre Empfindungen oder Reaktionen nicht voraussagen können. Die Angst vor dem Unbekanntem wird zu einem weiteren Hindernis auf dem Weg zur Veränderung.

Selbstverantwortung

Um wirkliche Veränderungen in unserem Leben zu bewirken, müssen wir als Erstes dazu bereit sein, die Verantwortung für uns selbst und unsere Entscheidungen zu übernehmen. In den vielen Jahren, in denen ich das Bewusstsein erforscht und anderen dabei geholfen habe, ihr Leben zu verbessern, habe ich zahlreiche Menschen kennengelernt, die sagten, sie würden sich gern verändern, dann aber gleich lauter Gründe aufzählten, warum sie die Übungen, zu denen ich ihnen riet, nicht ausführen könnten.

Es wird Sie sicher überraschen zu hören, dass viele Menschen geradezu süchtig sind nach Selbsthilfeprogrammen. Sie suchen unentwegt die verschiedensten Mittel und Wege, nehmen sich für die einzelnen Methoden jedoch nie so viel Zeit, dass sie ihre Wirkung entfalten können. Sieht ein System so aus, als könnte es funktionieren, finden sie Gründe, warum es bei ihnen trotzdem nicht funktioniert. Reibt man ihnen die unübersehbare Tatsache unter die Nase, dass sie offenbar einen tief sitzenden Widerwillen gegen Veränderung haben, behaupten sie umso hartnäckiger, an ihnen könnte es nicht liegen, denn sie kennten sich in Selbsthilfe aus – der Fehler müsse in der Methode liegen.

Es gibt zahllose Methoden zur Selbstverbesserung, aber zuerst muss der aufrichtige Wunsch da sein, sich zu verändern. Deshalb habe ich einen Selbstverantwortungstest ausgearbeitet, den ich sehr nützlich finde, wenn es um die entscheidende Frage geht, wie erfolgreich Menschen darin sein werden, die Veränderung herbeizuführen, die sie angeblich erstreben. Dieser Test ist in Anhang 1 zu finden, sodass Sie ihn selbst ausprobieren können.

Links zum Tiefenbewusstsein

Veränderung kann Widerstand hervorrufen und Vermeidungsprozesse. Diese Prozesse können vielerlei Gestalt annehmen. Ohne Mühe keine wahre Transformation, und wenn wir nichts tun, verändert sich auch nichts. Voraussetzung ist also die Bereitschaft, Schwierigkeiten auf sich zu nehmen, loszulassen, Schuldzuweisungen und Selbstverantwortung in einem anderen Licht zu sehen, ein aufrichtiges Verlangen, die eigenen Möglichkeiten zu verwirklichen und eine grundlegende Veränderung unseres Selbstbildes zuzulassen. Bei dieser Frage des Selbstbildes bin ich auf die Idee mit den Links zum Tiefenbewusstsein (Deep-Mind-Links, kurz DMLs) gekommen.

Was ist ein DML? Für jeden Verhaltensaspekt führen Tausende von Erinnerungsspuren zu einem gemeinsamen Ursprungspunkt zurück. Dieser gemeinsame Urgrund, das Grundprinzip, ist ein DML-Punkt. DML-Punkte sind Ankerpunkte sowohl für unser Glaubens- oder Wertesystem als auch für unser Verhalten.

Wenn wir uns auf dem Computerbildschirm eine Grafik anschauen, sehen wir eigentlich nur Bildpunkte (Pixel). Selbst kleine Bilder bestehen aus Zehntausenden von solchen Punkten. Wir sehen jedoch ein Bild und keine Punkte. Wenn nun PC-Künstler winzige Veränderungen an einem Bild vornehmen wollen, vergrößern sie meist einen kleinen Teil 200-fach oder mehr, bis sie einen Ausschnitt von vielleicht vierzig oder fünfzig Bildpunkten groß auf dem Bildschirm haben. Jetzt können sie jeden einzelnen Bildpunkt bearbeiten. Wird das Bild danach wieder im normalen Format gezeigt, sind feine, aber doch deutliche Veränderungen zu erkennen.

DMLs sind wie Bildpunkte. Im Tiefenbewusstsein ruhen winzige Anfangspunkte, die wie Bildpunkte miteinander verbunden sind. Bei entsprechender Vergrößerung zeigen sich Schwachstellen bei einigen unserer Bildpunkte; allerdings sind, wenn wir zurücktreten und das Bild aus größerer Entfernung betrachten, nur die sehr groben Fehler sichtbar. Diese größeren Defekte sind die Störungen, für die sich Psychologen und Psychiater interessieren. Die Handbücher der psychologischen Diagnostik enthalten Listen, in denen alle größeren Störungen systematisch verzeichnet sind. Dort wird auch auf ähnliche Störungen hingewiesen, die auf Problemen bei benachbarten »Bildpunkten« beruhen, um bei unserem Vergleich zu bleiben.

Bei der Mehrzahl der Menschen sind die Bildpunkte nicht so stark beschädigt, dass sie behandelt werden müssten. Doch wenn wir den Wunsch haben, uns zu verwirklichen und unsere innersten Möglichkeiten auszuschöpfen, ist eine Bearbeitung der Tiefenbewusstseinslinks ausschlaggebend für den Erfolg. Wir können da mit unseren eigenen DMLs anfangen, indem wir uns wie ein PC-Künstler von Bildpunkt zu Bildpunkt weiterarbeiten. Die meisten der Methoden, die wir uns anschauen werden, sind genau dafür ausgelegt. Sehr erfahrene Künstler kennen allerdings oft gute Abkürzungen. Dann können Farbsprühdosen oder anderes Malgerät große Veränderungen bewirken, sobald die Probleme einmal erkannt sind.

Im Folgenden wollen wir die Punkt-für-Punkt-Methode unter die Lupe nehmen. Sie lernen dabei, sich die kleinsten Bereiche

Ihres Lebens vorzunehmen und so vollkommen auszugestalten, wie es Ihnen vorschwebt. Wir werden aber auch Farbsprühdosen und anderes Malzeug ausprobieren.

Eine weitere Beobachtung, die ich im Hinblick auf Veränderungen gemacht habe, ist die folgende: »Ändere dein Verhalten, und du wirst anders denken. Denke anders, und du änderst dein Verhalten. Sorge für positives Feedback auf deine Veränderung, und du verstärkst sie noch. Sieh zu, wie du der Welt dienen kannst, statt dich weiter auf deine eigene Veränderung zu konzentrieren, und erschließe dir so das Beste im Menschen und in der Gesellschaft.«

Anderen helfen heilt das Selbst

Gerald Jampolsky spricht in seinem Buch *Lieben heißt die Angst verlieren*[84] von einer ähnlichen Beobachtung. Jampolsky, praktizierender Psychiater in Kalifornien, bemerkte, dass selbst unheilbar kranke Patienten mit unerträglichen Schmerzen ihre Qualen vergaßen und körperliche Beeinträchtigungen überwanden, wenn sie einem Mitpatienten halfen. Ein Akt der Liebe, die mitfühlende Sorge für jemanden, das wohltuende Gefühl, sich einem anderen Menschen zu widmen, die Ausrichtung auf andere statt nur auf sich selbst, all das kann offenbar einen Menschen zu neuem Leben erwecken. Aus der alten Haut erhebt sich ein neuer Mensch. Dieser neue Mensch wurde geheilt, indem er anderen half. Man wird an den Spruch »Lernen durch Lehren« erinnert.

Wenn Sie eine gründliche Überholung des Gemäldes mit dem Titel »Ich« vornehmen wollen, fangen Sie am besten an, indem Sie den Bedürfnissen anderer Aufmerksamkeit schenken. Statt sich auf sich selbst zu konzentrieren, lehren Sie, was Sie lernen wollen. Bringen Sie liebevoll und hilfreich den Gedanken der

Selbstverantwortung vor. Helfen Sie anderen, statt sie zu bemitleiden. Unterstützen Sie sie, indem Sie sie vom Selbstmitleid wegführen. Machen Sie das alte Selbstbild, das Sie verkörpern, zunichte, indem Sie so werden wie das, was Sie am meisten schätzen.

Ich habe einmal eine Radiosendung in Salt Lake City mit dem Titel *The Good News Hour* (»Stunde der guten Nachrichten«) moderiert. In einer dieser Sendungen habe ich über den Gesichtsausdruck und seine feste Verbindung mit dem Gehirn gesprochen. Wussten Sie zum Beispiel, dass Lächeln – ein breites Grinsen im Gesicht – den Geist zu dem Glauben verleitet, das Leben sei wunderbar? Ja! Lächeln Sie, und die Gehirnchemie verändert sich. Eine einfache Änderung des Gesichtsausdrucks kann im Nu Griesgrämigkeit vertreiben. Diese feste Verbindung kann dazu genutzt werden, absichtlich Stimmungsänderungen herbeizuführen, wie an anderer Stelle bereits erwähnt. An dem bewussten Tag machte meine Komoderatorin eine Bemerkung, die ich nie vergessen werde: »Das ist doch das Gleiche wie *fake it 'til you make it!*« (»Tu so, bis es so ist!«)

So zu tun als ob, bis es wirklich so ist, hätte auch der gute alte Onkel Doktor beim Thema »Veränderung« verordnet. Denken Sie nur an die eben erwähnten Sätze: »Ändere dein Verhalten, und du denkst anders. Denke anders, und du änderst dein Verhalten.«

In die DML-Punkte kommt Bewegung, wenn wir einen breiten Pinsel benutzen und ein anderes Verhalten einüben. Eine zügellose und egoistische Lebensweise weckt uralte Abwehrmechanismen im Unbewussten. Sie können mit riesigen Blöcken von beschädigten Bildpunkten verglichen werden, die das Gesamtbild verzerren. Durch den Akt des Vergebens und die Sorge für andere verschwinden die alten Bildpunkte. Die Veränderung kommt sogleich in Gang, und dann können wir an die Feinabstimmung der einzelnen Bildpunkte gehen. Es ist genauso, wie es die Mystiker aus dem Osten immer gesagt haben: Karma auslöschen heißt, der Gnade teilhaftig zu werden. Vergebung ist ein Akt der Gnade. Im Verlauf dessen, was ich eben beschrieben habe, scheint sich tatsächlich eine mystische Erfahrung zu ergeben. Sie wird zu einem dynamischen Teil im Leben der betreffenden Person. Der umgewandelte Mensch erlebt die ganze Welt wie einen Traum. Ebenso, wie es im Wachzustand keinen Sinn hätte, sich wirklich über etwas aufzuregen, was im Traum passiert ist, hat es auch im wirklichen Leben wenig Sinn, etwas zu verurteilen oder jemandem Vorwürfe zu machen. Vielmehr transzendiert die Vergebung dann alles, was wir normalerweise für die Wirklichkeit halten, die physische Welt. Und eigentlich gibt es gar nichts zu vergeben, denn die ganze Sache hat überhaupt nie stattgefunden. Nur im Traum hat Fehlverhalten eine gewisse Macht. In der ewigen Wirklichkeit jedoch ist kein Fehler aufgetreten.

Die vier Ansichten

Hier kommt eine Geschichte, die ich »Die vier Ansichten« genannt habe:

Ein weiser Meister hatte vier Schüler, die alle anderen übertrafen. Eines Tages versammelte er die vier um sich und sagte zu dem ersten Schüler: »Sag mir, was du siehst, wenn du die Welt anschaust.«

»Es geht barbarisch zu. Die Erde wird ausgeplündert. Die Menschheit verschließt die Augen vor der Wahrheit. Hochgiftige Stoffe werden überall entsorgt. Die Luft ist von Feinstaub erfüllt und der Regen sauer. Die Regenwälder werden zerstört, ebenso die Ozonschicht. Ignoranz und Selbstsucht herrschen vor. Die Welt braucht dringend eine Korrektur.«

Der Meister sagte:»Du hast recht, und ich werde dich den ›Verbesserer‹ nennen, denn mit deiner Ansicht hast du dich zur Verbesserung einer Welt in Not verpflichtet.«

Dem zweiten Schüler stellte der Meister die gleiche Frage: »Sag mir, was du siehst, wenn du die Welt anschaust.«

Der zweite Schüler sagte:»Meister, mir erscheint alles sinnlos. Nichts kann den Lauf der Welt verändern, auch wenn einige Reue zeigen und Veränderung fordern. Die Welt ist trotzdem durch das Verhalten der Menschen verdammt. Die Wissenschaftler sagen uns, dass zu viele Menschen geboren werden, dass schon viel zu viel zerstört worden ist, dass zu wenig Geld in die wissenschaftliche Forschung fließt, sodass sie nicht viel ausrichten kann, und dass Ethik und Werte kaum Beachtung finden. Die Kriminalität eskaliert, die Familien zerfallen. Die Gesetze versagen.«

»Auch du hast recht, und ich werde dich den ›Aufrechten‹ nennen, denn du bist aufrichtig entrüstet über eine Welt, die nicht mehr zu retten ist, und leidest mit ihr. Du wirst bekannt werden durch deine Worte, und deine Werke werden dein inneres Leiden zum Ausdruck bringen.«

Nun wandte sich der Meister an den dritten Schüler.»Und du, was siehst du?«

»Ich sehe eine Welt, die Recht und Gesetz wiederherstellen muss. Meiner Überzeugung nach ist noch nicht alle Hoffnung verloren. Was meine Brüder gesagt haben, ist für mich eine Ermutigung, denn auch sie haben erkannt, dass Veränderung nottut. Es erfüllt mich mit Zuversicht, die Bereitwilligkeit der Menschheit zum Wandel zu spüren. Jede gute Regierung ist eine Regierung des Volkes, durch das Volk und für das Volk. Durch Gesetz und Staatsführung können Veränderungen bewirkt werden. Die Massen werden dem rechten Handeln und der rechten Haltung ihrer Regierung folgen. Die Kraft zur Veränderung ist da, und sie geht aus vom Recht und von der Staatsführung.«

»Du hast ebenfalls recht, und ich werde dich den ›Anführer‹ nennen, denn deine Worte unterstreichen deine Beobachtungen und lenken die Meinung der anderen. Aus diesem Grund wirst du dich für eine staatliche Durchsetzung von Recht und Gesetz engagieren.«

Zum Schluss stellte der Meister auch dem vierten Schüler die Frage: »Und was siehst du?«

»Meister, ich erblicke nur Wunder überall. Das Leben ist ein Wunder, das ganze Sein ist ein Wunder, das Bewusstsein ist ein Wunder. Ich sehe Gott in aller Schöpfung. Ich spüre die *Liebe* in ihrer Schönheit im Duft einer Blume, im Lächeln eines Kindes, in der Zärtlichkeit von Liebenden und im Leuchten der Sterne. Wenn ich mir die Welt anschaue, begrüßt sie mich mit ihren Geheimnissen. In Andacht und Ehrfurcht entfaltet jeder Tag seine Schönheit. Ich weiß, dass alle Dinge gut sind und dass alles und jedes seine Güte auf ureigene, angemessene Art im jeweiligen Augenblick zum Ausdruck bringt. Ich weiß, dass das, wovon meine Brüder sprechen, nichts als Illusion ist, denn nur das Ewige besitzt Wirklichkeit. Ich gebe den Gedanken an Mangel, Begrenzung oder Not keinen Raum, denn was wir in Wahrheit brauchen, ist schon da, wir müssen es nur sehen, erkennen und annehmen. Ich wünschte, ich könnte der Welt die Sehweise geben, die mir gegeben worden ist. Denn trotz meiner bescheidenen Augen und Sinne klopft mein Herz schneller angesichts der Herrlichkeit des Daseins.«

Der Meister lächelte, dann sagte er: »Und dich, mein auserwählter Schüler, werde ich die ›Wahrheit‹ nennen, denn deine Sicht ist wahrhaft, und ihr Lohn ist die Wirklichkeit, die du schaust. Du wirst unter die Menschen gehen und lehren, was du siehst, denn du schaust das, was ist, und in diesem Frieden ruht alles, was möglich ist. Du sollst aller Welt durch dein Gewand der Gelassenheit und Friedfertigkeit bekannt werden.«

Weiter sagte der Meister, an alle vier Schüler gewandt: »Jeder von euch ist mit seiner eigenen Sicht gesegnet. So wie ihr die Welt seht, so offenbart sie sich euch. Ihr werdet die Welt durch eure Sicht der Welt erkennen. Jedem von euch wird die Frucht seiner Sicht zukommen. Ihr werdet das Leben mit eurer Sicht der Dinge leben.«

•••

Unsere Entscheidungen schaffen nicht nur unsere eigene Wirklichkeit, sie geben ihr auch Macht. Nur das Ewige ist unzerstörbar, darum ist nur das Ewige wahr. Alles andere ist schon per Definition unwahr. Um ein Meister zu werden, muss man anfangen, wie ein Meister zu handeln. Um wachsen zu können, müssen wir geben. Was randvoll ist, das kann nichts mehr aufnehmen, das gilt auch für das Menschsein. Wir ernten, was wir säen. Der erste Schritt zur Selbstverwirklichung ist folglich Vergebenkönnen und Mitfühlen. Die alten Erinnerungen in den Links des Tiefenbewusstseins verschwinden, und die neuen sind sowohl der Weg als auch das Ziel.

Technik, nichts als Technik

Heutzutage wird viel zu viel über Technik geredet. Doch im fortschreitenden Informationszeitalter ist jeder, der zu spät kommt, wie der in einen Zauberschlaf gefallene Bauer Rip Van Winkle*, der erst nach zwanzig Jahren wieder aufwacht, völlig hilflos und unfähig, sich an die veränderte Zeit anzupassen. Die Sprache ge-

---

* Die Hauptfigur aus der gleichnamigen Erzählung des amerikanischen Schriftstellers Washington Irving.

rät immer mehr zur Computersprache. Die Kommunikation orientiert sich kaum noch an Verhaltensmerkmalen wie etwa Gesichtsausdruck und Körpersprache, weil der meiste Informationsaustausch über Datenautobahnen im Cyberspace, Faxgeräte, Computerstimmen und Ähnliches abläuft. Wir können nur erahnen, wie das Kommunikationsnetz in weiteren zwei bis drei Jahrzehnten aussehen wird.

Die Technik ist sicher die größte Errungenschaft der Menschheit. Sie hat ein Ausmaß erreicht, von dem das Gros der Weltbevölkerung noch weit entfernt ist. Wozu Wissenschaft und Technik heute in der Lage sind, ist tatsächlich ehrfurchtgebietend. Vielleicht haben die Naturwissenschaften darum einen gottähnlichen Status. Es muss jedoch angemerkt werden, dass diese Vergötterung zu einigen der schändlichsten Taten der Menschheit geführt hat.

Die Wissenschaft weiß, dass sie fortlaufend neue Erkenntnisse sammelt, und doch verhalten sich viele so, als sei das Endziel erreicht. Was zum Beispiel ist der Unterschied zwischen dem Begriff der Singularität in der modernen Wissenschaft, dem unbewegten Beweger von Aristoteles, dem Schöpfergott der Bibel, dem Brahman der Veden usw.? Die Urknall-Erklärung wirft nur Fragen auf und benennt vertraute Theorien neu. Wie kann das Endliche überhaupt das Unendliche begreifen? Wir verstehen etwas am besten anhand von Modellen, würde ich sagen, wie dem des verstorbenen David Bohm.[85] Sein Modell des holografischen Universums trug ihm den Nobelpreis ein – und zu Recht. Er wäre aber der Erste, der darauf aufmerksam machen würde, dass die »implizite Ordnung« seines Modells auf einen kosmischen Ursprung hinweist, was wieder zu der ursprünglichen Frage zurückführen würde, die genau das klären sollte.

Bevor wir zu weit abschweifen, wollen wir uns einfach darauf einigen, dass die Technik für jeden von Bedeutung ist. Sie ist für die Selbstverwirklichung das, was früher Ashrams, private Zirkel, Geheimbünde und dergleichen waren. Heute ermöglicht die Technik außerkörperliche Erfahrungen, lenkt den inneren Dialog, erzeugt Bewusstseinsveränderungen, beschleunigt Heilungsprozesse und vieles mehr. Alles aufzuzählen wäre eine Riesenaufgabe. Einfache, sehr potente Technologien existieren neben hochkomplexen, die wenig bewirken. Doch wie das Werkzeug eines Zimmermanns oder Künstlers findet sicher jede ihren Nutzer. Im Folgenden werden wir uns einige dieser Technologien einmal anschauen und sie ausprobieren.

Selbsthypnose und Autosuggestion sind die beiden besten Mittel, die uns zur Verfügung stehen, und kosten wenig oder gar nichts. Sie bedienen sich der Kräfte des Geistes und brauchen keine weiteren Werkzeuge. Um richtig damit umgehen zu können, werden wir allerdings mit der Visualisation beginnen.

Beim Visualisieren werden mithilfe der Einbildungskraft Bilder, Szenen, Gefühle, Sinneseindrücke usw. erzeugt. Maxwell Maltz macht in seinem wunderbaren Buch *Erfolg kommt nicht von ungefähr – Psychokybernetik*[86] deutlich, dass der Geist eine Erfahrung, die man sich lebhaft und detailliert vorstellt, nicht von einer realen Erfahrung unterscheiden kann. Im Gedächtnis wird beides als gleichwertig abgespeichert. Erkenntnisse aus der Neuroinformatik zeigen, dass vorgestellte Erfahrungen so real erscheinen können, dass sie Muskelreaktionen hervorrufen. Diese Technik wenden viele Sportler an, indem sie sich ihre Leistung vorstellen – sie lebhaft vor ihrem geistigen Auge ausmalen und spüren, wie kleine Muskelgruppen auf diese Vorstellung reagieren – und die Reaktion auf diese Weise speichern.[87] Wie eine Reihe von Untersuchungen gezeigt haben, bringen Imaginationsübungen echte physische Vorteile. Durch bloßes lebhaftes Vorstellen in allen Details wird ein mentaler Muskel-Workout in Gang gesetzt, der den Körper physisch fit macht.

Wir alle haben schon einmal so intensiv geträumt, dass wir hinterher im Zweifel waren, ob es Wirklichkeit war oder nicht. Solche Träume sind sehr lebendig, sie wecken Gefühle, sprechen alle Sinne an und haben eine starke emotionale Wirkung. Uns Menschen sind die mentalen Schaltkreise angeboren, durch die künstlich erzeugte Erfahrungen die gleiche Macht haben wie tatsächliche Ereignisse. Unsere Erinnerung speichert den Vorfall, ob eingebildet oder real, und auf diese Weise wird die betreffende Information ein fester Bestandteil unserer gesamten Welterfahrung.

Erinnerung

Die Erinnerung ist eine überaus starke Kraft, die eine entscheidende Rolle für unsere Selbstwahrnehmung, unsere Erwartungen, unsere Fantasien und unser allgemeines Wohlbefinden spielt. Sie stellt Bezüge zwischen allen Erfahrungen her. Diese Verbindungen oder Links des Tiefenbewusstseins liefern uns Daten über die Kontinuität des Seins. Ohne diese Kontinuität wäre das Erleben episodenhaft und hätte etwas Irreales. Die Erinnerung führt uns vor Augen, wer wir sind, was von uns erwartet wird, wie wir die Welt sehen wollen, welche Überzeugungen wir hegen, wo wir leben, was gestern und vorgestern passiert ist usw. Wenn das Gedächtnis leer wäre und wir ohne Erinnerung aufwachten, wäre jeder Tag total vom anderen unterschieden. Denken Sie einmal darüber nach.

Bei Menschen, denen in tiefer Hypnose-Trance die Erinnerung an bestimmte Ereignisse gelöscht wird, scheint sich der Charakter zu ändern. Wird ihnen die Erinnerung an erfundene Ereignisse suggeriert, findet nochmals eine Charakterveränderung statt. Wird Versuchspersonen in tiefer Trance weisgemacht, sie würden sich bei Berührung mit einem Eiswürfel verbrennen, entsteht eine Brandblase. Wenn Patienten mit einer multiplen Persönlichkeitsstörung von einer Persönlichkeit zu einer anderen wechseln, verändern sich unter Umständen ihre Blutzuckerwerte, die Augenfarbe und andere Merkmale. Die Erinnerung sorgt für die Kontinuität, die unser Leben ausmacht!

Erinnerungen bestehen nicht einfach nur aus Fakten. Der Geist ist keine leere Schiefertafel, die alle Ereignisse perfekt wiedergibt. In Wahrheit verändert sich eine Erinnerung jedes Mal, wenn sie abgerufen wird. Es ist nachweisbar, dass sie etwa von Erwartungen, Angst, Sorge, Begierde usw. verzerrt wird. Wir studieren gewissermaßen die Erinnerungen ein, die wir erhalten wollen, um sie uns später zu vergegenwärtigen. Manchmal findet dieses Einstudieren schon vor einem Ereignis statt, manchmal gleichzeitig und manchmal anschließend. Außerdem wird jede Erinnerung, die ins Gedächtnis zurückkehrt, korrigiert und mit dem, was sie jetzt für uns bedeutet, in Einklang gebracht. Mit anderen Worten: In Erinnerungen, die für uns sehr bedeutend sind, fließt erheblich mehr Energie ein, und zwar meistens in Form von Gefühl.

Gefühl ist ein Schlüsselelement. Selbst Gefühle, die gar nicht erkennbar mit der Erinnerung in Verbindung zu stehen scheinen, machen ihren Einfluss geltend. Zum Beispiel sind immer einige Erinnerungen im tiefsten Innern vergraben, so tief, dass uns ein Bewusstsein für diese Erinnerungen fehlt. Das kann an der emotionalen Aufladung des betreffenden Ereignisses zum Zeitpunkt der Erfahrung und/oder danach liegen. Traumatisierte Personen erinnern sich oft an traumatische Ereignisse … bis sie sie vergessen. Es klingt zwar idiotisch, aber wir müssen uns tatsächlich erst erinnern, um vergessen zu können. Auf irgendeiner inneren Funktionsebene verdrängt der Geist die Erinnerung zugunsten unseres Wohlbefindens. Er hält sie wohlweislich unter Verschluss und entwickelt gleichzeitig eine eigene Taktik, um die vergessene Erinnerung festzuhalten. Erinnerungen werden nicht ausgelöscht, sie werden verdrängt.

Jede verdrängte Erinnerung wird durch eine bestimmte Taktik unterdrückt, zu der auch Strategien zur Abwehr von Nachforschungen gehören. Diese sind allerdings oft kontraproduktiv. Das Unterbewusstsein hält alle unterbewussten Überzeugungen, versteckten Erinnerungen, Taktiken und Strategien fest, angeblich, um unser Selbstbild und unser Wohlbefinden unversehrt zu erhalten. Manchmal arbeiten diese Strategien mit dem Prinzip des Widerstands und manchmal mit dem der Anziehung; sie reichen von Ersatzhandlungen bis zum Selbstverletzungsverhalten, aber immer handelt es sich im Wesentlichen um Ablenkungsmanöver.

Ablenkungsmanöver sind dazu gedacht, von einer genaueren Prüfung der Motive abzuhalten, die unseren Handlungen zugrunde liegen. Einige unserer Motive sind uns fest einprogrammiert und dienen unserem Überleben, während andere durch Tiefenbewusstseinslinks (DMLs) entstehen und mittels Assoziation verborgene Motive tarnen oder verstecken. Manche Motive sind auf einer höheren kortikalen Ebene angesiedelt – etwa das Motiv der Selbstverwirklichung.

Visualisationstechniken haben in unserem Kontext zwei wichtige Funktionen. Erstens bieten sie die Möglichkeit, Erinnerungen nach Wahl abzurufen – Wohlgefühle zum Beispiel. Zweitens bringen sie uns mit Aspekten unserer selbst in Berührung, die wir sonst nicht erreichen können. Wenn wir uns Informationen bildlich vorstellen, werden dabei alle Links nach entsprechenden Sinneseindrücken abgesucht. Während wir uns so an ein Ereignis erinnern, es uns detailliert ausmalen und mit allen Sinnen vergegenwärtigen, gelingt es oft, das kritische Denken und seine Abwehrmechanismen zu umgehen. Vielleicht tauchen Bilder auf, die uns erschrecken, aber mit sprachlichen Methoden lassen sich dann die verborgenen Inhalte meist Stück für Stück aufdecken. Ähnlich funktioniert die Hypnose. Große Heilkraft hat sie dadurch, dass sie etwas aufdecken kann – vor allem Informationen in bildhaften Ereignissen, die sich wie ein Film entfalten, während die betreffende Person von den mit dem Ereignis verknüpften Emotionen getrennt ist. Aus diesem Grund sind durch Hypnose erzeugte Regressionen und Erinnerungen starke Mittel der Heilung.

Visualisation

Das Visualisieren zu erlernen ist eine wunderbare Möglichkeit, das eigene Innenleben zu erforschen und einige Erinnerungen umzuschreiben, darum wollen wir uns diese Technik jetzt einmal anschauen. Es ist erstaunlich, wie viele Menschen keine Bilder sehen, wenn sie die Augen schließen. Ebenso erstaunlich ist, wie viele nicht wahrhaben wollen, dass sie träumen. Jeder Mensch träumt – wir müssen träumen, andernfalls werden wir verrückt. Sich an Träume erinnern zu können ist allerdings eine andere Sache.

Da so viele Leute von einem Mangel an inneren Bildern berichten, fangen wir am besten ganz vorne an. Ich empfehle mit Nachdruck zwei Methoden, um das Visualisieren zu lernen. Die erste ist die, ein Foto von irgendeiner Szene zu machen, zum Beispiel »Kochen auf einem Lagerfeuer« (es muss etwas sein, das Sie gut kennen und zu dem Sie einen klaren Bezug haben). Starren Sie das Bild an, bis Sie die Szene förmlich riechen und fühlen können oder bis sie fast real ist. Am günstigsten ist es, ein Bild zu wählen, das positive Assoziationen weckt und an schöne Begebenheiten erinnert.

Betrachten Sie die Szene, bis Sie sie nachempfinden können. Wenn es kalt war, als Sie draußen auf dem Lagerfeuer etwas kochten, fühlen Sie jetzt die Kälte. Frösteln Sie ruhig ein bisschen. Schließen Sie, sobald Ihnen das gelungen ist, die Augen und holen Sie sich die Szene nun vor Ihr geistiges Auge. Falls Sie keinen Erfolg haben, probieren Sie es noch einmal. Wiederholen Sie diese Übung, bis sich das innere Bild voll auf der Leinwand Ihres Geistes abzeichnet.

Die zweite Möglichkeit ist die, etwas in die Hand zu nehmen, was spürbare Assoziationen in Ihnen auslöst, etwa eine Zitrone. Halten Sie die Zitrone in der Hand und konzentrieren Sie sich darauf. Machen Sie sich bewusst, wie sie sich anfühlt. Denken Sie daran, wie sie schmeckt, und vergegenwärtigen Sie sich den Saft der Zitrone in Ihrem Mund, der sich entsprechend verzieht. Riechen Sie an der Frucht. Nehmen Sie das leuchtende Gelb wahr und denken Sie an die Ähnlichkeit mit der Farbe der Sonne. Lassen Sie alle Assoziationen zu, die Ihnen bei der Zitrone einfallen. Schließen Sie nun die Augen und sehen Sie die Zitrone weiterhin auf Ihrer Hand, genau vor Ihrem Gesicht. Wenn Sie die Übung zwei, drei Mal wiederholen, wird sich allmählich das innere Gesichtsfeld öffnen, das zum Visualisieren notwendig ist.

Nehmen wir einmal an, wir alle könnten jetzt etwas visualisieren. Was stellen wir uns bildlich vor? Wie oft? Und wann? Die Visualisierungsübung sollte ein fester Bestandteil des Tagesablaufs werden. Wenn wir gleich morgens einen erfolgreichen, lohnenden Tag visualisieren, wird er wahrscheinlich auch so. Viele Leute visualisieren Not und Sorgen in ihrem Leben, ohne es zu merken. Sie geben sich angstvollen Überlegungen hin, denken sich gewalttätige Vergeltungsmaßnahmen und Racheszenarien aus, gehen abends mit der in den Unterhaltungsmedien und im Fernsehen erlebten Wut schlafen, stellen sich die schlimmsten Ungeheuer vor und dergleichen mehr. All das sind Visualisierungen. Überdies liefert uns die Welt Kampf, wenn wir uns Kämpfe vorstellen (visualisieren). Aber irgendwie entspricht so ein Kampf nie dem, was wir uns vorgestellt hatten, und wenn wir das endlich eingesehen haben, visualisieren wir lieber friedlichere Ereignisse. Wenn wir uns im Geiste ausmalen, was wir zu jemandem sagen wollen, wenden wir die Visualisierungstechnik an. Wird dieses Hilfsmittel zur Selbstverteidigung benutzt, besteht offenbar ein Bedürfnis nach Selbstschutz. Das Universum geht gerne darauf ein – und liefert uns die Gelegenheit, uns zu wehren! Aber wenn wir mithilfe dieser Technik unser Zugehörigkeitsgefühl, unsere Teilhabe an der Herrlichkeit des Lebens, an Freude und Wohlsein steigern, verschafft uns das Universum auch dazu die Gelegenheit. Das hat etwas mit dem Gesetz der Anziehung zu tun. Tatsache ist, dass wir auf irgendeine Weise genau das anziehen, was wir uns bildlich vorstellen beziehungsweise visualisieren. Wir sehen also, dass die meisten Leute sich ohnehin längst ihrer Einbildungskraft bedienen. Wir müssen nur die Energie umlenken.

Die beiden Übungen im Anschluss sind unterschiedlich ausgerichtet. Mit der ersten sollen verborgene Informationen aufgespürt oder wiedergefunden werden – ich nenne sie gern »Power-Visualisieren«. Die zweite soll helfen, eine innere Haltung zu finden, von der aus beispielsweise der persönliche Erfolg verwirklicht werden kann.

Das Aufspüren oder Wiederfinden von verborgenen Informationen

Anweisung: Lesen Sie die Übungsanweisungen, schließen Sie dann die Augen und folgen Sie den angegebenen Übungsschritten.

• • •

Stellen Sie sich vor, Sie säßen in einem bequemen Sessel. Hinter Ihnen steht ein Diaprojektor, dessen Fernbedienung Sie in der Hand halten. Sie blicken nach vorn auf eine Projektionsleinwand. Die Dias im Projektor enthalten Gedanken, Vorstellungen, Gefühle und Bilder, die miteinander in Zusammenhang stehen, aber Sie haben keine Ahnung, wie sie geordnet sind. Sie werden sich die Diashow ansehen, obwohl Sie nicht einmal wissen, wie viele Dias sie enthält.

Nehmen Sie sich jetzt einen Gedanken vor, vielleicht die Wunschvorstellung, was Sie gerne werden würden, etwa reich oder berühmt. Oder Sie wählen eine Angstvorstellung – in diesem Fall sollten Sie nicht vergessen, dass Sie mit Ihrer Fernbedienung den Projektor jederzeit ausschalten können, wenn Sie es wünschen.

Verbinden Sie die Angst- oder Wunschvorstellung mit einem Bild in Ihrer Erinnerung. Das ist Ihr erstes Dia. Der Projektor verbindet dieses Dia automatisch mit allen inhaltlich und zeitlich dazu passenden Dias und bringt sie in eine sinnvolle Reihenfolge. Auch wenn Sie die Abfolge vielleicht nicht verstehen, vertrauen Sie darauf, dass sie sinnvoll ist.

Projizieren Sie also das erste Dia auf die Leinwand, indem Sie es mit Ihrem geistigen Auge dort sehen. Nehmen Sie sich einen Augenblick Zeit, sich in das Bild hineinzufühlen. Falls die Szene geräuschvoll war, hören Sie diese Geräusche; wenn es Gerüche gab, riechen Sie diese; waren andere Sinneseindrücke damit verbunden, dann versuchen Sie sich daran zu erinnern oder sie sich vorzustellen. Sie können dieses Vorstellungsbild nach Belieben ausschmücken. Zum Beispiel könnten Sie aufmunternde Zurufe hören, eine Gänsehaut spüren oder Ähnliches. Sehen Sie auf der Leinwand in Ihrem Geist, was immer Sie gefühlsmäßig für angemessen halten, um dieses erste Dia zum Leben zu erwecken.

Gehen Sie, sobald Sie das geschafft haben, zum nächsten Bild über, indem Sie die Fernbedienung benutzen. Um Ihnen diese

Vorstellung zu erleichtern, können Sie Daumen und Zeigefinger zusammenlegen. Pressen Sie die Finger leicht zusammen, und das nächste Dia erscheint. Ballen Sie die Hand zur Faust, und der Projektor schaltet sich aus.

Es ist erlaubt, sich zu fragen, welches Dia wohl als nächstes an die Reihe kommt, aber lassen Sie den Wechsel einfach geschehen. Sie werden sich wundern.

• • •

Diese Übung ist wie ein Fenster und gibt uns Einblick in unsere Wünsche, Ambitionen und Ängste. Unter Umständen fördert sie Überzeugungen zutage, mit denen wir uns selbst einschränken und an denen wir nicht länger festhalten wollen. Vielleicht scheinen Bilder auf, gegen die wir uns wappnen wollen. Für das eine wie das andere können Sie die folgende Übung anwenden.

Die Verwirklichung von persönlichem Erfolg
Anweisung: Lesen Sie die Übungsanweisungen, schließen Sie dann die Augen und folgen Sie den angegebenen Übungsschritten.

• • •

Vergegenwärtigen Sie sich selbst in einem gut ausgestatteten Filmstudio. Sie werden sich jetzt das Filmmaterial noch einmal anschauen, das bei einem bestimmten Ereignis mit Ihnen gedreht worden ist. Sie werden diese Aufnahmen bearbeiten und genau das daraus machen können, was Ihnen vorschwebt.

Das Studio ist mit den besten Aufnahmegeräten für Audio- und Videoproduktionen ausgerüstet. Die Leinwand ist größer als alles, was Sie je gesehen haben. Sie umgibt Sie regelrecht, und wenn die Vorführung beginnt, haben Sie das Gefühl, wieder Teil

des Films zu sein. Anders als im Kino können die Ereignisse aus
dem Filmmaterial im Studio so reproduziert werden, dass kaum
ein Unterschied zu merken ist zwischen Aufführung und ur-
sprünglicher Erfahrung.

Sie sitzen bequem und können über entsprechende Regler durch
Gedankenkontrolle alle verfügbaren Geräte bedienen. Wenn Sie
etwas modifizieren, verändern, neu einfügen oder in sonst einer
Weise bearbeiten wollen, die Ihnen richtig erscheint, denken Sie
es einfach, und der Film gibt es genau so wieder, wie Sie es sich
vorgestellt haben.

Denken Sie bei der Auswahl Ihres Bildmaterials daran, dass
Ihnen praktisch unbegrenzte Speicherkapazitäten zur Verfügung
stehen, um es aufzuzeichnen und abzuspielen. Aber ehe wir fortfahren, will ich Ihnen noch ein wenig genauer erklären, wie Sie
Ihr inneres Studio nutzen können.

Einige wenige Leute haben ein ebensolches Studio wie das, das
Sie gerade besuchen. Ein paar davon sind Sportler, andere Geschäftsleute, wieder andere Wissenschaftler, und etliche sind
Künstler. Sie werden feststellen, dass die Besten auf ihrem Gebiet, egal welcher Berufssparte sie angehören, alle über ein eigenes inneres Studio dieser Art verfügen. Und zwar aus einem einfachen Grund: Sie wissen, dass sie ihre Arbeit hier entwerfen
können. Dadurch minimieren sie die Probleme, Risiken und
Hindernisse, mit denen sie in der Außenwelt rechnen müssen. So
kommen zum Beispiel Sportler hierher, um das Bildmaterial herzustellen, das sie in Höchstform zeigt, während Geschäftsleute
einen Film über ihren Erfolg drehen. Manche sichten Archivma-
terial und bearbeiten es. Manchmal ändern sie nur ihre Gefühle
beim Betrachten, manchmal ganze Szenen. Beim Anschauen des
Bildmaterials mit anderen Empfindungen – zum Beispiel mit Vergebung statt mit Selbstvorwürfen, Schuldgefühlen und Scham –
verlieren alte Erinnerungen ihre verletzende Schärfe.

Hier können Sie Ihre Einsichten durch Erkenntnisse aus dem Schatz der ewigen Weisheit vertiefen und Frieden mit Ihren einengenden Gefühlen, Ängsten und Gedanken schließen. Sie können mit einer Vorstellung in Ihr inneres Studio kommen, die auf einer Erfahrung beruht und die Sie gebremst hat – eine Angst, eine Erinnerung aus frühester Kindheit oder etwas anderes, das noch immer auf Ihnen lastet. Sie können der Erinnerung ihre Schärfe nehmen, indem Sie sich das betreffende Bild noch einmal anschauen und die Emotionen bearbeiten, bis das Produkt Ihnen zusagt. Die neue Szene wird anschließend in der Erinnerung gespeichert und bildet das Material, mit dem Ihr Geist später arbeitet. Wenn Sie ein bestimmtes Ziel erreichen und mit mehr Selbstvertrauen darangehen wollen oder etwas in der Art, dann kreieren Sie hier das entsprechende Bildmaterial – genau so, wie Sie es haben wollen.

Durchforsten Sie nun das Bildmaterial, das Sie verwenden wollen. Ändern Sie alles, was Ihnen nicht gefällt. Sorgen Sie für sinnreiche Details. Vergegenwärtigen Sie sich, wie die Masse Ihnen zujubelt, oder empfinden Sie ein echtes Gefühl der Vergebung, was immer gerade passt. Spielen Sie den Film nochmals ab, sowie Sie ihn bearbeitet haben, und tun Sie das beliebig oft. Sehen Sie ihn sich an, bis er perfekt ist – genau so, wie Sie ihn wollten. Wenn Sie damit fertig sind, lassen Sie los. Verlassen Sie das Studio und warten Sie einen anderen Tag ab, falls Sie an etwas anderem arbeiten wollen.

Wenn Sie mehr als einen Studiobesuch brauchen, um Ihr Material so zu bearbeiten, wie Sie es sich früher gewünscht hätten oder in Zukunft haben wollen, dann suchen Sie Ihr Studio ruhig so oft wie nötig auf. Befassen Sie sich aber erst mit anderem Stoff, wenn Sie mit Ihrer jeweiligen Arbeit zufrieden sind – eins nach dem anderen.

● ● ●

Die nun folgende Übung der Selbsthypnose dürfte Ihnen leicht-
fallen, sie ist nur eine Erweiterung dessen, was Sie durch die Vi-
sualisierungsübungen schon gelernt haben. Der beste Einstieg ist
wahrscheinlich die »progressive Muskelentspannung«, wie Hypnotiseure es nennen.

Selbsthypnose und progressive Muskelentspannung
Anweisung: Lesen Sie die Übungsanweisungen und suchen Sie
sich einen ruhigen Ort, an dem Sie mindestens 20 Minuten ungestört bleiben.
Sie werden bei der Übung eine Affirmation eigener Wahl verwenden.* Das ist wichtig, schreiben Sie sie also lieber auf, bevor
Sie anfangen. Wählen Sie Ihre Worte – möglichst positive – sorgfältig. Die Affirmation sollte möglichst kurz sein. Wollen Sie zum
Beispiel Ihr Selbstvertrauen stärken, könnten Sie sagen: *Ich bin
zuversichtlich.* Vergegenwärtigen Sie sich die Gefühle, die Ihre Affirmation bei Ihnen auslöst. Fühlen Sie mit allen Sinnen, was sie
aussagt. Das heißt: Spüren Sie, wie sich Ihr ganzes Sein und Wesen mit Zuversicht füllt, während die Affirmation sich in Ihnen
ausbreitet.
Stellen Sie den Alarm Ihres Weckers auf 20 Minuten ein. Lassen Sie sich vom Wecker in Ihr Normalbewusstsein zurückrufen,
bis sich Ihnen diese Zeitspanne eingeprägt hat – das ist meist
schon nach drei bis vier Sitzungen der Fall.

• • •

Legen Sie sich hin oder lehnen Sie sich bequem auf einem Sofa
oder Sessel zurück und lockern Sie Ihre Kleidung. Vielleicht
möchten Sie bei dieser Übung sanfte Musik oder Naturgeräusche

---

* Beispiele für Affirmationen finden Sie in Anhang 2 und 3.

im Hintergrund abspielen. Sie können auch wohlduftendes Räucherwerk abbrennen, wenn Sie mögen. Dimmen Sie das Licht oder schalten Sie es ganz aus.

Stellen Sie sich mit geschlossenen Augen vor, dass Sie draußen in mildem Sonnenschein ruhen, der Sie ganz einhüllt. Sie können überall am Körper seine Wärme spüren. Konzentrieren Sie sich auf Ihren Atem und spüren Sie, wie er ein- und ausströmt. Was Sie ausatmen, ist Lebensenergie für die Pflanzenwelt, und was Sie einatmen, erfüllt Sie selbst mit Lebensenergie. Zwischen Ihnen und der Außenwelt besteht eine Synergie, eine symbiotische Beziehung. Spüren Sie das und vergegenwärtigen Sie sich das Gefühl, wie sich Ihr Sein ausdehnt und mit jedem Atemzug in alles Leben einströmt und wieder herausfließt.

Atmen Sie eine Zeitlang tief und gleichmäßig. Atmen Sie ein und zählen Sie dabei bis drei, halten Sie danach den Atem an, wobei Sie ebenfalls bis drei zählen, atmen Sie wieder aus, während Sie bis drei zählen, und halten Sie den Atem erneut an: eins, zwei, drei. Lächeln Sie, während Sie das tun, und wiederholen Sie es noch mindestens zweimal.

Visualisieren Sie ein helles, strahlendes Licht aus lauterem Gold, das von oben kommt und durch den Scheitelpunkt Ihres Kopfes in Sie hineinfällt. Fühlen Sie, wie das Licht in Ihren Körper strömt, in den Hals, den Rücken hinunter, durch die Beine bis in Ihre Zehenspitzen. Sie atmen noch einmal tief ein und die Lichtenergie dehnt sich nach außen aus und strahlt einen Meter oder zwei von Ihnen ab. Ihr ganzes Wesen erglüht.

Öffnen Sie den Mund ein wenig und schlucken Sie. Entspannen Sie die Muskeln in Ihrem Gesicht und Kopf vollkommen. Denken Sie *entspannt euch – entspannt euch jetzt*, und sie entspannen sich alle. Fahren Sie mit der Entspannung fort, als wäre sie ein Zaubertrunk, den Sie gerade zu sich genommen haben. Lockern Sie nacheinander Kiefer- und Halsmuskeln, Nacken, Schultern,

Arme, Rücken, Unterleib, Gesäß, Schenkel, Waden, Knöchel, Füße und jeden einzelnen Zeh. Widmen Sie jeder Körperzone nur den einen Gedanken: *Entspanne dich – entspanne dich jetzt.* Erinnern Sie sich, wenn Ihr ganzer Körper entspannt ist, dass nichts zu tun ist. In diesem Augenblick ist absolut nichts zu tun. Lassen Sie einfach los … vollkommen entspannt. Konzentrieren Sie mit einer winzigen geistigen Anstrengung Ihr ganzes Sein und Wesen auf einen Ihrer Zehen. Gehen Sie so voll und ganz in diesem Zeh auf, dass Sie jede noch so kleine Regung darin mit Ihrem ganzen Wesen aufnehmen. Wiederholen Sie diese Übung mit einem Zeh an Ihrem anderen Fuß und richten Sie dann Ihr ganzes Bewusstsein auf den Bereich des Solarplexus.

Dicht über dieser Stelle liegt die Herzregion. Lenken Sie Ihr Bewusstsein auf die Zone zwischen Solarplexus und Herz. Wenden Sie nun eine einzige Affirmation an, die Ihnen in diesem Moment wichtig ist, und vergegenwärtigen Sie sich, wie sie zwischen diesen beiden Zentren Ihres Körpers hin und her fließt. Sie sehen sie, und Sie hören sie.

Lassen Sie sie, sobald Sie sie klar und deutlich sehen und hören, ihre Reise durch den Körper antreten. Sie verschwindet, aber sie ist noch immer da. Sie wandert auf ihrer Reise durch den Körper von Zelle zu Zelle, kommt zurück und zieht erneut los. Von jetzt an wird Ihre Affirmation die ganze weitere Sitzung über in Ihnen kreisen, wieder und wieder. Wenn sie sich Ihrem Bewusstsein nähert, wird sie unter Umständen wieder hörbar und sichtbar. Das spielt jedoch keine Rolle; Sie müssen sie einfach ziehen lassen. Sie verkündet Ihrem Selbst überall: *So ist es.*

Öffnen Sie, wenn der Wecker klingelt, langsam die Augen. Gönnen Sie sich ein paar Minuten Ruhe, ehe Sie sich wieder dem Alltagsgeschehen widmen.

• • •

Am besten konditionieren Sie sich durch diese Form der Selbsthypnose, indem Sie die Übung öfter wiederholen. Versuchen Sie, die Übung eine oder zwei Wochen lang täglich durchzuführen. Wenn Sie das tun, werden Sie feststellen, dass Sie gelegentliche Auffrischungssitzungen praktisch überall und in fast allen Situationen machen können. Es gibt viele Anwendungsgebiete dafür, ganz zu schweigen von den Vorteilen für Körper und Geist.

Autosuggestion

Die Autosuggestion ist die nächste Erweiterung der Selbsthypnose. Bei einigen funktioniert diese Technik auch für sich allein. Ihre Kraft liegt in der Wiederholung eines Gedankens oder Satzes, ähnlich wie beim positiven Denken.

Wiederholen Sie im Geiste immer wieder einen Satz wie die Affirmation aus der vorigen Übung. Schreiben Sie ihn auf eine Karte, die Sie bei sich tragen. Listen Sie alle Vorteile auf, die diese Übung mit sich bringt, und nehmen Sie auch diese Liste immer mit.

Blättern Sie in Zeitschriften und Zeitungen nach Bildern, die Ihr Ziel veranschaulichen. Schneiden Sie sie aus und schreiben Sie Ihre Affirmation darunter. Befestigen Sie Bilder mit Ihrer Affirmation am Kühlschrank, auf dem Badezimmerspiegel, im Auto und an anderen Orten, an denen Sie regelmäßig vorbeikommen. Jedes Mal, wenn Sie die Affirmation wiederholen oder darauf stoßen, prägt sie sich in Ihr Bewusstsein ein. Sie fangen an, sich mit den Bildern zu identifizieren. Auf diese Weise wird die Affirmation automatisch im Unterbewusstsein gespeichert und zu einem festen Bestandteil Ihres inneren Dialogs und Ihres Selbstbildes.

InnerTalk

Spielen Sie eine InnerTalk-CD oder eine andere bewährte Aufnahme im Hintergrund ab, um Ihrem inneren Dialog eine Richtung zu geben, die Sie mit Ihrem Ziel verbindet. Lassen Sie dieses Hörprogramm laufen, während Sie schlafen, Auto fahren, fernsehen und wann immer es sonst möglich ist. Die Affirmationen prägen Ihren inneren Dialog und sinken tief in Sie ein, weil sie das kritische Bewusstsein umgehen. Eines Tages wird Ihr innerer Dialog die Wünsche widerspiegeln, die Sie im Leben haben, statt sie zu untergraben.

Wie bereits erwähnt, ist die InnerTalk-Technik, die ich Ihnen in Kapitel 9 vorgestellt habe, von vielen unabhängigen Forschern führender Universitäten untersucht worden, darunter auch der Stanford-Universität. Es ist wiederholt aufgezeigt worden, dass sie auf effektive Weise unsinnige Strategien, Verhaltensstörungen und sogar die physische Symptomatik verändern kann. Die Affirmationen nützen beim Abnehmen und bei der Steigerung der Selbstachtung, beim Klarträumen und bei der Selbstheilung. Es gibt InnerTalk-Programme für die verschiedensten persönlichen Ziele und Anwendungsbereiche. Wenn Sie ohne ein solches Programm an Ihrem inneren Dialog arbeiten wollen, finden Sie in Anhang 2 und 3 Listen von Affirmationen, die sich in vielerlei Situationen bewährt haben. Sie sollen Ihnen als Anregungen dienen, um Ihre eigenen, höchst effektiven Affirmationen zu formulieren.

Neurolinguistische Programmierung

Es gibt eine ganze Reihe von guten Büchern über die Neurolinguistische Programmierung (NLP). Eines der besten ist *Entdecke Deine Möglichkeiten* von Michael Neill.[88] NLP wird oft mit Hypnosemethoden in Verbindung gebracht, und man könnte es im weitesten Sinne vielleicht als »eine freundliche Sprache« bezeichnen. Es erdet Emotion und Gefühl, arbeitet gern mit Doppelbindungen und Metaphern und führt über die Zwischenschritte *Match* (Nachahmen), *Pace* (Abgleichen) und *Lead* (Führen) zu einem konditionierten Beziehungsaufbau (*Rapport*), wie in Kapitel 3 dargestellt. Viele Therapeuten und andere wenden diese anspruchsvolle Methode an, aber sie ist zu komplex, um an dieser Stelle genauer darauf einzugehen, darum will ich nur ein paar der NLP-Techniken anführen, mit denen wir hier arbeiten können, vor allem solche, die Metaphern verwenden.

Eine Metapher ist ein starkes sprachliches Bild, das unmittelbar, im übertragenen Sinne und emotional wirkt und das sich in seiner Symbolhaftigkeit tief ins Bewusstsein einprägt. Die kraftvollsten Metaphern werden meiner Meinung nach von einem Mythos gestützt. Sie sprechen etwas im Menschen an, das jedem innewohnt. C. G. Jung, der Begründer der analytischen Psychologie, sprach von der Macht des Mythos, die den universellen Archetypen entspringt.[89]

Metaphern sind etwas, von dem wir täglich Gebrauch machen können. Wir *sind* quasi unsere Metaphern. Ich hatte einmal einen Freund, der immer zu sagen pflegte: »Der Letzte, der im Urwald verhungert, ist der Tiger.« Er war Schwergewichtsboxer im Ruhestand und sah sich selbst als Tiger an. Ihm war allerdings nicht klar, dass man nur ein Tiger sein kann, wenn man wie ein Tiger handelt und denkt. Tiger erfahren ihre Umwelt als aggressiv und feindselig und geraten oft mit anderen Tigern in Konflikt. In genau so einer Umgebung lebte mein Freund.

Eine bewusst gewählte positive Metapher kann das versinnbildlichen, was wir sein wollen. Um ihre volle Wirkung zu entfalten, sollte sie die Form einer Geschichte haben. Jeder von uns hat eine Metapher, die oft aus mehreren kleineren Metaphern besteht und das repräsentiert, was wir glauben. Sport kann eine Metapher für Bestleistungen, Wettbewerb und die Meisterung unüberwindlicher Hindernisse sein. Die Artussage und die Grallegende, die griechischen Mythen um Zeus, Aphrodite und andere Gottheiten und Helden, der Garten Eden, die Hiobsbotschaft und anderes, das alles sind Metaphern mit lehrreichen Bildern, die Glaubens- und Verhaltensmodelle liefern. Überall lassen sich Menschen und Völker von solchen Geschichten leiten.

Wählen Sie eine Metapher für sich. Nehmen Sie sich die Zeit, eine Geschichte aufzuschreiben, die Sie und Ihre Überzeugungen, Hoffnungen, Sehnsüchte, Nöte und Leistungen repräsentiert. Schreiben Sie zuerst kurz auf, wie Sie bisher Ihr Leben gesehen haben. Verändern Sie diese Geschichte dann so, dass sie ausdrückt, wie Sie sich Ihr Leben wünschen.

Schaffen Sie eine Hauptfigur, die so ist, wie Sie sein wollen. Lassen Sie diese Figur die Nöte durchmachen, die Sie hinter sich haben, und stärker, weiser, menschlicher und spiritueller daraus hervorgehen. Geben Sie der Figur einen Namen, ein Aussehen und eine Art, die Sie bewundern können. Beschreiben Sie sie in allen Einzelheiten, sodass sie vor Ihrem geistigen Auge reale Gestalt annimmt. Behalten Sie den Helden/die Heldin Ihrer metaphorischen Geschichte im Kopf. Schließen Sie die Augen, erzählen Sie die Geschichte aus Ihrer Erinnerung noch einmal und betrachten Sie sie dabei auf Ihrer inneren Leinwand. Denken Sie, wenn etwas Unangenehmes auftaucht, an Ihre Hauptfigur. Spüren Sie deren Kraft und Weisheit und handeln und reden Sie entsprechend. Sie sind in einem sehr realen Sinn diese Person, und während Sie mithilfe dieser Figur Ihre Handlungsweise gestalten, kommen Sie ihr immer näher.

Achten Sie darauf, wie die Heldenfigur Ihrer Metapher geht und welche Haltung sie hat; nehmen Sie den Gesichtsausdruck zur Kenntnis und interpretieren Sie die Gestik. Helden pflegen aufrecht zu stehen, die Brust heraus und die Schultern zurückgedrückt. Sie haben ein freundliches, weises Gesicht, einen herzlichen Händedruck und einen selbstsicheren Gang.

Öffnen Sie, sobald Sie Ihre Geschichte einschließlich der Rolle und Kraft Ihrer Heldenfigur genügend betrachtet und nachgefühlt haben, die Augen und stellen Sie sich vor den Spiegel – möglichst vor einen Spiegel, in dem Sie sich ganz sehen können. Schauen Sie sich im Spiegel an, wie Sie für gewöhnlich gehen und stehen. Verändern Sie jetzt Gang und Haltung und stehen Sie so wie Ihr Held, blicken Sie so wie Ihr Held und gehen Sie so wie Ihr Held. Fühlen Sie die zusätzliche Selbstsicherheit, die Sie dadurch sofort gewinnen, und nehmen Sie die Veränderung in Ihren Reaktionen wahr. Dies ist der Standard, den Sie immer verwirklichen möchten. Fangen Sie sofort damit an, die notwendigen Anpassungen vorzunehmen, um Ihren Körper dem Ihres Helden anzugleichen.

Es gibt ein wunderbares kleines Buch von John Diamond mit dem Titel *Der Körper lügt nicht*.[90] Thematisiert wird darin unter anderem, wie der Körper auf die eigenen Gedanken reagiert: mit Stärke oder Angst und Schwäche. Wir sind unser eigener Trainer. So wie der Körper reagiert, reagiert auch der Geist. Es ist zum Beispiel unmöglich, sich selbst zu bemitleiden und sich dabei auszuschütten vor Lachen. Wie beim Lächeln werden Geist und Gehirn durch die äußere Haltung beeinflusst, und entsprechend ändert sich die Körperchemie.

Wenn es nötig ist, tragen Sie andere Kleidung. Die Menschen beurteilen Sie im Allgemeinen nach Ihrem Äußeren. Wenn ich

Cowboystiefel und alte Jeans anziehe, mich im Freien aufhalte, bis ich dreckig bin, und so in die Stadt fahre, behandeln mich die Leute merklich anders, als wenn ich im Anzug mit Weste ankomme. Es sollte zwar nicht so sein, ist aber so. Kleidung und äußere Erscheinung stellen eine entscheidende Möglichkeit dar, mit sofortiger Wirkung sowohl das eigene Selbstbild zu verändern als auch das Feedback, das Sie von anderen erhalten. Ich fühle mich anders, wenn ich Stiefel und Jeans trage, als wenn ich mich für einen Vortrag passend angezogen habe – selbst mein Vokabular verändert sich dann. Vergessen Sie aber nicht, dass Sie vor allem an Ihrem innersten Wesenskern arbeiten. Sobald Sie stärker geworden sind, sind Ihnen Ihre Ausstrahlung und Ihre Wirkung auf andere Menschen nicht mehr so wichtig, auch wenn es von Zeit zu Zeit ganz amüsant sein kann, sich damit zu befassen.

Probieren Sie es in Ihren Beziehungen zu anderen mit der Nachahmungs- und Abgleichungstechnik (*Matching* und *Pacing*). Hören Sie genau zu, was die andere Person sagt. Schauen Sie hin, wie sie sich hält, und ahmen Sie diese Haltung vorsichtig nach. Nicken Sie zustimmend, während Ihr Gegenüber spricht. Lächelt die Person, lächeln auch Sie; schlägt sie die Beine übereinander, tun Sie es auch. Nach ein paar Minuten des Nachahmens beginnen Sie mit dem Abgleichen. Dies geschieht durch leichte Veränderungen, etwa, indem Sie die Beine andersherum übereinander schlagen. Passen Sie auf: Meistens zieht die andere Person nun gleich, sofern Sie beim Nachahmen erfolgreich waren und dadurch den konditionierten Bezug (*Rapport*) aufgebaut haben.

Wenn Sie etwas sagen, dann vom Standpunkt der anderen Person aus. Greifen Sie eine Bemerkung Ihres Gegenübers auf und bestätigen Sie diese. Beginnen Sie dann mit der Bildung eigener Kommentare und Interpretationen. Beobachten Sie den Körper der anderen Person. Wenn diese Arme oder Beine kreuzt, sollte Ihnen klar sein, dass sie sich höchstwahrscheinlich von Ihnen distanzieren will. Gehen Sie langsamer vor und gewinnen Sie ihr Vertrauen zurück.

BodyTalk (Körpersprache), *Matching* und *Pacing* sind unbedingt die Zeit wert, die es braucht, ein paar gute Bücher zum Thema zu lesen. Es stehen viele Quellen zur Verfügung, und wenn Sie interessiert sind, können auch diese Techniken Ihnen dabei helfen, Ihr Selbstvertrauen zu stärken und Ihre Beziehungen zu anderen zu verbessern.

M^3

M^3 ist eine Methode, mit der man die Kraft der Erinnerung (*Memory*) von realen und vorgestellten Ereignissen aus Stimmung (*Mood*), Musterbildung (*Modeling*) und Metapher (*Metaphor*) aufbaut. Wird die M^3-Formel bei allen in diesem Buch beschriebenen oder anderen Methoden und Techniken angewandt, wird deren Wirkung verstärkt. Die Formel bedeutet: Versetze dich in eine Stimmung, die sich dem Körper einprägt und die Vorstellungen, Gedanken und Assoziationen hervorruft, die in dieser Stimmung wünschenswert sind. Bilde aus diesen Gefühlen und Assoziationen eine Metapher für dich und merke sie dir. M^3 heißt **M**ood mal **M**odeling mal **M**etapher = **M**emory (Erinnerung) oder M x M x M = M^3. Die Erinnerung liefert das Kontinuum des Daseins. Die zuvor erwähnten Tiefenbewusstseinslinks (DMLs) sind M^3-Ereignisse.

Spirituelle Übungen

Es gibt viele mentale Übungen, von denen schon die Rede war. Manche davon führen ganz von selbst weiter zu *spirituellen* Übungen. Das liegt, glaube ich, daran, dass religiöse Erfahrungen ihren festen Platz im Gehirn des Menschen haben. Tatsächlich gibt es im Gehirn einen Bereich, der bei Reizung mit elektrischen Impulsen ein religiöses Erlebnis auslöst. Man könnte nun argumentieren, dass es sich dabei lediglich um einen evolutionären Atavismus handelt, ein Überbleibsel aus einer Zeit, in der die Spezies die Religion brauchte, und dass wir inzwischen über dieses Bedürfnis hinausgewachsen sind. Ich gehöre nicht zu diesen Leuten. Ich bin davon überzeugt, dass die spirituelle Ausrichtung des Menschen einschließlich der Tatsache, dass sie in seiner Anatomie angelegt ist, aus genau dem Grund da ist, aus dem Gott sie dort platziert hat.

Nachdem ich klargestellt habe, wohin ich tendiere, möchte ich noch eins hinzufügen: Wissenschaftliche Untersuchungen haben ziemlich deutlich gezeigt, dass Menschen, die sich innerlich auf ein höheres Ziel, eine spirituelle Erkenntnis ausrichten, meist gesünder sind und länger leben. Das ist kein Bekenntnis zu irgendeiner Religion, sondern ein Zeugnis für den Wert der Spiritualität überhaupt.

Da das Spirituelle allem Anschein nach für den Menschen von Bedeutung ist, möchten Sie vielleicht auch eine Reihe spezieller spiritueller Übungen kennenlernen. Sie sollen Ihnen nicht nur mehr Kontrolle über Geist und Gemüt verschaffen, sondern Ihnen darüber hinaus den Sinn Ihres Daseins vermitteln. Zu diesem Zweck empfehle ich Ihnen, täglich zu meditieren und die Atemtechnik des Yoga als Ausgangspunkt zu nehmen. Diese kann einfach darin bestehen, dass Sie sich auf Ihren Atem konzentrieren und allmählich von einer unregelmäßigen Atmung zu einem rhythmischen Atemmuster übergehen. Zum Beispiel können Sie, wie zuvor erwähnt, einfach durch die Nase einatmen und dabei bis drei oder vier zählen (wie es Ihnen angenehm ist), den Atem ebenso lange anhalten (sagen wir, bis Sie bis drei gezählt haben), durch den Mund ausatmen und dabei bis drei zählen, den Atem daraufhin wieder drei Takte lang anhalten und schließlich erneut durch die Nase einatmen und dabei bis drei zählen. Es ist erstaunlich, wie ruhig der Geist wird, während er diese kleine Aufgabe bewältigt, und wie schnell sich im gleichen Rhythmus die an anderer Stelle bereits erwähnte Herzkohärenz (vgl. Kapitel 12) einstellt.

Yoga, zu dem diese Übung gehört, ist eine wunderbare spirituelle Praxis, die Körper und Geist umfasst. Die medizinische Anwendung von Yoga ist mittlerweile ziemlich weit verbreitet aufgrund seiner erwiesenermaßen umfassenden Wirksamkeit, denn es hält Körper und Geist gesund und fit. Es geht nicht nur um die Beweglichkeit des Körpers, wie manche denken; vielmehr ist Yoga eine großartige Methode zur Stressbewältigung und eine hervorragende Möglichkeit, den ganzen Menschen auf ein höheres Ziel auszurichten.

Es gibt eine solche Vielzahl und Vielfalt von religiösen Übungen, dass es den Rahmen dieses Buches sprengen würde, sie hier anzuführen. Aber eine spirituelle Komponente gibt allem, was wir tun, eine größere Fülle und einen tieferen Sinn, die nicht erklärt, sondern nur erfahren werden können.

Meditation

Zum Thema Meditation gibt es zahllose gute Bücher, doch da ich hier ein breites Spektrum von Methoden vorstellen möchte, die dem persönlichen Wachstum und der Selbstverwirklichung dienen, werde ich auch eine einfache Übung aus diesem Bereich beschreiben. Die Übung erfüllt ihren Zweck; denn mit der geschilderten Technik gewinnen Sie Kraft zur Selbstverwirklichung. Ich erinnere jedoch daran, dass über nahezu jedes hier besprochene Verfahren schon etliche Bücher geschrieben worden sind. Sollten Sie sich für eines der Verfahren besonders interessieren, rate ich Ihnen, alles darüber zu lesen, was Sie auftreiben können.

Die Meditation ist ein ganz eigenes System. In meinen Augen ist der Hauptunterschied zwischen Meditations- und Hypnosetechniken das Ziel der Übung, nicht die Gehirnwellentätigkeit oder die Methode, durch die eine Bewusstseinsveränderung erreicht wird. Ein guter Hypnotiseur hat normalerweise etliche Meditationsmethoden studiert und wendet unter Umständen die eine oder andere an, um eine Hypnose-Trance einzuleiten. Doch während der Hauptzweck einer Hypnose therapeutischer Art ist, besteht das Ziel einer Meditation meist darin, mit dem Göttlichen, dem All-Einen, dem universellen Geist, der höchsten Macht oder wie man es sonst nennen will, in Berührung zu kommen. In der Meditation wird der Kontakt zur Quintessenz des Seins gesucht – zum eigenen Wesenskern und zum Wesenskern aller Dinge.

Bei manchen Methoden wird der Körper in die Meditation einbezogen wie bei der Eurythmie oder beim Hatha-Yoga. Darüber hinaus gibt es geistige Richtungen wie beispielsweise Jnana-Yoga (den Yoga der Erkenntnis) oder die Transzendentale Meditation, außerdem sogenannte Gefühlsmeditationen, die vom Herzen und vom Solarplexus ausgehen. Manchmal wird mit Mantras gearbeitet, ein andermal mit visuellen Hilfen wie etwa Mandalas. Andere Meditationstechniken bauen auf der Natur auf, so zum Beispiel die der nordamerikanischen Lakota- oder Sioux-Indianer. Aber sie haben alle einige Gemeinsamkeiten, und die hier vorgestellte Übung schöpft aus unterschiedlichen Quellen des universellen Grundthemas. Sie dient der Beruhigung des Geistes. »Seid still und erkennet, dass ich Gott bin« (Psalm 46, 10) ist eine Anweisung, die alle Traditionen kennen. Wir wollen versuchen, still zu werden.

Still werden

Anweisung: Lesen Sie die folgenden Übungsschritte und befolgen Sie sie.

• • •

Wählen Sie einen bequemen, ruhigen Platz aus, an dem Sie sich hinsetzen oder zurücklehnen können. Entzünden Sie angenehm duftendes Räucherwerk und zwei weiße Kerzen. Stellen Sie die Kerzen so auf, dass Sie beide von da, wo Sie sich niedersetzen oder -legen, sehen können, und dimmen Sie alle Lampen oder schalten Sie sie ganz aus. Spielen Sie im Hintergrund leise Musik oder Naturgeräusche ab. Suchen Sie einen Gegenstand, den Sie für spirituell halten – zum Beispiel ein Buch wie die Bibel, *Ein Kurs in Wundern*, eine Schrift aus den Upanischaden oder etwas anderes, das Ihnen zusagt. Legen Sie es auf Ihren Schoß, nachdem Sie Ihre Kleidung gelockert haben. Stellen Sie auf Ihrem Wecker eine Übungszeit von dreißig bis vierzig Minuten ein.

Beginnen Sie damit, dass Sie die Kerzen anstarren. Beobachten Sie, wie die Flammen zucken und tanzen, und denken Sie an den Tanz des Lebens. Stellen Sie sich die Lebenskraft als Flamme vor. Denken Sie sich das Feuer inmitten Ihres Herzens als unendliche Flamme. Konzentrieren Sie sich auf die Flammen. Schließen Sie die Augen und sehen Sie die Flammen weiter brennen. Öffnen Sie die Augen und beobachten Sie die Flammen wieder, schließen Sie die Augen und sehen Sie die Flammen weiter vor sich, öffnen Sie die Augen wieder und schauen Sie erneut hin. Öffnen und schließen Sie die Augen ungefähr im Minutentakt. Wiederholen Sie diese Übung dreimal. Halten Sie danach die Augen geschlossen und betrachten Sie die Flammen vor Ihrem inneren Auge.

Konzentrieren Sie sich auf die Flammen in Ihrem Innern. Falls

Gedanken aufsteigen und Sie ablenken, übergeben Sie sie den Flammen. Lassen Sie sie im Feuer tanzen, aber bleiben Sie selbst vor den Flammen. Mitunter hilft es, die Gedanken als Passanten zu sehen, die einen Pfad hinter dem Feuer entlanggehen. Da Sie kein Hundebaby sind, folgen Sie auch keinem x-beliebigen Bein. Sie lassen diese Personen einfach vorüberziehen und bleiben selbst vor den Flammen. Allmählich ahnen Sie schon, welcher neue Gedanke (oder welches Paar Beine) auftauchen könnte. Sie merken, dass ein Gedanke, sowie Sie ihn erwarten, dahinschwindet. Flammen, nur noch Flammen beherrschen Ihr Denken. Nur Flammen füllen Ihren inneren Raum. Das Feuer des Lebens. Die Energie der Lebenskraft. Flammen – und während Sie sie anschauen, schlagen sie höher und werden heller. Vielleicht erfüllen Sie Ihren Geist mit so viel Licht, dass Ihr innerer Raum in vollkommenem Weiß leuchtet.

Seien Sie still – nur Flammen sind da. Lassen Sie Ihr Wesen mit den Flammen verschmelzen. Lassen Sie Ihren Geist zum Geist des Feuers werden. Seien Sie das Feuer. Lassen Sie zu, dass sich das Feuer ausbreitet. Lassen Sie die Flammen hoch auflodern und steigen Sie mit ihnen auf. Ihrem Aufstieg sind keine Grenzen gesetzt. Steigen Sie mit den Flammen immer höher und höher. Während die Flammen emporschießen, vereinigen sie sich zu einer einzigen hellen Flamme. Sie schießt immer höher, bis sie sich ganz oben mit einem Feuerball verbindet. Sie sehen die strahlende Helligkeit dieser Kugel, die näher kommt. Eine leuchtende Herrlichkeit, wie Sie sie nie zuvor gesehen haben. Goldener Schein, goldenes Strahlen bildet eine Kugel wie eine königliche Aura, der Sie sich nähern.

Sie nähern sich dem Ball aus Feuer, aus strahlend goldener Weißglut. Blau und rot springt Ihre Flamme auf diese Kugel über. Als Sie in die Kugelaura eintreten, sind die Flammen nicht mehr zu unterscheiden. Nur ein einziger herrlicher Ball ist noch da, eine weiß glühende goldene Kugel. In dem Feuer sind Sie eins. Was da aufstrahlte und leuchtete, als Sie sich der Kugel näherten, gehört alles zu ihr, und Sie selbst befinden sich jetzt inmitten der strahlend weißen Herrlichkeit des einen Seins.

Fühlen Sie den Frieden. Fühlen Sie die Wärme. Fühlen Sie die Kraft. Fühlen Sie die universelle Liebe. Tauchen Sie tief in diese Gefühle ein und bewahren Sie die Herrlichkeit des Lichts in Ihrem Geist. Seien Sie einfach da – hier und jetzt. Seien Sie einfach da – ganz im Hier und Jetzt.

• • •

Kommen Sie langsam zurück und öffnen Sie die Augen. Denken Sie nach dieser Übung über die zwei Flammen nach, die erst miteinander verschmolzen und sich dann mit vielen, vielleicht Milliarden, zu einer vereinten. Die beiden Lichter repräsentieren die Trennung und Vereinigung der physischen und der spirituellen Welt. Vereint haben sie große Kraft. Es sind die Flammen sowohl Ihrer physischen Anwesenheit derzeit auf dieser Erde als auch Ihrer unerschöpflichen Lebenskraft, der *einen* Lebenskraft oder Energie, die in allem ist. Jedes Mal, wenn Sie diese Übung ausführen, kommen Sie noch mehr in Einklang mit dieser einen Lebenskraft, nehmen Sie noch tiefer Einsicht und erfahren Sie Ihr Sein noch gegenwärtiger und stärker. Noch in vieler anderer Hinsicht profitieren Sie von der Stille – und der Weisheit. Wenn Sie nur eine Übung aus diesem Buch für Ihre Praxis auswählen wollen, dann rate ich Ihnen zu dieser.

Automatisches Schreiben

Jetzt folgt eine weitere sehr effektive Übung, ein Dialog zwischen Ihnen selbst und einem Teil von Ihnen. Dabei entspannen Sie sich einfach und lassen kommen, was kommen will.

Legen Sie zunächst Papier und Stift bereit. Nehmen Sie den Stift zur Hand und stellen Sie sich darauf ein, einen Dialog aufzuschreiben. Zuoberst schreiben Sie »Erste Person« und machen einen Doppelpunkt dahinter. Dann lassen Sie ein paar Zeilen Abstand und schreiben: »Zweite Person« mit einem Doppelpunkt.

Der Dialog findet zwischen der ersten Person (Ihnen) und der zweiten Person (Ihrem höheren Bewusstsein) statt. Vielleicht stellen Sie irgendwann fest, dass die zweite Person ab einem bestimmten Punkt eine andere Identität angenommen hat. Viele Übende haben nach eigenen Angaben mit Engeln, Geistführern oder Meistern kommuniziert. Es geht bei dieser Übung jedoch nicht darum, mit wem Sie kommunizieren, sondern um die Kommunikation selbst. Ob die zweite Person real, vorgestellt, Ihr Alter Ego, ein Meister aus der Vergangenheit oder sonst jemand Bestimmtes ist, spielt keine Rolle. Die Übung wird Ihr persönliches Wachstum und Ihr Verständnis fördern und Sie inniger mit sich selbst in Berührung bringen.

Schreiben Sie in die erste Zeile hinter »Erste Person:« eine Frage. Denken Sie einen Augenblick nach und stellen Sie sich vor, dass darauf eine zutiefst weise Antwort folgt. Falls Ihnen das hilft, können Sie sich vorstellen, wie Sie selbst diese Frage jemandem stellen, den Sie bewundern und lieben und dem Sie vertrauen. Wählen Sie eine Person aus, die Sie nie hintergehen würde, die Sie liebt und die Antwort auf alle Fragen weiß, die Sie stellen könnten. Vermeiden Sie komplizierte Fragen nach Möglichkeit. Fragen Sie etwas, das Ihnen wichtig ist, aber packen Sie nicht alles Mögliche, was Ihnen durch den Kopf geht, in diese eine Frage.

Denken Sie eine Weile nach, um eine wichtige, unmissverständliche Frage zu formulieren. Es muss keine Frage sein, die nur mit einem schlichten Ja oder Nein beantwortet werden kann. Schreiben Sie Ihre Frage auf und entspannen Sie sich. Lassen Sie die Antwort kommen und schreiben Sie sie auf. Seien Sie nicht kritisch. Ziehen Sie die Antwort nicht in Zweifel und versuchen Sie auch nicht zu ergründen, wohin sie führen mag. Schreiben Sie einfach die Gedanken auf, die Ihnen in den Sinn kommen. Sie wissen nicht, wohin das führt. Nehmen Sie alles auf wie eine Sekretärin.

Wenn die Antwort zu einer anderen Frage überleitet, schreiben Sie auch diese auf gleiche Weise mit erster und zweiter Person auf. Lassen Sie, auch wenn Sie glauben, alles selber zu erfinden, die Fragen und Antworten in sich aufsteigen, während Sie alles aufschreiben.

• • •

Arbeiten Sie mindestens eine Woche lang mit dieser Übung. Denken Sie daran, vertrauensvoll alles zuzulassen, was kommt. Mir ist vieles von meinem Lebenswerk auf diese Weise zugefallen. Oft hat, wenn ich mich zum Schreiben hingesetzt habe, etwas seinen Anfang genommen, was nicht aus meinem Ichbewusstsein stammte. Ich glaube, dass ich meine besten Leistungen und meine kreativsten Erkenntnisse auf ebendiese Weise gewonnen habe.

Regression

Eine Rückführungs- oder Regressionsübung kann von großem Nutzen sein, egal ob man an die Wiedergeburt, an Karma aus vergangenen Leben oder an den Dharma glaubt. Für einen Pragmatiker ist die Frage, ob eine Information aus einem früheren Leben stammt oder nicht, rein akademisch. Was wirklich zählt, sind Qualität und Bedeutung der Information. Manche sehen im Regredieren die Fähigkeit, tiefer in das eigene Selbst vorzudringen, weil die Verantwortung durch die Feststellung: *Das bin ich gar nicht – das stammt aus einem anderen Leben* leichter wird. Andere finden das Erlebte so real, so verifizierbar, dass die Regressionserfahrungen für sie der Beweis für frühere Leben sind. Wieder andere betrachten diese Erfahrungen als Möglichkeit, sich mit dem kollektiven Unbewussten zu verbinden. Vielleicht ist das, was erfahren wird, wirklich Erinnerung – aber eben nicht unbedingt eine persönliche Erinnerung.

Doch spielt das überhaupt eine Rolle? Ich glaube nicht, zumindest nicht im Hinblick darauf, dass man damit ein Mittel zur Verfügung hat, um sich selbst besser verstehen zu können. Ich für meinen Teil bin durch gewisse Phänomene, deren Zeuge ich war oder die ich miterlebt habe, dazu gekommen, an frühere Leben zu glauben. Ich glaube aber auch, dass uns allen ohne Ausnahme eine spirituelle Intelligenz angeboren ist, die sich in unterschiedlichen Stadien des Erwachens befindet. Was mich betrifft, könnten die meisten intuitiven Erkenntnisse, Eingebungen und glücklichen Zufälle der Wissenschaft »anormale Erinnerungen« genannt werden – also etwas, das einem plötzlich ohne jeden erkennbaren Zusammenhang einfällt. Wir wissen, dass die Information korrekt ist, aber es fehlt uns an dem Begleitwissen, das normalerweise zu erwarten wäre: wo wir das erfahren haben, wer es uns gesagt hat usw. Der Erinnerungsprozess scheint sich allerdings mit zunehmendem Erwachen zu intensivieren.

Einige Menschen behaupten, es gäbe eine Chronik, in der alles verzeichnet ist, was jemals getan oder geschrieben wurde. Das ist die erwähnte Akasha-Chronik, eine Art Bibliothek, die unser aller Aufzeichnungen enthält. Nach der östlichen Philosophie prägen Karma und Dharma unser gegenwärtiges Leben. Karma ist das Gesetz von Ursache und Wirkung, und Dharma ist der Weg, auf dem Dinge bereinigt werden können. Die karmischen Auswirkungen einer Gräueltat, die wir in einem früheren Leben begangen haben, können uns folglich in diesem Leben mit einer ebensolchen Tat, deren Opfer wir werden, heimsuchen. Der Dharma sorgt für die Menschen und Umstände, die zur Begleichung unserer karmischen Schuld beitragen können. Wir sammeln sowohl karmische Verdienste als auch Lasten an; den Dharma können wir dazu nutzen, ein Leben zu führen, in dem wir durch unsere Verdienste selber weiter wachsen oder dem Wohl aller Lebewesen dienen. Und in einem sehr realen Sinne kann man sagen: Wenn ein Mensch wächst, wachsen alle anderen mit ihm.

Ehe wir mit der Rückführungsübung beginnen, wollen wir uns anschauen, wie Sie mithilfe Ihrer Erfahrung Ihr spirituelles Bewusstsein steigern können. Wie gesagt, betrachte ich das gern als Erwachen der angeborenen spirituellen Intelligenz. Während sie erwacht, nimmt unser spiritueller IQ oder spiritueller Quotient (SQ) zu. Mich selbst haben entsprechende Erfahrungen wiederholt gelehrt, dass mit zunehmendem SQ auch die Lebensqualität steigt. Man lebt damit einfach länger und gesünder.

Interessant finde ich, dass bestimmte andere vorhersagbare Dinge mit einem höheren SQ in Verbindung stehen. Ich glaube sogar, dass die sogenannten Eingebungen von Genies, die historisch belegt sind, in Wahrheit die genannten »anormalen Erinnerungen« sind. Ich stelle mir zum Beispiel vor, wie Einstein sich daran erinnert, dass der Raum gekrümmt ist. Er konnte diese Erinnerung nicht in einen normalen Rahmen einordnen, aber er war sich sicher, obwohl der Beweis noch fehlte. Allerdings war er durch sein lebenslanges Forschen gut vorbereitet und konnte das Gelernte anwenden, um das zu veranschaulichen oder zu beweisen, was er schon wusste.

Ich vermute, dass Sie mit fortschreitender Übung in den verschiedensten Lebensbereichen blitzartige Eingebungen haben werden. Sind das Erinnerungen? Eine Möglichkeit, die Informationen, die Sie während Ihrer Regressionsübung erhalten, auszuwerten, besteht darin, gründlich darüber nachzudenken. Dabei sollten Sie gewisse Aspekte berücksichtigen, denen die meisten Menschen keine Beachtung schenken.

Legen Sie zur Vorbereitung der folgenden Übung Papier und Stift bereit. Teilen Sie das Blatt Papier in zwei Spalten. In die linke Spalte kommen die Fragen, und die rechte füllen Sie nach der Übung mit allem, was Ihnen dazu einfällt. Hier die Fragen:

1. Welcher Art waren die Möbel? Aus welchem Holz und welchen Textilien? Beschreiben Sie sie in allen Einzelheiten. Zeichnen Sie auf, wenn Sie kunstvolle Schnitzereien gesehen haben.

2. Womit waren die Hauswände verputzt, verkleidet oder gestrichen – innen und außen? In welchen Farben?

3. Welche Art von Kleidung haben Sie gesehen? Beschreiben Sie das Material, die Farben, den Stil und so weiter.

4. Welche Gerüche haben Sie wahrgenommen?

5. Wie sah die Landschaft aus?

6. Welche anderen auffälligen Fakten, Gegenstände oder Informationen haben Sie bemerkt?

Nach Ihrer Rückkehr ins normale Bewusstsein beantworten Sie zuerst die Fragen. Aller Wahrscheinlichkeit nach enthalten sie ein paar überprüfbare Informationen für Sie. Mit anderen Worten: Falls Sie sich fragen, ob Sie sich das ganze Erlebnis nur eingebildet haben – was im Grunde keine Rolle spielt, außer im akademischen Sinne –, können Sie jetzt damit beginnen, es systematisch nachzuprüfen.

Rückführung in ein früheres Leben

Schließen Sie die Augen und bringen Sie sich in einen entspannten Geisteszustand. Atmen Sie tief, so wie Sie es bei früheren Übungen gelernt haben. Lassen Sie alles los und richten Sie Ihre Aufmerksamkeit nach innen, denn Ihre Reise beginnt in Ihrem tiefsten Innern. Konzentrieren Sie sich mit aller Kraft auf Ihren Solarplexus.

Vor sich sehen Sie ein Bullauge wie in einem der großen Luxusliner. Dieses ist größer als sonst. Bald werden Sie es wie ein Fenster öffnen und sich hinausbegeben. Sie werden aufwärts und weit hinaus ins Weltall reisen, wie es zunächst scheint, und dann weiter in eine Region, die Ihnen vertraut ist, aber Sie erinnern sich nicht, woher. Sie werden die Gegend als angenehm und sicher empfinden. Sie werden immer höher steigen, bis Sie eine vergessene Bibliothek erreichen, ein großes weißes Gebäude mit hohen, kunstvoll verzierten Säulen. Auf den Säulen werden Sie mit Blattgold verkleidete Skulpturen sehen. Sie werden die Bibliothek betreten, die Bibliothekarin suchen und nach dem versiegelten Buch über Ihr Leben fragen.

Stellen Sie sich Ihre Reise lebhaft und deutlich vor. Wenn Sie spüren, dass Sie die Mitte Ihres Seins gefunden haben, sind Sie startbereit. Öffnen Sie in diesem Augenblick das Fenster und begeben Sie sich hinaus. Steigen Sie höher und immer höher im Raum, aufwärts und immer weiter aufwärts. Sie reisen gedankenschnell, und es dauert nur ein paar Augenblicke – höher und immer höher geht es. In der Ferne sehen Sie die Bibliothek wie eine Insel im All leuchten. Nehmen Sie wahr, wie sie näher kommt. Sie fühlen sich sicher und sind ruhig. Sie sind sich gewiss, dass Sie gleich etwas finden, was ungemein wichtig für Sie ist. Vielleicht sind Sie ein bisschen nervös – *was könnte es sein?* Lassen Sie diesen Gedanken fahren und kommen Sie an der Bibliothek an.

Gehen Sie die Freitreppe hinauf und betreten Sie das Gebäude. Es ist so groß, dass es Ihre Vorstellung übersteigt, und angefüllt mit Büchern, die wunderschön gebunden und gestaltet sind. Jedes Buch ist ein wahres Kunstwerk. Bitten Sie die Bibliothekarin um das Buch Ihres Lebens und fragen Sie nach der Seite, auf der Ihr letzter Tag in Ihrem vorigen Leben beschrieben ist. Begleiten Sie die Bibliothekarin und nehmen Sie das Buch entgegen, aber schauen Sie sich die Seite nicht an. Legen Sie stattdessen die Hand auf die Seite und versuchen Sie, diese Lebenszeit zu spüren und nachzuempfinden.

Eine Szene wie im Film wird sich vor Ihrem inneren Auge abspulen; es ist der letzte Tag Ihres vorigen Lebens. Tun Sie nichts – lassen Sie es einfach geschehen. Gleich werden Sie mit der unhörbar leisen inneren Stimme bis drei zählen. Machen Sie sich bewusst, dass Sie bei drei da sein werden … im letzten Tag Ihres vorigen Lebens. Sie werden ohne Emotionen, ohne zu urteilen, ohne Schmerzen oder andere Beschwerden da sein. Sie werden wie losgelöst zuschauen, als würden Sie einen Film von anderen Menschen sehen. Zählen Sie jetzt bis drei – schon sind Sie da.

Nehmen Sie sich einen Moment Zeit und schauen Sie sich um. Achten Sie auf Folgendes: Was haben Sie in diesem Leben geschafft? Was haben Sie gelernt? Nehmen Sie sich den Augenblick vor, in dem Sie Abschied nehmen mussten von der physischen Welt. Was haben Sie zurückgelassen, und was haben Sie mitgenommen?

Vergegenwärtigen Sie sich einen Moment lang Ihre Lieben. Erkennen Sie den einen oder anderen aus Ihrem gegenwärtigen Leben wieder? Wie bei einem Ertrinkenden erscheinen nun alle wichtigen Ereignisse vor Ihrem inneren Auge – Ihre ganze Lebensgeschichte zieht im Nu an Ihnen vorüber. Was haben Sie gemacht? Haben Sie erreicht, wofür Sie gelebt haben? Haben sich irgendwelche Muster gebildet, aus denen Sie im nächsten Leben lernen könnten? Lassen Sie die Bilder wie Filmausschnitte einfach kommen und weiterziehen. Beobachten Sie die Szenen nur. Sie sind diesmal aus keinem anderen Grund hier. Sehen Sie, wie sich alles vor Ihnen entfaltet.

Nehmen Sie sich einen Augenblick Zeit, ehe Sie die Rückreise antreten.

Es ist Zeit für Ihre Rückkehr. Dazu zählen Sie rückwärts von fünf bis eins. Bei eins werden sich Ihre Augen öffnen; Sie werden frisch und munter sein, sich sehr wohl fühlen und sich an alles erinnern können, was Sie gesehen haben. Sie werden sich erinnern, ohne zu urteilen.

Beginnen Sie bei fünf: Sie kommen jetzt allmählich zurück … versuchen Sie nicht, zu bleiben … kommen Sie zurück. Vier: Sie kommen zurück, ruhig und gelassen. Sie kommen mit Lektionen für Ihr Leben im Hier und Jetzt zurück. Drei: zurück … fast sind Sie da. Zwei: Sie haben es fast geschafft. Eins: Sie sind zurück … im Hier und Jetzt.

Öffnen Sie die Augen und wenden Sie sich nun dem Blatt Papier zu, das Sie vor Ihrer Reise vorbereitet haben. Nehmen Sie sich genügend Zeit, um die Fragen zu beantworten, und schreiben Sie auf, was Ihnen sonst noch wichtig war.

Wie geht es Ihnen? Denken Sie darüber nach. Denken Sie, wenn Sie am Abend zu Bett gehen, noch einmal an das, was Sie gesehen haben. Mit dieser Übung können Sie in jedes frühere Leben zurückkehren – gehen Sie einfach in die große Bibliothek. Führen Sie Tagebuch über Ihre Besuche und suchen Sie nach Mustern, aus denen Sie lernen können, was Sie lernen wollen. Die Muster werden Ihnen die betreffende Lektion klarmachen,

indem sie beim gleichen Thema oder der gleichen Frage wieder
auftauchen. Sie werden sich wundern, wie viele Male sich das
gleiche Muster abzeichnet, bis Sie es endlich erkennen!

Traumtagebücher

Träume sind eine starke Form der Kommunikation, und es gibt
eine ganze Reihe von Theorien zu ihrer Erklärung und Deutung.
Sicher ist, dass Träume ungelöste Konflikte kommentieren, Erinnerungen festigen und uns noch auf andere Weise Aufschlüsse
über unser Innenleben geben und Lehren erteilen. Viele Menschen sind der Meinung, sie würden nicht träumen, oder sie vergessen ihre Träume. Aber Traumbilder können einen verfolgen
und Gesinnung und Gefühle beeinflussen, auch wenn der Traum
gar nicht erinnert wird.

Die beste Art, sich mit Träumen zu befassen, ist die, ein Traum-
tagebuch zu führen. Schreiben Sie Ihre Träume jeden Morgen
auf. Wählen Sie zu Anfang nur sehr anschauliche, starke Träume
für eine Interpretation aus. Im Folgenden beschreibe ich Ihnen
eine gute Deutungsmethode, die Ihnen hilft, die meist mehrdeu-
tige Sprache der Träume zu verstehen.

Nehmen Sie sich einen Ihrer Träume vor und schreiben Sie
eine Geschichte dazu. Machen Sie aus der Hauptfigur einen Helden oder Schurken und schildern Sie die Handlung kurz. Listen
Sie auf, welche Bilder in Ihrem Traum vorkamen. Falls Sie von
einem Ungeheuer geträumt haben, verzeichnen Sie es zum Beispiel als Drache oder was immer es war. Schreiben oder zeichnen
Sie neben jedes Stichwort auf Ihrer Liste ein weiteres Wort, ein
Symbol oder eine Definition. Beispielsweise könnten Sie neben
das Wort *Drache* die Worte *Angst*, *Gefahr* oder *Schrecken* oder *böse*
schreiben. Ordnen Sie jedem Bild ein Gefühl zu. Schreiben Sie,

sobald Sie damit fertig sind, den Traum noch einmal auf, indem Sie die auf Ihrer Liste aufgeführten Wörter benutzen. Wenn Sie zum Beispiel geträumt haben, dass der Drache Sie verfolgt hat, könnten Sie schreiben: »Die Angst hat mich verfolgt.«

Mit dieser simplen Technik lässt sich auch die hintergründigste Bedeutung kristallklar erkennen. Denken Sie, nachdem Sie alles aufgeschrieben haben, daran, dass die Figuren aus Ihrem Traum immer einen Aspekt von Ihnen verkörpern. Wenn Sie von einem Kampf zwischen einem schwarzen und einem weißen Ritter träumen, läuft in Ihrem Innern offensichtlich ein Kampf zwischen zwei Kräften ab, die man meist als gut und böse bezeichnet.

Klarträume

Mystiker beschreiben das Leben als Traum in einem Traum, und Klarträume kommen dem Gefühl, wie das sein könnte, sehr nahe. Bei einem Klartraum träumen Sie und sind sich im Traum Ihres Träumens bewusst. Das verschafft Ihnen eine exzellente Gelegenheit, den weiteren Verlauf des Traums zu lenken. Das Klarträumen können Sie auf verschiedene Art und Weise lernen, sogar durch ein Klartraum-Gerät, das Dr. Stephen LaBerge[91] entwickelt hat, ein echter Experte auf diesem Gebiet.

Werfen wir einen Blick auf ein paar einfache Möglichkeiten, das Klarträumen zu lernen und einzuüben. Postieren Sie einen »Wächter« in Ihrem Geist. Das ist ein Fantasiewesen, das Sie selbst in Ihrem Geist erschaffen, damit es über Ihren Schlaf und Ihre Träume wacht. Geben Sie, wenn Sie am Abend zu Bett gehen, dem Wächter Anweisung, Sie zu wecken, wenn Sie zu träumen beginnen. Der Wächter stupst Ihr Bewusstsein leicht an, bis Sie merken, dass Sie träumen. Im Grunde eine einfache Sache, aber unterschätzen Sie sie nicht.

Machen Sie, wenn der Wächter Sie anstupst, nicht den Versuch, ganz aufzuwachen. Nehmen Sie einfach den Weckruf wahr und beginnen Sie, den Traum selbst zu lenken. Wenn er eine Wendung nimmt, die Ihnen nicht gefällt, ändern Sie ihn. Treten Sie in das Traumgeschehen ein und gestalten Sie es. Oder spielen Sie den Traum wie bei den Filmstudioübungen noch einmal ab. Bringen Sie die Änderungen an, und lassen Sie ihn sich weiter entfalten. Greifen Sie erneut ein, wenn nötig und sinnvoll.

Eine andere einfache Methode ist die Wunschliste unter dem Kopfkissen. Weisen Sie Ihr höheres Selbst an, Ihre Träume zu kontrollieren, und sagen Sie ihm, worüber Sie träumen möchten. Vielleicht wollen Sie etwas Verborgenes sehen, eine Antwort erhalten, ein Gefühl empfinden oder etwas anderes. Schreiben Sie Ihre Wünsche und Anweisungen auf und legen Sie den Zettel unter Ihr Kopfkissen. Stellen Sie ein Glas Wasser auf Ihren Nachttisch. Vermerken Sie auf Ihrem Zettel auch, dass Sie geweckt werden wollen, wenn Sie den Anfang eines Traums verpassen. Bitten Sie auch darum, sich am nächsten Morgen an den Traum erinnern zu können.

Trinken Sie, wenn Sie mitten in der Nacht wach werden, ein halbes Glas Wasser. Sagen Sie zu sich selbst: *Halbwach appelliere ich an die Fluten des Bewusstseins, mich jetzt träumen und an den Traum erinnern zu lassen.* Schlafen Sie wieder ein. Sie werden den Traum träumen.

Körperschwingungen

Kaum merkliche Auswirkungen von Umgebungsreizen, Gedanken und anderen Faktoren verändern die Schwingungen, auf die der Körper sich einstellt, ähnlich wie ein Tuner sich auf Radiowellen einstellt. Ihr Körper vibriert in der Gedankenfrequenz, auf die Sie eingestellt sind. Manchmal entspringt der Gedanke im

Körperinneren, und manchmal kommt er von außen. Meistens trifft beides zu.

Die Farbe unserer Kleidung nimmt Einfluss auf die Körperschwingungen, ebenso das, was wir essen und trinken oder rauchen, welche Art Kleidung wir tragen, wie eng die Kleidungsstücke sind, welche Farben in unserer Wohnung vorherrschen, welches Licht uns umgibt, wie das Raumgefühl ist und so weiter. Über diese Wirkungen gibt es allerlei Forschungen und etliche Bücher. Sensitive können diese Schwingungen als Aura sehen. Mithilfe der sogenannten Kirlianfotografie (auch »hochfrequente Hochspannungsfotografie« genannt), können anhand von Aufnahmen der Aura Krankheiten diagnostiziert und prognostiziert werden.

Im Anschluss der Hinweis auf eine Praxis, die meine Lebensweise gründlich verändert hat.

Fleischlose Kost

Edgar Cayce, nach Auffassung einiger Leute Amerikas bedeutendstes Medium, behauptete, die vom Körper aufgenommenen Schwingungen würden den Geist beeinflussen. Er war fest davon überzeugt, dass man am besten zu einem höheren Bewusstsein oder übersinnlichen Fähigkeiten erwachen könne, wenn man sich fleischlos ernähre. Die Edgar-Cayce-Stiftung (A. R. E.) führte eine Studie durch, um den Nachweis für seine Ansichten zu erbringen, und ich hatte das Glück, daran teilnehmen zu dürfen.

Cayce war überzeugt, dass Angst und andere negative Emotionen eines Tieres beim Verzehr seines Fleisches über die Schwingungsrate auf den Menschen übertragen würden. Diese niedrigeren Schwingungen würden die Eigenfrequenzen des Menschen herabsetzen. Wenn ein Tier gequält, seiner Freiheit beraubt, grausam geschlachtet oder auf andere Weise respektlos behandelt worden wäre, dann würden seine Angst und Wut und andere Ge-

fühle des Entsetzens den Menschen in seiner Entwicklung beeinflussen.

Diese Hypothese können Sie leicht überprüfen, indem Sie sich
dreißig Tage lang den Fleischgenuss versagen. Nehmen die negativen Emotionen deutlich ab, was bei mir der Fall war, sind die
Schlussfolgerungen klar. Die vegetarische Ernährung hat auch
den oben genannten Nebeneffekt, dass die übersinnlichen Fähigkeiten zunehmen.

Selbstliebe

»Liebe dich selbst« ist eine alte Ermahnung, die seit undenklichen
Zeiten besteht und bis heute nichts von ihrem Wahrheitsgehalt
verloren hat. Vielen Menschen fällt es schwer, sich selbst aufrichtig zu lieben. Wir haben Scham- oder Schuldgefühle oder betrachten unseren Körper oder manche Körperregionen mit Widerwillen. Louise Hay hat ein wunderbares Buch mit dem Titel *Gesundheit für Körper und Seele*[92] geschrieben, das ich jedem aufs Wärmste
empfehlen kann. Mit wenigen überzeugenden Worten macht sie
uns klar, dass wir sogar unsere Krankheiten und Leiden lieben sollten. Das heißt nicht, dass wir uns freuen müssen, wenn wir krank
werden. Nein! Es bedeutet einfach nur, dass die *Liebe* als Heilkraft
durch nichts zu übertreffen ist. Um uns selbst gegenüber wahrhaftig zu sein, müssen wir uns so akzeptieren, wie wir sind. Selbsttäu-
schung und Selbstverleugnung verhindern das persönliche Wachstum und gleichen darin einem Haus, das auf Sand gebaut ist.

Ziele

Dass unsere Kräfte mit unseren Zielen wachsen, ist so bekannt,
dass es geradezu altmodisch klingt. Ist es aber nicht! Ziele sind
entscheidend für den Erfolg. Es gibt Tausende von Büchern und

CDs zum Thema, deshalb machen wir es kurz und befassen uns nur mit den wichtigsten Schritten.

Um bei der Verwirklichung von Zielen irgendeine Technik anwenden zu können, müssen Sie zuerst ein klares Ziel definieren. Es muss erreichbar und realistisch sein, das heißt ehrgeizig, aber noch im Bereich des Möglichen. Aber darüber hinaus sollte es etwas sein, das Sie sich sehnlichst wünschen. Den letzten Gedanken will ich Ihnen mit einer Geschichte veranschaulichen.

Ein gescheiter junger Mann suchte einmal im Orient nach einem Meister. Als er ihn gefunden hatte, verlangte er von ihm, in die Geheimnisse und Wahrheiten des Universums eingeführt zu werden. Der Meister sah den jungen Mann an und ging davon.

Der junge Mann war gekränkt. Er war erfolgreich im Leben, dazu klug und gebildet und eine würdigere Behandlung gewöhnt. Jahrelang verspottete er fortan den Meister als Larifari-Meister.

Eines Tages hatte der junge Mann erneut das Bedürfnis, bei diesem Meister zu lernen, dessen Ruhm sich seit ihrer ersten Begegnung weithin verbreitet hatte. Diesmal näherte er sich dem Meister mit der aufrichtigen Bitte, sein Schüler werden zu dürfen. Der Meister sah ihn eine Weile an und sagte: »Wenn du bereit bist.« Sprach's und ging.

Der junge Mann dachte einige Monate über die Worte des Meisters nach. Dann besuchte er ihn ein drittes Mal. Der Meister war gerade dabei, am Fluss seine Kleidung zu waschen. Der junge Mann ging zu ihm und sagte: »Meister, ich möchte wirklich in die Geheimnisse des Universums eingeweiht werden. Bitte nimm mich als Schüler an.«

Der Meister packte den jungen Mann mit aller Kraft und drückte ihm den Kopf unter Wasser. Nach einiger Zeit hob er ihn wieder aus dem Wasser und sah ihm in die Augen. »Nun sag mir, was hast du dir am sehnlichsten gewünscht, als dein Kopf unter Wasser war?«

Der junge Mann antwortete: »Luft. Luft natürlich.«

Der Meister lächelte. »Wenn du dir Wissen ebenso sehnlichst wünschst wie vorhin die Luft, dann bist du bereit.«

Der erste Schritt ist der, sich über sein Ziel klar zu werden und es dann zu formulieren – als *sehnlichsten Wunsch*! Als Nächstes müssen Sie den Weg zum Ziel in einzelnen Schritten festlegen. Es sollte Orientierungspunkte geben, die Ihnen Ihren Einsatz bescheinigen und Ihnen zeigen, wie weit Sie es schon gebracht haben. Schreiben Sie sich die einzelnen Schritte und deren zeitlichen Rahmen auf. Wann sollen sie getan, wann ein Zwischenziel erreicht sein?

Das Blatt Papier, auf dem Sie Ihre Ziele notiert haben, ist wie eine Leiter, auf deren oberster Sprosse sich Ihr sehnlichster Wunsch befindet. Sie erreichen ihn nur, indem Sie Schritt für Schritt hinaufsteigen. Mit jeder Sprosse, die Sie erklimmen, machen Sie realistische Fortschritte. Lassen Sie sich nicht entmutigen, wenn Sie die vorgegebene Zeit nicht einhalten, schließlich werden Sie Ihr sehnlichstes Verlangen nicht wegen einer kleinen Verzögerung gleich aufgeben!

Zeit für Sie selbst

Fragen Sie einmal ein paar hochqualifizierte Fachleute, wie viel Zeit sie auf Fortbildung, das Lesen von Fachliteratur und überhaupt auf die Aufrechterhaltung ihres fachlichen Niveaus verwenden. Sie werden hören, dass es im Durchschnitt mindestens eine Stunde täglich ist. Solche Menschen wissen, dass sie immer dazulernen müssen, dass neue Techniken, Entdeckungen und Forschungsergebnisse ihnen fortwährend abverlangen, sich weiterzubilden. Eine kontinuierliche Fortbildung ist die Voraussetzung für die Aufrechterhaltung Ihres hohen fachlichen Niveaus.

Tun Sie es diesen Leuten gleich! Reservieren Sie jeden Tag Zeit für sich selbst! Vervollkommnen Sie Ihren Wissensstand, üben Sie sich in Selbstfürsorge und Selbstverwirklichung, sorgen Sie für Ihr persönliches Wachstum oder einfach nur für die gute alte Entspannung. Nehmen Sie sich Zeit für sich selbst! Verabreden Sie sich mit sich selbst, schreiben Sie sich, wenn nötig, Zeit und Datum in Ihren Taschenkalender und halten Sie sich an Ihre Abmachung. Ganz gleich ob Sie diese Zeit zur täglichen Meditation verwenden oder zum Lesen, zu einem ruhigen Spaziergang in freier Natur oder zu fröhlicher Geselligkeit, gönnen Sie sich jeden Tag Zeit mit und für sich.

Ein paar zufällige Gelegenheiten sind nicht als Planungsrahmen für Ihr persönliches Wachstum geeignet. Über das nötige Werkzeug zu verfügen, es aber nicht zu gebrauchen, ist so, als würde man Bäume im Wald mit einem Stein zu fällen versuchen, weil man keine Zeit hatte, seine Kettensäge zu holen.

Investieren Sie in sich selbst mindestens ebenso viel Zeit wie ein hochqualifizierter Fachmann. Nehmen Sie an Workshops und Seminaren teil, lesen Sie Bücher, hören Sie sich CDs an, schauen Sie sich relevante Videos an und dergleichen mehr. In der heutigen Welt werden wir Tag für Tag mit so viel Müll und Negativität bombardiert, dass es von entscheidender Bedeutung ist, sich jeden Tag eine Stunde Zeit für ein positives Selbsttraining zu nehmen. Und seien Sie ab und zu auch einmal nachsichtig mit sich. Gönnen Sie sich etwas. Sie haben es verdient!

Die innere Stimme

Achten Sie auf Ihre innere Stimme. Passen Sie auf, was Sie sagen und denken. Das ist sehr wichtig, wie wir gesehen haben! Vermeiden Sie Aussagen der alten Art wie etwa: »Ich habe mir einen Schnupfen geholt.« Was meinen Sie damit, Sie hätten sich einen Schnupfen »geholt«? Dass Sie hinter ihm her waren und ihn endlich erwischt haben? Denken Sie daran, dass Sie sich das, was Sie sagen, auch einhandeln! Und Ihre Gedanken werden früh genug ihren Tribut fordern, wenn Sie sie nicht stoppen.

Füttern Sie Ihr Denken mit Informationen, die Gefühle der Herzlichkeit und echten Wohlseins erzeugen. Ich versuche, den ganzen Tag über und auch nachts, während ich schlafe, im Hintergrund InnerTalk-CDs laufen zu lassen. Schützen Sie Ihre Gedanken vor Unsinn und Müll! Wählen Sie Radioprogramme, die mit Ihren persönlichen Zielen übereinstimmen.

Affirmationen benutzen

Es sind verschiedene CDs mit Affirmationen auf dem Markt. Mir persönlich gefällt besonders die Serie *Self-Talk* von Shad Helmstetter[93], aber es gibt viele andere, die Ihnen auch nützen können. Auf solchen CDs werden im Allgemeinen Suggestionsformeln zusammengestellt und immer wieder laut wiederholt. Die Idee dahinter ist einfach: Sie hören sich die positiven, bestätigenden Aussagen an und wiederholen Sie im Geiste. Nach mehrmaligem Wiederholen verankert sich die Aussage tatsächlich in Ihrem Geist und begleitet Sie den ganzen Tag. Affirmationen auf Tonträgern können sich sehr günstig auf Ihr Selbstvertrauen und Ihr Wohlbefinden auswirken.

Emotionen auspendeln

Das Auspendeln mittels Wünschelrute oder Pendel ist eine uralte Methode, um verborgene oder verschüttete Wasserstellen, Metalle, Edelsteine und Ähnliches ohne den Einsatz wissenschaftlicher Instrumente aufzuspüren. Hätten Sie gedacht, dass in Teilen der Vereinigten Staaten mehr Brunnen nach einer Ortsbestimmung durch Wünschelrutengänger gebohrt werden als mithilfe von Wissenschaft und Ingenieurskunst? Aber es stimmt. Ich selber lebe zum Beispiel in Washington, und jeder meiner acht Nachbarn hat einen Brunnen an jeweils der Stelle gebohrt, die jemand mit der Wünschelrute ausgependelt hat. Übrigens galt das Auspendeln auch bei den Militärs in Vietnam als die beste Methode, um versteckte Sprengsätze oder Landminen aufzuspüren.

Sie können auch Ihre Emotionen auspendeln. Durch den kinesiologischen Muskeltest werden Körperreaktionen beurteilt, um Informationen zu erhalten, die irgendwie schon im Geist vorhanden sind. Das ist eine gute Methode, zu der man allerdings eine zweite Person oder ein anspruchsvolles Instrumentarium braucht. Das Schöne am Pendeln ist jedoch, dass man es allein durchführen kann.[94]

Es gibt die verschiedensten Techniken und Geräte zum Pendeln und viele gute Bücher, aus denen man diese Kunst lernen kann, wenn Sie sich eingehender mit dem Thema beschäftigen wollen. Hier möchte ich Ihnen nur eine einfache, aber sehr effektive Methode vorstellen. Schreiben Sie auf einen kleinen Zettel ein Wort, einen Gedanken, den Namen einer Person oder etwas anderes, das Sie gefühlsmäßig mit irgendwelchen emotionalen Problemen oder Störungen, die Ihnen zu schaffen machen, in Zusammenhang bringen. Falten Sie den Zettel zusammen; falten Sie anschließend noch fünf gleichartige Zettel genauso zusammen, auf denen nichts geschrieben steht. (Die leeren Zettel sollen Sie lediglich davon abhalten, Einfluss auf das Ergebnis zu nehmen.)

Legen Sie die Zettel, wie in Abbildung 16 gezeigt, im Kreis aus.

Balancieren Sie einen Löffel so auf Ihrem Zeigefinger, dass sein Kopf in Richtung der anderen drei Finger weist, die zur Faust geballt sind. Führen Sie die Hand mit dem Löffel nun in sanfter, langsamer Bewegung über einen Zettel nach dem anderen. Konzentrieren Sie sich dabei auf den Gedanken: *Gibt es ein Problem mit* (hier fügen Sie das ein, was Sie aufgeschrieben haben), *das ich nicht gelöst habe?* Lassen Sie den Löffel etwa zehn Runden lang langsam über den Zetteln kreisen. Reagiert er nicht, können Sie ziemlich sicher sein, dass kein ernsthaftes Problem in Ihnen gärt. Wenn jedoch eine Reaktion beim Problemzettel auftritt, sollten

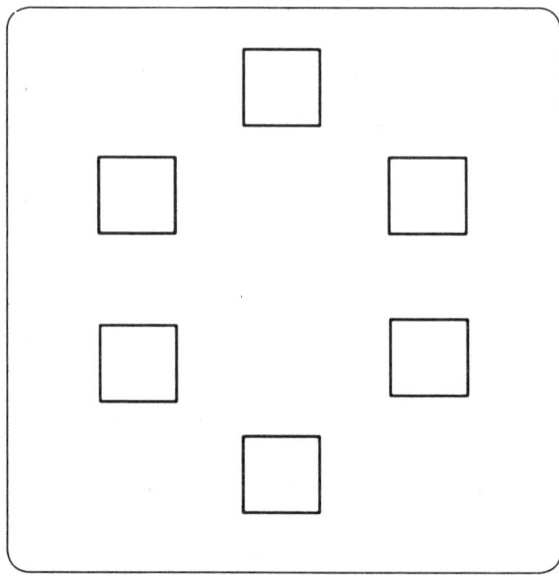

Abb. 16 Eine emotionale Störung auspendeln

Sie sie vielleicht zum Anlass nehmen, einen Blick auf das zu werfen, was Ihnen Schwierigkeiten zu machen scheint.

Diese Übung hilft uns, ehrlich uns selbst gegenüber zu bleiben. Sie ist besonders dann von Vorteil, wenn wir selber etwas bemerken oder von jemandem auf etwas aufmerksam gemacht werden, das wir verdrängt oder ignoriert haben und über das wir uns klar werden wollen. Probieren Sie es einmal damit. Lassen Sie sich von der Einfachheit der Methode nicht täuschen!

Gehirnwellenstimulation

Die unter diesem Begriff zusammengefassten Techniken unterscheiden sich etwas von den Methoden, die wir gerade besprochen haben. Es gibt eine Reihe von Geräten, mit deren Hilfe die

Gehirnwellentätigkeit verlangsamt werden kann. Dazu gehören audiovisuelle Stimulationsgeräte (»Mindmachines«), Geräte zur computergestützten Gehirnwellensynchronisation und vieles mehr. Manches davon ist sehr teuer. Deshalb wollen wir unseren Blick lieber auf erschwinglichere Methoden richten, durch die eine ähnliche Bewusstseinsveränderung hervorgerufen werden kann, nämlich durch eine reine Audiostimulation der Gehirnwellen.

Verschiedene Hersteller bieten Audio-CDs mit entsprechenden Programmen an. Das ist eine preiswerte Methode, die auch zum gewünschten Ziel führt. Wenn Sie die in diesem Kapitel beschriebenen Übungen durchgeführt haben, haben Sie schon Bekanntschaft gemacht mit Bewusstseinsveränderungen. Doch falls Sie einen solchen Zustand für ganz spezielle Zwecke, etwa eine außerkörperliche Erfahrung, erreichen wollen, ist eine CD mit einem entsprechenden Programm das beste Mittel.

Die hier infrage kommenden Audioprogramme kombinieren ausgeklügelte Frequenzmodulationen miteinander, um verschiedene Effekte zu erzeugen. Durch technische Möglichkeiten wie Frequenz-Folge-Reaktionen, synchronisierte, synkopierte und binaurale Rhythmen oder auch radionische Frequenzmuster erzeugen die besseren CDs ein Grundmuster, das im Gehirn bestimmte erwünschte Reaktionen auslöst. Weitere Informationen hierzu sowie zu einigen der hier vorgestellten Techniken und Geräte finden Sie im Internet unter *www.progressiveawareness.org*.

Spitzentechnologie

Unser Überblick über einige der besten Möglichkeiten, sich zu vervollkommnen, wäre nicht vollständig ohne einen kurzen Hinweis auf ein paar weitere Techniken, bereits bestehende und neue, auf dem Gebiet der Entwicklung des Menschen. Zum Beispiel gibt es Geräte, die extrem niedrige Frequenzen (*Extremely Low Frequencies* oder ELF) benutzen, um das elektromagnetische Umfeld zu beeinflussen, andere Geräte zur kortikalen (auch kranialen) Elektrostimulation (CES), die die Gehirnchemie beeinflussen und den Intelligenzquotienten wesentlich anheben sollen, und weitere. Ich habe mit einem der führenden CES-Experten, Dr. Charles McCusker, zusammengearbeitet und glaube, dass in Zukunft noch viel von dieser Technik zu hören sein wird.

Vor Jahren schon hatte ich auch Gelegenheit, mit dem in Kapitel 6 bereits erwähnten Neurophon zu arbeiten. Meine ersten Erfahrungen mit diesem Gerät habe ich in meinem Buch *Die Subliminal-Methode* geschildert. Das Gerät überträgt elektronisch umgesetzte Klanginformationen durch Hautkontakt und wurde ursprünglich für Hörgeschädigte entwickelt, damit sie sich an Musik wie etwa Bach'schen Fugen erfreuen können.

Zwar wurde das Neurophon von der nationalen Sicherheitsbehörde der USA vom Markt genommen, aber ein Mitarbeiter von mir trieb in Kanada eins für mich auf. Mit einem befreundeten Erziehungspsychologen zusammen fing ich sofort an, auf verschiedenen Kommunikationsebenen damit zu experimentieren, einmal mit und einmal ohne das Gerät, und Vergleiche anzustellen. Das Neurophon kann die Audioinformationen bei entsprechender Verstärkung in Form von elektrischen Impulsen direkt ins Gehirn übertragen, wo sie zu »hören« sind, als würde der Klang außerhalb der Ohren erzeugt. Wird die Leistung heruntergeregelt, wird zwar das gleiche Signal übertragen, aber nicht mehr genügend stark, um bewusst wahrgenommen zu werden.

Pat Flanagan, der Erfinder des Neurophons, wurde bald rehabilitiert, und inzwischen ist es wieder im Handel erhältlich. Sein Nachteil ist die monaurale Wiedergabe. Da die Technik, die ich mir habe patentieren lassen, auf Stereo ausgerichtet ist, habe ich nach einem vergleichbaren Gerät mit dieser Eigenschaft gesucht und es im Echofon gefunden. Ich habe viele Stunden mit dem Echofon experimentiert und es als hervorragendes Gerät erfahren, das in jeder Hinsicht wie das Neurophon zu arbeiten scheint, aber die Audiofunktion durch Stereoklang aufwertet.

Wenn Sie ein Faible für Biofeedback und Computerspiele haben, ist das mystische Abenteuerspiel *Journey to Wild Divine* das Richtige für Sie. Dieses Softwareprogramm ist erschwinglich und macht Spaß. Über ein Interface werden Messwerte der Hautleitfähigkeit und andere Biofeedbackparameter in die Steuerung des Programms mit einbezogen. Dieses multimediale Spiel nimmt Sie mit auf eine magische Reise, auf der Sie nicht nur mit der Maus, sondern auch mit Ihren Gedanken, Gefühlen und Bioreaktionen Objekte bewegen und bestimmte Aufgaben lösen können.*

Zu den sehr viel teureren Spitzengeräten des Mentaltrainings gehört ein von der Firma IBVA Technologies, Inc. entwickeltes Gerät. Es besteht aus einer drahtlosen Kopfgarnitur, der Basisstation und der Software. Durch die IBVA-Technik, wie sie genannt wird, können mittels Gehirnwellentätigkeit in Echtzeit digitale Videogeräte, Musikanlagen, haustechnische und andere Geräte gesteuert werden. Sein Zwei-Personen-Interface ermöglicht sogar mentale Wettkämpfe mit einem lebenden Gegenspieler.

Eine der interessantesten Entwicklungen auf diesem Gebiet dürften die Nachfolgegeräte des vorn im Buch bereits erwähnten Persinger-Helms sein (vgl. Kapitel 6). Er wird manchmal als »Gotteshelm« bezeichnet, weil er angeblich religiöse Erfahrungen vermittelt. Ich habe mir vor Kurzem ein solches Gerät namens »Shakti-Helm« bestellt. Bei einem Telefongespräch erzählte mir Todd Murphy, der das neue Gerät vertreibt, er glaube nicht, dass es einen »Gottesbereich« im Gehirn gebe, sein Gerät

---

* Im Internet z. B. unter *www.mind-shop.de* zu finden.

könne eher einen »Gottesprozess« im Gehirn in Gang setzen. Über die Effektivität des Produkts kann ich nicht viel sagen, weil ich noch keine Erfahrungen damit sammeln konnte. Ich gebe die Information hier nur weiter, weil ich die Sache sehr verlockend finde.

Allerdings muss ich doch auch warnen: Laut Richard Dawkins, Autor des Bestsellers *Der Gotteswahn*,[95] funktioniert der Helm nur, wenn man ohnehin schon an Gott glaubt. Ich überlasse es Ihnen, ob Sie der Äußerung Dawkins' Glauben schenken wollen.

Zum Schluss möchte ich noch bemerken, dass meines Erachtens die zu Anfang dieses Kapitels besprochenen Mittel und Wege ohne technisches Gerät die besten für Anfänger und Laien sind. Es ist nicht nötig, viel Geld auszugeben, um auf eine Reise nach innen zu gehen und der Mensch zu werden, der zu werden Ihr Geburtsrecht ist. Doch wie gesagt, auch für Laien ist die Technologie, auf die ich hier hingewiesen habe, leicht zu handhaben und meist übers Internet gut erhältlich. Sie ist zum größeren Teil recht erschwinglich und könnte Ihnen die Reise erleichtern. Ich hoffe, Sie haben gegebenenfalls Ihre Freude daran!

Zusammenfassung

Viele Möglichkeiten stehen uns offen, um den eigenen Geist zu trainieren und die Programmierung zu *löschen*, die wir anderen zu verdanken haben. Das Spektrum reicht von Visualisierung bis zum automatischen Schreiben, und die meisten Methoden erfordern keine technische Spezialausrüstung. Eine Reihe von Übungen wurden beschrieben, die Ihnen dabei helfen können, Ihre eigenen geistigen Kräfte zu nutzen und weiterzuentwickeln. Darüber hinaus wurden mehrere technische Geräte vorgestellt. Entscheidend ist, die verschiedenen Methoden auszuprobieren, herauszufinden, was man selbst bevorzugt, und damit regelmäßig zu arbeiten. Vergessen Sie nicht, mit Ihren Erwartungen in einem vernünftigen Rahmen zu bleiben.

16

Der Schutz vor Reizüberflutung

Wenn also die Tugend zweifach ist, eine Verstandestugend
und eine sittliche Tugend, so entsteht und wächst die erstere
hauptsächlich durch Belehrung, die sittliche dagegen wird
uns zuteil durch Gewöhnung.

Aristoteles

In diesem Kapitel geht es um Moral und Respekt. Ich habe gezögert, ob ich es in das Buch hineinnehmen soll, denn ich habe kein Verlangen danach, irgendjemandem eine Moralpredigt zu halten. Am Ende konnte ich nicht anders, will mich allerdings sehr kurz fassen. Das Thema ist insgesamt zu wichtig, besonders für die Zukunft der jüngeren Generationen.

Schauen Sie sich heute einmal um. Sehen Sie sich an, was die Nachrichten bringen, und hören Sie sich an, wie junge Leute mit ihren Eltern reden. Lassen Sie den Mann, der einen Werbeanruf bei Ihnen macht, einen Moment reden, bevor Sie »nein danke« sagen, und Sie werden sich wundern, wie er reagiert. Achten Sie im Straßenverkehr einmal darauf, ob sich die anderen Autofahrer freundlich und höflich verhalten. Nach all diesen Beobachtungen fragen Sie sich wahrscheinlich das Gleiche wie ich: »Wo ist bloß der Anstand geblieben?«

Ich gebe zu, dass es mich ärgert, wenn ich den Telefonhörer abhebe und gleich von einem Werber überfallen werde: »Hallo, Eldon – Sie sind doch Eldon, richtig?« Und zwar aus mehreren

Gründen, zu denen nicht zuletzt die Tatsache zählt, dass meine Telefonnummer eigentlich für Werbeanrufe gesperrt ist. Es gab mal eine Zeit, da hätte der Anrufer mich als Mr. Taylor begrüßt und sich während des Verkaufsgesprächs höchst zuvorkommend verhalten. Was ist mit dieser Höflichkeit passiert?

Alle Sprachen bieten die Möglichkeit, mit jemandem form- und zwanglos oder formvollendet und höflich zu kommunizieren. Solange man jemanden nicht näher kennt, ist man gut beraten, immer die höflichste Form zu wählen.

Warum sollte das eine Rolle spielen? Die Zukunft Amerikas – und der ganzen Welt – liegt in den Händen junger Leute, die unaufhörlich mit Reizen überflutet werden, ohne dabei irgendetwas von Sitte und Moral oder auch nur die allgemeinen Regeln der Etikette zu lernen. Statt Anstand zu lernen, wird ihnen gezeigt, wie man virtuell tötet, verstümmelt und vergewaltigt – ist ja alles nur Spiel. Die Kinder von heute haben hohe Erwartungen, und sie erwarten, dass ihnen alles in den Schoß fällt, denn sonst fühlen sie sich vernachlässigt. Allzu viele junge Menschen betrachten das Leben als Selbstverständlichkeit. Infolgedessen und infolge der Überflutung mit erheblich mehr Reizen, als verarbeitet werden können, nimmt die Gewalt bei Kindern und Jugendlichen auf alarmierende Weise zu. Kinder und Jugendliche erschießen sich gegenseitig, sie verprügeln einander und nehmen es auf Video auf, sie morden und richten dann die Waffe gegen sich selbst.

Es ist noch gar nicht so lange her, da konnten amerikanische Kinder gefahrlos Handfeuerwaffen mit in die Schule bringen, um im Wehrunterricht ihre Treffsicherheit zu üben. Können Sie sich das heute noch vorstellen? Es ist auch noch nicht so lange her, dass in einem Film »nur für Erwachsene« weniger Gewalt, Sex und Nacktheit zu sehen war als in einem bedingt jugendfreien Film heute. Wie ich bereits sagte, wird unsere Bevölkerung systematisch desensibilisiert gegenüber Dingen, die früher als absolut inakzeptabel galten.

Der Mensch braucht Stimulation. Bei jedem gibt es eine Schwelle, die ein Reiz erst passieren muss, ehe er ihn stimuliert. Wenn wir mit Reizen überflutet werden, nimmt die Signalwirkung des einzelnen Reizes ab, und wir reagieren nicht mehr. Mit der Zeit brauchen wir immer stärkere Reize, um überhaupt noch zu reagieren. Infolgedessen werden Sex- und Gewaltszenen immer eindeutiger. Dadurch untergraben wir letztlich unseren Anstand als Menschen.

Die Geschichte lehrt uns, wie es angesichts moralischer Dekadenz und des Verfalls kultureller Werte, der jedem nahezu alles erlaubt, was er durch sein jeweiliges Wertesystem rechtfertigt, um die Zukunft bestellt sein wird. Unsere Gesellschaft steht vor großen Herausforderungen, und das ist nur eine davon!

Die beste Art, mit der konstanten Reizüberflutung fertig zu werden, besteht für die meisten Menschen darin, die Reizüberflutung einfach abzuschalten. Tun wir das doch, für unsere Kinder und für uns selbst! Ich würde sogar so weit gehen, vorzuschlagen, dass wir wieder zu den höflichen Umgangsformen vergangener Generationen zurückkehren, denn diese Förmlichkeit begründet eine gewisse Ordnung, die dem gegenseitigen Respekt förderlich ist – Respekt uns selbst und anderen gegenüber, Respekt gegenüber allem Leben.

Zu Beginn von Teil II dieses Buches habe ich angesprochen, was es heißt, ein Mensch zu sein. Vielleicht finden manche das überflüssig in diesem Rahmen. Für mich – und wie ich aufrichtig hoffe, auch für Sie – ist es der Ausgangspunkt, um den Stoff für eine starke, gesunde Gesellschaft zu weben. Alle in diesem Buch vorgestellten Technologien und Methoden haben keinen Wert, wenn sie nur aus persönlichem Eigennutz angewandt werden. Doch wenn die Macht des Einzelnen durch die Stärkung der Familie wachsen würde, was wiederum zu besserer Nachbarschaft und vielem mehr beitragen würde, dann könnte sich die Welt wirklich zum Besseren verändern, nicht auf einmal, sondern indem ein Mensch nach dem anderen sich verändert. Ein Schritt nach dem anderen begründet neue Gewohnheiten.

Zusammenfassung

Es ist leicht, die in einer Gesellschaft auftretenden Veränderungen einfach als Zeichen der Zeit zu betrachten. Doch wenn wir dem, was geschieht, Aufmerksamkeit schenken, können wir nach wie vor entscheiden, ob diese Veränderungen vorteilhaft sind oder nicht. Indem wir uns die Reizüberflutung, der wir alle ausgesetzt sind, immer wieder bewusst machen, können wir Wege finden, sie zu reduzieren, und zu Gewohnheiten zurückkehren, die für uns, unsere Familien und unsere zwischenmenschlichen Beziehungen erheblich gesünder sind.

17

Der 50-Tage-Plan

Alles, was du siehst, hat seine Wurzeln in der unsichtbaren Welt.
Die Formen mögen sich verändern, aber das Wesen bleibt gleich.
Jeder wunderbare Anblick wird schwinden, jedes sanfte Wort
verklingen, aber lass dich nicht entmutigen,
die Quelle, der sie entspringen, sprudelt ewig, wächst,
verzweigt sich, spendet neues Leben und neue Freude.
Warum weinst du?
Die Quelle ist in dir, und ihr entspringt die ganze Welt.
Dschalal ad-Din Rumi

Was würden Sie machen, wenn Sie nur noch fünfzig Tage zu leben hätten? Könnte es nicht sein, dass Sie den Wunsch zu sterben haben, ohne sich dessen bewusst zu sein? Halten Sie es für möglich, dass Sie sich unbewusst einen bestimmten Zeitrahmen geben, innerhalb dessen Sie aus dem Leben scheiden werden, oder glauben Sie, dass es einen solchen Zeitrahmen gibt, Sie ihn aber auch verändern können? Glauben Sie, dass ein Tier sein Leben für Sie hingeben könnte, sodass Sie am Leben bleiben?

Vor einigen Jahren hatte ich einen wunderbaren Hund namens Duke. Kurz nach meinem Umzug in ein neues Haus wurde Duke erschossen. Es war ein Bauchschuss, sodass er langsam, über einen Zeitraum von sieben Stunden hinweg, starb. Ich glaubte zu wissen, wer ihn erschossen hat, und sprach den betreffenden Mann voller Wut und Schmerz darauf an; er leugnete die Tat.

Aufgrund meiner beruflichen Erfahrung mit Verhören und Ermittlungen empfand ich sein Abstreiten als einen solchen Affront, dass ich mich sehr zusammenreißen musste, um nicht etwas zu tun, was ich hinterher bereut hätte. Ich ging wütend nach Hause. Ich wusste, dass ich dem Mann eigentlich hätte vergeben sollen, aber es gelang mir einfach nicht. Ich war wie besessen von den gemeinsten, rachsüchtigsten Fantasien. Sie waren das Einzige, was meinen Schmerz ein wenig linderte.

Ein paar Tage später besuchte mich meine Freundin Yolanda aus Mexiko. Sie ist ein begnadeter Mensch. Ich achte sie hoch und respektiere ihre Eingebungen. Sie sah mich an und sagte: »Eldon, dein Hund ist gestorben, damit sein Herr nicht sterben musste. Er hat dir einen Gefallen getan, ebenso wie der Mann, der ihn erschossen hat. Als ich jung war, habe auch ich einen Hund verloren. Er erschien mir aber und sagte mir, dass Haustiere oft sterben, um ihre Besitzer zu retten. Für ein Tier ist das eine sehr edle Tat, die ihm alle Ehre macht.«

Ich muss zugeben, dass mir dieser Gedanke gefiel – allerdings kam er mir auch absurd vor. Wieder einige Tage später wurden mir meine eigenen »fünfzig Tage« angekündigt (mehr darüber später). Ich sprach nur mit wenigen Leuten über das, was Yolanda gesagt hatte, auch nicht über meine »fünfzig Tage«. Dann brachte mir eines Tages ein Freund ein Buch mit und empfahl mir dringend, es zu lesen. Es war *Die Entscheidung* von Og Mandino,[96] einem Autor, den ich immer sehr geschätzt habe. In diesem Buch erzählt er die Geschichte eines Mannes, der zu beschäftigt ist, um Zeit für seine Familie zu haben. Eines Tages hält er inne und vollzieht eine berufliche Kehrtwende, um sich an Frau und Kindern zu freuen. Er schreibt Selbsthilfebücher, und dann erfährt er, dass er nicht mehr lange zu leben hat. Am Ende legt er alles in Gottes Hand und lässt los. Das, was dieser Mann sagt, gehört zu dem Stärksten, was ich je gelesen habe. Seine Dankbarkeit für jeden einzelnen Tag und alles, was ihm dieser Tag bringt, wird nur noch von seiner ungeheuren Lust am Leben übertroffen.

Nachdem ich das Buch gelesen hatte, rief meine älteste Tochter Angela an. Ihr Sohn John David war zu diesem Zeitpunkt acht Wochen alt. Angela sagte: »Dad, ich muss dir etwas Merkwürdiges erzählen und deine Meinung dazu hören. Vor ein paar Tagen ist unsere Katze gestorben, und da hatte ich einen Traum. In diesem Traum ist mir die Katze erschienen und hat mir gesagt, sie wäre gestorben, damit John David am Leben bliebe. Sie war irgendwie ganz Katze und doch wieder etwas ganz Besonderes. Sie sagte mir, ihr ginge es gut, aber ich müsste jetzt aufwachen und nach John David sehen, der aufgehört hätte zu atmen. Ich wurde sofort wach, und John David atmete tatsächlich nicht mehr. Ich habe Mund-zu-Mund-Beatmung gemacht, und jetzt ist alles wieder in Ordnung. Ist das nicht irre?«

Was meinen Sie? Ist es wirklich irre? Natürlich kann ich diese drei Begebenheiten nicht einfach als profanen »Zufall« abhaken.

Letzten Endes kann alles Gewöhnliche als genau das definiert werden – als gewöhnlich. Demnach gäbe es nichts Besonderes. Diese Definition passt gut zu den Thesen, wonach der Mensch nur ein Produkt der Evolution ist und keinen Schöpfer, keine Zukunft, kein Leben nach dem Tod hat und nichts anderes besitzt als die physische Realität im Hier und Jetzt. Aber im Grunde erfüllt uns nur die Erfahrung dessen, was sich allen Erklärungen entzieht, mit der Hoffnung, dass das Leben über das Vergängliche hinausweist. Es ist diese Erfahrung, die uns dazu bringt, den tieferen Sinn in allen Dingen – das Gute in allem – zu erkennen, das *Staunen*, das manchmal zu einem *Aha*-Erlebnis führt.

Meine Entscheidung

Kurze Zeit nach Angelas Anruf wurde ich von drei Boten aus dem Schlaf geweckt. Sie schwebten einen Meter über dem Boden am Fuße meines Bettes und sprachen zu mir: »Du hast noch fünfzig Tage zu leben. Was wünschst du dir?«

Ich wusste, dass ich Ruhm und Glück, alles, was ich mir nur vorstellte, haben konnte, aber ich entschied mich für meine Arbeit und das Zusammensein mit meiner Familie. Meine Entscheidung war eine ebensolche Überraschung für mich wie diese Botenerscheinung. Sie erfüllte mich jedoch mit einem tiefen Frieden. Ich gab während der nächsten fünfzig Tage niederziehenden Gedanken keinen Raum mehr, sondern konzentrierte mich lieber auf jeden Tag in seiner Einmaligkeit. Ich versuchte zwar zu schreiben und noch ein paar Dinge zu erledigen, aber ebenso wichtig war es mir, Zeit mit meiner Familie zu verbringen. Der winterliche Schneefall war keine Last mehr, er war ein Ehrfurcht gebietender Akt der Natur. Die Kälte gab einem nur die Chance, gemütlich am Kaminfeuer zu sitzen. Träume, Ambitionen, Pläne, Ängste und ich weiß nicht, was noch alles, traten während der nächsten fünfzig Tage in den Hintergrund zurück, außer es war wichtig. Das nächste Jahr hatte keine Bedeutung mehr.

Ich war nicht in Panik, ich spürte nur mit Gewissheit, dass die Deadline real war, wenn auch zugleich metaphorisch. Ich musste jeden Tag so leben, als wäre es mein letzter. Dann kam eine Zeit der Besinnung. Ich dachte: *Warum habe ich diese Prognose von nur noch fünfzig Lebenstagen eigentlich akzeptiert? Wo ist meine Kämpfernatur geblieben – mein Willen?*

Im Anschluss daran entwarf ich systematisch ein geistiges Bild, eine *Mind Map* mit allem, was mir Grund zum Leben gab, aber auch mit allen Konflikten, die ich noch lösen musste. Zu meinem Erstaunen stellte ich fest, dass in mir ein heftiger Streit tobte, der ganz den Eindruck machte, als könnte er nur aufhören, wenn ich diese Daseinsebene verließ. *Das* war nun wirklich ein Drama. Es war zu persönlich, um es hier wiederzugeben. Nur so viel will ich verraten: Es war eine ganz und gar aussichtslose Situation. Also setzte ich mich mit der Person, die an dem Konflikt beteiligt war, zusammen und besprach die Sache offen mit ihr. Irgendwie stellte sich sofort Erleichterung ein, als das Problem ausgesprochen wurde. Wir legten es nicht auf eine Lösung an, sondern waren nur ehrlich. Wie sich herausstellte, war sie ebenfalls aufgewühlt. Wir einigten uns darauf, jeder eine eigene Lösung zu finden, mit Würde und in gegenseitiger Achtung. Ich ließ von der ganzen Sache ab und übergab sie einer gnädigen Hand.

Was ich daraus gelernt habe

Das Loslassen ist ebenfalls eine der echten Lektionen, die einem solch ein 50-Tage-Plan aufgibt. Wenn man lebt, als seien die Tage wirklich gezählt und das Leben zu kurz für Ausflüchte wie: »Das mache ich morgen« oder eine Geisteshaltung à la »Mir passiert schon nichts«, mit der so viele Menschen durchs Leben gehen, muss man einfach loslassen lernen. Dieses Loslassen fordert einem der Tod ab. Man gibt Pläne, Träume, Ambitionen, Menschen, Gegenstände und noch so mancherlei auf. Das ist oft schmerzhaft, gelegentlich aber auch eine erstaunliche Erleichterung. Wo Leid ist, da ist auch große Freude und Hoffnung. Und was die Erleichterung betrifft – nun, man muss loslassen können, mit oder ohne 50-Tage-Plan.

Während dieser Zeit machte ich mehrere Entdeckungen über mich selbst. Erstens bemerkte ich, dass ich bisher dazu tendiert hatte, Dinge auf die lange Bank zu schieben und erst im allerletzten Moment zu erledigen. Das wurde mir erst klar, als ich nur noch fünfzig Tage vor mir sah, um all das fertigzustellen, was ich angefangen hatte. Zweitens hatte ich bei meiner Arbeit keine klaren Prioritäten gesetzt. Mein Prinzip war es gewesen, das Vordringlichste zu erledigen und alles Übrige nach Möglichkeit zu umgehen.

Meine dritte Erkenntnis betraf meine Lebenslust. Ich hatte mir oft die Zeit versagt, das Leben einfach zu genießen. Zeit für irgendwelche Kleinigkeiten gab es, aber kaum Zeit für *Spaß*! Aus meiner persönlichen Sicht war Freizeit offensichtlich reine Verschwendung oder etwas, das man sich erst gönnen konnte, wenn man mehr Zeit hatte. Das ist nun wirklich ein Argument, das sich selbst ad absurdum führt.

Meine vierte Lektion betraf den Wert von Beziehungen. Ich hatte zum Beispiel die Beantwortung von Anrufen oder Briefen immer gern vor mir hergeschoben, ebenso wie ich mir seit Langem vergeblich vorgenommen hatte, etwas Besonderes für meinen Sohn Roy zu basteln, der damals zwei Jahre alt war.

Irgendwie war ich in ein Geleise geraten, von dem man landläufig sagt: »Immer die gleiche alte Leier.« Aber auf einmal war mein Leben wieder spannend! Ich nahm mir Dinge vor, die ich noch nie gemacht hatte. Ich ging mit Feuereifer an neue Projekte. Alle Freuden des Lebens fielen mir wieder ein. Die Schönheit aller Dinge erfüllte mich wieder mit Begeisterung, mit einem Gefühl der Verbundenheit und Ehrfurcht.

Fest stand, dass ich mir in meinem Botentraum nichts sehnlicher wünschte, als mehr Zeit für Roy zu haben. Ich sehnte mich danach, ihn einfach nur im Arm zu halten oder mit ihm zu spielen – ihm zuzuschauen und mir vorzustellen, wie sich sein Leben entfalten würde. Am Morgen nach dem Traum stand aber auch fest, dass ich niemanden mit meinem Traum in Unruhe versetzen wollte.

Jeder Augenblick ist kostbar

Wenige Tage nach meinem Traum zog einer meiner älteren Söhne zu mir. Er hatte Schwierigkeiten in der Schule, und seine Mutter war überzeugt, dass er auf eine Katastrophe zusteuern würde, wenn sich nichts änderte. Mein Sohn erteilte mir meine nächste Lektion: Das einzig Katastrophale im Leben ist, es zu verschwenden. Das passte zu meinem Traum. Zu leben, als hätte man nur noch fünfzig Tage vor sich, macht einem deutlich, wie wertvoll jeder Tag ist, wie herrlich jeder Sonnenuntergang, wie warm jedes Lächeln, welche Freude jedes Lachen ist, wie schön die Art Liebe ist, die unterstützt, statt zu erdrücken, und vieles mehr. Dann setzt man automatisch seine Prioritäten anders.

Ich glaube, mein Traum war mir eine große Lehre. Er sorgte für viel Kreativität und sogar für ein weiteres geistiges Kind. Ich wollte etwas schreiben, das anregend und nicht in erster Linie forschungsorientiert war. In groben Zügen wusste ich, was ich mitteilen wollte, ich hatte mir nur noch nicht die Zeit dazu genommen. Darüber hinaus gab es ein Lieblingsprojekt, das ich immer auf Eis gelegt hatte, ein Multimedien-Album, das esoterische Lehren mit einfachen, klaren Übungen kombinierte und zugänglich machte. Ich nahm mir sofort fest vor, beide Vorhaben zu Ende zu bringen. (Das Album heißt *Mystical Mind*, und mir haben schon viele Leute gesagt, wie faszinierend sie die Sammlung finden.)

Natürlich habe ich auch an solche Dinge gedacht wie meinen Letzten Willen. Damit hatte ich mich bisher überhaupt noch nicht befasst. Aber ich muss auch sagen, dass allgemein sehr wenig Energie in derlei Angelegenheiten floss.

Jetzt ergaben sich klare Prioritäten, neuer Enthusiasmus kam auf, und Müdigkeit gab es kaum noch. Langeweile war genauso out wie Beziehungsprobleme oder Schimpfworte. In dieser Zeit fand ich in mir die Kraft zu großer Stärke. Ich versank nicht mehr in Passivität und Hoffnungslosigkeit. Wogegen ich bisher eine Abneigung hatte, das mochte ich auch jetzt nicht – und Geduld hatte ich noch weniger als vorher. Ich weiß, ehrlich gesagt, nicht, ob das kontraproduktiv oder einfach nur richtig oder beides war. Was ich gelernt habe, ist, dass falsche Höflichkeit unhöflich ist und falsche Gefühle gelogen sind. Wenn mich das Leben etwas gelehrt hat, dann dies: dass wir authentisch sein müssen.

Ich schrieb ein Buch mit dem Titel *Just Be*[97] und achtete darauf, es binnen meiner fünfzig Tage fertig zu bekommen. Buchumschlag, Satz und alles, was dazu gehört – druckfertig. In diesem Buch geht es ausschließlich ums Sein. Wie können wir einfach *sein*? Jeder von uns ist einzigartig. Jeder hat seine Stärken und seine Achillesferse. Im Leben kommt es vor allem darauf an, uns zu akzeptieren, so wie wir sind. Zu wissen, wann wir mit uns ins Reine kommen müssen und wann wir uns einfach akzeptieren sollten – das ist manchmal schwer zu entscheiden. Über eins bin ich mir jedoch im Klaren: dass wir uns selbst treu bleiben müssen! Mein 50-Tage-Plan hat mir vor allem gezeigt, wer ich bin und was wichtig ist. Was ich gelernt habe, hat mich in Erstaunen versetzt.

Wir alle erleben viele Kämpfe und Konflikte. Sie sind überhaupt oft erst das, was unser Wachstum in Gang bringt. Ein 50-Tage-Limit fördert im Allgemeinen die Spannungen und das Gewicht, das sie haben, klar zu Tage. Manches davon mag unwichtig sein, anderes mögen Konflikte sein, mit denen wir immer gelebt haben, und wieder anderes wird in Mustern präsent sein, die unbedingt aufgelöst werden müssen, aber ignoriert wurden. Die Außenwelt ist für gewöhnlich ein Spiegelbild der Innenwelt. Wenn im Innern Unordnung herrscht, herrscht sie auch »da draußen«. Der 50-Tage-Plan bringt diese Unordnung im Nu ans Licht. Allerdings müssen wir den Plan, damit er tatsächlich Wirkung zeigt, so einhalten, als wäre nach fünfzig Tagen wirklich das Ende da.

Ich habe noch mehr über mich selbst und die Leute in meinem Umkreis gelernt. Und bestimmt werde ich noch viel mehr lernen, bevor meine Zeit gekommen ist. Ich glaube felsenfest an das Leben, und dieser Glaube ist stetig gewachsen, wofür ich dankbar bin. Man muss stärker an das Leben glauben als an den Tod! Dessen bin ich sicher. Meine Führer und Lehrer haben mir viele Möglichkeiten eröffnet und zu vielen Erfahrungen verholfen. Wie gesagt, ich betrachte die fünfzig Tage jetzt als Metapher. Im Bewusstsein dessen, was ich bisher schon gelernt habe, empfehle ich diese Übung allen ohne Ausnahme weiter.

Entschließen Sie sich, die nächsten fünfzig Tage so zu leben, als wären es Ihre letzten. Treffen Sie Ihre Entscheidungen mit Blick auf diese Deadline. Ich garantiere Ihnen, dass es Ihr Leben verändern wird! Vergessen Sie aber nicht, dass Sie solche fünfzig Tage immer wieder werden leben können – ein Riesenspaß! Danke schön, danke schön, danke schön!

Zusammenfassung

Es ist leicht, sich im Leben in etwas zu verrennen, sich über alles Mögliche aufzuregen und im Grunde zu vergessen, wer man ist. Der 50-Tage-Plan ist eine ausgezeichnete Übung, unser Augenmerk auf das zu richten, was uns wirklich wichtig ist. Für die meisten Menschen dürften die Lektionen, die sie dabei lernen, lebensverändernd sein.

18

Sieben Grundsätze

Probleme kann man niemals mit derselben Denkweise lösen,
durch die sie entstanden sind.

Albert Einstein

Jetzt wollen wir uns die »Sieben Grundsätze des großen Geheimnisses« anschauen, wie ich sie genannt habe, den Schlüssel zu
einem wirklich erfolgreichen Leben. Es handelt sich um sieben
Grundsätze, die so einleuchtend sind und so viel Kraft im eigenen
Innern freisetzen können und werden, dass Sie davon ebenso fas-
ziniert sein werden, wie ich es nun schon seit Jahren bin. Sie sind
mir beim »automatischen Schreiben« zugefallen. Vielleicht sind
sie mir unterbewusst eingegeben worden, vielleicht vom kollektiven Unbewussten, vielleicht auch von – aber entscheiden Sie
selbst.

Die sieben Grundsätze des großen Geheimnisses

Was ist Erfolg? Haben Sie sich nicht auch manches Mal gewun-
dert, dass von zwei Leuten, denen im Wesentlichen die gleichen
Möglichkeiten und Chancen offenstehen, der eine sie ergreift
und glücklich ist, während es dem anderen dreckig geht? Ist
Glück ein Synonym für Erfolg?

Ja, Erfolg ist Glück! Wirklich erfolgreiche Menschen sind zufrieden, und wer frohgemut ist und das Empfinden hat, dass ihm nichts fehlt, dem gelingt alles, was er anpackt. Woher kommen denn das Glücksgefühl und das Gefühl der Ganzheit? Wie kann ein Mensch, der in seinem Leben dauernd Enttäuschungen erlebt, heil und ganz werden? Macht das persönlich erlebte Gefühl der Ganzheit glücklich, hebt es das Selbstwertgefühl, und führt es zu Reichtum, Ruhm, Frieden, Ausgeglichenheit und Harmonie? Können familiäre Beziehungen oder die Beziehungen zu Freunden und Kollegen besser werden, wenn jemand die Verantwortung für seine eigene Integration und Ganzheit übernimmt, wenn er die Initiative ergreift, Freude und Glück zu verbreiten, und die Gelegenheit beim Schopf packt, sein Leben mithilfe des uralten Geheimnisses selbstbestimmt auszurichten? Die Antwort auf all diese Fragen ist in den sieben Grundsätzen des großen Geheimnisses zu finden.

1. Grundsatz: *das Selbst*
Schauen Sie sich zuerst einmal Ihr absolut tolles, unglaubliches *Selbst* an! Das ist kein Selbst voller Selbstzweifel, kein Selbst, das Angst davor hat, abgelehnt zu werden oder zu scheitern oder das an seinen Fähigkeiten zweifelt, sondern Ihr wahres Ich! Was sich sonst noch Gehör verschafft, sind nicht Sie. Es sind künstliche »Ichs«, die durch eine beschränkte oder falsche Sicht dessen entstanden sind, was Sie sein und werden können.

Bei den meisten Menschen stellen sich diese falschen Vorstellungen während des Heranwachsens ein. In dem Bemühen, Anerkennung zu finden, lösen wir uns oft schon früh von unserem wahren Selbst. Das Verlangen, geliebt zu werden, ist so stark, dass wir häufig aufhören, für uns selbst einzustehen, und unsere Selbstachtung für Sicherheit eintauschen. Dieser Abtausch funktioniert nicht, denn das, was ursprünglich unsere Unsicherheit verursacht hat, liegt in uns selbst begründet.

Glück ist ein Gemütszustand. Das Himmelreich ist innen. Ihr wahres Ich ist ein höheres Selbst, eine höhere Macht, die Ihnen innewohnt oder Ihnen zur Verfügung steht, wann immer Sie darum bitten oder danach suchen. Letztlich ist es Ihr Geburtsrecht, Ihr unglaubliches Selbst in all seiner Herrlichkeit zu verwirklichen. Sie haben unzweifelhaft die Kraft und die Fähigkeit, die ganze Fülle Ihres Lebens und all seine Wunder zu erfahren, denn Sie sind selbst ein Wunder, und alles, was Sie sind oder je sein können, ist ein Geschenk an Sie!

Der erste Grundsatz betrifft also Sie selbst. Die Kraft wohnt in Ihnen, niemand sonst kann sie anzapfen. Ihre Gedanken spiegeln Ihre Erwartungen wider. Was in Ihrem Unterbewusstsein keimt, das werden Sie ernten. Zweifel führt zu Misserfolg, Angst erzeugt Wut, und der Glaube an die eigene Begrenztheit ist die stärkste aller sich selbst erfüllenden Prophezeiungen.

2. Grundsatz: Gedanken materialisieren sich

Unsere Gedanken offenbaren, welches Selbstbild wir haben. Spitzen Sie einmal die Ohren, wie Sie mit sich selbst reden. Spiegelt Ihr innerer Dialog Optimismus wider, oder kreist er um negative oder selbstbeschränkende Vorstellungen?

Wir bekommen, was wir erwarten. Die Wissenschaft nennt dieses Phänomen den Pygmalion-Effekt. Es ist eine Tatsache: Wenn wir das Schlimmste erwarten, tritt es auch ein. Manche scheinen eine solche Vorliebe dafür zu haben, dass sie es geradezu anziehen! Wahrscheinlich klagen wir darüber und weinen und schreien, wenn es da ist, aber was tun wir dagegen? Wir reden und handeln, als könnten wir absolut nichts daran ändern. Passieren im Lebensalltag nicht sowieso lauter Dinge, auf die man vernünftig reagieren muss? Ist es nicht ganz normal, dass wir uns ärgern, wenn wir im Stau auf der Autobahn festsitzen? Ist es nicht normal, Angst zu bekommen, wenn uns der Chef anranzt? Ist es nicht normal, enttäuscht zu sein, wenn die Kinder respektlos sind und keine Selbstverantwortung zeigen? Ist dann nicht jeder ratlos oder sauer?

Solche Reaktionen mögen ja normal sein, aber sind sie auch dem Glück förderlich und dienlich? Hat Wut jemals ein friedvolles Gefühl von Harmonie in Ihrem Innern begründet? Hat sie je ein Problem gelöst oder etwas anderes bewirkt als noch mehr Wut, Schuldgefühle und das Empfinden, nichts mehr unter Kontrolle zu haben? Solche Reaktionen mögen tatsächlich normal sein, aber ein anderes Wort für *normal* ist *durchschnittlich*, und das könnte man als das Beste vom Schlechtesten und das Schlechteste vom Besten definieren. Weder das eine noch das andere entspricht dem höchsten Ausdruck dessen, was Sie wirklich sind.

Sie sind, was Sie denken. In allem, was Sie erfahren, kommen Ihre unterbewussten Überzeugungen zum Vorschein. Glauben Sie, dass Sie Glück, Ganzheit und Erfolg verdienen? Sie müssen mit allen Fasern Ihres Wesens davon überzeugt sein, dass Sie nur Gutes verdient haben, wenn es sich je manifestieren soll. Sie schaffen sich Ihre eigene Wirklichkeit. Ereignisse sind nicht ausschlaggebend für Ihr Leben – *Sie* sind ausschlaggebend für Ihr Leben. Wenn Ihre Gedanken im Einklang mit Ihren Wünschen sind, wird sich das, wovon Sie träumen, wie durch Zauberhand materialisieren.

3. Grundsatz: Vergeben und loslassen

Halten Sie sich für ein Opfer Ihrer Umstände? Oder sind Sie willens, die Verantwortung für sich zu übernehmen, so wie Sie sind? Dieser Gedanke ist auf den ersten Blick vielleicht etwas irritierend, aber gönnen Sie ihm eine Minute Zeit. Es gibt zwei Möglichkeiten, wie Sie in Ihrem Leben eingeschränkt sein können. Bei der einen werden Sie von anderen in Ihrer Bewegungsfreiheit behindert, und bei der anderen fesseln Sie sich selbst die

Hände, indem Sie sich weigern, Überzeugungen aufzugeben, durch die Sie sich in Ihrem Selbstausdruck als das vollständige und heile Wesen, das Sie sind, selbst einschränken. Mit anderen Worten: Solange Sie Ihre eigene Verantwortung leugnen, indem Sie anderen Menschen und Dingen die Schuld an dem geben, wer und was Sie sind, versagen Sie sich die Kraft, etwas anderes zu sein als unvollständig und mangelhaft.

Alle Verhaltensweisen entspringen einer Entscheidung. Manchmal fällen wir eine Entscheidung unbewusst oder unterbewusst. Zum Beispiel vermeiden wir Konflikte gern, indem wir unsere wahren Gefühle unterdrücken. Mit der Zeit werden diese Gefühle aber so stark, dass wir sie nicht länger verdrängen können, und dann genügt mitunter eine Kleinigkeit, um eine Überreaktion auszulösen. Das nennt man »Reaktivität« – wir verlieren die Kontrolle. Wenn wir hingegen die Verantwortung für jeden Aspekt unseres Lebens übernehmen, kommen wir mit unseren tiefsten Ängsten und Gefühlen in Berührung. Die Macht, die wir über unser früheres rein reaktives Verhalten gewinnen, weckt die Fähigkeit in uns, auf alle Reize angemessen zu reagieren. Das ist Eigeninitiative – wir sind immer im Besitz der Kontrolle.

Ich habe bereits im 1. Kapitel darauf hingewiesen, dass die höchste bewusste Verhaltensweise die Hemmung ist – die Unterdrückung unserer animalischen Reiz-Reaktions-Konditionierung. Wenn wir die Verantwortung für jeden unserer Gedanken und jede unserer Handlungen übernehmen, verwirklichen wir unsere höchste Bewusstseinsstufe und unsere Ganzheit, sodass wir niemandem mehr Vorwürfe zu machen brauchen.

Solange wir Schuldzuweisungen machen, versagen wir uns die Möglichkeit, uns weiterzuentwickeln, die Kontrolle über uns selbst zu übernehmen oder Frieden, Ausgeglichenheit und Harmonie zu finden. Die Kraft zum persönlichen Wachstum liegt im Vergebenkönnen. Das Loslassen macht uns frei. Dadurch, dass

wir allen, auch uns selbst, vergeben, verschaffen wir uns die Gelegenheit, über uns selbst hinauszuwachsen und unser wahres
Selbst aus seinem Schattendasein zu erlösen. Merkwürdigerweise
wissen die meisten Menschen, dass sie zu viel mehr in der Lage
sind, als sie in ihrem Leben verwirklichen!

4. Grundsatz: Liebe

Die stärkste Kraft auf dieser Erde ist die Liebe. Sie vertreibt die
Angst, das einzige Hindernis, das überwunden werden muss,
damit all unsere Erfahrungen eine neue Dimension der Sinn-
erfülltheit und Freude annehmen können. Gemeint ist nicht die
romantische Empfindung der Verliebtheit, sondern die bedingungslose Liebe, die wir zum Beispiel unseren Kindern schenken.
Wir alle sind wie Kinder in verschiedenen Stadien der Entwicklung, die lernen, in Freude und Glückseligkeit zu leben. Wenn
wir das wirklich begreifen, fällt es uns leicht, anderen ihre egoistischen, selbstbezogenen Taten zu vergeben – und ebenso uns
selbst zu vergeben. »Vor allem achte dich selbst«, hat Pythagoras
gesagt. Um für andere sorgen zu können, müssen wir zuerst für uns
selbst sorgen. Man kann anderen nur etwas geben, wenn man aus
dem Vollen schöpft.

Neuere Studien über Verhaltensstörungen, von Lernschwie-
rigkeiten bis hin zu kriminellen Vergehen, lassen einen gemeinsamen Nenner erkennen: ein zu schwaches Selbstwertgefühl. Es
hat seinen Ursprung in Angst vor Zurückweisung – durch einen
geliebten Menschen, den Arbeitgeber, einen Fremden, durch jeden, der unsere Handlungen belächeln, missverstehen oder miss-
billigen könnte. Eine hohe Selbstachtung beruht auf Selbstakzeptanz, also Eigenliebe. Wir können niemandem etwas zugute
tun, wenn wir nicht zuerst uns selbst etwas zugute tun.

5. Grundsatz: *Akzeptieren heißt meistern*

Bedingungslos zu lieben setzt voraus, andere zu akzeptieren, so wie sie sind. Darüber hinaus heißt es, sich selbst als vollständiges, ganzes Wesen auf einer Studienreise namens Leben zu sehen. Akzeptierenkönnen, Liebe und Vergebung sind ebenso miteinander verbunden wie jede Seite eines Dreiecks mit der ganzen Form. Als Kinder haben wir das Annehmen als ganz natürlich erfahren. Wenn das Licht dem Dunkel der Nacht wich, wussten wir, dass es so und nicht anders ist, und lernten, unser Leben danach einzurichten. Als wir älter wurden, begannen wir unsere Welt mithilfe von elektrischem Strom unter Kontrolle zu bringen. Manche Dinge können und sollten beeinflusst werden, weil sie uns Vorteile bringen – zum Beispiel, indem wir durch Einschalten des Lichts die Nacht zum Tage machen. Aber es gibt Elemente in unserer Umgebung, über die wir absolut keine Kontrolle haben und auch nicht haben sollten. Wir können nicht über unsere Mitmenschen verfügen und sie so hinbiegen, wie wir sie haben wollen, und doch versuchen viele von uns das ihr Leben lang.

Die beste Möglichkeit, auf unsere Umgebung einzuwirken, ist unsere Präsenz im Hier und Jetzt. Wenn wir andere Menschen akzeptieren, so wie sie sind, haben wir schon den ersten Schritt zur Selbstakzeptanz und damit zur Verbesserung der Situation getan. Krishnamurti hat einmal gesagt: »Du bist die Welt.« Wenn wir inneren Frieden und Freude ausstrahlen, werden sie zu uns zurückgespiegelt. Wenn wir verurteilen, verdammen, hassen, nach etwas gieren usw., stellt sich unsere Umgebung auch so dar. Die Welt ist ein Spiegel, denn ihre Hauptfunktion besteht darin, uns Gelegenheit zum Lernen zu geben.

Wogegen wir uns sträuben, zu dem werden wir oft. Was wir an anderen am wenigsten mögen, ist fast immer eine Reflexion von etwas an uns selbst. Die Liebe und Akzeptanz, die wir uns selbst entgegenbringen, bringen wir auch anderen entgegen. Jeder Mensch, der in unser Leben tritt, ist ein Lehrer; jeder trägt etwas zu unserer Entwicklung bei. Und wir unsererseits können etwas zum Erfahrungsschatz anderer beitragen. Wenn wir das Leben aus dieser Perspektive betrachten, wird jede unserer Aktionen frei von manipulativen Tendenzen sein.

Der fünfte Grundsatz wird auch »goldene Regel« genannt: Gehe mit anderen so gut um, wie du mit dir selbst umgehen würdest – alles andere geschieht dann wie von selbst. Was von uns ausgeht, das kommt zu uns zurück. Ebenso wie uns das biblische Gleichnis vom verlorenen Sohn lehrt, dass Gott uns längst akzeptiert und vergeben hat, will uns dieser Grundsatz zeigen, dass auch wir einmal der oder die Geringste unter unseren Brüdern und Schwestern gewesen sind. Uns dennoch selbst anzunehmen und zu lieben versetzt uns in die Lage, andere anzunehmen und zu lieben, ebenso wie die Sorge für andere uns in die Lage versetzt, für uns selbst Sorge zu tragen.

6. Grundsatz: Gegenseitigkeit

Martin Luther King hat einmal gesagt: »Ich kann niemals der sein, der ich sein soll, solange du nicht der bist, der du sein sollst, und du kannst nie der sein, der du sein sollst, solange ich nicht der bin, der ich sein soll.« Er fügte hinzu, dass wir alle in einem unentrinnbaren Netz der Gegenseitigkeit gefangen sind.

Der sechste Grundsatz ist das Prinzip, dass jeder von uns ein Aspekt des Ganzen ist. Wir fordern Achtung oder Nichtachtung heraus, je nachdem, wie wir andere behandeln. Im Wandel der Zeiten hat dieser Gedanke viele Namen erhalten, unter anderem »Karma«. Im Rechtswesen spricht man von »Wechselseitigkeit«. Wir ernten, was wir gesät haben.

Gegenseitigkeit bedeutet, dass jeder Einzelne die Verantwortung für jeden Zustand trägt, der im Widerspruch zur höchsten

Form des Menschseins steht und unter dieser Voraussetzung und in dieser Situation alles tut, um Gleichgewicht und Harmonie für alle zu erzielen. Das heißt nicht, dass wir uns eine gerechte Sache zu eigen machen und sie dann jemand anderem aufhalsen. Gemeint ist vielmehr, durch unser Beispiel und durch richtiges Handeln harmonisierend zu wirken und eine für alle liebevolle und wohltuende Umgebung zu schaffen.

Viele Menschen leben in gegenseitiger oder Co-Abhängigkeit. Ihre Art, Verantwortung zu übernehmen, besteht darin, andere zu manipulieren, indem sie ihnen Vorwürfe machen, an ihnen herummäkeln oder sie mit Bedingungen wie »Wenn ich das täte, würdest du dann …?«, »Wenn du mich liebtest, dann würdest du …?«, »Tut es dir nicht leid, dass ich …?« oder: »Du brauchst mich doch, um …« usw. unter Druck setzen. Durch Co-Abhängigkeit manipuliert man den anderen im Namen von Sicherheit, Gefühl und Macht. Wenn jemand ohne Sie nicht leben und arbeiten kann, hebt das Ihr Selbstwertgefühl, und umgekehrt. Ein solcher Mensch ist ein Opfer sowohl seiner Umgebung als auch seiner Mitmenschen. Das beiderseitige Bedürfnis, Kontrolle auszuüben, ist ein klassisches Symptom der Co-Abhängigkeit und erwächst aus Unsicherheit. Alle Unsicherheiten wenden sich nach außen. Der Co-Abhängige sieht Anregungen und äußere Reize durch die Brille seiner Erwartungen und knüpft entsprechende Bedingungen daran wie etwa: »Ich werde mich so und so verhalten, sofern du dich so und so verhältst.« Die Angst, in seinen Erwartungen enttäuscht zu werden, führt zu inneren Konflikten.

Glück ist eine Befindlichkeit. Es ist an den Augenblick gebunden, an das ewige Jetzt. Wenn es nicht da ist, tritt Konflikt an seine Stelle – selbst wenn es nur um die Kluft zwischen dem geht, was wir erfahren zu müssen glauben, und der tatsächlichen Erfahrung. Mit anderen Worten: Wenn wir bekommen, was wir begehren, empfinden wir Freude. Und wenn uns etwas vorbehaltlos zuteil wird, ohne dass Bedingungen daran geknüpft sind, erfahren wir es als reine Freude.

Unsicherheit schürt Angst, eine sehr kreative Kraft. Was wir am meisten fürchten, ist deshalb oft das, was wir uns einhandeln und real erfahren. Statt alles anzunehmen, wie es ist, malen wir uns aus, wie es sein könnte, oder klagen, wie es hätte sein können. Wir sind nur für uns selbst verantwortlich, jeder Einzelne. Wir müssen heil und ganz werden, ehe sich in unserem Leben etwas ändert. Darum fällt echter Gegenseitigkeit die Aufgabe zu, die Unversehrtheit des Selbst wiederherzustellen.

7. Grundsatz: Sofort handeln

Der siebte Grundsatz ist die Krönung aller vorhergehenden. In dieser Welt ist Handeln angesagt, nicht Saumseligkeit. Wenn sich irgendetwas ändern soll, müssen Sie etwas tun. Es tut sich erst etwas, wenn Sie zur Tat schreiten! Nur Sie selbst können etwas für sich tun.

Wenn unsere Welt nur Theorie wäre, würde niemand darin existieren. In dieser Welt gibt es keinen Stillstand und kein Abwarten. Keine Aktivität bedeutet Inaktivität, und Inaktivität ist auch immer eine Form der Aktivität. Form und Funktion sind eins. Leben Sie in der Erkenntnis, dass alles von Gottes Gegenwart erfüllt ist!

Zusammenfassung

Mir haben schon viele Menschen gesagt, wie tief sie von den sieben Grundsätzen beeinflusst worden sind. Lassen Sie sich von diesen Grundsätzen bei all Ihren Interaktionen leiten, dann werden Sie merken, dass Ihr Leben viel heller wird und dass Sie die Kraft haben, voll und ganz der Mensch zu werden, der Sie sein wollen.

19

Praktische Metaphysik

Alle Materie entsteht und besteht nur durch eine Kraft ... also müssen wir hinter dieser Kraft einen bewussten intelligenten Geist annehmen. Dieser Geist ist der Urgrund aller Materie.

Max Planck

Wir leben in einer Zeit, in der immer mehr Menschen das starke Bedürfnis haben, ihrem Leben eine spirituelle Komponente zu geben. Das Seltsame ist, dass gleichzeitig die Familien zerfallen, Jugendbanden ganze Stadtteile unsicher machen und mit Schnellfeuerwaffen unschuldige Leute abknallen, Lehrer immer häufiger kugelsichere Westen tragen müssen und Unterhaltungsprodukte sich nur dann gut verkaufen, wenn sie mit drastischen Gewalt- und sensationellen Sexszenen gespickt sind. Es ist fast so, als prallten zwei rivalisierende Mächte ständig frontal aufeinander – mit einer Wucht, die alles in der neueren Geschichte bisher Dagewesene bei Weitem übertrifft. Dieser Zusammenprall von Werten hat große Risse im Gesellschaftsgefüge hervorgerufen.

Viele betrachten Wissenschaft und Technik als ihren Gott, und für sie ist das Leben bloß ein Nervenkitzel, sind Werte nur antiquierte religiöse Vorstellungen und Religionen ein Instrument aus dem Mittelalter, das im Lichte der Neuzeit verworfen werden sollte. Während viele Menschen der Spiritualität einen neuen Sinn zu geben versuchen, rücken ebenso viele immer weiter von ihr ab.

Die Naturwissenschaft ist in dieser Hinsicht keine Ausnahme. Aber viele der hellsten Köpfe in diesem Bereich finden Gott in ihrer Arbeit. So hat eine der großen Visionärinnen der Biowissenschaft über zwanzig Jahre an einer Behandlung gegen Aids geforscht, motiviert von einer Eingebung, die ihr mitten in einem Vortrag kam. Darüber würden Sie vielleicht lächeln, wenn ich Ihnen nicht jetzt sagen würde, dass diese Wissenschaftlerin Dr. Candace Pert war, Verfasserin des bekannten Buches *Moleküle der Gefühle*. Oder denken Sie nur einen Augenblick an Einstein, dem auch die Idee, wie die Krümmung von Raum und Zeit zu beweisen wäre, in einer Vision erschien.

Immer mehr wissenschaftliche Erkenntnisse verweisen auf den Geist als Kausalfaktor. Einige der prestigeträchtigsten Organisationen der Wissenschaft haben sich ganz offen Fragen der Mystik zugewandt, sie betreiben Bewusstseinsforschung, untersuchen parapsychologische Phänomene und studieren alte spirituelle Traditionen. Es ist inzwischen gang und gäbe, in wissenschaftlichen Abhandlungen Beispiele und Zitate aus spirituellen Bereichen anzuführen.

Das andere Extrem sind Wissenschaftler, die alle Hinweise auf ein höheres Bewusstsein entschieden ablehnen, ob es sich dabei um etwas Überbewusstes, Paranormales, Gott oder andere Annahmen dieser Art handelt, denen entnommen werden könnte, dass der Mensch etwas anderes als ein zum Tode verurteiltes Tier mit egoistischen Genen in einer vergänglichen Welt ist.

Während ich selbst Albert Einsteins Satz »Denkt man Gottes Gedanken, dann ist der Rest einfach« verlockend finde, halten andere den Gottesbegriff für eine »kollektive Neurose«, um Sigmund Freud zu zitieren. In diesem Kontext wird manch einer ein Kapitel, das praktischer Metaphysik gewidmet ist, mit einer gewissen Geringschätzung zur Kenntnis nehmen. Aber wir sehen jetzt einmal von individuellen spirituellen Neigungen ab und definieren den Begriff »Metaphysik«, wie er hier verwendet wird, als den Versuch eines nach Selbstverwirklichung strebenden Menschen, Erfüllung zu finden, sich dabei an der Lebensfreude zu orientieren und von ehrfürchtigem Staunen beflügeln zu lassen. Auf dieser Grundlage dürften die folgenden Ausführungen eigentlich niemanden verletzen oder verwirren.

Praktisch

Ich habe dem Begriff »Metaphysik« absichtlich das Wort *praktisch* vorangestellt, um theologischen Verwicklungen vorzubeugen. Bei dieser Metaphysik ist der gesunde Menschenverstand gefragt: Ist der Ansatz brauchbar? Die anschließend dargelegten Ideen sind geprüft worden und haben die Prüfung bestanden. Es handelt sich überwiegend um die tägliche Rückbesinnung darauf, wie herrlich das Leben ist. Diese Ideen eröffnen eine Perspektive, die jedem auf seinem Weg weiterhilft. Sie machen das Leben nicht nur spannender, sondern verändern auch die Körperchemie, unterstützen das Immunsystem und verbessern ganz allgemein Gesundheit und Wohlbefinden.

Dankbarkeit

Beginnen Sie jeden Tag mit dankbarem Herzen. Sobald ich morgens meine Augen aufschlage, sage ich im Stillen: »*Danke schön, danke schön, danke schön!*« Diese kleine Fitnessübung für meinen morgendlichen Gemütszustand verwandelt negative Regungen wie »Wann ist denn endlich Wochenende?«, »Schon wieder so ein öder Tag« oder »Verdammt, ich muss aus dem Bett« in positive Erwartung, sodass ich den Tag würdigen kann. Bei getreuli-

cher Ausführung dieser einfachen Übung haben auch die beun-
ruhigendsten Lebenssituationen eine eigene Schönheit und atmen Frieden. Warum? Weil wir meistens aus Mücken Elefanten
machen. Diese Erkenntnis bringt uns weiter zu einer anderen
kleinen Übung.

Na und?

»Na und?« ist die wohl wertvollste therapeutische Maßnahme,
mit der ich je gearbeitet habe. Man wendet sie ungefähr so an: Ich
bin beunruhigt. Vielleicht mache ich mir berufliche Sorgen und
denke, dass etwas geschehen wird, das mich ruiniert. Die Sorge
nistet sich in meinem Geist ein und lässt sich nicht zerstreuen.
Sie befällt mich immer wieder, und so halte ich einfach mal inne
und sage: »Na und? Was kann schlimmstenfalls passieren?« Damit gibt sich der Geist normalerweise noch nicht zufrieden. Seine
Antwort lautet etwa so:

»Schön, und was willst du jetzt machen? Schuhe verkaufen,
um deinen Lebensunterhalt zu verdienen?«

Wieder kommt meine Gegenfrage: »Na und?«

Die nächste Reaktion ist vielleicht: »Willst du das wirklich?
Alle Welt enttäuschen?«

Wieder sage ich: »Na und?«

Jetzt wird der besorgte Geist womöglich böse und sagt: »Du
wirst noch im Bankrott enden, so viel ist sicher. Wie würde dir *das*
denn gefallen?«

»Na und?«

»Dann müsstest du wieder ganz von vorn anfangen.«

»Na und?«

»Du bist wirklich leichtsinnig, und es macht dir nicht mal was
aus!«

»Na und?«

»Wenn nun ein Notfall eintritt und du kein Geld hast? Dann stehst du auf der Straße im Regen. Du und deine Familie. Wie findest du das?«

»Dann packen wir alle zu und fangen neu an. Na und?«

»Und wenn du am Ende arm und mittellos bist?«

»Na und?«

Mit jeder Frage vollzieht sich eine Einstellungsveränderung im Hinblick auf die Sorgen: Entschlossenheit und ein Gefühl für die nötigen Prioritäten stellen sich ein. »Na und?« rückt die Situation in eine ganz neue Perspektive. Oft verfliegt die Angst einfach, und die Lösung liegt auf der Hand.

Die Kraft dieser Übung liegt in der Erkenntnis, dass Sorgen nichts ausrichten. Sie machen eine Sache nur noch schlimmer. Jenseits der Sorge wartet die Hoffnung, und sie mündet letztlich immer in spirituelle Bewusstheit ein. Was kommt, das kommt. Wir haben darüber keine Gewalt und machen uns nur zum Narren, wenn wir das weiterhin glauben. Wir können nur immer unser Bestes tun. »Na und?« sorgt dafür, dass wir ein angebliches Problem belächeln können.

Probleme sind Chancen

Jedes Problem, vor dem wir stehen, eröffnet uns auch neue Möglichkeiten. Diese Erkenntnis ist ein wichtiger Schritt zur Selbstverwirklichung. Schwierigkeiten, die uns Verdruss bereiten, ergeben sich aus den verschiedensten Gründen, und an jeder einzelnen können wir wachsen. Typische Probleme sind immer ichbezogen. Sie entstehen durch Enttäuschungen. »Ich erwarte dies oder das«, »Meine Erwartungen sind enttäuscht worden«, »Das ist nicht fair«, »Warum ist es immer ein solcher Kampf?« und so weiter.

Wenn wir der Welt gegenüber Erwartungen hegen, meinen wir, etwas voraussagen und dadurch zumindest bis zu einem gewissen Grad Kontrolle über die Welt, in der wir leben, ausüben zu können. Es gibt Belege dafür, dass der Geist ein Kausalfaktor ist, aber es sind viele Geister, die zum Endergebnis beitragen. Nicht immer ist der Geist das, was man landläufig »erleuchtet« nennt. Das Einzige, worüber wir selbst bestimmen können, ist unsere Reaktion auf äußere Reize. In was wir unsere mentale Energie investieren und in welcher Stimmung, das ist unser Ausgangspunkt, wenn Probleme auftauchen. Auch wenn es eine Art Zirkelschluss ist, sei hinzugefügt, dass sie eigentlich nur auftauchen, weil wir von ihnen überzeugt sind und ihnen entsprechende Energie zukommen lassen. Aber wie bei den meisten Wahrheiten ist man der Lösung eines Konflikts schon sehr nahe, wenn man die Paradoxie darin erkennt. Dieser Zirkelschluss ist eins der Paradoxe.

Mit einer Einstellung, die das Gute in allem sieht, würden Probleme etwa so begrüßt: »Ich bin mal gespannt, was daraus für Gutes entsteht!«

Das Gute in allem

Mit der folgenden Bemerkung sichern Sie sich die Aufmerksamkeit von Skeptikern: Ein selbstverwirklichter Mensch sieht in allem das Gute. Es ist nicht nötig, zu urteilen; unser Unterscheidungsvermögen reicht aus, um zu erkennen, ob wir mehr von etwas wollen oder nicht. Urteil und Unterscheidungsvermögen sind zweierlei.

»Gut« ist kein Urteil. Das Gute zu erwarten, gibt nur Auskunft über die eigene Einstellung und Selbstverantwortlichkeit. Wenn alles, was uns widerfährt, seinen Grund hat, dann muss irgendetwas Gutes daran sein. Wird hingegen Schlechtes erwartet, ist das eine sich selbst bewahrheitende Prophezeiung, die garantiert Unangenehmes heraufbeschwört. Bei einer praktischen oder pragmatischen Sicht der Dinge sollte man die Alternativen abwägen. Wenn durch die Erwartung, dass bestimmt etwas schiefgeht, die pessimistische Tendenz so verstärkt wird, dass wirklich etwas schiefgeht, verlangt es schlicht und einfach der gesunde Menschenverstand, die betreffende Erwartungshaltung zu ändern. Wir brauchen kein Psychogeschwätz und kein kosmisches Gefasel, um eine positive Alternative zu wählen.

Es gibt keine Zufälle

Verschiedene neue Theorien befassen sich mit der Rolle des Bewusstseins als Mittler zwischen Geist und Universum. In der Summe kommen diese Theorien zu dem Schluss, dass der Geist, wie erwähnt, ein Kausalfaktor ist. Wissenschaftlern aller Fachrichtungen schwirrt der Kopf, wenn sie darüber nachdenken, was das bedeuten und welche Auswirkungen es haben könnte. Manche glauben, dass wir an der Schwelle zu einem völlig neuen wissenschaftlichen Paradigma stehen. Danach müsste der Geist als Wirkkraft bei allen Beobachtungen, Experimenten und Ergebnissen ebenso wie im Aufbau des Universums, im Wesen subjektiver Ereignisse usw. berücksichtigt werden.

Eine der wohl provozierendsten neuen Theorien kann diesen Punkt besser beleuchten. Recht verbreitet ist ja inzwischen die Auffassung, dass der Geist eine Kraft im Universum ist. Diese Ansicht herrscht vor allem in Bereichen wie etwa der parapsychologischen Forschung vor. Wenn zum Beispiel ein Zufallsgenerator allem Anschein nach auf Gedanken reagiert, fällt es leicht, das Ergebnis auf Geisteskraft zurückzuführen. Ergo: Geist gleich Kraft!

Die neue Theorie geht hingegen von einem Modell der »Entscheidungsausweitung« (Decision Augmentation Theory/DAT) aus. Laut DAT bleibt die Außenwelt unberührt von der Geistestätigkeit. Vielmehr würde der Geist einfach an einem größeren »Bewusstseinsfeld« partizipieren (und in diesem Feld zum Beispiel mit dem angeführten Zufallsgenerator interagieren), und diese Partizipation oder Interaktion würde uns, wenn auch unterbewusst, in unseren Entscheidungen beeinflussen.

Wie immer die laufende Debatte um die Wirkkraft des Geistes ausgehen mag, eins ist gewiss: dass der Geist sowohl eine Kraft als auch ein Feld ist, das mit ähnlichen Feldern in Verbindung steht, vielleicht mit dem »Nullpunktfeld«, wie McTaggart meint. Wir müssen einsehen, dass wir alles, was wir erleben, aus einem bestimmten Grund auf uns gezogen haben. Wir alle spielen unsere Rolle bei dem, was wir erfahren; wir sind nicht zufällig unterwegs und einem blinden Schicksal ausgeliefert. Da unsere Fahrt über die enge zeitliche Grenze hinausführt, die wir »Wirklichkeit« nennen, muss dem, was wir wahrnehmen, etwas noch Wirklicheres, wenn auch Unsichtbares, zugrunde liegen – das Implizite wird zum Expliziten.

Zufall ist etwas, das unerwartet, unvorhersehbar und ohne erkennbare Ursache, eben »rein zufällig« geschieht. Es mag zwar bisweilen praktisch sein, von Zufall zu reden, aber es entspricht einfach nicht der Wahrheit. Es gibt keinen Zufall!

Indem wir alles, was uns widerfährt, in Erwartung von etwas Gutem und in der Erkenntnis annehmen, dass es keinen Zufall gibt, sehen wir die Welt durch eine völlig andere Brille. In der Praxis wird dadurch die Lebenslust gesteigert und die persönliche Entwicklung gefördert, während zugleich Konflikt und Schmerz abnehmen. Wir begrüßen jeden Tag voller Begeisterung: Was wird das Universum mir heute bescheren? Was werde ich lernen? Wir sind auf jede Begegnung mit einem anderen Menschen gespannt, denn wir wissen, dass jeder aus einem bestimmten Grund da ist. Die Synchronizität der Welt offenbart uns einen Sinn, einen Zusammenhang, Harmonie, universelle Verbundenheit und Liebe, und daraus schöpfen wir Frieden und Ausgeglichenheit.

Ehrfurcht

Über Ehrfurcht lässt sich nicht viel sagen. Als Kinder erleben wir die Welt mit ehrfürchtigem Staunen. Alles ist absolut *ehrfurchtgebietend!* Fehlt die Ehrfurcht, erfüllt uns kalter, falscher Stolz, und dann pochen wir darauf, dass es nichts Ehrfurchtgebietendes gibt, denn wir wissen ja, wie alles funktioniert, wie es entstanden ist und wie man damit umgehen kann.

Während wir heranwuchsen, haben wir gelernt, die Dinge zu benennen, und glaubten irgendwann Bescheid zu wissen. Wir glauben zu verstehen, was Elektrizität ist, weil wir sie benennen und nutzen können. Wir glauben, alles über die Entstehung des Universums zu wissen, weil wir die Urknalltheorie kennen. Aber stimmt das wirklich? Elektrizität ist zwar inzwischen nicht mehr aus unserem Leben wegzudenken, aber trotzdem ist sie wissenschaftlich immer noch nicht ganz erklärbar. Und der Urknall ist nur ein anderer Ausdruck für die Feststellung: »Am Anfang war das Eine. Das Eine teilte sich und wurde viele.«

Etwas beim Namen nennen zu können ist nicht dasselbe, wie dieses Etwas verstanden zu haben. Genau genommen verstehen wir nur sehr wenig. Und es gibt kaum etwas auf dieser Welt, das nicht ehrfürchtiges Staunen verdient hätte. Um uns dieses Wunder bewusst zu machen, müssen wir jedoch willens sein, unschuldige, unwissende Menschen zu werden. Wir müssen bereit sein, unsere Arroganz aufzugeben, um unsere Unwissenheit zu überwinden.

Engagement

Etliche Studien haben die heilende Wirkung von sozialem Engagement nachgewiesen. Ein Blick auf den ständig wachsenden Anteil der Alten an unserer überalterten Gesellschaft (mit vielen Hochbetagten und über Hundertjährigen) zeigt uns, dass der gemeinsame Nenner das Engagement ist. Diese Menschen engagieren sich tatsächlich alle in ihren Gemeinden oder für eine Sache und haben ein tiefes Gefühl der Verbundenheit, das oft die Grundlage ihrer tatkräftigen Mitwirkung ist.

Engagement ist erfüllend und hat eine therapeutische Wirkung. Und was befriedigend ist, damit kann man sich meist auch identifizieren. Sich zu engagieren heißt, sich verbunden zu fühlen, und das bedeutet, für alles im Leben die Verantwortung zu übernehmen. Nichts bleibt unbewusst, wenn wir uns anderer Menschen annehmen; jede Handlung nimmt Einfluss auf etwas oder jemanden. Wir setzen uns fürsorglich ein für das Wohlergehen anderer, für unsere Erde, für alles Leben.

Unser Gefühl der Verbundenheit können wir durch Gruppen- oder Einzelarbeit stärken. Wir können eine solche Beziehung aber auch aufbauen, indem wir uns in der Natur aufhalten, die immer schon der beste Lehrer und geduldigste Mentor der Menschheit war. Ein Mensch zu sein erscheint uns so lange als höchste Kunst, bis wir einmal Einblick nehmen in die Kunst, ein Grashüpfer, ein Frosch, ein Eichhörnchen oder ein Reh zu sein. Es sind einfach nur Grashüpfer – aber sie *sind* voll und ganz Grashüpfer.

Wir Menschen hingegen vergessen oft, was es heißt, Mensch zu sein. »Ich will ich selbst sein!«, was bedeutet das eigentlich? Die Natur ist eine meisterhafte Lehrerin, die mit allen Lebensformen anschaulich macht, was es bedeutet, einfach nur zu *sein*. Die Natur toleriert keine Spielchen, keine Vorwände, keine Fassaden, keinen aufgesetzten Unfug und kein Statusdenken. Das *Sein* zu lernen ist ein wesentlicher Aspekt der Selbstverwirklichung und gibt dem Engagement sowohl Sinn als auch Ziel.

Löschen, löschen, löschen!

Ich bin ein Fußballfan. Unweigerlich wird bei jedem Spiel im US-Fernsehen irgendwann eine Werbung mit etwa folgendem Inhalt eingeblendet: »Experten sagen: Dieses Jahr wird das schlimmste Grippejahr aller Zeiten. Auch Sie bleiben nicht verschont! Es sei denn, Sie nehmen sofort unser Heilmittel Soundso und pflegen sich!« Ich habe nicht immer gleich die Fernbedienung zur Hand, um den Sender zu wechseln und diesen Unsinn auszuschalten, bevor er sich in meinem Gehirn einnistet. Dann rufe ich einfach mit solchem Nachdruck, dass ein unbeteiligter Zuhörer denken würde, ich sei wütend: »Löschen, löschen, löschen!«

Diese wirksame Technik erinnert den Geist daran, dass man solche psychischen Angriffe erkennt und nichts damit zu tun haben will. Sie ist darüber hinaus ein gutes Mittel, um zermürbende Gedanken abzustellen. Wenn die Bewusstheit zunimmt, wird es ohnehin immer wichtiger, den inneren Dialog zu überwachen. Beobachten Sie ihn, greifen Sie ein, um etwas zu bestätigen oder neu zu formulieren, und verwerfen Sie etwaigen Unsinn. Es ist ganz einfach: Wenn Sie daran glauben, krank zu werden, dann *werden* Sie auch krank. Wenn Sie glauben, nichtswürdig zu sein, dann werden Sie auch nichtswürdig sein. Und wenn Ihr Glaube an den Tod irgendwann stärker ist als der ans Leben, dann sterben Sie.

Bis jetzt noch

Tagtäglich höre ich jemanden etwas in der Art sagen wie: »Ich verstehe das nicht« oder: »Ich weiß, was zu tun ist, aber ich bin zu ängstlich.« Wenn Leute das zu sich selbst sagen oder anderen gegenüber äußern, handeln sie sich damit genau das, was sie sagen, ein. Fügen Sie einfach immer, wenn Sie in Versuchung kommen, eine Situation oder einen Zustand, den Sie im Grunde als nicht wünschenswert empfinden, so zu beschreiben, als sei er unabänderlich, die magischen Worte *bis jetzt noch* hinzu.

Achten Sie einmal darauf, was bei einem unserer Beispielsätze geschieht, wenn Sie den Satz folgendermaßen vervollständigen: »Ich weiß, was zu tun ist, aber ich bin zu ängstlich – bis jetzt noch.« Ein ganz neuer Raum eröffnet sich, in dem wir uns erinnern können, dass wir uns das, was wir sagen und denken, am Ende selbst einhandeln.

Es gibt kein Gesetz, wonach uns Grenzen gezogen wären. Aber es gibt tatsächlich ein Gesetz, das aussagt: »Was du für wahr hältst, wird wahr werden; was du erwartest, wird eintreffen; was du dir selbst einredest, entspricht deinem Selbstbild und ist das, worin du dich letztendlich wiederfinden wirst.«

Der Sprachgebrauch

Jeder sagt: »Ich habe mir einen Schnupfen geholt«, eine Ausdrucksweise, die wir zuvor schon behandelt haben. Jeder hat auch schon einmal so etwas gesagt wie: »Das ist unheimlich gut.« Was hat *unheimlich* mit *gut* zu tun? Die Worte, die wir gebrauchen und denken, bilden ein Umfeld, auch wenn uns gar nicht bewusst ist, wie wir uns ausdrücken. Wir haben gesehen, wie der Kontext die intelligente bewusste Wahrnehmung beeinträchtigen kann – erinnern Sie sich noch an das Beispiel mit der ein mal zwei Meter großen Holzplatte beziehungsweise Tür?

Uns unseren Sprachgebrauch bewusst zu machen, kann unsere Denkmuster verändern. Wenn Sie sich aufrichtig wünschen, Denkschablonen abzulegen, werden Sie auch diese kleine Maßnahme als sehr wirkungsvoll erfahren.

Zusammenfassung

Fügen Sie diese einfachen Übungen zu den anderen Aktivitäten hinzu, mit denen Sie etwas anfangen können (und zu denen hoffentlich viele der in diesem Buch beschriebenen gehören!), und Ihr Leben wird erfüllend sein und sich Ihren mutigsten Träumen entsprechend entfalten.

20

Das maximale Selbst

Wer nichts riskiert, tut nichts, hat nichts, ist nichts und
wird nichts. Er mag zwar Kummer und Leid vermeiden, aber er
wird weder lernen noch fühlen, weder sich verändern noch
wachsen, lieben und leben.
Leo F. Buscaglia

Am Anfang dieses Buches haben wir den Geist mit Wasser verglichen, das als klarer, glitzernder Quell hoch oben im Gebirge seinen Lauf beginnt und immer weiter bergab fließt, bis es die finstersten, dreckigsten Städte erreicht. Jetzt hat unser metaphorisches Wasser seine Reise abgeschlossen. Es ist an einem Ort angelangt, wo seine natürliche Reinheit wiederhergestellt werden kann und die Schadstoffe herausgefiltert werden können. Der Geist kann sich von Neuem mit Gedanken füllen, die auf Frieden, Ausgeglichenheit und Harmonie – innen und außen – ausgerichtet sind.

Ich hoffe von ganzem Herzen, dass Sie inzwischen nicht mehr zu denen gehören, die meine Thesen immer noch als Spinnerei abtun. Es war meine Absicht, genügend Argumente anzuführen, dass die Methode, jemanden einzuschüchtern, indem man ihn zum Gespött macht und der Lächerlichkeit preisgibt, ihre Macht verliert, auch wenn ich manchmal vielleicht zu gründlich vorgegangen bin. Damit habe ich, wie ich glaube, Ihnen und anderen helfen können, sich besser gegen die Art von mentaler Beeinflussung von außen zu wehren, die wirklich gefährlich und destruktiv ist.

Ich schließe mich dem Psychologen und Forscher Martin Seligman an, der gesagt hat, wir alle hätten ein »maximales Selbst«, das viel mehr umfasst, als wir uns je vorstellen können. Angesichts der negativen Programmierung, die von allen Seiten auf uns einwirkt, ist es sicher nicht leicht, an dieses maximale Selbst zu glauben. Viele Menschen sind zu einer speziellen Art von erlernter Hilflosigkeit verführt worden und verdienen es daher, wie Edward Bernays sagte, als »stumme Masse« behandelt zu werden, weil sie schlicht unfähig sind, intelligent mitzubestimmen. Was Sie betrifft, so sind Ihre Augen jetzt hoffentlich weit offen, sodass Sie Ihr Schicksal in die eigenen Hände nehmen können.

Mein Freund Stephen James Joyce erzählt in seinem Buch *Das Geheimnis des Ameisenhügels*[98] eine wunderbare Geschichte. Sie handelt von einer Seescheide, einem eigentümlichen Geschöpf, das bald nach seiner Geburt einen Platz sucht, an dem es sesshaft werden kann. Sobald es einen solchen Ankerplatz gefunden hat, verschlingt es sein eigenes Gehirn. Anscheinend braucht das Tier sein Gehirn nur, um sich häuslich einzurichten. Viele Menschen sind der Seescheide viel ähnlicher, als man auf den ersten Blick glauben möchte. Vielleicht gibt es deshalb so viel Manipulation in unserer Gesellschaft, weil wir es gar nicht besser wissen wollen. Wir wollen es uns bloß gemütlich machen, wie die Seescheide.

Ich habe Ihnen auch einige Beispiele dafür gegeben, wie Methoden der mentalen Beeinflussung zum Wohle der Menschheit eingesetzt werden können. In meinen anderen Werken, besonders in *Nutze die Kraft des Unterbewusstseins*, habe ich mich mehr mit der Sonnenseite der mentalen Beeinflussung befasst. Im vorliegenden Buch jedoch habe ich ganz bewusst die Schattenseiten der hochwirksamen Methoden offengelegt für alle, die sich gründlich informieren wollen. Bitte entschuldigen Sie einige Stellen, die vielleicht obszön gewirkt haben, aber so ist die raue Wirklichkeit nun einmal.

Wenn Sie das hier Gelernte beherzigen und von den in diesem Buch beschriebenen einfachen Mitteln Gebrauch machen, werden Sie Ihr Leben zum Besseren verändern – das verspreche ich Ihnen!

Epilog

Eine kühne Hypothese

Mit fünf Sinnen ausgestattet, erforscht der Mensch das
ihn umgebende Universum und nennt dieses Abenteuer
Wissenschaft.

Edwin Powell Hubble

Seit ich denken kann, habe ich das intuitive Gefühl, dass der
Geist ein Kausalfaktor im Universum ist. Irgendwie – und ich
glaube nicht, dass es Zufall war – hat sich meine Lektüre immer
zwischen Physik auf der einen Seite und Spiritualität, Mystik und
Metaphysik auf der anderen bewegt. Ich hatte eine Vorliebe für
die Mathematik und kannte mich in Geometrie aus, bevor ich
darin unterrichtet wurde. Das klingt vielleicht seltsam, aber es ist
wahr. Als ich in meiner ersten Geometriestunde das Lehrbuch
durchblätterte, kam mir der Stoff so bekannt vor, als hätte ich das
alles schon einmal gelernt. Das fand ich selbst merkwürdig, aber
erst vor Kurzen konnte ich dieses Gefühl durch meine Arbeit
sinnvoll einordnen.

Geometrie war für mich immer eine heilige Wissenschaft. Das
heißt, ich war fest davon überzeugt, dass die Geometrie der Teil
der Mathematik ist, der uns sowohl die Schönheit als auch die
Geheimnisse des Universums enthüllt. Vor Kurzem habe ich in
Einsteins Werk aus seinen letzten dreißig Jahren gestöbert – es
war Geometrie. Er hatte sich der einheitlichen Feldtheorie aus

dieser Richtung genähert. Das war eine radikal andere Denkweise des Mannes, der überall auf der Welt imaginäre Uhren ticken ließ, um seine Relativitätstheorie anschaulich zu vermitteln.

Seine Arbeit verblüffte mich, und mir fiel so etwas wie ein Entwurf für meine eigene allgemeine Feldtheorie ein. Ich ging eines Abends zu Bett, und all dieses Mathematik-/Geometrie-Zeug einschließlich Stringtheorie, Quantentheorie und allgemeiner Relativitätstheorie wirbelte mir im Kopf herum. Ich wachte um vier Uhr früh auf und begann, eine »Gedankenkarte«, eine *Mind Map*, anzulegen.

Mind-Mapping

Ich habe die Mind-Map-Technik immer ebenso praktisch gefunden wie die anderen bereits in diesem Buch besprochenen Methoden. Normalerweise entnehme ich einfach den verschiedenen Systemen und Theorien das, was ich am besten gebrauchen kann – das haben Sie inzwischen wahrscheinlich gemerkt. Bleiben wir ruhig dabei, und schauen wir uns an, welche Art von Mind-Mapping ich anwende. (Wer mehr zum Thema wissen will, dem sei Tony Buzans *Mind-Map-Buch*[99] empfohlen.)

Nehmen Sie sich zuerst eine Frage oder ein Thema vor und konzentrieren Sie sich darauf, als wäre es das Allerwichtigste überhaupt, zumindest im Augenblick. Zeichnen Sie einen kleinen Kreis in die Mitte eines leeren Blatts Papier (je größer das Blatt, umso besser). Assoziieren Sie dann frei. Denken Sie zunächst an Dinge, die mit Ihrem Thema verbunden sind. Ziehen Sie für jede Assoziation einen Strich vom mittleren Kreis (dem Kernthema) zum Kreis des damit verbundenen Gedankens (siehe Abbildung 17).

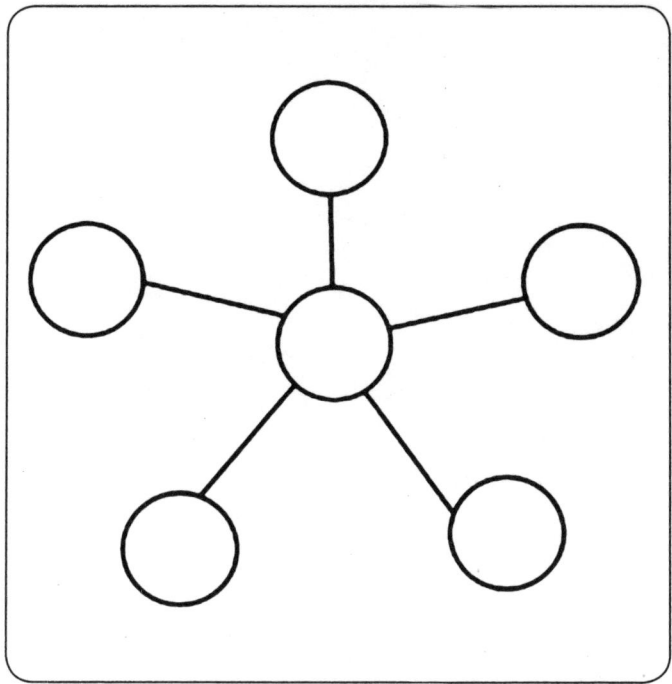

Abb. 17 Einfaches Mind-Map-Schema

Wenn ein Thema, das Sie mit dem Hauptthema verbinden, weitere Assoziationen heraufbeschwört, zeichnen Sie diese ebenso
ein wie beim Hauptthema (siehe Abbildung 18).

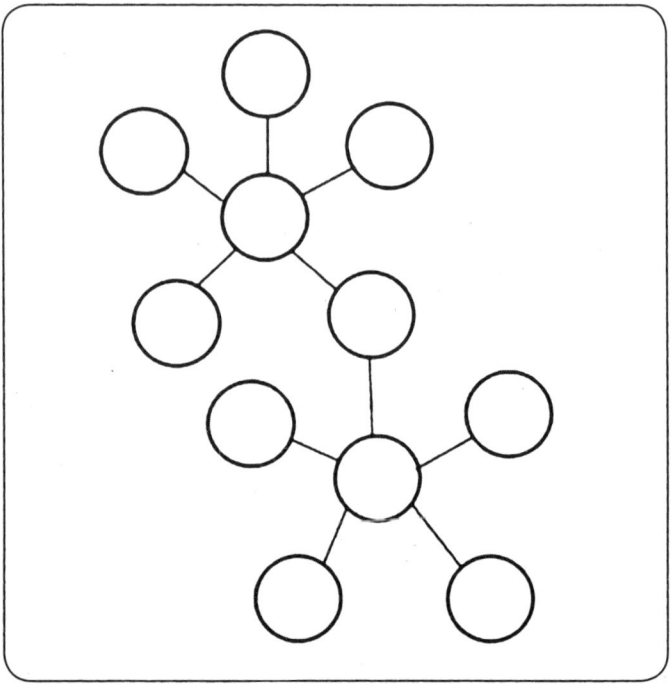

Abb. 18 Erweitertes Mind-Map-Schema

Wie Sie sehen, kreisen Ihre Haupt- und Nebenassoziationen um Ihre Haupt- und Nebenthemen wie Trabanten um einen Planeten. Die Kreisanordnung soll Ihnen helfen, einen Bezug zu einer Information herstellen und sich gut daran erinnern zu können, aber vor allem dient sie dazu, die Gedanken erst einmal vom Kopf aufs Papier zu bekommen.

Wenn Sie die grundlegende Mind Map fertig haben, bündeln Sie Gruppen von Zweitinformationen und verbinden sie durch Pfeile direkt mit dem Kernthema. Sehen Sie sich, um sich ein Bild machen zu können, einmal eine meiner eigenen Mind Maps an (Abbildung 19), die Frucht meiner mit der einheitlichen Feldtheorie verbrachten schlaflosen Nacht.

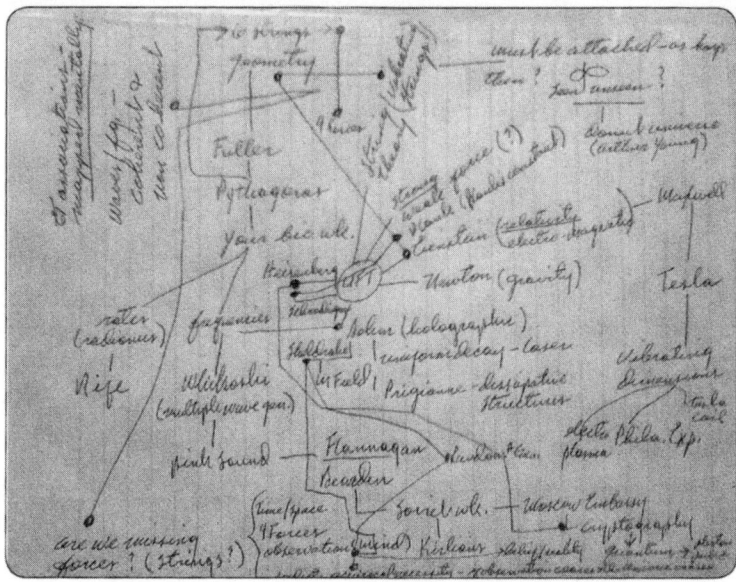

Abb. 19 Mind Map zum Thema einheitliche Feldtheorie (EFT)

Da Sie nun wissen, wie man eine Mind Map anfertigt, wollen wir einmal eine kühne Hypothese wagen – ich muss mich korrigieren: *Ich* will eine kühne Hypothese wagen. Denn ich habe ja die Theorie aufgestellt, dass der Geist ein Kausalfaktor und damit ein Bestandteil der einheitlichen Feldtheorie ist. Im Folgenden ein paar frei schweifende Gedanken dazu. Ich bin kein Physiker, haben Sie also bitte Nachsicht. Es ist mehr eine Übung darin, Ideen auszuspinnen und zu sehen, wohin sie führen. Ich glaube fest daran, dass Ideen ein Geschenk sind und nicht ignoriert werden sollten. In diesem Sinne: Los geht's!

Die Quantenphysik

Sehr vereinfacht ausgedrückt, geht es bei der Quantenphysik um das Spiel starker und schwacher Kräfte auf subatomarer Ebene; dann gibt es die Relativitätstheorie, nach der Raum, Zeit und Masse relative Größen sind und die Schwerkraft zur Lichtkrümmung im Gravitationsfeld führt, was allerdings sowohl im makroskopischen als auch im subatomaren Bereich schwer zu erklären ist, und schließlich die Stringtheorie, nach der alles im Universum Schwingung ist – was zusammen in etwa die »einheitliche Feldtheorie« ergibt. Das heißt, Schwerkraft, Licht (das elektromagnetische Kontinuum) sowie starke und schwache Quantenkräfte sind die entscheidenden Faktoren im Universum, und man kann sie sich ähnlich wie Schallwellen vorstellen, die von den gezupften Saiten (*strings*) einer Harfe ausgehen.

Nach dem zu urteilen, was ich intuitiv weiß und was ich gelernt oder mir angelesen habe, kommt die Stringtheorie, die ein Universum aus Schwingungen oder Frequenzen annimmt, dem wahrscheinlich sehr nahe, wie ein solches Universum funktionieren könnte. Doch *eine* bekannte Kraft wird dabei übersehen. Ich bin nicht sicher, ob man sich diese Kraft als den Musiker vorstellen soll, der die Harfe spielt, oder als eine Folge der Saitenvibration, ahne aber, dass sie beides ist.

Die Kraft, die in allen Gleichungen und Erklärungen fehlt, ist die Kraft des Geistes. Es gibt mehr als genügend Beweise dafür, die Zufallsgeneratoren, Psi-Experimente und Arbeiten mit der M^3-Formel (vgl. Kapitel 15) liefern, aber auch der gesunde Menschenverstand müsste uns sagen, dass der Geist eine Kraft im Universum ist. Nach der Heisenberg'schen Unschärferelation bedingen sich ja der Beobachter und das Beobachtete gegenseitig. Es gibt eine Menge eleganter und eloquenter Darstellungen führender Physiker über die Rolle des Geistes in der Realität. Einige

Wissenschaftler postulieren sogar eine Art von Bewusstseins- oder Nullpunktfeld.

Bitte denken Sie daran, dass meine Ausführungen nur dem Zweck dienen, eine Hypothese aufzustellen, die dem Nachsinnen über die einheitliche Feldtheorie zu verdanken ist. Bitte haben Sie weiterhin Geduld mit mir – die Physik selbst ist nicht so wichtig, nur der Weg, auf dem ich bis hierher gekommen bin, spielt eine Rolle und hat den Ausschlag für diesen Epilog gegeben.

Der Geist als Kausalfaktor

Eine alte philosophische Rätselfrage lautet: »Wenn im Wald ein Baum umfällt und niemand in der Nähe ist, um ihn fallen zu hören, gibt es dann überhaupt ein Geräusch?« Die Antwort ist relativ und hängt vom Standpunkt des Betrachters ab. Wenn grundsätzlich eine feste Beziehung zwischen dem Beobachter und dem Gegenstand seiner Beobachtung besteht, dann gibt es kein Geräusch und nicht mal einen Baum, der umfällt, solange es auch keinen Beobachter gibt.

So kam ich zu meiner These, dass der Geist, ob individuell oder kollektiv, ein Kausalfaktor oder eine Urkraft ist. Im Geist liegt der Schlüssel zum Verständnis und zur Vereinheitlichung einer einheitlichen Feldtheorie. Die sogenannte schwache Kraft ist oft die allerstärkste; sie ist am schwersten zu messen oder zu quantifizieren. Die Mathematik beruht auf logischen Schlüssen – sie ist verlässlich. Wir können den Wert von Pi (π) bestimmen, indem wir das Verhältnis von Durchmesser und Umfang bei einer Anzahl von Kreisen ermitteln. Die mathematische Beziehung liegt auf der Hand. Es handelt sich um eine Konstante mit dem Wert: $\pi = 3,14 \ldots$

Es könnte sein, dass auch der Geist eine solche Konstante ist, aber wahrscheinlicher ist, dass er, wenn überhaupt, nur durch eine Gleichung mit einer Konstanten wiedergegeben werden kann. Vielleicht finden wir ja, wie 'in der Beziehung zwischen einer Geraden zu einer Kurve, eine Konstante, die zwar in der Gleichung auftaucht, zu ihrer Definition jedoch eine aus den Variablen des Geistes (Anzahl der »Geister«, geistige Energie/Fokus usw.) gebildete Gleichung benötigt. Ich vermute, dass dies der Wahrheit entspricht, und könnte mir vorstellen, dass die Konstante so ähnlich wie Pi durch einen Prozess der Deduktion aus Daten ermittelt werden könnte, die seriöse Experimente über den Einfluss des Geistes erbracht haben.

Meine Mind Map führte zu einer Hypothese. Die dieser Hypothese zugrunde liegenden Axiome sind naturwissenschaftlich anerkannt, mit einer kleinen Ergänzung: Die Physik verhält sich zum Geist wie der Körper zur Physik. Darum geht meine Hypothese davon aus, dass der Geist eine notwendige reziproke Kraft in der Natur ist.

Meine Arbeit hat mir bereits gezeigt, dass der Geist den Körper moduliert und dass der Körper mit bestimmten Frequenzen mitschwingt. Zellen haben eine Schwingungssignatur, und das Immunsystem ist ein Signalsystem, das durch seine Schwingungssignatur identifiziert wird. Alles im Universum vibriert und reagiert auf Schwingungen, auch der Geist. Das Energiefeld, das der Geist abstrahlt, besteht nicht nur aus den feinen elektrischen Impulsen, die ein EEG-Gerät messen kann. Seine Form der Übermittlung lässt eine mögliche Verwandtschaft mit einem Aspekt des elektromagnetischen Kontinuums erkennen, etwa mit Funkwellen. Die Maxwell'schen Gleichungen verweisen auf Aspekte des elektromagnetischen Kontinuums, die noch nicht gemessen werden konnten und vielleicht prinzipiell nicht messbar sind. Aber der Geist ist mehr als eine elektromagnetische Größe. Geist und Lebenskraft sind innig in das Sichtbare und Unsichtbare verwoben.

Als Nächstes kam mir eine neue Idee, die ich sofort weiterverfolgte. Dieser Epilog verdankt seine Entstehung solchen Ideen, die sich frei entfalten dürfen, eine nach der anderen, wenn sie nicht ignoriert werden. Es ist nicht immer der erste Gedanke, den wir zu Ende denken.

Die Hypothese

Die zweite Idee brachte mich zu der Annahme, dass die Menschheit eine angeborene spirituelle Intelligenz besitzt und dass ihre Höherentwicklung oder ihr Erwachen sowohl eine dringende soziale Notwendigkeit als auch ein unmittelbarer Vorteil für das Wohlbefinden jedes Einzelnen ist.

Ich habe vor, diese Hypothese in Bereichen zu überprüfen, in denen frühere klinische Versuche durch Interventionen im Bereich der Kognition und des Verhaltens mithilfe von subliminalen Audioprogrammen zu Erkenntnissen geführt haben, die für die Behandlungseffizienz relevant waren. Wie Sie wissen, habe ich InnerTalk-Audioprogramme entwickelt, die sowohl in klinischen als auch in Doppelblindversuchen getestet worden sind. Weitere InnerTalk-Programme sind mit Blick auf andere, für Gesundheit und Glück maßgebliche Bereiche erprobt worden, wie etwa Zeitmanagement oder zwischenmenschliche Beziehungen, um nur einige wenige zu nennen.

Nach meinen Erfahrungen ergeben Affirmationen, die sich an einem höheren Sinn des Daseins orientieren – am Sinn der Schöpfung, an der Schönheit und dem Wunder des Lebens – die bemerkenswertesten Ergebnisse. Deshalb plane ich jetzt eine Versuchsreihe, in der dem Erwecken der angeborenen spirituellen Intelligenz der Probanden mehr Gewicht gegeben wird als bei den bisher üblichen klinischen Dialogen und Affirmationen.

Die spirituelle Intelligenz in der Geschichte

In mündlichen wie auch schriftlichen geschichtlichen Überlieferungen ist nie die Rede von einer Gesellschaft, die aufgeblüht
wäre, weil sie agnostisch oder atheistisch war. Stattdessen belegt
die Geschichte eine nie endende Suche nach Gott und nach
einem spirituell bereichernden Leben. Nichts geht aus der Vergangenheit klarer hervor als der Einfluss religiöser Überzeugungen auf Entwicklung und Schicksal des Menschen. Es stimmt
zwar, dass wahrscheinlich mehr Menschen in der Geschichte aus
religiösen Gründen gelitten haben und gestorben sind als aus irgendeinem anderen Grund. Aber genauso wahr ist, dass der Geist
des Menschen wohl immer schon von einem angeborenen spirituellen Bedürfnis nach Bewusstheit, Sinn und Zweck angetrie-
ben wurde.

Diese Neigung des Menschen hat mich zu der Überzeugung
gebracht, dass ein entscheidendes Element in der Gleichung des
individuellen wie auch gesamtgesellschaftlichen Wohlbefindens
von einer Variablen abhängt, die von der Wissenschaft seit 300
Jahren ignoriert wird. Geradezu ein Schlag ins Gesicht all derer
aus der wissenschaftlichen Welt, die sich so offenkundig bemühen, religiöse Gedanken tunlichst zu vermeiden, sind die Worte
einiger unserer bedeutendsten Denker. Zum Beispiel hielt Isaac
Newton nach eigenen Angaben seine metaphysischen Schriften
für viel wichtiger als seine wissenschaftlichen, und Johannes
Kepler tat die folgende Äußerung, mit der alles gesagt ist: »Ich
denke Gottes Gedanken nach.«

Wir leben in einer Welt, die sich zunehmend mehr mit alternativen Heilweisen, anomalen physikalischen Effekten, parapsychologischen Forschungen, spirituellen Ratgebern und Ähnlichem beschäftigt. Es ist dies eine Zeit, in der sich die Wissenschaft
allmählich der Schnittstelle zwischen Materie und Geist zuwen-

det, dem Einfluss des Bewusstseins auf das Ergebnis eines Experiments, sei es durch Geräte wie den Zufallsgenerator oder durch alternative Heilungsmodelle wie Gruppenmeditation und dergleichen. Die alten Überlieferungen und Übungspraktiken von Schamanen und Gurus sind inzwischen anerkannte Forschungsobjekte, für die große Summen bereitgestellt werden.

Wir leben in einer Zeit, in der die Menschen etwas ändern müssen, sonst wird die Welt bald nicht mehr das sein, was sie immer war. Eine Ära neuer Theorien und Modelle ist angebrochen, die ihrer Zeit weit voraus sind, wie die Gaia-Hypothese, die Theorie von den morphogenetischen Feldern oder die Fernübertragung von Bewusstsein. Es ist eine spannende Zeit, die zahllose Gelegenheiten bietet, etwas zum Wachstum und zum Verständnis einer harmonischen Welt beizutragen. Deshalb habe ich mich aufgemacht, die angeborene spirituelle Intelligenz zu erforschen.

Die spirituelle Heilkunst ist älter als unsere Geschichtsschreibung. Ebenso alt ist die Vorstellung von der Verbundenheit des Menschen mit einem Geist, den man die schöpferische Lebenskraft nennen könnte. Der Glaube, dass das Himmelreich in uns ist, ist im Grundsatz allen heute existierenden Religionen gemeinsam. Durch die alten heiligen Schriften aller Kulturen zieht sich der Gedanke, dass das Leben eine Reise ist, auf der sich die unsterbliche Seele befindet. Die meisten Traditionen gehen ferner davon aus, dass es ein Menschheitsgedächtnis gibt, eine kollektive Erinnerung daran, wer und was wir sind: ein heiliges, von und durch Gott geschaffenes Wesen.

In der Welt der Wissenschaft werden diese Vorstellungen oft leichtfertig als alt und überholt abgetan. Wir gebrauchen gern neue Definitionen, ohne jedoch etwas Neues zu sagen. Es liegt heute im Trend, nicht nur vom IQ, sondern auch von emotionaler Intelligenz (EQ) zu sprechen. Der IQ wird von einer mathematischen Interpretation des Menschseins in einem ganz engen Bereich abgeleitet – der Intelligenz. Einmal abgesehen von den Kontroversen um die Intelligenztests und deren Auslegung, wird die IQ-Bestimmung doch immer eine gewisse diagnostische und prognostische Aussagekraft haben, die ihr auch in der Zukunft einen Platz sichert. Die jüngere Idee eines EQ scheint ebenfalls etwas von dieser vorausschauenden Aussagekraft zu haben und wird insofern höchstwahrscheinlich in der Psychotherapie und Psychometrie gut ankommen.

Ich möchte behaupten, dass der in Kapitel 15 bereits erwähnte SQ, der spirituelle Quotient, eine ebensolche Aussagekraft hat. Mit Blick darauf wird es bei der geplanten Studie darum gehen müssen, genau das passende Instrument dafür zu entwickeln. Es sollte wenigstens in Ansätzen auch einen Bezug zu den Themen Familie und Gesundheit haben. Zwar hat es einige Anstrengungen gegeben, ein Profil von Menschen zu erarbeiten, die eine entsprechende spirituelle oder parapsychische Veranlagung zu haben scheinen, aber außer im Bereich der psychischen Stabilität sind noch keine stringenten Korrelationen bei stärker und schwächer Veranlagten gefunden worden.

Ziele

Die vorgesehene Studie hat drei unmittelbare Ziele. Erstens soll sie die Frage beantworten: »Gibt es eine angeborene spirituelle Intelligenz?« Und ist diese Intelligenz durch die gleiche Methode der Intervention und Modifikation im Bereich von Kognition und Verhalten nachzuweisen, die bisher bei klinischen Affirmationen Anwendung fand? Zweitens muss die angeborene spirituelle Intelligenz vor und nach dem Test gemessen werden. Theoretisch müssten die Heilungsvorteile, die das (Wieder-)Erwachen dieser Intelligenz für das Leben hat, stärker ins Auge fallen. Die eher subjektive Art des Erwachens der spirituellen Intelligenz müsste mithilfe eines Instruments zur Selbsteinschätzung messbar sein. Es wird erwartet, dass sich eine hohe Korrelation zwischen den gemessenen Werten und objektiven Ergebnissen der verschiedenen Studien zeigt. Drittens habe ich eine gewisse Tendenz festgestellt, die dem Erwachen der angeborenen spirituellen Intelligenz sowohl des Einzelnen als auch der Gesellschaft insgesamt eine positive Wirkung zuspricht. Ich glaube, dass diese Intelligenz nichts mit der jeweiligen Weltanschauung zu tun hat. Meines Erachtens müsste eine Anregung der Geisteskräfte und der Erinnerung viel eher von der *Art* der Einwirkung als von der Reizintensität abhängig sein. Mit anderen Worten: Die Anregung des inneren Dialogs mithilfe von maskierten Botschaften würde eine tiefgreifendere Lebenswende hervorrufen als die Anwendung klinischer Informationen, ungeachtet ihrer persönlichen Relevanz oder Heilwirkung.

Mir ist klar, dass immer die Gefahr einer Dateninterpretation aus spirituellem Eigeninteresse oder aufgrund der Freud'schen »Kollektivneurose« besteht. Auch die sichersten Ergebnisse kann man anfechten und behaupten, dass sie nicht unbedingt eine angeborene spirituelle Intelligenz beweisen. Wo dies geschieht, sind spirituelle Intelligenz und Eigeninteresse offenbar eine Verbindung eingegangen.

Darüber hinaus bin ich der Überzeugung, dass Studien eine bestimmte Dynamik der angeborenen spirituellen Intelligenz nachweisen werden. Das heißt, wenn diese Intelligenz erwacht, steigt der spirituelle Quotient. Und ich glaube sogar, dass die besondere spirituelle Neigung bedeutender Wissenschaftler eine Folge ihres Erwachens ist. Dieses wird oft als paranormale Erinnerung erlebt. Informationen, die in der Wissenschaft meist als *Inspiration* oder *genialer Einfall* gewertet werden, sind demnach eigentlich – zumindest teilweise – Erinnerungen zu verdanken, die in keinen

Zusammenhang gestellt werden können. In diesem Fall wird die Information vermittelt, aber nicht das dazugehörige Wie und Warum. Ich nenne sie »anormale Erinnerungen«. Zudem müsste ein hoher spiritueller Quotient eine positive Korrelation mit einem hohen emotionalen Quotienten (EQ) und der mit entsprechenden IQ-Tests ermittelten Fähigkeit zu abstraktem Denken aufweisen.

Insgesamt wird das Erwachen der angeborenen spirituellen Intelligenz zu einem Anstieg des spirituellen Quotienten führen und voraussichtlich auch zu einer messbaren Steigerung der Kreativität, der Fähigkeit zu abstraktem Denken, der Gesundheit, des Wohlbefindens, der Lebenserwartung und der emotionalen Stabilität. (Affirmationen, einen Fragenkatalog und einen in Probe befindlichen Test zur Aktivierung der angeborenen spirituellen Intelligenz finden Sie im Anhang 2.)

Zusammenfassung

In diesem Epilog wurde erklärt, wie ein Gedanke zum anderen führt, und darauf hingewiesen, dass die ursprüngliche Idee oft nicht weiterverfolgt wird. Außerdem wurde gesagt, dass Ideen ein Geschenk sind und nicht ignoriert werden sollten, auch wenn sie Gebiete betreffen, die gänzlich außer Reichweite liegen. Durch Nachverfolgen der ersten Idee kommt man auf weitere Ideen, und früher oder später stößt man beim Weiterdenken auf etwas, das in greifbarer Nähe ist. Es heißt, ein neuer Erfolg sei oft nur eine Idee weit entfernt.

In meinen Augen ist mit das Spannendste an der heutigen Wissenschaft, dass sie inzwischen mit einigem Anspruch auf Wissenschaftlichkeit solche Dinge wie »Geist« und »Bewusstsein« untersucht. Einstweilen hoffe ich, dass Ihnen dieses Buch gefallen hat, dass es Ihnen ein paar brauchbare Werkzeuge an die Hand gegeben hat, dass Sie etwas über sich selbst gelernt haben und dass Ihr Interesse an anderen faszinierenden Themen geweckt ist.

Herzlichen Dank!

Anhang 1

Selbstverantwortungstest

	Nie	Manchmal	Meistens
1. Halten Sie sich für einen glücklichen Menschen?			
2. Kümmert es Sie, wie andere von Ihnen denken?			
3. Malen Sie sich manchmal aus, wie Sie jemanden verletzen?			
4. Mögen Sie Gewaltfilme?			
5. Fällt es Ihnen leicht, über die Fehler anderer hinwegzusehen?			
6. Beschäftigen Sie sich viel mit negativen Erfahrungen?			
7. Sehen Sie mit Freude einem langen Leben entgegen?			
8. Machen Sie sich Feinde?			
9. Geben Sie jemand anderem die Schuld an Ihren Lebensumständen?			
10. Mögen Sie Ihren Beruf?			

11. Freuen Sie sich Ihres Lebens?			
12. Fürchten Sie den Tod?			
13. Passen Sie gut auf sich auf?			
14. Mögen Sie Ihren Körper?			
15. Halten Sie sich für glücklich?			
16. Machen Sie sich selbst Vorwürfe?			
17. Machen Sie anderen Vorwürfe?			
18. Bemitleiden Sie Leute?			
19. Bedauern Sie sie?			
20. Ärgert Sie das Wetter?			
21. Werden Sie wütend?			
22. Schreien Sie andere an?			
23. Scheuen Sie Risiken?			
24. Frustrieren Verzögerungen Sie?			
25. Macht Ihnen Ihre Gesundheit Sorgen?			
26. Finden Sie das Leben spannend?			
27. Würden Sie gern mit jemandem abrechnen?			
28. Hat jemand Sie von etwas Gutem abgehalten?			

29. Verdienen Sie Besseres?			
30. Beneiden Sie andere?			
31. Sind Sie eifersüchtig?			
32. Tun Sie gern Gutes?			
33. Ärgert Ihre Arbeit Sie?			
34. Bringen andere Sie auf die Palme?			
35. Mögen Sie sich?			
36. Machen Schmerzen Ihnen für gewöhnlich Angst?			
37. Machen Krankheiten Ihnen Angst?			
38. Sind Sie glücklich?			
39. Kommen Sie gut mit anderen aus?			
40. Ärgert es Sie, wenn Sie verlieren?			
41. Wünschten Sie, Sie wären anders?			
42. Meint das Leben es gut mit Ihnen?			
43. Gewinnen Sie leicht Freunde?			
44. Ist es Ihnen wichtig, recht zu haben?			
45. Lügen Sie andere an?			
46. Bauschen Sie Ihre Erfahrungen auf?			

47. Fällt es Ihnen leicht, zu lieben?			
48. Lernen Sie gern?			
49. Machen Ihnen neue Erfahrungen Freude?			
50. Freuen Sie sich auf neue Abenteuer?			

Punkte

Machen Sie diesen Test einfach nur zum Spaß. Er ist noch nicht gründlich auf seine Genauigkeit geprüft worden. Seine Auswertung entspricht nicht strengen wissenschaftlichen Grundsätzen, und deshalb sollten die Ergebnisse mehr zur Unterhaltung als zur kritischen Selbstdiagnose dienen.

a) Zählen Sie Ihre *Manchmal*-Antworten. Ziehen Sie die Summe von 100 ab.

b) Zählen Sie Ihre *Meistens*-Antworten bei den Fragen 3, 4, 6, 8, 9, 12, 16 bis 25, 27, 28, 30, 31, 33, 34, 36, 37, 40 bis 42 und 44 bis 46. Multiplizieren Sie die Summe mit 2 und ziehen Sie diese Zahl von der Punktzahl aus a) ab.

c) Zählen Sie Ihre *Nie*-Antworten bei den Fragen 1, 2, 5, 7, 10, 11, 13 bis 15, 26, 29, 32, 35, 38, 39, 43, 47 bis 50. Multiplizieren Sie die Summe mit 2 und ziehen Sie diese Zahl von der Punktzahl aus b) ab.

Auswertung

80 Punkte und mehr: Sie sind Meister/Meisterin Ihres Lebens und werden kaum unter saisonalen Krankheiten oder psychisch bedingten Störungen leiden. Eine Punktzahl über 80 sollte Sie veranlassen, über etwaige Verdrängungstendenzen nachzudenken. Lebensumstände, Gesundheit und Schmerzunempfindlichkeit werden offenbaren, ob eine Zahl von mehr als 80 Punkten ein Zeichen für Selbstverantwortlichkeit ist oder für etwas anderes wie zum Beispiel Unehrlichkeit bei der Beantwortung der Fragen.

70 bis 80 Punkte: Sie haben normalerweise alles unter Kontrolle, besitzen eine hohe Schmerzunempfindlichkeit, genießen das Leben, sind optimistisch und leben einfach gerne.

60 bis 70 Punkte: Sie sind bestrebt, sich selbst zu verwirklichen. Wahrscheinlich tun Sie etwas für Ihr persönliches Wachstum, oder Sie wachsen an einem Trauma oder einer Katastrophe. Ihr Blick auf das Leben ist der eines selbstbestimmten Menschen, aber Sie wollen noch nicht wahrhaben, dass Sie im Grunde nur auf das reagieren, was das Leben zu bieten hat.

50 bis 60 Punkte: Eigentlich glauben Sie, dass Sie die Umstände verändern können, aber Sie wollen Ihre althergebrachte Opferrolle nicht aufgeben.

49 Punkte und weniger: Sie sind ein Spielball der Ereignisse, und statt Aktion kennen Sie nur Reaktion. Sie haben ein mechanistisches Bild vom Leben, von der Gesundheit usw. und fühlen sich einer feindlichen Umwelt schutzlos ausgeliefert.

Anhang 2

Affirmationen und Test zur angeborenen spirituellen Intelligenz

Ich bin vitale Energie.
Ich bin mit dem Geist Gottes verbunden.
Wir sind alle eins.
Vom Einen kommen wir alle.
Ich bin ein Geschöpf Gottes.
An mir zeigt sich Gottes Vollkommenheit.
Die allwissende Intelligenz durchströmt mich.
Ich bin erwacht.
Ich erinnere mich.
Ich bin erleuchtet.
Mein Bewusstsein dehnt sich aus.
Mein Sein ist grenzenlos und ewig.
Mein Bewusstsein ist offen und empfänglich.
Ich bin im Einklang mit allem Leben.
Freude und Liebe bestimmen mein Dasein.
Ich bin ein Geschöpf der Liebe.
Ich bin ein Geschenk der Liebe.
Alles, was ich sein kann, ist ein Geschenk.
Ich sehe Gott in allen Menschen und in aller Schöpfung.
Ich bin bedingungslose Liebe.
Ich strahle bedingungslose Liebe an alle aus.
Ich liebe mich selbst vorbehaltlos und akzeptiere mich.
Ich bin wertvoll.

Ich bin geduldig und verständnisvoll.

Ich akzeptiere mein heiliges Sein.

Ich füge anderen nur das zu, was ich will, dass man es mir tue.

Ich fühle mich geborgen und frei.

Ich lebe im Jetzt.

Ich lasse die Vergangenheit los.

Jeden Tag verbessere ich mich in jeder Hinsicht – ich werde immer besser, besser, besser.

Mein Himmelreich ist in mir.

Ich fühle die Kraft im Innern.

Ich bin für mein Leben verantwortlich.

Ich bin wahrhaftig.

Mein Sein ist ewige Wahrheit.

Ich bin ehrlich.

Ich bin bescheiden und beherzt.

Ich bin anderen gegenüber empfindsam.

Ich kann mit allen mitfühlen.

Ich habe Klarträume.

Meine Träume wollen mir etwas sagen.

Ich erinnere mich an meine Träume.

Ich habe Selbstachtung.

Ich achte auch alle anderen.

Meine Freude nimmt Tag um Tag zu.

Ich habe eine starke Einbildungskraft.

Ich kann mir leicht etwas vorstellen.

Ich benutze meine Fantasie zur Visualisierung.

Ich habe die Macht, etwas zu erschaffen.

Ich schaffe Freude, Glück, Gesundheit und Liebe.

Was ich manifestieren will, verwirklicht sich schnell.

Veränderung ist Wachstum.

Ich akzeptiere den Wandel.

Ich begegne allem mit Ehrfurcht.

Alles inspiriert mich.

Kreativität ist etwas Natürliches.

Meine Talente und Fähigkeiten nehmen mit jedem Tag zu.

Ich kann alles.

Ich bin ein Genie.

Ich bin ein Meister/eine Meisterin des Fokussierens und der
Konzentration.

Ich wirke heilsam.

Ich vertraue mir.

Ich vertraue meinen Eindrücken.

Ich sehe in allem etwas Heiliges.

Die Liebe heilt alle Wunden.

Ich bin, was ich bin.

Mein Körper ist stark und kräftig.

Mein Geist ist kühn und hellwach.

Mein Immunsystem funktioniert perfekt.

Mein Körper funktioniert optimal.

Ich bin voller Gesundheit und Wohlbefinden.

Ich bin kerngesund und quicklebendig.

Ich fühle mich sicher.

Ich bin erfüllt.

Mein Wesen blüht und gedeiht.

Ich bin die Fülle in Person.

Ich nehme den Frieden dankbar an.

Ich kenne den Frieden, der höher ist als alle Vernunft.

Mein Wesen atmet Frieden.

Frieden, Harmonie und Ausgeglichenheit sind mein.

Danke, danke, danke, so sei es!

Testfragen zum Spiritualitätsquotienten (SQ)
Beantworten Sie die folgenden Fragen so, wie Sie normalerweise
empfinden. Es gibt keine richtige Antwort. Bitte beantworten
Sie sie möglichst ehrlich. Kreuzen Sie an, ob Sie die betreffende
Empfindung immer, manchmal, selten oder nie haben.

	Immer	Manchmal	Selten	Nie
1. Ich spüre, dass mein Leben nach einem Plan verläuft.				
2. Ich fühle mich behütet.				
3. Ich habe eine spirituelle Erfahrung gemacht.				
4. Ich glaube an Geistführer oder Engel.				
5. Ich glaube, dass das Leben ein Wunder ist.				
6. Ich habe paranormale Erfahrungen gemacht.				
7. Meine Träume leiten mich.				
8. Ich fühle mich bei Gott gut aufgehoben.				
9. Ich betrachte die Menschheit als grundsätzlich nichtswürdig.				
10. Ich habe meistens Schuldgefühle.				
11. Schuldgefühle sind etwas Natürliches.				
12. Die Schuld liegt bei den anderen.				

13. Wut ist manchmal berechtigt.				
14. Ich habe viele Freunde.				
15. Ich vertraue meinen Freunden.				
16. Ich bin ein gutgläubiger Mensch.				
17. Ich mag mich.				
18. Ich glaube, dass die Welt einen Sinn hat.				
19. Spiritualität ist mir wichtig.				
20. Ich glaube, dass die Menschheit ewig ist.				
21. Ich glaube, dass alles Leben heilig ist.				
22. Ich glaube, dass es einen Teufel gibt.				
23. Ich glaube nicht an Geistwesen.				
24. Ich glaube nicht an Übersinnliches.				
25. Ich fühle mich von Gott bestraft.				
26. Ich sehne mich danach, an Gott zu glauben, kann es aber nicht.				
27. Ich betrachte mich als Atheisten.				
28. Ich gehe gern auf die Jagd.				
29. Ich gehe gern angeln.				

30. Ich bin gern draußen im Freien.				
31. Es tut mir weh, wenn ich ein verletztes Tier sehe.				
32. Es schmerzt mich, wenn jemand anders leidet.				
33. Ich fühle mich mit allem Lebendigen verbunden.				
34. Ich glaube nicht an Tierrechte.				
35. Der Mensch soll über das Tier herrschen.				
36. Die Erde ist für den Gebrauch des Menschen da.				
37. Ich helfe gerne anderen.				
38. Ich greife ein, wenn ich helfen kann.				
39. Ich denke, dass ich Erfolg haben werde.				
40. Ich bin ein Glückspilz.				
41. Ich habe Angst davor, krank zu werden.				
42. Ich bin zwei-, dreimal im Jahr krank.				
43. Ich rechne mit einer jährlichen Erkältung.				
44. Ich mag meinen Beruf.				
45. Meine Kollegen gefallen mir.				
46. Ich bin ein selbstbewusster Mensch.				

47. Die Leute mögen mich.				
48. Die Leute respektieren mich.				
49. Ich mag Tiere.				
50. Ich mag Kinder.				
51. Ich lache gern.				
52. Ich schlafe ruhig.				
53. Scham kann gesund sein.				
54. Ich sehe jedem neuen Tag mit Spannung entgegen.				
55. Ich bin verliebt in das Leben.				
56. Eine spirituelle Lebensführung ist wichtig.				
57. Mein spirituelles Leben erfüllt mich.				
58. Spirituelles Zeug ist Unsinn.				
59. Die Wissenschaft hat die Religion ersetzt.				
60. Wissenschaft und Religion werden sich nie vertragen.				
61. Denkende Menschen sind nicht abergläubisch.				
62. Religion ist Aberglaube.				
63. Ich glaube an mich.				

64. Ich nehme möglichst viel mit im Leben.				
65. Ich glaube, dass das Leben zum Geben da ist.				
66. Ich glaube, im Leben geht es um die Liebe.				
67. Ich bin überzeugt, dass das Leben Freude machen soll.				
68. Ich finde Leiden unfair.				
69. Meiner Meinung nach geht die Menschheit vor die Hunde.				
70. Das Leben ist gefährlich und endet immer tödlich.				
71. Ich bin zufrieden mit meinem Leben.				
72. Das Leben erfüllt mich mit Ehrfurcht.				
73. Ich halte meine Mitmenschen nicht für vertrauenswürdig.				
74. Ich glaube, dass man sich schützen muss.				
75. Ich habe Angst vor Verbrechen.				
76. Der Zustand der Welt ist meines Erachtens hoffnungslos.				
77. Ich erhoffe nichts.				
78. Ich achte die Überzeugungen anderer.				

79. Ich finde, jeder sollte das glauben, was ich glaube.				
80. Furcht ist eine schöpferische Kraft.				

Punkte und Auswertung

Der SQ-Test beinhaltet einige Annahmen, die nicht für alle Welt-religionen zutreffen. Im Grunde kann man die Fragen in vier Kategorien einteilen: 1. Wie viel Verantwortung sind Sie gewillt, für alles in Ihrem Leben zu übernehmen? 2. Wie viel Wert messen Sie allem Leben bei? 3. Tragen Sie etwas zur Hebung der Lebensqualität bei? 4. Wie groß ist Ihre Bereitschaft, ein aufrichtiger Friedensstifter zu sein? Da nicht alle religiösen Menschen diese vier Kategorien für vorrangig halten, kann der Test einige stark abweichende Ansichten nicht berücksichtigen. Ohnehin ist er relativ neu. Er enthält zwar gültige, zuverlässige Elemente, aber seine Auswertung ist noch im experimentellen Stadium.

Geben Sie sich bei den Fragen 1 bis 8, 14 bis 21, 30 bis 33, 37 bis 40, 44 bis 52, 54 bis 57, 61, 63, 65 bis 67, 71, 72, 78 und 80 jeweils 4 Punkte für jedes *Immer*, 3 Punkte für jedes *Manchmal*, 2 Punkte für jedes *Selten* und 1 Punkt für jedes *Nie*.

Geben Sie sich bei den Fragen 9 bis 13, 23 bis 27, 34 bis 36, 41, 43, 53, 58 bis 60, 62, 69, 70, 73, 75 bis 77 und 79 jeweils 1 Punkt für jedes *Immer*, 2 Punkte für jedes *Manchmal*, 3 Punkte für jedes *Selten* und 4 Punkte für jedes *Nie*.

Die Antworten auf die Fragen 22, 28, 29, 42, 64, 68 und 74 werden nicht bewertet.

Die höchste mögliche Punktzahl ist 292. Eine Punktzahl von mehr als 260 gilt als Indikator einer sehr hohen spirituellen Intelligenz. Punktzahlen zwischen 260 und 200 sind ein Hinweis auf das spirituelle Interesse eines Suchenden, wie es in diesem Buch beschrieben wurde. Wie diese Punktzahlen und solche unter 200 genau zu bewerten sind, wird sich erst erweisen, wenn wir mehr Erfahrungen mit der Auswertung des Tests gesammelt haben und wenn das im Epilog beschriebene Projekt zur Erforschung der spirituellen Intelligenz ein Stück weiter gekommen ist.

Anhang 3

Affirmationen für innere Ruhe und Gelassenheit

Bitte beachten Sie, dass diese Liste neben herkömmlichen Affirmationen auch einfache positive Worte und Formeln enthält.

Ich bin entspannt.
Ich fühle mich sicher.
Ich bin ruhig.
Ich bleibe ruhig und gelassen.
Ich bin Liebe.
Ich bin ein Geschenk.
Ich bin dankbar für das Geschenk.
Ich bin gesegnet.
Ich akzeptiere den göttlichen Plan.
Das Universum ist zielgerichtet.
Ich bin heiter.
Ich sehe das Gute in allem.
Ich bin unvoreingenommen.
Ich bin fürsorglich und gebefreudig.
Ich bin liebevoll.
Ich bin leidenschaftlich.
Weltliche Kümmernisse können mich nicht berühren.
Ich erkenne die Illusion.
Nur das Ewige ist wirklich.
Ich halte mich an das Ewige.

Ich bin unendliche Ruhe.

Ich bin heiter und gelassen.

Ich bin gut.

Ich bin in Gottes Hand.

Ich habe Vertrauen.

Ich bin gewaltfrei.

Ich bin keine Kämpfernatur.

Ich nehme alles an.

Ich lasse es zu.

Mein Geist leitet mich.

Die Weite des Geistes ist wie ein klarer Himmel.

Ungestört.

Friedlich.

Ruhig.

Mit mir selbst im Einklang.

Im Einklang mit meiner Umwelt.

Dankbar.

Glücklich.

Voller Freude.

Alles ist gut.

Alles ist vollkommen in Ordnung.

Danke schön.

Danke schön.

Danke schön.

Ich vergebe mir.

Ich vergebe auch allen anderen.

Mir ist vergeben.

Dank

»Hinter jedem guten Mann steht eine starke Frau.« »Wenn du einmal Erfolg hast, kann es Zufall sein. Wenn du zweimal Erfolg hast, kann es Glück sein. Wenn du dreimal Erfolg hast, steckt deine Frau dahinter.« Meine Frau – wie unangebracht, dieses *Meine*, als wäre sie ein ebensolches Besitzstück wie mein Haus, mein Buch oder mein Konto! Manchmal lässt sich mit unserer Sprache nicht richtig ausdrücken, was wir wirklich empfinden.

Dem lieben Menschen, der sich meine Frau nennt, möchte ich aus tiefstem Herzen danken. Dieses Buch wäre ohne ihre nimmermüde Unterstützung gar nicht entstanden. Falls es seinen Zweck erfüllt und Ihnen klargemacht hat, wie Sie Ihrer Selbstbestimmung beraubt werden und wie Sie sich diese Selbstbestimmung zurückholen können, dann ist es meiner Frau mit ihrer unermüdlichen Ausdauer und Anteilnahme zu verdanken. Danke, Ravinder, du hast meine ganze Liebe, meinen Respekt, meine Wertschätzung und die Anerkennung, die du verdienst!

Mein Dank gebührt auch meiner wunderbaren Lektorin Suzanne Brady. Seit mehr als zwanzig Jahren ist sie mir eine treue Freundin und gute Lektorin. Wenn Sie meine Arbeit zu schätzen wissen, dann ist es Suzannes Verdienst, denn sie nimmt mein Geschreibsel entgegen und poliert es auf unnachahmliche Weise auf. Herzlichen Dank, Suzanne, und herzlichen Dank für das vorbehaltlose Engagement meines Verlages!

Über den Autor

Eldon Taylor hat sein Leben lang das Bewusstsein des Menschen erforscht und hält Doktorgrade in Psychologie und Metaphysik. Er ist Psychotherapeut und Hypnotherapeut, Mitglied des amerikanischen Fachverbandes der Psychologen (APA) und nichtkonfessionsgebundener Geistlicher.

Während seiner Ausbildung und nach deren Abschluss war Taylor über zehn Jahre als Kriminologe tätig und hat in dieser Zeit Ermittlungen geleitet und Lügendetektortests durchgeführt. Darauf basieren auch seine ersten Arbeiten über die Umwandlung innerer Überzeugungen, darunter eine Doppelblindstudie am Staatsgefängnis von Utah in den Jahren 1986 und 1987.

Eldon Taylor ist Mitbegründer und Leiter der Firma *Progressive Awareness Research*. Seit über zwanzig Jahren widmet er sich mit seinen Büchern, Audioprogrammen, Vorträgen sowie Radio- und Fernsehauftritten dem Thema der persönlichen Selbstbestimmung auf der Grundlage von Vergebung, Dankbarkeit, Selbstverantwortung und Achtung gegenüber allem Leben.

Er lebt mit seiner Frau und zwei Söhnen im amerikanischen Bundesstaat Washington auf dem Lande. Neben seiner Familie und seiner Arbeit gehört seine Leidenschaft den Pferden.

Wenn Sie mehr wissen wollen

Wenn Ihnen dieses Buch gefallen hat und Sie mehr über die Mittel und Wege erfahren wollen, wie Sie der Mensch werden können, der Sie sein wollen, besuchen Sie bitte die Website von Eldon Taylor: *www.eldontaylor.com*. Oder nehmen Sie unter einer der folgenden Adressen Kontakt zu ihm oder seinen Mitarbeitern auf:

Progressive Awareness Research, Inc.
PO Box 1139
Medical Lake, WA 99022, USA
Tel. 001-800-964-3551 und 001-509-244-6362
www.innertalk.com oder
www.progressiveawareness.org

Axent Verlag
Steinerne Furt 78
86167 Augsburg
Tel. 0821-705011
www.axent-verlag.de oder
www.innertalk.de

Quellenangaben

1 Eldon Taylor: *Nutze die Kraft des Unterbewusstseins. Die Chance deines Lebens*, Hugendubel, Kreuzlingen/München 2008.
2 Rhonda Byrne: *The Secret – Das Geheimnis*, Goldmann, München 2007.
3 William James: *Principles of Psychology*, Harvard University Press, Cambridge, Mass. 1981.
4 C. S. Soon et al.: »Unconscious Determinants of Free Decisions in the Human Brain«, *Nature Neuroscience* 11, 543–545, zitiert aus R. Hotz: »Get Out of Your Own Way«, *Wall Street Journal* vom 27. Juni 2008.
5 Edward Bernays: *Propaganda. Die Kunst der Public Relations*, Orange Press, Freiburg i. Br. 2007.
6 August Bullock: *The Secret Sales Pitch*, Norwich Publishers, San José, USA 2004.
7 A. Pratkanis und E. Aronson: *Age of Propaganda*, W. H. Freeman, New York 2001.
8 George Orwell: *1984*, Ullstein, Berlin 1950.
9 Ernest Dichter: *Strategie der Wünsche*, dtv, München 1964.
10 Vance Packard: *Die geheimen Verführer. Der Griff nach dem Unbewussten in jedermann*, Econ, Düsseldorf 1958.
11 R. F. Bornstein und T. S. Pittman (Hrsg.): *Perception Without Awareness: Cognitive, Clinical, and Social Perspectives*, Guilford Press, New York 1992.
12 Robert Cialdini: *Einfluss. Wie und warum sich Menschen überzeugen lassen*, mvg, Landsberg a. Lech 1987.
13 Richard Bandler und John Grinder: *Neue Wege der Kurzzeit-Therapie*, Junfermann, Paderborn 2007.
–: *Therapie in Trance. NLP und die Struktur hypnotischer Kommunikation*, Klett-Cotta, Stuttgart 2007.
14 Stanley Milgram: *Das Milgram-Experiment*, Rowohlt, Reinbek 1982.
15 Robert Cialdini: *a. a. O.*
16 Ebenda.
17 Viktor Frankl: *Der Mensch auf der Suche nach Sinn*, Ernst Klett, Stuttgart 1972.

18 Eldon Taylor: *Die Subliminal-Methode. Lernen mit dem Unterbewusstsein*, Goldmann, München 1990.

19 W. B. Key: *Subliminal Ad Ventures in Erotic Art*, Brandon Books, Brandon, Vt. 1992.

20 Martin Lindstrom: *Buy-ology: Warum wir kaufen, was wir kaufen*, Campus, Frankfurt a. M. 2009.

21 Eldon Taylor: *Nutze die Kraft des Unterbewusstseins*, a. a. O.

22 Ellen J. Langer: *Aktives Denken: Wie wir geistig auf der Höhe bleiben*, Rowohlt, Reinbek 1991.

23 Walter Lippmann: *Die öffentliche Meinung*, Rütten & Loening, München 1964.

24 Jules Romains: »CIA Study on Brainwashing«, 1960, zitiert nach: www. truth-it.net.

25 Zitiert nach Jim Keith: *Bewusstseinskontrolle*, Jonathan May, Peiting 1998.

26 Ebenda.

27 Philip G. Zimbardo: *Das Stanford-Gefängnis-Experiment: Eine Simulationsstudie über die Sozialpsychologie der Haft*, Santiago, Goch, 3. Aufl. 2005.

28 Jim Keith: *a. a. O.*

29 Zitiert nach Jon Ronson: *Durch die Wand*, Salis, Zürich 2008.

30 Jim Keith: *a. a. O.*

31 P. J. Norton: »Bush and the CIA«, *Freedom of Thought, Public Journal* 12, März 2008.

32 Select Comittee on Intelligence: *Projekt MK-Ultra*, Programm der CIA zur Erforschung der Verhaltensmodifikation. Anhörung vor dem US-Senat, Government Printing Office, Wash. 1977.

33 Jim Keith: *a. a. O.*

34 »The Microwave Furor«, *Time Magazine*, 22. März 1976.

35 José M. R. Delgado: *Gehirnschrittmacher. Direktinformation durch Elektroden*, Ullstein, Franfurt a. M. 1971.

36 Nick Begich und Jeane Manning: *Löcher im Himmel*, Michaels, Peiting 2004.

37 S. Weinberger: »Army Yanks ›Voice-To-Skull Devices‹ Site«, Wired Blog Network 2008, www.fas.org/sgp/othergov/dod/vts.html.

38 W. R. Dunham: *The Science of Vital Force*, Damrell and Upham, Boston 1984.

39 Zitiert nach C. Choi: »Subliminal Messages Fuel Anxiety«, *Live Science* 2007, www.livescience.com/health/070802_micro_expressions.html.

40 A. Motluk: »Subliminal Advertising May Work After All«, *New Scientist* 2549, 16, 2006.

41 T. Claburn: »Apple's Logo Makes You More Creative Than IBM's«, *InformationWeek*, 19. März 2008.
42 M. Spiering, W. Everaerd, P. Karsdrop und S. Both: »Nonconscious Process of Sexual Information: A Generalization to Women«, *The Journal of Sex Research* 43, 2006.
43 August Bullock: *a. a. O.*
44 S. Perkins: »Dirty Rats: Campaign Ad May Have Swayed Voters Subliminally«, *Science News* 163/8, 2003, S. 116 f.
45 W. B. Key: *a. a. O.*
46 A. Romano: »Experiment: The Political Psychology of Race and Gender«, *Newsweek*, 12. März 2008.
47 S. Weinberger: »The Weird Russian Mind-Control Research Behind a DHS Contract«, *Wired*, 20. September 2008.
48 A. Pratkanis und E. Aronson: *a. a. O.*
49 US-Repräsentantenhaus: *Subliminal Communication Technology: Committee on Science and Technology*, University Press of the Pacific, Honolulu 1984.
50 Ebenda.
51 Ebenda.
52 Peter Kruse et al.: »Suggestion and Perceptual Instability: Auditory Subliminal Influences«, Universität Bremen 1991.
53 Ken Wilber: *Das holographische Weltbild*, Scherz, München 1986.
54 Eldon Taylor: *Die Subliminal-Methode*, a. a. O.
55 Burrhus Frederic Skinner: *Die Funktion der Verstärkung in der Verhaltenswissenschaft*, Kindler, München 1974.
56 Lynne McTaggart: *Das Nullpunkt-Feld*, Goldmann, München 2007.
57 Eran Zaidel: *The Dual Brain*, Guilford Press, New York 1985.
58 Robert E. Ornstein: *Die Psychologie des Bewusstseins*, Kiepenheuer & Witsch, Köln 1974.
59 Sally P. Springer und Georg Deutsch: *Linkes – rechtes Gehirn: Funktionelle Asymmetrien*, Spektrum Akademischer Verlag, 4. Aufl. 1998.
60 Samuel T. Orton: *Reading, Writing and Speech Problems in Children and Selected Papers*, Norton, New York 1937.
61 Ebenda.
62 David Oates: *Reverse Speech*, Knowledge Systems, Minneapolis 1991.
63 J. Wonder und P. Donovan: *Whole Brain Thinking*, First Ballantine Books, New York 1984.
64 Norman F. Dixon: *Preconscious Processing*, Wiley, Chichester 1981.
65 P. Galbraith und B. Barton: »Subliminal Relaxation: Myth or Method«, Weber State University, Utah 1990.

66 J. Reid: »Free of Depression, Subliminal Tape Study«, Colorado State University 1990.

67 Eldon Taylor: »The Effect of Subliminal Auditory Stimuli in a Surgical Setting Involving Anaesthetic Requirements«, Progressive Awareness Research, Medical Lake, Wash. 1990.

68 Peter Kruse: a. a. O.

69 Rainer B. Pelka: »Application of Subliminal Therapy to Over Weight Subjects«, Universität der Bundeswehr München 1991.

70 T. G. Plante et al.: »The Influence of Aerobic Exercise and Relaxation Training on Coping With Test-Taking Anxiety«, Children's Health Council, Stanford University, Ca. 1993.

71 Kim Roche: »The Effects of Auditory Subliminal Messages on the Behavior of Attention Deficit Disordered Children«, University of Phoenix, Arizona 1993.

72 Eldon Taylor: »Longitudinal Study: Cancer Remission«, Progressive Awareness Research, WA, USA 1993.

73 Jill B. Taylor: Mit einem Schlag. Wie eine Hirnforscherin durch ihren Schlaganfall neue Dimensionen des Bewusstseins entdeckt, Droemer/Knaur, München 2008.

74 Bertrand Russell, Alfred North Whitehead: Principia Mathematica, Suhrkamp, Berlin 1986.

75 Stephen Hawking: Eine kurze Geschichte der Zeit, Rowohlt, Reinbek 1993.

76 J. S. Hagelin et al.: »Effects of Group Practice of the Transcendental Meditation Program, Social Indicators Research, 47, 2, 1999, 153–201.

77 Rupert Sheldrake: Das Gedächtnis der Natur. Das Geheimnis der Entstehung der Formen in der Natur, Scherz, Bern 1994.

78 Richard Dawkins: Das egoistische Gen, Spektrum Akademischer Verlag, München 2007.

79 Bruce Lipton: »Liquid Crystal Consciousness«, unveröffentlichtes Referat 1991.

80 Larry Dossey: Heilende Worte. Die Kraft der Gebete und die Macht der Medizin, Bruno Martin, Südergellersen 1995.

81 Dean Radin in einem privaten Brief 2008.

82 Sheila Ostrander und Lynn Schroeder: Fitness für den Kopf mit Superlearning, Goldmann, München 2000.

83 Oliver Sacks: Awakenings: Zeit des Erwachens, Rowohlt, Reinbek, 13. Aufl. 2008.

84 Gerald Jampolsky: Lieben heißt die Angst verlieren, Oesch, Zürich 2001.

85 David Bohm, F. David Peat: Das neue Weltbild. Naturwissenschaft, Ordnung und Kreativität, Goldmann, München 1990.

86 Maxwell Maltz: *Erfolg kommt nicht von ungefähr – Psychokybernetik*, Econ, München, 9. Aufl. 1990.

87 Alan Richardson: *Individual Differences in Imaging: Their Measurement, Origins, and Consequences*, Baywood, Amityville 1994.

88 Michael Neill: *Entdecke Deine Möglichkeiten*, Goldmann, München 2008.

89 Carl Gustav Jung: *Der Mensch und seine Symbole*, Olten, Freiburg i. Br. 1981.

90 John Diamond: *Der Körper lügt nicht*, VAK, Freiburg i. Br., 7. Aufl. 1991.

91 Stephen LaBerge: *Hellwach im Traum: mehr Selbsterkenntnis und Selbstbestimmung durch bewusstes Träumen*, mvg, München 1991.

92 Louise Hay: *Gesundheit für Körper und Seele: Wie Sie durch mentales Training Ihre Gesundheit erhalten und Ihre Krankheit heilen*, Wilhelm Heyne, München 1997.

93 Shad Helmstetter: *Anleitung zum positiven Denken: ein praktischer Ratgeber zur Aktivierung Ihres Unterbewusstseins mit mehr als 2500 positiven Suggestionsformeln*, PAL, Mannheim 1988.

94 Siehe David R. Hawkins: *Die Ebenen des Bewusstseins. Von der Kraft, die wir ausstrahlen*, VAK, Freiburg i. Br., 5. Aufl. 2006.

95 Richard Dawkins: *Der Gotteswahn*, Ullstein, Berlin, 2. Aufl. 2007.

96 Og Mandino: *Die Entscheidung*, Conzett, Zürich 2000.

97 Eldon Taylor: *Just Be. A Little Cowboy Philosophy*, RK Book 1997.

98 Stephen James Joyce: *Das Geheimnis des Ameisenhügels: Kooperative Intelligenz im Unternehmen entwickeln*, Wiley-VCH, Weinheim 2008.

99 Tony Buzan: *Das Mind-Map-Buch*, mvg, München 2005.

Noch mehr Tipps vom Hundeflüsterer

384 Seiten. ISBN 978-3-422-33782-8

In seinem zweiten Buch beantwortet Cesar Millan die wichtigsten Fragen, die einen Hundefreund bewegen: Wie erlange ich jene ruhig-bestimmte Energie, die bei der Führung von Hunden unabdingbar ist? Wo liegt bei einem Tier die Grenze zwischen persönlicher Eigenart und Instabilität? Warum ist Disziplin wichtig, Bestrafung dagegen kontraproduktiv? Cesar Millan weiß: Wer seinen Hund zu führen vermag, kann in der Regel auch andere Menschen anleiten und – vielleicht noch wichtiger – sich selbst.

»Wenn Cesar kommt, herrscht Hundechaos. Wenn er geht, herrscht Frieden.«
The New Yorker